JN271259

MINERVA
人文・社会科学叢書
154

グローバル・タックスの可能性

――持続可能な福祉社会のガヴァナンスをめざして――

上村 雄彦 著

ミネルヴァ書房

グローバル・タックスの可能性
――持続可能な福祉社会のガヴァナンスをめざして――

目　次

序　章　持続可能なグローバル福祉社会をめざして……………… 1
　　1　本書の問題意識と基本的立場……………………………………… 1
　　2　本書の構成と概要………………………………………………… 3

第Ⅰ部　グローバル社会の課題とガヴァナンスの実際

第**1**章　脅かされる未来………………………………………………… 11
　　1　加速する地球環境破壊…………………………………………… 11
　　2　拡大する貧富の格差と今後の食糧事情………………………… 15
　　3　途絶えることのない紛争………………………………………… 18
　　4　本書の視座………………………………………………………… 20

第**2**章　グローバル・ガヴァナンスをめぐる分析枠組………… 23
　　1　三項モデルの検討………………………………………………… 23
　　2　グローバル三項分析モデルの提示……………………………… 29
　　3　グローバル・ガヴァナンスの概念化…………………………… 40
　　4　グローバル・ガヴァナンス分析枠組の構築…………………… 52

第**3**章　グローバル市場の拡大と問題点…………………………… 59
　　1　問題の背景と三大国際機関……………………………………… 60
　　2　多国籍企業の実態と大量消費社会……………………………… 70
　　3　タックス・ヘイブンと資本逃避………………………………… 89
　　4　実体経済を「支配下に置く」グローバル金融………………… 98

第**4**章　グローバル・ガヴァナンスの動向………………………… 111
　　　　──グローバル政府の不在の中で──
　　1　ＩＭＦ・世界銀行・ＷＴＯのガヴァナンス…………………… 111
　　2　多国籍企業に対するガヴァナンス……………………………… 114
　　3　タックス・ヘイブンに対するガヴァナンス…………………… 125

       4　グローバル金融に対するガヴァナンス……………………………131

第5章　対抗するグローバル市民社会……………………………………145
　　　　　──世界社会フォーラムを中心に──
　　1　グローバル市民社会の分類………………………………………145
　　2　世界社会フォーラムの展開と課題………………………………151
　　3　世界社会フォーラムとグローバル・ガヴァナンス……………166

第Ⅱ部　グローバル・タックスが切り開くグローバル・ガヴァナンス

第6章　グローバル・タックスとは何か………………………………173
　　1　租税政策の有効性とグローバル・タックス……………………174
　　2　租税回避と資本逃避の解決に向けて……………………………178

第7章　グローバル・タックスの導入へ向けて………………………185
　　1　グローバル・タックス構想の歴史………………………………185
　　2　地球炭素税…………………………………………………………188
　　3　通貨取引税…………………………………………………………198
　　4　通貨取引開発税……………………………………………………206

第8章　グローバル・タックスの課題と意義…………………………225
　　1　グローバル・タックスの課題……………………………………225
　　2　グローバル・タックスの意義と可能性…………………………231
　　3　グローバル・タックスとグローバル・ガヴァナンス…………235

第9章　「ソフト・ガヴァナンス」の可能性……………………………243
　　　　　──通貨取引税を求める市民社会アクターとネットワーク──
　　1　行動原理としてのネットワーク…………………………………244
　　2　通貨取引税を求める市民社会ネットワーク……………………250
　　3　「ソフト・ガヴァナンス」の課題と可能性………………………269

第**10**章 「ミドル・ガヴァナンス」の展開……………………… 275
　　　　　――航空券連帯税とUNITAIDを事例に――
　　1　航空券連帯税の実現過程とその後の展開……………………… 275
　　2　航空券連帯税の共治メカニズムとしてのUNITAID……………… 285
　　3　国際連帯税レジームの政治的含意と今後の課題……………… 301

第**11**章 「ハード・ガヴァナンス」の諸構想……………………… 315
　　　　　――世界租税機関からグローバル議会へ？――
　　1　世界租税機関・国際租税機関の創設…………………………… 316
　　2　二段階ガヴァナンス論…………………………………………… 323
　　3　「持続可能な開発のための連帯基金」設立構想……………… 328
　　4　グローバル租税機関とグローバル議会の創設へ？…………… 333

終　章　グローバル・タックスの可能性……………………………… 339
　　　　　――ガヴァナンス研究の展望――
　　1　これまでの議論の整理…………………………………………… 339
　　2　4つの緊張関係とガヴァナンスの熟成………………………… 341
　　3　本研究の貢献と今後の課題……………………………………… 345

参考文献………………………………………………………………… 349
あとがき………………………………………………………………… 373
索　引…………………………………………………………………… 379

序　章
持続可能なグローバル福祉社会をめざして

1　本書の問題意識と基本的立場

　加速する地球環境破壊，拡大する貧富の格差，終わりの見えない紛争，食糧不足や資源の枯渇の可能性，感染症の蔓延など，このままでは地球規模での破綻は避けられないという警告がなされている (Korten, 1995 ; McKibben, 2001; 高木, 2001 ; Brown, 2006)。

　この種の議論には反論もあるだろう。しかし，1日に30,000人近くの子どもたちが飢餓や貧困が原因で命を落とし，1,370人が小型武器の犠牲になり，200の生物種が絶滅し，テニスコート1,728,000面分の森林が破壊され，貧富の格差が114倍まで拡大した今日，社会の底辺にいる人々や絶滅に脅かされている生物種にとっては，地球社会はすでに破綻しているということもできる (山本編, 2003 : 48-49, 62-63, 100-101 ; UNDP, 2002 : 12002 : 1)。[1]

　中でも，気候変動に関する政府間パネル (IPCC : Intergovernmental Panel on Climate Change) が，2007年に発表した第4次IPCC評価報告書は，地球温暖化に関連して地球規模の「破綻」を科学的に確認している。すなわち，地球温暖化が人為的なものなのか，自然現象の範囲内のものなのかというこれまで激しく闘わされてきた科学的論争に終止符を打ち，温暖化は人間活動によって引き起こされていることが声高に言明されただけでなく，このままでいけば破局的な状況を迎えるとの警告を発しているのである (IPCC, 2007a)。

　上記の問題を含めて，あらゆる地球規模問題を一つひとつ吟味し，トータルに全体像を捉えたとき，この問題は遠い未来の問題ではなく，近い将来人類が

生き残ることができるかどうかという，まさに「生存」にかかわる問題だということがわかるだろう。

このような地球的危機は，すでに1972年にローマクラブによって発表された『成長の限界』で指摘されていたが（Meadows, 1972），馬場伸也も1980年に，現代は「まさに有史以来の危機に直面して」いるという認識のもと，「本来，あらゆる学問が志向すべきものは，個としての人間の『生』の究極にあるものの探求と，種としての人類の福祉の構築である」と主張した（馬場，1980：ⅰ）。そして，1989年に遺稿となった論文で，福祉「国際社会」という概念を提示した。そこでは，福祉「国際社会」とは何かを明らかにするために，国益を超克する「人類益」なる新しい価値概念が提唱されている。それは，①核兵器を含むすべての軍備と戦争からの解放（永久平和の確立），②飢餓や貧困からの解放（全人類の経済的福祉の確立），③環境・生態系の破壊からの解放（自然と人間の調和の確立），④人間性の解放（人格の尊厳の確立）と定義されている（馬場，1989：137-151）。

本書は，馬場の基本テーゼを受け継ぎながら，今日の加速する地球環境破壊と貧富の格差，さらに人類だけでなく，地球上のすべての生命の尊厳の確保を踏まえて，「福祉『国際社会』」という言葉を「持続可能なグローバル福祉社会」に，「人類益」を「地球公共益」に置き換え，馬場の議論の発展を試みたい。[2]

すなわち，本書はさらに悪化した「有史以来の危機」の中で，一体誰が，どのようにして，これらの問題を解決して地球公共益を実現し，あらゆる人々が環境と調和しながら，安心して暮らすことのできる平和な社会（＝持続可能なグローバル福祉社会，「もうひとつの世界」）を創造することができるのかというテーマに，ささやかな挑戦をしたいと思う。

とはいえ，一体このような壮大なテーマにどのように切り込んでいったらよいのだろうか。従来のように確立された学問体系，方法論に則って，特定のイシューを深く掘り下げていくアプローチも当然必要だろう。しかし今後より重要なのは，問題の全体像を総合的に俯瞰した上で，その本質を見出し，効果的な処方箋を提示していく，総合的・学際的・問題解決型アプローチだと思わ

れる。すなわち，①地球規模問題の全体像を正確に把握した上で，②問題を生み出している根本原因を解明し，③処方箋を提示するという現状認識から出発して諸問題の具体的解決をめざすアプローチである。

同時に，④まず持続可能なグローバル福祉社会という理想の社会のヴィジョン，ならびにあるべきガヴァナンス（governance：統治・共治などと訳されるが，詳細は後述）を描いた上で，⑤さまざまな成功事例や先進事例を吟味しながら，⑥理想のヴィジョンやガヴァナンスの実現のための実施主体を明確にするという，理想から出発してその現実化をめざすアプローチも求められる。これら両サイドからのアプローチを吟味して初めて，この大きなテーマに対する一つの「解」らしきものが浮かび上がってくるのではないだろうか。

残念ながら本書では，①〜⑥のすべてについて詳細に描くことはできないので，③の処方箋と④のあるべきガヴァナンスを中心にこの大きな課題に切り込んでみたいと思う。すなわち，問題はさまざまな地球規模問題を解決するための効果的なグローバル・ガヴァナンスが欠如していることにあるとの認識に立ち，グローバル・タックスという処方箋の導入が，地球規模問題の解決に資するのみならず，グローバル・ガヴァナンスを透明化，民主化し，アカウンタビリティ（accountability：説明責任を果たすこと）を向上させる突破口になり，さらに効果的なグローバル・ガヴァナンスを築き上げる鍵になりうるということを明らかにしたい。いうなれば，本書はグローバル・タックスを切り口にしたグローバル・ガヴァナンス論とでも呼べるかもしれない。

2　本書の構成と概要

本書は，2部11章から構成される。まず第Ⅰ部では，第1章で地球環境破壊，貧富の格差，紛争問題を中心に地球規模問題の実態を概観し，グローバル社会の現状を確認するところから出発する。続いて第2章で，本書が主題とするグローバル・ガヴァナンスとは何かを明らかにするために，グローバル政府，グローバル市場，グローバル市民社会，グローバル・ガヴァナンスから構成されるグローバル社会の分析枠組（グローバル三項分析モデル）を提示し，グロー

バル社会におけるグローバル・ガヴァナンスの位置づけを明確にした後に，その構成要素，定義，分析枠組を議論する。ここでは特にガヴァメントとガヴァナンスの相違に着目し，ガヴァナンスの核となる「共治」の重要性を浮かび上がらせる。その後，「ハード・ガヴァナンス」，「ミドル・ガヴァナンス」，「ソフト・ガヴァナンス」から構成されるグローバル・ガヴァナンス自体の分析枠組（三層ガヴァナンス分析枠組）を提示する。

　第3章以降は，第2章で提示したグローバル三項分析モデルを用いて，現状のグローバル社会を分析する。すなわち，第3章では，グローバル社会の構成要素の一つであるグローバル市場の拡大とその影響について，国際通貨基金（IMF：International Monetary Fund）や世界銀行（The World Bank）が進めている構造調整プログラム（Structural Adjustment Programmes），自由貿易政策を推進する世界貿易機関（WTO：World Trade Organization），世界中に展開する多国籍企業，それと密接に関連する先進国を中心に行われている大量消費・大量廃棄，およびタックス・ヘイブン（Tax Haven：租税回避地）や資本逃避，その背後にある巨大化したグローバル金融（ないしグローバル金融資本）についての考察を行う。

　続く第4章では，グローバル政府なき現在，拡大するグローバル市場とその影響に対して，どのようなグローバル・ガヴァナンスが試みられているのかという点について，多様な観点から分析を行う。その結果，現状ではグローバル・ガヴァナンスが不十分であることが明確になるだろうが，このような状況に対して，グローバル市民社会はどのように対応しているのかを論じるのが第5章である。すなわち，巨大化するグローバル市場に対するグローバル市民社会の対抗運動について，世界社会フォーラム（WSF：World Social Forum）を事例に検討を行う。

　以上の現状分析を通じて，一方でグローバル市場の拡大と問題点，他方でそれをコントロールするためのグローバル・ガヴァナンスの不十分さとともに，グローバル市民社会による対抗運動の限界が浮き彫りになるであろう。

　これを受けて第Ⅱ部では，グローバル・タックスという処方箋が切り開くであろう新たなグローバル・ガヴァナンスの姿を描いていく。第6章では，地球

規模問題の解決に資する可能性のある処方箋の一つとしてグローバル・タックスを提示し，その定義と3つの議論を整理した上で，最初の議論であるタックス・ヘイブンと資本逃避について吟味する。第7章では，グローバル・タックス構想の歴史を振り返った後に，2つ目の議論であるグローバル・タックスを実施する議論に移る。具体的には，地球炭素税，通貨取引税，通貨取引開発税を中心にグローバル・タックスを考察し，それぞれの課題と実現可能性を検討する。続いて第8章では，グローバル・タックスの課題と意義を確認した上で，特にその意義について，グローバル・タックスをめぐる3つ目の議論であるグローバル・タックスとグローバル・ガヴァナンスの関係を論じる。すなわち，グローバル・タックスの実施は，原理的により透明で，民主的で，アカウンタブルなグローバル・ガヴァナンスを要請するはずであるが，ここでは特に，グローバル・タックスが内包する「革新性」が新たなグローバル・ガヴァナンスの構築に寄与しうる可能性を議論する。

第9章以降は，第2章で提示したもう一つの分析モデルである三層ガヴァナンス分析枠組を用いて，「ソフト・ガヴァナンス」，「ミドル・ガヴァナンス」，「ハード・ガヴァナンス」の順に，グローバル・タックスを糸口にしたグローバル・ガヴァナンスの考察を行う。第9章は，フランスの通貨取引税を求める市民社会ネットワークであるATTAC（Association pour une Taxe sur les Transactions Financières pour l'Aide aux Citoyens：市民を支援するために金融取引への課税を求めるアソシエーション）と，イギリスにおいて通貨取引税キャンペーンを展開するNGOネットワークであるスタンプ・アウト・ポヴァティ（SOP：Stamp Out Poverty，「貧困を撲滅せよ」との意）を比較して検討することで，「ソフト・ガヴァナンス」の課題と可能性を吟味する。

ここまでは，グローバル・タックスについては理念と構想段階の考察に留まるが，グローバル・タックスは現実に実施されている。第10章では，グローバル・タックスの具体的な事例として航空券連帯税（Air-Ticket Solidarity Levy）を吟味し，それを誕生させた「ミドル・ガヴァナンス」の事例として「革新的開発資金に関するリーディング・グループ（Leading Group on Innovative Financing for Development，以下リーディング・グループと呼ぶ）」について議論する。同時

に，航空券連帯税が生み出した「ハード―ミドル・ガヴァナンス」としてUNITAID（国際医薬品購入ファシリティ）を取り上げ，それらが実現するまでの歴史的経過，実際の成果，今後の課題について検討する。その上で，国際連帯税レジームが新たなグローバル・ガヴァナンスを創生する可能性について論及したい。

第11章では，グローバル・タックスが構築しうる「ハード・ガヴァナンス」について，世界租税機関（WTO：World Tax Organization），国際租税機関（ITO：International Tax Organization），通貨取引税機関（CTTO：Currency Transaction Tax Organization），「持続可能な開発のための連帯基金（FSDD：Fonds de solidarité pour le développement durable)」という4つの構想を吟味しながら，将来的にグローバル租税機関（GTO：Global Tax Organization）とそれをコントロールするグローバル議会（Global Parliament）が設立されうる論理について議論を展開する。同時に，異なるグローバル・タックスごとに，異なる租税機関が設立され，分権化されたグローバル・ガヴァナンスが展開する可能性についても論及する。

最後に，終章ではここまでの議論を整理しつつ，グローバル市民社会，「ソフト・ガヴァナンス」，「ミドル・ガヴァナンス」，「ハード・ガヴァナンス」，グローバル政府間の緊張関係を浮き彫りにし，「熟成」をキーワードに今後のグローバル社会のあり方を展望する。

その上で本研究の意義と課題を明らかにして，本書を締め括る予定である。

以上の考察と分析を通じて，グローバル・タックスという革新的な構想が，地球規模問題を解決する有力な処方箋になるのみならず，大国や強者によって規定され，透明性も，民主性も，アカウンタビリティも欠く現在のグローバル・ガヴァナンスを，より透明で，民主的で，アカウンタブルなそれに変革する大きな原動力になることが明らかになるだろう。

本書の特徴の一つは，2001年に開始された世界社会フォーラムはもとより，航空券連帯税，UNITAID，通貨取引開発税，リーディング・グループといった2006年からスタートしたばかりの新しい事例を扱っていることである。新しい事例であるがゆえに，時間の経過とともに状況や内容が変化していくリスク

や，十分な資料が存在しないというデメリットもあるが，逆にほとんど研究がなされていない分野を新たに開拓する作業でもある。したがって，本書の第二の特徴になるが，筆者は可能な限り関連する国際会議やNGOミーティング，国会議員連盟の勉強会や政府の委員会などに出席して最新の情報を手に入れるとともに，直接キーパーソンにインタヴューを行い，文書には表れない現在進行中の状況の理解に努めた。すなわち，方法論としては，一方で理論的な部分については文献研究に依拠しながらも，他方で事例研究については，国際会議への参加，インタヴューの実施など，可能な限り現場に身を置いて状況を内在的に理解するという手法をとった。

グローバル・タックスの議論は現在進行中であり，とりわけ取り上げた事例はまだ開始されたばかりであるが，これらの考察を通じて，グローバル・タックスの可能性と，それが切り開くであろう新たなグローバル・ガヴァナンスの姿を浮かび上がらせることができるよう努めたい。そして，現実に地球規模問題の解決と持続可能なグローバル福祉社会の創造に，わずかながらでも寄与できることを願いながら，論を進めたいと思う。

注
（1）小型武器に関しては，インターバンド，http://www.interband.org/smallarms/ を参照（2005年11月11日閲覧）。
（2）「持続可能な福祉社会」という言葉を最初に提唱したのは，管見の限り広井良典である。彼は，持続可能な福祉社会を「個人の生活保障や分配の公正が十分実現されつつ，それが資源・環境制約とも両立しながら長期にわたって存続しうる社会」と定義している（広井，2006a：7）。また，ここで「地球公共益」という言葉を用いたのは，本書の基本的な立場と強く関連している。すなわち，本書は地球社会の各アクターの「私益」を求める行動が諸問題を惹起しているという認識に立ち，「世界政府」という「公」が存在しない中で，これらのアクターが「地球公共財・地球公共善（Global Public Goods）」の供給や実現をめざして連携，協力，協働する「グローバル・ガヴァナンス」によって実現されるグローバルなレベルでの「公共益」の追求こそ，地球規模問題の解決に向けて大きな鍵になるという立場に立つものである。
（3）古在豊樹はこのような総合的・学際的・問題解決型アプローチを「モード2による領域横断型研究」と呼び，サステイナビリティ（持続可能性）研究に欠かせないアプローチであるとしている（古在，2008：88-89）。

（4） 山脇直司は，このようなアプローチを「理想主義的現実主義」ないし「現実主義的理想主義」と呼んでいる（山脇，2004a：223-226；2004b：14-15；2008：77-87）。この研究には実に多くの学問分野の協力が必要となる。国際関係論，国際政治学，国際社会学，国際開発論，国際経済学，国際金融論，開発経済学，開発社会学，公共政策論，環境学，環境経済学，文化人類学，平和学，市民社会論，NGO・NPO論，社会運動論，公共哲学などである。研究対象も国家間の関係や政治，経済，社会に限定するのではなく，人間のアイデンティティから生態系も含めた地球社会全体を視野に入れ，学際的，総合的，実践的に地球規模問題の解決をめざすこの研究は，上記のどの学問にも収まり切らない。したがって，この研究は新たに「地球社会論」，あるいは「地球公共研究論」と呼ぶことができるだろう。その意味で，本書は「地球社会論」，「地球公共研究論」への序説でもある。

（5） 「革新的開発資金に関するリーディング・グループ」は，2009年5月に開催された第6回リーディング・グループ総会までは，「開発資金のための連帯税に関するリーディング・グループ（The Leading Group on *Solidarity Levies* to Fund Development）」と呼ばれていた。この名称変更が意味するところについては，第10章で検討する。

第Ⅰ部

グローバル社会の課題とガヴァナンスの実際

第1章
脅かされる未来

　アメリカ合衆国副大統領であったアル・ゴア（Albert Arnold Gore）が各地で行ってきたおよそ1,000回の講演をベースに，地球温暖化問題を映画化した「不都合な真実（An Inconvenient Truth）」が2006年に全米で封切られ，その後日本を含めて世界的に大ヒットするとともに，アカデミー長期ドキュメンタリー賞を受賞した。そして，2007年12月にゴアはその精力的な活動が認められ，IPCCとともにノーベル平和賞を受賞した。環境問題を主題にしたドキュメンタリー映画がこれほどまでにヒットした事例はほとんどなく，しかも彼の活動にノーベル平和賞が与えられたことは，環境問題，とりわけ地球温暖化に関する人々の意識向上と危機感の表れの一つとして評価できるだろう。

　しかしながら，グローバル社会を全体的に俯瞰するならば，地球温暖化はあくまでも数ある地球規模問題のうちの一つにしか過ぎない。本章では地球温暖化も含めた地球環境破壊のみならず，途上国の飢餓・貧困，世界的な食糧問題，さらには紛争問題もあわせて考察することで，地球規模問題の実態を浮き彫りにしながら，グローバル社会の現状を概観してみたい。

1　加速する地球環境破壊

（1）「不都合な真実」

　まずは，地球温暖化についてさらに詳細に見てみよう。気候変動に関する政府間パネル（IPCC）の第4次評価報告書によると，2100年までに地球の平均気温は1980年〜1999年の平均気温と比べて1.1〜6.4度上がり，海面も18〜59センチ上昇する（IPCC, 2007a：7）。もし平均気温が産業革命以前に比して2度上

がり，海面が50センチ上昇した場合，日本では90兆8千億円の資産が水没で失われ，洪水防止に必要な費用は約10兆円かかること，また農業への影響では，最悪の場合中国で米の収穫量が78％，モンゴルで小麦の収穫量が67％減少することがIPCCの1998年の研究で指摘されている（Watson et al., 1998 : 371-373）。そして温暖化の影響で，世界で水不足を含めた水ストレスが深刻になり，2025年には50億人（IPCC, 2001 : 9），2050年には70億人が水不足に陥ると国連が警告を発している（United Nations, 2003 : 10）。さらに，より短期的なスパンでいうならば，もし早急に二酸化炭素の排出を20％削減できなければ，2010年ごろに気温が急上昇し，生態系や食糧生産に多大な影響が出ることも予測されている（松岡, 1998 : 27-30）。[2]

　ここで鍵になるのは，「2度」である。山本良一によると，温暖化による気温上昇を人間が生存可能な範囲内にするためには，地球の平均気温の上昇を産業革命以前と比しておよそ2度以内に収めなければならない（山本, 2007 : 43-47）。しかし，すでに地球の平均気温は0.74度上昇しており，IPCCのA1シナリオ（高度成長社会シナリオ）に基づく気候予測シミュレーションでは，2028年ごろに2度を突破すると予測されている（山本編, 2006 : 112 ; 山本, 2007 : 87）。

　このような危機的な状況に対処するために，世界各国は1992年に国連環境開発会議（UNCED : United Nations Conference on Environment and Development, 別名リオ・サミット）を開催し，気候変動枠組条約を発効させ，1997年12月に京都で開催された第3回国連気候変動枠組条約締約国会議（UNFCCC-COP3 : The 3rd Session of the Conference of the Parties to the United Nations Framework Convention on Climate Change）の場で，2008年から2012年の間に先進国が平均で5.2％の二酸化炭素を削減させるという京都議定書を締結した。さらに，2007年4月には，史上初めて国連安全保障理事会の場で温暖化問題が取り上げられるなど，地球温暖化に対する危機感と対応策の検討は世界的に広まっている。

　しかし，温暖化を防止する核となるはずの京都議定書は大きな欠陥を抱えている。まず，その削減規模の小ささである。スターン報告書によると，温暖化

による気温上昇を2度程度に抑えるためには大気中の二酸化炭素濃度をおよそ450 ppmから550 ppmの間で安定化させる必要がある（Stern, 2006 : vii）。そのためには，先進国は2020年までに1990年比で25〜40％，世界全体では2050年までに2000年度比で50％（先進国は80〜95％）以上の二酸化炭素削減が必要であるのに対し，議定書で決まった削減率はわずか5.2％でしかない（United Nations, 1998 : 3 ; IPCC, 2007b : 15 ; 2007c : 5）。次に，この議定書は先進国が対象であって，途上国は削減義務を負っていない。二酸化炭素排出量世界第2位の中国（18.8％）や第5位のインド（4.2％）は対象外である。[3]

しかし，この議定書の最大の問題は，世界で最も温室効果ガスを排出していたアメリカ（21.4％）が議定書から離脱していることである。このため，ウィリアム・ノードハウス（William Nordhaus）は，京都議定書で包摂している温室効果ガスは30％に過ぎず，多くの国々が議定書に参加したとしても地球平均気温に対してほとんど影響を与えないことを明らかにしている（Nordhaus, 2005 : 2）。

2008年7月に開催されたG8洞爺湖サミットで，京都議定書を離脱しているアメリカも含めて，「2050年までに世界全体の温暖化ガス排出量の少なくとも50％の削減を達成する目標をUNFCCCの締約国と共有し，交渉において検討し，採択することを求める」との首脳宣言が採択されたことは評価できる。しかし，この宣言を受け入れるように求められた中国，インド，ブラジル，メキシコ，南アフリカの新興5ヶ国は，逆に先進国がまず2020年までに1990年度比で25〜40％，2050年までには80〜95％削減するよう要求し，「排出量削減の世界全体の長期目標を含むヴィジョンの共有を支持」したものの，具体的な数値や時期については明記させなかった。[4]

また，途上国が温暖化に適応するための資金として2030年の時点で490〜1,710億ドル（UNFCCC, 2007 : 20-21），途上国における開発計画に「適応策」を組み込むための追加的費用は年間90〜410億ドル（World Bank, 2006），2050年に世界の二酸化炭素排出量を2005年レベルから半減するためには，2050年までに45兆ドル（年間1兆1,000億ドル）が必要と見積もられている（IEA, 2008）。

先進国が中期目標を明確に提示・確約し，目標達成のための革新的な政策を打ち出し，政策を実施するために必要な資金を創出して，これらを確実に実施していくことなしに，新興国は納得しないであろうし，温暖化防止も到底おぼつかないと思われる。

（2） 森林破壊

次に，森林に目を向けてみよう。20世紀初頭，地球上には推定50億ヘクタールの森林があったが，毎秒テニスコート20面分の割合で破壊され（山本編，2003：49），現在は39億ヘクタールに減少している（Brown, 2006：80-81）。このままでは50年後にすべての自然林が消失してしまう国が出る恐れがある。[5]たとえば，ハイチはかつて大部分が森林で覆われていたが，現在森林面積は国土の2％にも満たない（Brown, 2006：82）。

また温暖化によって，熱帯林の乾燥化が進み，2100年にはアマゾンの豊かな森の3分の2が消滅し，砂漠になるとの予測もなされている（NHK「気候大異変」取材班・江守，2006：78）。もしそれが現実化した場合，熱帯林の二酸化炭素吸収力が失われるのみならず，逆に熱帯林は二酸化炭素排出源になり，現在人類が放出しているすべての二酸化炭素の8年分を放出することになる。その結果，2090年代には二酸化炭素濃度が980 ppmに達する可能性も指摘されている（NHK「気候大異変」取材班・江守，2006：79）。

森林が土壌の形成と保全，保水，生物種の育成，気候の安定，二酸化炭素の吸収など，生存環境の保全に重要な役割を果たしていることを鑑みると，森林破壊の人間生活や生態系への悪影響は計り知れない。このような状況にもかかわらず，京都議定書のように森林破壊を法的拘束力を持って防止するための条約は現在のところ存在しない。[6]

ここに挙げた問題は，数ある環境問題のほんの一例に過ぎない。その他にも，オゾン層破壊，資源の枯渇，種の絶滅，酸性雨，砂漠化，土壌流出，海洋汚染，廃棄物，環境ホルモンなど問題は山積している。同時並行，かつ負の相乗効果を働かせながら生起しているこれらの問題をトータルに捉えたとき，現状の地球はしばしば「氷山にぶつかったタイタニック号」状態に例えられる。つまり，

環境問題は遠い未来の問題ではなく，近い将来私たちが直面する生存にかかわる問題であるとの比喩である。残念ながら，グローバル社会はこのような生存をも左右しかねない重要な諸問題に対して，十分な対応ができているとはいえない。これが21世紀の冷厳な現実である。

2　拡大する貧富の格差と今後の食糧事情

（1）　世界の貧困問題と貧富の格差

　この「タイタニック号」ならぬ「宇宙船地球号」の中で三等船客，つまり途上国の多くの人々は貧困に喘ぎ苦しんでいる。一例として，ケニアの首都ナイロビにある東アフリカ最大のスラム「キベラ（Kibera）」を見てみよう。キベラには政府の手は入っておらず，自ら自治を行っているが，衛生状態は劣悪で，下水はそのまま処理されずに排出され，廃棄物は放置され，異臭が漂っている。トイレも40世帯に1つあるだけで，暗くて狭いトタン屋根の住居にあふれんばかりの人たちが住んでいる。学校はあるものの，ほとんどの家庭が制服や教科書代などの学費を払えず，インフォーマル・スクールに子どもたちを通わせている。人口が100万人近いコミュニティにもかかわらず，病院は一軒もなく，看護師と助産婦がいるだけの「診療所」が7つあるのみである。HIV感染率は推定40％で，マラリアにかかっている住民も多い。住民の一部はナイロビに日雇い労働者として出かけているが，片道20シリング（34円）のバス代が払えず，数時間かけて徒歩で通勤することも珍しくない（上村，2007c：231-234）。

　キベラは貧困の一つの事例に過ぎない。世界全体では12億人が絶対的貧困の状態にあり，8億2,000万人が飢餓で苦しみ，毎日3万人近い子どもたちが飢餓や栄養不足で死んでいる(7)。また，死までには至らなくても，貧困は多くの人々，特に子どもたちが健康に生きられない状況を生み出している。20秒に1人，1日に1,900人の子どもたちが新たにエイズに感染し，アフリカでは，治療可能な病気であるマラリアが子どもの死亡原因の20％を占め，世界では20億人近くが結核にかかっている。途上国は世界人口の84％を占めながら，保健衛生予算は世界全体の11％以下しかなく，貧困であるがゆえに途上国において疾病が蔓

延していることがわかる(UNITAID, 2007b)。

　もちろん,グローバル社会もこのような問題に目をつぶっていたわけではなく,これまで政府開発援助(ODA:Official Development Assistance)など多大な努力を払ってきた。しかし,1960年に30対1だった貧富の格差は,1989年に59対1にまで広がり,近年のグローバリゼーションの進展もあって,2002年にその比率は114対1になっている(UNDP, 2002:1)。その格差の例として,ソニー・カプール(Sony Kapoor)は,ニューヨークとロンドンの2,000〜3,000人の銀行員が毎年400億ドル(4兆円,1ドル=100円で計算。以下も同様)のボーナスを手にし,上位20位までの金融市場のプロ(ヘッジ・ファンドや債券のマネージャー)が毎年120億ドル(1兆2,000億円)を獲得するなど,世界で最も富裕な層1%が,世界のすべての富の40%を所有する一方,1日に1ドルの収入も得ることができない人が12億人いることを示し,異様なまでの世界規模での格差社会の姿を浮き彫りにしている(Kapoor, 2007b:1)。

　これらの例は格差を示す一例に過ぎないが,現在のグローバル社会は,先進国や途上国の一部の富裕層が贅沢三昧の生活でダイエットに励む裏側で,主に途上国に居住する貧困層は,飢餓と貧困と疾病に打ちひしがれているというのが現実である。

　この貧困問題を中心に,地球規模の諸問題に対処するために,2000年の国連ミレニアムサミットの場で,世界各国は国連ミレニアム開発宣言,ならびに国連ミレニアム開発目標(MDGs:Millennium Development Goals)を採択した。MDGsは,

　①極度の貧困と飢餓の撲滅
　②普遍的初等教育の達成
　③ジェンダーの平等の推進と女性の地位向上
　④乳幼児死亡率の削減
　⑤妊産婦の健康の改善
　⑥HIV/エイズ,マラリア,その他の疾病の蔓延防止
　⑦環境の持続可能性の確保

⑧開発のためのグローバル・パートナーシップの推進

という8つのゴールから成り立っている（国連開発計画, 2006：3）。

　また，それぞれのゴールにターゲットを設け，いつまでにどの程度の解決をめざすかという数値目標もあわせて示されている。たとえば，①については，「2015年までに1日1ドル未満で生活する人口を半減させる」，「2015年までに飢餓に苦しむ人口の割合を半減させる」などのターゲットを掲げている。

　このような目標が具体的な数値目標とともにグローバル社会に提示され，各国がコミットメントを表明したことは高く評価できる。しかし，MDGsを達成するために最低限必要な追加資金である年間500億ドル（5兆円）が調達される見込みはまったく立っておらず，その達成が危ぶまれている。[9]

（2）　今後の食糧事情

　さて，次に「宇宙船地球号」の一等船客についてであるが，今後彼らが現在のような生活を続けることが可能かどうか疑わしいということも述べておかなくてはならない。1900年に16億人であった世界人口は，その後100年で60億人を超え，2050年には93億人になると予測されている。[10]しかも，多くの人々は穀物を大量に消費する肉食に移行している。

　ここで鍵になるのは，世界最大の人口を抱える中国である。現在中国は世界の主要産品（穀物，食肉，石油，石炭，鉄鋼）のうち，石油以外ではその消費量はアメリカを超え，世界一である。2005年の穀物消費量は3億8,000万トンで，アメリカの2億6,000万トンより圧倒的に多い。また，大量の穀物を消費する食肉の中国における消費量は2005年には6,700万トンで，アメリカの3,800万トンを大きく引き離している（Brown, 2006：9）。[11]そのために，家畜の飼料として大量に大豆を輸入しているが，その量は2005年に2,580万トンと世界の輸入量の4割を占めるようになった（足立, 2006：11）。さらに，中国が現在の台湾と同じレベルの食生活になるとすれば，2030年には4億トンもの穀物を輸入しなければならなくなると予測されている。しかし，世界の穀物総輸出量は1993年時点で2億トンであり，中国に4億トンもの穀物を輸出することは事実

上不可能である（足立, 2006:11）。

　世界全体で見ると，食肉消費量は，1950年の4,700万トンから2005年の2億6,000万トンに増加し，一人当たりの食肉消費量は17キログラムから40キログラムへと2倍以上に増えている（Brown, 2006:170-171）。さらにレスター・ブラウン（Lester Brown）は，近年の穀物が石油の代替燃料となるバイオエタノールに転用されている事実も踏まえて，「飽食を続けるアメリカ3億人の胃袋」，「食肉のおいしさに目覚めた中国13億人の胃袋」，そして「穀物からエタノールをというバイオ燃料製造業」という巨大な食糧需要を指摘している（Brown, 2006:15）。

　これまでは，農地の拡大と農業の近代化などによる生産性の向上で穀物生産量を1960年代のおよそ10億トンから2000年の約20億トンに増加させ，急増する需要を賄ってきたが，農地の拡大はすでに限界点に達し，農業の近代化による生産性の向上も頭打ちになってきている。その結果，急増する人口と需要に食糧生産が追いつかず，2030年には世界全体で5億2,600万トン，つまり約15億人分の食糧が不足することが予測されている（ブラウン＆ケイン, 1995:184）。そこに，先に見た温暖化や森林破壊，水不足の影響などを考えると，このままでは食糧危機は避けられない状況に近づいているといわざるを得ないのである。

3　途絶えることのない紛争

　この「宇宙船地球号」の「沈没」を防ぐためには，すべての船客が力を合わせて事に当たらなければならない。しかし，この船の中で起こっていることは，絶え間のない争いである。すでに第1次世界大戦で1,000万人，第2次世界大戦では4,000～6,000万人の人命が失われたが，その悲惨な経験にもかかわらず，第2次大戦終了後も世界151ヶ所で紛争や内戦が勃発し，戦死者は1億人に上っている（Menon, 2001:2）。しかも，近年のアメリカによるイラク攻撃の例を出すまでもなく，死傷者の90％は民間人である（Korten, 1995:20）。

　拳銃，自動小銃，機関銃などの小型武器は，この20年間で毎年600万丁生産され，およそ5億5,000万丁の武器が世界中に存在し，2000年だけで少なくと

第 1 章　脅かされる未来

も150億発の弾薬が生産されている（レナー, 2002：263）。さらに, この「地球号」の中には, 実に7,000万個ともいわれる地雷が埋め込まれ, 1日におよそ70人が足や手を吹き飛ばされ, 命を失っている。その「悪魔の兵器」を地上から葬り去るために, NGOなどが年間約10万個の地雷を撤去しているが, その一方で私たち人類は毎年200万から500万個の地雷を新たに埋設しており（Menon, 2001：3）, このままでは地雷の全面撤去には果てしない時間が必要となる。

　さらに, 地球に住むほぼすべての生命を一瞬にして消滅させることのできる核兵器をアメリカ, ロシア, イギリス, フランス, 中国の5大国は現在も所有し続けていることを忘れてはならない。その核弾頭数は5大国分にインド, パキスタン, イスラエル分を合わせると26,000発と推定され（SIPRI, 2007：21）, 全人類を10回以上殺傷することができるといわれている。一方で地球環境問題のさらなる悪化とともに, 食糧危機, 水不足, エネルギー・資源の枯渇が予測され, 他方でますます広がる経済格差, 先鋭化するイデオロギーや宗教の対立, 多発するテロなどを考慮すると, この先核兵器が使われる可能性が決してないとは言い切れないところに現実の厳しさがある。

　この紛争問題は世界の貧困問題の一大要因でもある。なぜなら, 世界各国が1年間に費やす軍事費は2006年のデータで, 1兆2,040億ドル（120兆4,000億円）にも上る（うち46％はアメリカ一国の軍事費）からである（SIPRI, 2007：12）。もしこれだけの予算が地球規模問題の解決のために使われていれば, 国連ミレニアム開発目標の達成はもちろんのこと（500億ドル）, 核兵器や化学兵器も含めて世界中のすべての武器を解体し（1,720億ドル）, すべての地雷を撤去し（330億ドル）, 途上国のすべての債務を帳消しにし（4,580億ドル）, 飢餓で苦しんでいるすべての人々に1年分の食糧を供給し（1,000億ドル）, 砂漠化を防止できる（87億ドル）など, あらゆる問題を解決する資金足りえるのである（田中, 2005：177；田中ほか, 2006：94）。

　このように, 地球環境問題, 貧困問題, 食糧危機の可能性, そして紛争など地球規模問題を中心にグローバル社会の全体像を概観してきたが, 「このままでは破局が避けられない」との議論を覆すだけの論拠を見出せないほどの厳し

い現状を，これらの事実は物語っているように思われる。

4　本書の視座

　なぜグローバル社会は「破局的」ともいえる状況に追い込まれたのだろうか。その原因は多種多様であり，あらゆるレベルで，さまざまな角度から考察される必要があるだろう。(14)このことを大前提としながらも，とりわけ本書で着目したいのは，グローバルなレベルで効果的なガヴァナンスが欠如しているという側面である。すなわち，このグローバル社会の「破局的」状況は，1980年代以降加速度的に世界を覆うようになったグローバリゼーションとその中核にあるグローバル市場の巨大化，そしてこれらが生み出す諸問題に対して，1648年のウェストファリア条約締結以降拡大し，今日地球の隅々まで到達した主権国家システムが十分に対応し切れていないことを映し出しているのではないだろうか。

　もしそうであるならば，主権国家システムを超えたグローバルなガヴァナンスの考察，そのためのグローバルな分析枠組が必要となろう。換言すれば，グローバルな危機の原因を探り，処方箋を考案し，あるべき社会の姿と実施主体を検討するためには，グローバル社会の基本構造を分析し，グローバル社会がいかに統治されているのか，そしていかに統治されるべきなのかということを理解，構想する必要があるだろう。

　同時に，従来の延長線上にある解決策や構想では，これほどまでの問題を解決するには限界があると思われる。今こそ従来の発想を超えた革新的な解決策や構想が求められているのではなかろうか。

　以上の視座をもって，次章ではグローバル社会の基本構造とグローバルなレベルでのガヴァナンスの分析枠組を議論したい。

注
（１）　ここで注意を要するのは，IPCC第4次報告書は，これまでの報告書とは異なる基準年を採用していることである。すなわち，これまでは産業革命以前を基準年

としていたが，今回の報告書は1980〜99年の平均気温を基準としている。産業革命以前の基準で議論する場合は，0.6度加算する必要があり，以前の基準を用いると，2100年までに地球平均気温は1.7〜7.0度上がることになる。
（2） なお，「20％削減」というのは1990年レベルからの削減率のことである。
（3） 排出量の比率は2005年時点のものであり（IEA, *CO2 Emissoins from Fuel Combustion 2007* を元に環境省が作成した資料による），現在は中国が世界最大の排出国になっている。
（4） 日本経済新聞，2008年7月10日。
（5） WWFジャパン，http://www.wwf.or.jp/activity/forest/crisis.htm（2008年1月28日閲覧）。
（6） ただし，法的拘束力を持たない森林原則声明は存在する。
（7） FAOプレスリリース，http://www.fao.or.jp/news/documents/2006.10.30.pdf（2008年1月13日閲覧）。
（8） UNDPがいう「貧富の格差」とは，世界の最富裕層20％と最貧困層20％の格差のことである。
（9） "Delivering on the Global Partnership for Achieving the Millennium Development Goals : Where are the gaps？", *Report of the MDG Gap Task Force*, the UN Department of Public Information――DPI/2517 D――September 2008, retrieved from : http://www.un.org/esa/policy/mdggap/mdggap＿factsheet％20.pdf on 19 November 2008.
（10） Population Reference Bureau, *2004 World Population Data Sheet*, http://www.prb.org/（2006年1月27日閲覧）。
（11） ブラウンによれば，1キログラムの鶏肉を生産するためには2キログラムの，豚肉は4キログラムの，牛肉は7キログラムの穀物が必要となる（Brown, 2006 : 171）。
（12） カンボジア地雷除去キャンペーン，http://cmc-net.jp/index.html（2008年1月13日閲覧）。
（13） ネットワーク『地球村』，http://www.chikyumura.org/earthNow/booklet/1/41.pdf（2008年1月14日閲覧）。
（14） たとえば，原因は先進国，途上国，国際社会という各々のカテゴリー，あるいはローカル，ナショナル，リージョナル，グローバルというそれぞれのレベルで存在する。詳細については，上村（2005b : 106-117）を参照されたい。

第2章
グローバル・ガヴァナンスをめぐる分析枠組

　本章は，グローバル社会はいかなる構造を持ち，いかに統治されているのか，そして持続可能なグローバル福祉社会を実現するために，今後いかに統治されるべきなのかという課題を中心に，本書の理論的枠組を構築することを目的とする。[1]

　そこで，その準備作業として，まず一旦分析のレベルを国内社会まで下ろし，市民社会論をベースに国内社会の基本構造に関する分析枠組を吟味する。この分析枠組を用いてガヴァナンスの姿を浮かび上がらせ，それとガヴァメントの相違を検討しながら，「共治」としてのガヴァナンスの重要性を確認したい。続いて，国内社会の基本構造の分析枠組をグローバル社会に適用することで，グローバル・ガヴァナンスの位置づけを明確にし，その構成要素と定義を議論する。さらに，グローバル・ガヴァナンスの透明化，民主化，アカウンタビリティの確立のために必要な要素の抽出も試みる。

　これらの議論を土台に，まずグローバル政府，グローバル市場，グローバル市民社会，グローバル・ガヴァナンスから構成されるグローバル三項分析モデルを，続いてグローバル・ガヴァナンス自体の分析枠組として，「ハード・ガヴァナンス」，「ミドル・ガヴァナンス」，「ソフト・ガヴァナンス」からなる三層ガヴァナンス分析枠組を提示し，本書の分析枠組を構築したい。

1　三項モデルの検討

（1）　政府，市場，市民社会

　グローバル社会の基本構造の分析枠組を導出するに当たり，まず議論の手掛

かりとして，国内社会の基本構造を分析するための枠組を考えたい。そのための枠組は多々あるだろうが，本書では市民社会論が論じられる中で提示されてきた三項モデルを検討する。市民社会の定義についてはいまだに一致した見解が見られないが，ここでは市民社会（論）の変遷を時系列的に大きく3つの段階に分けて整理してみたい。

市民社会の起源は，古代ローマで政治社会を意味した「ソキエタス・キウイリス（societas civilis）」にあると言われている（北村，2006：57）。この最初の段階では，市民社会は政治共同体（ポリス）と同一視されていた〈国家＝市民社会〉。人々は国家の統制的権力によって保護された法治社会の下で文明を生み出したとされる（滝田，2006：207）。その後，第二段階において，国内市場と国民国家が漸次的に形成され，18世紀前後の市場経済の発展によって国家から社会が分離することとなった〈国家―市民社会〉（篠原，2004：94）。それは「ブルジョア社会」（マルクス）あるいは「欲望の体系」（ヘーゲル）と同一視され，市場経済を中心とする市民社会が成立したと理解される（臼井，2006：8；滝田，2006：207）。

第三段階は，市民社会が中央集権的近代国家とともに発展する一方で，中央集権的権力を抑制する公的領域としての役割を担うようになった段階である。この段階において，市民社会は国家からも，市場からも分離され，相対的に独立した公的領域として認識される〈国家―市場―市民社会〉（図2-1）。この市民社会論の系譜には，ユルゲン・ハーバーマス（Jürgen Habermas），ジョン・キーン（John Keane），ジーン・コーヘン（Jean Cohen）などがいる。

ハーバーマスは「〈市民社会〉の制度的核心をなすのは，自由な意思に基づく非国家的・非経済的な結合関係である」と述べ，市民社会とは国家と市場とを排除した民衆の自発的な公的領域にほかならないと論じている（北村，2006：59；千葉，2002：118）。そして，この民衆の公共領域としての市民社会は，「教会，文化サークル，学術的社会，独立のメディア，スポーツ関係の共同社会，レクリエーション関連の集団，市民フォーラム，市民運動，職業団体，政党，労働組合，オルターナティヴな諸施設など」によって構成されるとしている（ハーバーマス，1992：xxxviii；千葉，2002：118；滝田，2006：209）。

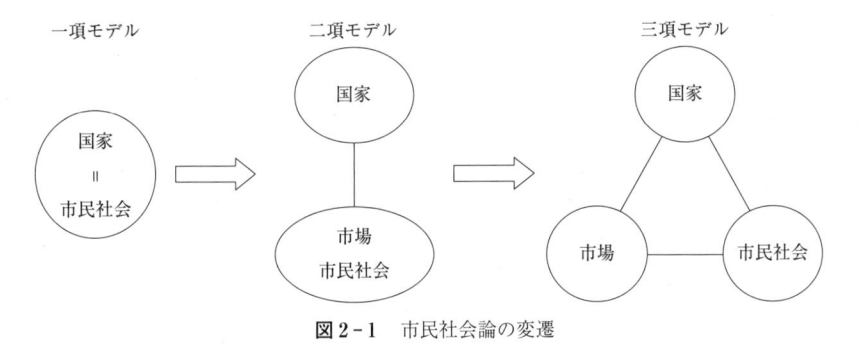

第2章　グローバル・ガヴァナンスをめぐる分析枠組

```
一項モデル        二項モデル              三項モデル
                   国家                    国家
  国家                                    /    \
   ＝      →      │         →          /      \
 市民社会            市場                市場 ─── 市民社会
                  市民社会
```

図2-1　市民社会論の変遷

出典：臼井（2006）をもとに筆者作成。

　市民社会の中に市場を含めるかどうかは現在も論争中であるが，コーヘンは「市民社会が国家セクター外の全てを包含するという二項モデルは，自由主義的なものであれマルクス主義的なものであれ，それがどのようなものであっても今日においては有用ではない」と断言し，「市民社会は経済と国家から区別された社会的相互作用の領域であり，特に（家族を含む）共同と公共によって構成されている」と定義づけている（コーヘン, 2001：43-46）。

　この二項モデルと三項モデルの対立について毛利聡子は，「現在の世界構造をよりよく理解するためには，市民社会を政治領域との関係だけでなく，経済領域との関係において捉えることは重要だと考える。なぜなら，市民社会を国家との関係のみで捉えると，必ずしも政治との関わりをもたない非国家主体間のダイナミズムや非国家主体による市場への働きかけが捨象されてしまうからである」と述べ，三項モデルの有意性を主張している（毛利, 2004a：140）。

　これらの議論を踏まえ，さらに1989年の東欧革命において，「国家に対抗する市民社会」という座標軸のもとにいわば「公的領域モデル市民社会論」は理論的にも実践的にも提示され（千葉, 2002：119），市民社会が私的自由と私的欲望のみを確保する場ではなくなったことを証明した「市民社会論ルネッサンス」（キーン）も勘案して，本書では三項モデルを分析モデルとして採用する。ただし，後ほど行うグローバル社会の分析との関連で，国家を政府と置き換えておく。

(2) 「政府の失敗」,「市場の失敗」, 市民社会の台頭とガヴァナンス

　近現代史, 特に先進諸国のそれを振り返ったとき, 一国内で生起する諸問題を解決し, 国民の生命, 財産を守り, 公共的福祉を提供してきたのは, 多くの場合国家（政府＝ガヴァメント）であった。しかし, 20世紀後半に入り, 政府による統治が困難に直面する。一方で社会が高度化, 複雑化, 高齢化し, それに呼応する形で政府が肥大化・官僚化し, 財政が慢性的に赤字化したこと, 他方で地球環境問題を始めとする国境を越えて生起する諸問題が顕在化, 深刻化したことを背景にして,「国家（政府）は国内の諸問題を解決するには大きすぎ, グローバルな課題を解決するには小さすぎる」と喧伝されるようになった。

　これらと並行して, 伝統的な政治参加の枠組が形骸化し, 先進諸国の民主主義が機能不全に陥る「民主主義の赤字」の問題も顕在化してきた。ボアヴェンツーラ・デ・ソウサ・サントス（Boaventura de Sousa Santos）とレオナルド・アヴリッツァー（Leonardo Avritzer）は, これを「民主主義の危機」と捉え, とりわけ先進国で広範に採用されている「リベラル民主主義（代表制エリート民主主義）」が, 投票率が劇的に低下している「参加の病理」と, 市民が選出した代議士が自らを代表していると感じられなくなっている「代表の病理」によって, 危機的状況に陥っていることを指摘している（Santos & Avritzer, 2005：xxxvi, lxvi）[4]。

　このように, 政府の肥大化と官僚化, 慢性的な財政赤字, 地球規模問題への効果的な対応の欠如, 民主主義の形骸化などは, 広い意味で「政府の失敗」と呼べる状況を表しているといえるだろう。

　「政府の失敗」に対する一つの対応が, いわゆる「構造改革」を通じて「小さな政府」を実現し, 規制緩和, 民営化, 高所得者と法人に対する減税を進め, 市場の力を最大限に生かすことで経済成長を図り, 諸問題を解決することを意図した新自由主義の考え方であった。この市場を重視するイデオロギーは1979年に誕生したイギリスのマーガレット・サッチャー（Margaret Thatcher）政権, その翌年に成立を見たアメリカのロナルド・レーガン（Ronald Reagan）政権から始まり, その後世界を席巻した。新自由主義に基づく政策の遂行によって, 多くの国々で財政の健全化や経済の活性化, そして経済成長が促進されたが,

それによってすべての問題が解決されたわけではなかった。逆に，とりわけ教育，福祉，医療予算の削減や格差の拡大を通じて，結果として貧困層に打撃を与えることとなったことは，現在ではよく知られている。以上のことを，広い意味で「市場の失敗」と呼んでもよいかもしれない。

　「構造改革」を進めた日本においても，不良債権処理の進展や赤字国債発行の削減，失業率の低下などの成果も見られたが，それ以上に非正規社員の急増と雇用の不安定化，労働条件の悪化，「ワーキングプアー」の増加，地方財政の窮乏など「格差社会の到来」が声高に叫ばれ，構造改革の負の影響が問題視されるようになった。今では構造改革以前の統治のあり方への回帰を望む声さえ聞こえてくる。

　とはいえ，「バラマキ」予算を通じた財政の赤字化や行政の肥大化を伴う恐れのある従来の「大きな政府」的統治手法がより良い選択肢とも限らない。構造改革の推進の試みも含めて，ここで明らかになっているのは，基本的に政府が統治のすべてを担ってきた20世紀型の統治スタイル（ガヴァメント）がすでに制度的に破綻しつつあるという事実であろう。

　この現象をアクターレベルで考察すると，選挙で当選するために近視眼的にならざるを得ない政治家，多種多様な問題の対応に追われる一方，官僚機構の中で現場の感覚を失い，人々の生活から離れてしまった官僚，常に利益が第一の企業が，「政府の失敗」や「市場の失敗」を引き起こしてきたということもできるだろう。

　政府単独で問題を解決し，円滑な統治を行うことが困難であるのならば（政府の失敗），そして，市場や企業に任せればあらゆる問題が解決されるのでないのならば（市場の失敗），そのどちらでもない，あるいは両者の短所を最小化し，長所を最大化させるような「第三の道」を探る必要がある。そこで注目を浴びるようになったのが市民社会であり，そこに存在するNGO，NPO，協同組合，労働組合，大学，社会運動，市民運動，職業団体などの市民社会のアクターであった。

　概して現在起こっていることをリアルに把握し，現場の声を汲み取ることのできる現場性と，政府や企業が持たない専門性，小さい組織とネットワークか

第Ⅰ部　グローバル社会の課題とガヴァナンスの実際

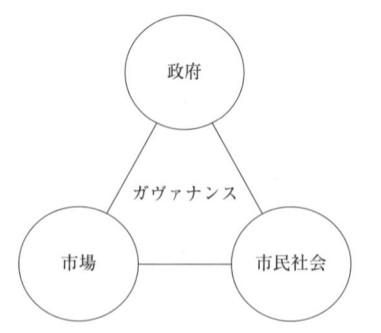

```
          政府
           ○
          /  \
         /ガヴァナンス\
        /        \
       ○----------○
      市場       市民社会
```

図2-2　国内社会の基本構造とガヴァナンス
出典：筆者作成。

らなる柔軟性を持った市民社会アクターの多くは，これまでは基本的に国家に対する対抗勢力であり，「民主主義の赤字」，市場や企業の行き過ぎに対する「お目付け役」，社会問題の顕在化などの役割を果たしてきた。

　しかし，現在の閉塞状況において，市民社会は上述の役割に加えて新たな役割を要請されるようになった。それが政府や市場との協働（パートナーシップ）である(5)。すなわち，「政府の失敗」，「市場の失敗」を乗り越え，現状を打破するために，一国内において，政府のみならず，NGO，NPO，協同組合，労働組合，大学，社会的企業，地方自治体などあらゆるステークホルダー（利害関係者，利害関係団体）が相互に持続可能な福祉社会の実現をめざすパートナーとして，課題設定や政策形成，意思決定，政策の実施に対等の立場で参加し，困難な問題の解決に共に取り組んでいく，オープンで，透明で，参加型で，民主的な21世紀型の「共治（共同で統治を行うこと）」が要請されるようになったのである(6)。このようなさまざまなステークホルダーが参加して，公共的な問題の解決を図る共治のことを，ここでは「ガヴァナンス（governance）」と呼んでおこう。これを図式化すると図2-2のようになる。

　このような「第三の道」的ガヴァナンスの試みは，すでにいくつかの国で実践されている。たとえば，ブレア政権以降のイギリスや長らくネオ・コーポラティズムの歴史を持つ北欧諸国などがその例として考えられる(7)。

2 グローバル三項分析モデルの提示

ここまでは、国内社会の基本構造を理解する分析枠組として、市民社会論から導出された三項モデルを用いて議論を展開することで、ガヴァナンスの姿と国内社会の中での位置づけを浮き彫りしたが、今度はこの三項モデルをグローバル社会に適用し、グローバル・ガヴァナンスの姿とその位置づけを検討しよう。

(1) グローバル政府、グローバル市場、グローバル市民社会

先述の三項モデルをグローバル社会に当てはめると図2-3のようになるだろう。すなわち、国内社会の政府、市場、市民社会、ガヴァナンスが、グローバル社会ではそれぞれグローバル政府、グローバル市場、グローバル市民社会、グローバル・ガヴァナンスに対応するモデルである（図2-3）[8]。

① グローバル政府

グローバル「社会」という限りは、グローバル市場、グローバル市民社会の存在に加えて、「グローバル政府」ないし「世界政府」とも呼べる権力体が不可欠であろう。すなわち一国内において正当性と権力を持って一元的な統治を行う政府が存在するように、正当性と権力を持って一元的な統治を行う「グローバル政府」ないし「世界政府」がグローバル社会の成立には必要である。

深井慈子によると、このグローバル政府論ないし世界政府論の歴史は古く、第2次世界大戦後、世界戦争の再発を防ぐ観点から世界連邦主義者たちにより盛んに論じられ、1970年代に入ると環境問題の視点から活発な議論が行われた。たとえば、ガレット・ハーディン（Garrett Hardin）は、1968年に発表した有名な「コモンズの悲劇（The Tragedy of the Commons）」で世界政府という言葉は用いていないものの、世界的な人口問題を解決するためには、影響を受ける多数の人々によって合意された「相互強制（mutual coercion）」が必要であり、この原則に則って出産の自由を放棄する必要性を論じている（Hardin, 1968：

図中テキスト：
- グローバル政府
- 政府
- グローバルガヴァナンス
- ガヴァナンス
- 市場
- 市民社会
- グローバル市場
- グローバル市民社会

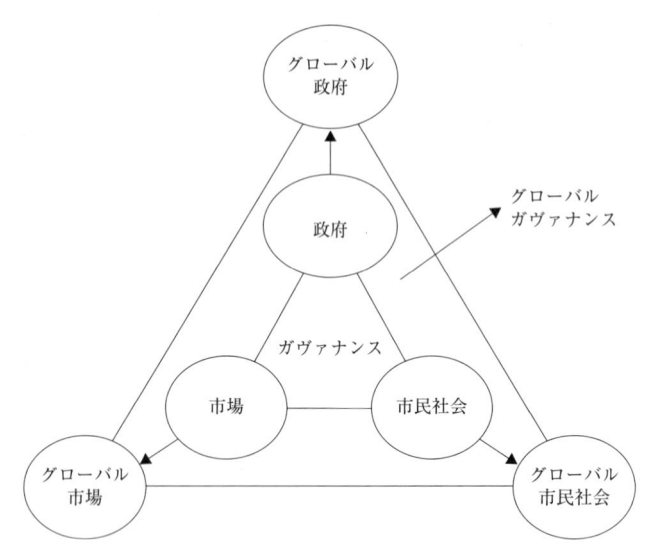

図2-3 国内社会とグローバル社会の基本構造の分析枠組
出典：筆者作成。

1247-1248)。その上で，1972年の著書では，「コモンズの悲劇を避け，持続可能な世界を実現するには，強制力をもつ世界政府による環境規制の法制化と執行により，国家エゴを抑えることが必要だ」とはっきり世界政府について言及している（深井，2005：162-163)。

深井は，ロバート・ハイルブローナー（Robert Heilbroner）の著作に言及して，人間の自発性や良心では生態系的破局から人類を救うことはできず，文明を救う道として，合理的な政策決定と実施能力を持つ専門家（技術官僚）を備え，かつ国家権力を超えるレベルの権力集中を背景に，権威主義的支配のできる世界政府に相当する統治機構の構築が必要であるとの主張を紹介している（Heilbroner, 1975, 1991；深井，2005：163-164)。また，ウィリアム・オフルス（William Ophuls）とステファン・ボヤン（Stephen Boyan）の「今の世界で，地球規模のコモンズの悲劇を防ぎ，地球の生態系を守る道はただ一つ，世界政府だと認めざるをえない状況証拠が圧倒的である」という議論に触れつつ（Ophuls & Boyan, 1992），世界政府に言及している（深井，2005：163-164)。

第2章　グローバル・ガヴァナンスをめぐる分析枠組

　さらに，キャンベル・クレイグ（Campbell Craig）は，アメリカにおける国際関係論の理論分野で大きな影響力を持つアレキサンダー・ウェント（Alexander Wendt）の「世界政府は単純に不可避である」との言葉を紹介しながら，「世界政府の構想は，国際関係思想の中で主流に戻りつつある」と主張している（Craig, 2008：133）。

　その理由は，第一にハーディンの主張するとおり，集合行為問題を解決するためには，共通の問題の解決を図り，コストを公正に分担させる何らかの権威が必要であるが，グローバル・ガヴァナンスでは大国の正当化されていない暴力を排除できず，十分に信用足りえないからである。第二に，グローバルな技術や武器製造技術の到来は，脆弱な社会に，大国やグローバル化された権力に従属するか，信頼のおける世界政府に参加するかという選択肢を与えているからである。第三に，主権国家は外部の脅威を利用して国内における抑圧や権威体制を正当化し，専制的になりがちなのに対して，世界政府にはそのような外部の脅威が存在しないため，原理的に専制を避けうるからである。そして，最後に，グローバル核戦争の恐怖は，主権国家が核兵器を持ち続ける限り続くからである（Craig, 2008：135-142）。

　しかしながら，世界政府論は，実現可能性が低いばかりか，「たとえ実現できたとしても巨大な権力の一極集中を意味するため，多様性と市民の自由と参加，人間的なサイズ（human scale）などを環境問題解決の鍵として重視する傾向が強い持続可能な世界論の中で，少数派」であり，「権力の過度の集中・テクノクラート支配は圧制を生み，政治的文化的な多様性の喪失につながる」という批判を浴びている（深井，2005：164-165）。

　現実にも世界政府は存在せず，グローバル社会を一元的に統治する正当性も権力も持たない300の国際機関と192の主権国家がアナーキカルに存在しているだけである（McGrew, 2000：138）[9]。したがって，厳密にいうとグローバル社会は実態としては存在しておらず，分析概念として存在するに過ぎない。この点について，ロバート・コヘイン（Robert Keohane）も，「ひとつの普遍的なグローバル社会というヴィジョンは幻想である」と述べている。しかし他方で，「現代世界は，国家以外の存在によって社会が構成されているという状況にあ

るので，今や，国際社会というよりグローバル社会について語る方が妥当であるように思われる」とも，「グローバル社会は確かに存在している」とも論じている。おそらく彼の議論のポイントは，グローバル社会は存在するが，「この社会は共通の価値と共通の制度によって地理的に仕切られているわけではない」し，「普遍的なものでもない」というところにあるのだろう（Keohane, 2003 : 134-136）。

　これらの議論を勘案して，本書では，まず普遍的ではないがグローバル社会は存在していると仮定し，次に，世界政府の是非は別にして，グローバル・ガヴァナンスを浮かび上がらせるために，分析概念としてのグローバル政府をグローバル社会の三項モデルの一極として設定する。

② グローバル市場

　さて，次の領域はグローバル市場である。その生成は1980年代，特に冷戦後に加速度的に高まったグローバリゼーション，ならびに新自由主義の席巻と密接に関連している。グローバリゼーションの定義は多種多様であるが，さしあたり滝田賢治による「相対的に以前の段階より人・物・金・情報がより大量に，より短時間で，より低いコストで国境を越え移動しあうようになる変化の過程」との定義を用いておく（滝田, 2006 : 213）。新自由主義が世界に浸透して，各国がさまざまな規制を緩和・撤廃するのと並行して，グローバリゼーションの波が世界中を覆った結果，各国の市場は国境を越えて結びつき，多国籍企業は世界中に展開し，世界貿易，外国直接投資，国際金融市場は拡大し，グローバル市場が形成された。

　グローバル市場のメインアクターである多国籍企業は，1970年にはおよそ7,000社，1992年には37,000社であったが（コーエン＆ケネディ, 2003 : 172），2005年には世界に61,000社，子会社が100万社，下請企業も含めると数百万社が存在するようになった（Utting, 2005 : 4）。世界貿易は，1970年の7,700億ドルから2004年の21兆6,300億ドルに，外国直接投資も1970年の140億ドルから，2006年の1兆2,160億ドルに増加した。外国為替市場に至っては，1973年に4兆ドルだったものが，1980年中葉には40兆ドル，そして2007年には770兆ド

（7京7,000億円）まで急成長している（Kapoor, 2007b : 2）[12]。これはまさに市場のグローバル化と呼べるものであり，グローバル市場の形成とみなすことができるだろう。

③　グローバル市民社会

続いて，グローバル市民社会の形成について見てみよう。グローバル市民社会の定義もまた多岐に渡るが，上述の分析枠組に則って考えると，グローバル国家（政府）もグローバル市場も排除した民衆の自発的かつグローバルな公的領域ということになるだろう。この場合，市民社会がグローバルな広がりを持つという意味での「グローバル」市民社会と，地球市民というアイデンティティを持った「グローバル市民」社会という2つの意味での「グローバル市民社会」が考えられる。

この2つの概念は相互に密接に関連しており，分離して考察することは困難であるが，最初の「グローバル」市民社会の形成についてよく指摘されるのは，1989年の東欧革命を発端とする「市民社会論ルネッサンス」である。すなわち，1989年のポーランド，ハンガリーに始まる東欧の民主化，そしてその結果としての冷戦終焉は，一国レベルでの市民社会を超えた動きそのものであり，市民の手によるものであったことから，市民社会論を活性化させたのである（都留, 2006 : 99）。しかし，より大切なことは，1956年のハンガリー動乱，1968年のプラハの春の例を出すまでもなく，これまで何度も大国や政府に抑圧され，挫折を繰り返してきた東欧諸国の市民社会による民主化運動が，ついに政権交代を実現させ，しかもそれが連鎖反応的に各国に拡大したという事実である。

これらの背景には，1985年にソビエト連邦（当時）の指導者としてミハイル・ゴルバチョフ（Mikhail Sergeevich Gorbachyov）が就任し，「ペレストロイカ（再編・立て直し）」や「グラスノスチ（情報公開）」を基本方針に軍需依存型経済の見直し，長年蔓延った官僚特権主義の打破など，国内改革を促進し，それと連動する形で対外的には「新外交」を旗印に，東西の軍縮，緊張緩和を進めていたことがある。この時代背景を追い風に，東欧各国の市民社会が連帯し，その力を高めたからこそ東欧革命が可能になったといえるだろう。

東欧革命は，ソ連の変化という時代背景に影響を受けながらも，市民社会こそが民主主義を再生する原動力であり，民主主義を旗印に市民社会がグローバルに拡大しうる可能性を示した。ここに，「グローバル」市民社会の一つの萌芽を見てとることができよう。

　滝田は，この東欧革命が引き起こした旧ソビエト連邦の崩壊と冷戦の終焉を，グローバリゼーションの加速化と，それに伴うグローバル市民社会の生成の転機と見ている。すなわち，グローバリゼーションの核となっているのは通信・運輸技術の飛躍的発展であるが，その背景にはソ連の脅威の消滅と，アメリカ政府・議会によって深刻に認識された軍需の民需転換の必要性があった。そのため，冷戦時に軍事に独占的に使用していたインターネット，暗号技術，通信情報衛星，GPS（Global Positioning System：全地球測位システム）などの軍事技術を，アメリカは民生用に開放し，IT革命が進行することとなった。

　特にインターネットに関しては，「テレビ・ラジオなどは送り手と受け手を分断しているが，インターネットは相互作用の媒介としての知識と機能を作り出すがゆえに，協議のための公共圏にとって極めて重要な役割を担いうる」（三上，2003：42-43）ため，この情報通信革命がグローバル市民社会形成の物理的・技術的前提条件になったと論じている（滝田，2006：213-214）。

　この情報通信のグローバリゼーションは，各国内の市民社会のアクターを結びつけたのみならず，国境を越えた市民社会アクター同士のトランスナショナルなネットワークの形成を可能にした。市民社会のアクターの数を正確に知ることは困難であるが，たとえば国際NGOの数は，1956年には985であったが，2003年にはおよそ21,000まで増加したといわれている（横田，2007：123）。

　レスター・サラモン（Lester Salamon）は，こうした状況を捉えて，「これは，19世紀後半における国民国家の台頭が世界に与えるのと同様のインパクトを，今後の世界に与えていくかもしれない。こうした非営利団体は，株主や役員に利益を配当することを目的とする利益団体（企業）とはまったく異なる存在である。非営利団体は，政府の枠組の外側で公共の目的を追求する，大規模な独立的民間機構（第三勢力）なのである」と論じ，これを「連帯革命（associational revolution）」と呼んだ（Salamon，1994：109）。

第2章　グローバル・ガヴァナンスをめぐる分析枠組

　実際に国際NGOは，1992年の国連環境開発会議（リオ・サミット）への参加を皮切りに，1993年の世界人権会議，1995年の第4回世界女性会議，国連社会開発サミット，1996年の世界食糧サミット，1997年のリオ＋ファイブ，2000年の国連ミレニアムサミット，2002年の国連持続可能な開発に関する世界首脳会議（ヨハネスブルグ・サミット）など，一連の国連関連の会議にオブザーバー，場合によっては政府代表団の一員として参加するとともに，これらの会議と並行してNGOフォーラムを開催して，NGOの声や代替案を国連や各国政府に対置するようになった。

　そして，冷戦の終焉と情報通信のグローバリゼーションが加速させた経済（生産・流通・金融）のグローバリゼーションの拡大とその影響に対して，国際NGOのネットワーク化，社会運動のグローバル化とネットワーク化，さらにはネットワークのネットワーク化（メタ・ネットワークの形成）が促進された。その例が，1996年にイギリスのオックスファム（OXFAM）やキリスト教系の団体が中心になり，2000年までに開発途上国の債務帳消しを求めたジュビリー2000であり，1997年に対人地雷全面禁止条約を締結させた地雷禁止国際キャンペーン（ICBL：International Campaign to Ban Landmines）であり，1999年11月にシアトルで開催されたWTO第3回閣僚会議における5万人の抗議集会であり，さらに2001年1月にブラジルのポルト・アレグレで開催され，現在もグローバル市民社会で中核的な役割を果たしている世界社会フォーラム（WFS：World Social Forum）である。このような国際NGOとそのネットワーク，グローバル社会運動とそのネットワーク，ならびにこれらのネットワークのネットワーク化によって，グローバル市民社会の内実が拡充していったといえるだろう。

　さらに，サントスとアヴリッツァーは，ブラジル，コロンビア，インド，モザンビーク，南アフリカにおけるローカルレベルの参加民主主義の実践の分析から，これらのグローバル社会運動や市民社会アクターのグローバル・ネットワークは，ローカル，ナショナル，グローバルな権力に対抗する闘争のために動員されたローカルなイニシャティブから発展してきたことを忘れてはならないことを付け加えている（Santos & Avritzer, 2005: xxvi）。すなわち，グローバ

ルレベルの社会運動やネットワークはこれらローカルレベルの運動とつながっており、その意味でまさにローカルからグローバルまでを包摂したグローバル市民社会が形成されつつあると考えられるのである。

（2） グローバル市民社会の台頭

ここで、グローバル市民社会の台頭を、国内社会における市民社会のそれと対比して考えてみよう。西川潤は、グローバリゼーションの進展の結果、グローバル社会における「市場の失敗」が起こっていることを指摘している。すなわち、「グローバリゼーションは、営利動因で行動する多国籍企業によって推進されている。その結果、『市場の失敗』と言われるような、経済集中、地域や貧富の格差、破産や失業、投機経済の横行、生態系の悪化と公害等を世界大に拡げる傾向がある」と論じている（西川, 2004：52）。

この「グローバル市場の失敗」については、第3章の「グローバル市場の拡大とその問題点」で詳細に議論するが、ここでは一つの例として、投機マネーの横行による原油価格や食糧価格の高騰を検討しておこう。経済産業省が2008年8月に発表した『通商白書』では、高騰が続く原油、銅、小麦、とうもろこしの4品目の市場価格について、5月時点の価格のうち、25〜48％までが「実需以外」の押し上げ効果と分析している。白書によると、資源や食糧価格の高騰が始まったのは2000年前後からで、2000年4月から2008年4月までの間に原油が4.4倍、銅が5.2倍、小麦が3.4倍、とうもろこしが2.6倍に跳ね上がっている。特に近年の急激な高騰は「投機マネーの流入が大きな役割を果たしていると考えられる」としている（経済産業省, 2008：19-20）。

このような価格高騰の影響をまともに受けるのが、貧困のため食費が生活費の大半を占める途上国の人々、とりわけ食糧を輸入している国の人々である。たとえば、食糧の50％を輸入に頼っているハイチでは、米の価格が1年間で2倍になり、暴動が起こって多数の死者を出し、当時のジャック・エドアル・アレクシス（Jacques Edouard Alexis）首相は辞任に追い込まれた。首都ポルトープランスのスラムでは、貧しい人々が食糧を買えないため、小麦などに塩分を含んだ泥を混ぜた「泥クッキー」を食べているが、その価格さえ3ヶ月で2倍

超に跳ね上がっている。世界銀行のロバート・ゼーリック（Robert Zoellick）総裁は、「食糧とエネルギー価格の急騰のため世界の33ヶ国が社会不安の危機に直面している。食糧価格は今後何年にもわたって高く、不安定な状態が続くだろう」と述べ、現在の価格高騰に対して強い警告を発している。⁽¹³⁾

このような事態に対して、経済産業省の北畑隆生事務次官（当時）は2008年6月9日に行われた記者会見で、「怒りに近いものを感じる。何でも、もうければいいというマネー経済、ウォールストリート資本主義の悪い面が出ている」と述べている。さらに、「片方で投資をしておいて（取引に）有利な情報を流す。（市場の価格が）しかるべき水準に収れんするメカニズムが機能していない」として、アメリカの投資会社のゴールドマン・サックスやモルガン・スタンレーが原油高は今後も続くと予測したリポートを公表後、原油が急騰したことを指摘して、両機関を名指しで非難した。[14]

国内問題であれば、この「市場の失敗」に対して責任を持って対処するのが政府の役割である。しかしながら、グローバルレベルで惹起しているこのような問題に対して、各国政府は責任を持って対処することはできない。日本の経済産業省やハイチ政府がいくら嘆いても、問題が解決されるわけではない。この事態に対処すべきは「グローバル政府」であろうが、グローバル社会にはこのような中央政府は存在しない（「グローバル政府の不在」）。

その代わりに、国連を始めとする300の国際機関と192の主権国家がグローバルな問題に対処している。このグローバルなレベルでの「政府なき統治（Governance without government）」を、ジェームズ・ローズノウ（James N. Rosenau）は「グローバル・ガヴァナンス」と呼んでいる（Rosenau, 1992）。現在の「グローバル・ガヴァナンス」は、投機マネーによる原油や食糧価格の高騰に効果的に対処できていないし、第1章で概観したような地球規模問題の深刻さと未解決な状況を鑑みると、到底うまく機能しているとはいえない。これを「グローバル・ガヴァナンスの失敗」、あるいは「グローバル・ガヴァナンスの機能不全」と呼べると思われるが、詳細については、第4章で考究する。

以上のように、グローバル社会においては、「グローバル市場の失敗」に加えて、「グローバル政府の失敗」ならぬ「グローバル政府の不在」、そして「グ

ローバル・ガヴァナンスの機能不全」とでも呼べる状況が支配的なのである。それゆえに，認識論的にも，存在論的にも，グローバルなレベルでの市民社会の重要性が高まり，グローバル市民社会が台頭しつつあるといえるのではないだろうか。

（3） グローバル市民社会は存在するのか？

　先に，グローバル市民社会を「グローバル国家（政府）もグローバル市場も排除した民衆の自発的かつグローバルな公的領域」と定義した。そして国際NGOとそのネットワーク，グローバル社会運動とそのネットワーク，ならびにこれらのネットワークのネットワーク化によって，グローバル市民社会の内実が拡充する一方，これらのグローバル社会運動や市民社会アクターのグローバル・ネットワークは，ローカル，ナショナル，グローバルな権力に対抗する闘争のために動員されたローカルなイニシャティブとつながっており，その意味でまさにローカルからグローバルまでを包摂したグローバル市民社会が形成されつつあると論じた。

　この点に関連して，クレベール・ギミル（Kléber Ghimire）は，グローバル化した世界におけるこれらの新しい形の市民の参加や関与，そして，これらが国家にも地域社会にも縛られず，限定されもしないトランスナショナルなアリーナに存在することが，「グローバル市民社会」の台頭と強化の特筆すべき現象であると解釈されつつあることに言及している（Ghimire, 2005：1）。

　メアリー・カルドー（Mary Kaldor）も，グローバル市民社会の存在を捉え，これを「個々人がグローバルなレベルで社会契約や政治取引を交渉し，再交渉するメカニズムを含んだ集団やネットワーク，運動からなる」と規定し，詳細な分析を行っている（Kaldor, 2003：78）。

　また，マヌエル・メヒド・コストヤ（Manuel Mejido Costoya）は，IT革命，資本主義の再構築，冷戦の終焉によって，ネットワークとソフト・パワーに長けた市民社会があらゆるレベルで台頭してきたとし，市民社会アクターを類型化するための道具として，マックス・ヴェーバー（Max Weber）とハーバーマスの分析概念を用いて，市民社会を類型化している（Mejido, 2007）。

第2章　グローバル・ガヴァナンスをめぐる分析枠組

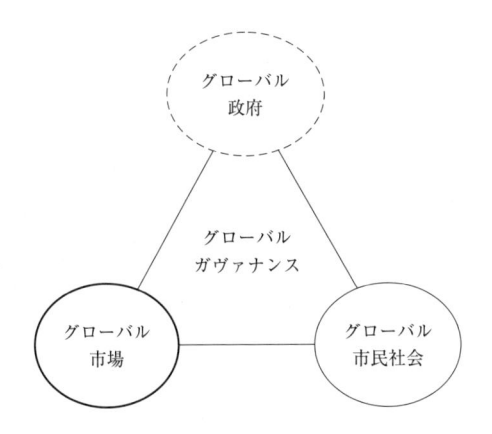

図2-4　グローバル三項分析モデル
出典：筆者作成。

　このような議論に対し，ジョン・キーン（John Keane）は *Global Civil Society?*（『グローバル市民社会？』）の中で，グローバル市民社会の意味を明確にするのは困難であるばかりでなく，純粋な形でのグローバル市民社会などは存在しないと言明している。しかし，理念型としては，「（グローバル市民社会とは）地球全体を包摂し，至るところで感じられる複雑な影響を持つ相互連関した社会・経済制度のダイナミックな非政府のシステムである。グローバル市民社会は静態的な実態でもなければ，既成事実でもない。それは，社会・経済的制度の時には濃密な，また時には希薄な広がりを持つネットワーク，階層構造，ハブ—スポーク構造，ならびに新たな方法で，世界を一つにまとめ上げるという意図を持って，国境を超えて自らを組織化しているアクターから構成される未完のプロジェクトである。このような非政府の制度やアクターはパワーを多元化し，暴力を問題化する傾向がある。その結果，それらの平和的あるいは『市民的』な効果は至るところで感じられ，ローカルからリージョナル，そして地球全体のレベルに行き渡る」と規定している（Keane, 2003：8；滝田，2006：224，括弧内は筆者が挿入）。

　キーンの議論は，実態としてのグローバル市民社会の存在は否定するものの，「未完のプロジェクト」という言葉が示すとおり，それが形成途上であること

を示唆している。したがって，これまでの議論を整理すると，グローバル市場ははっきり存在するものの，グローバル市民社会はまだ形成途上であり，グローバル政府は分析概念として存在するだけであるといえる。その状況を図式化すると，図2-4のようになる。本書では，これをグローバル三項分析モデルと呼んでおく。

グローバル社会の大きな課題の一つは，「グローバル政府の不在」と「形成途上のグローバル市民社会」という状況下で，いかにして「グローバル市場の失敗」を解決するかということであろう。この問いに対する答えを考究するために，以下では図2-4のグローバル三項分析モデルにしたがって，第3章でグローバル市場，第4章でグローバル政府なきグローバル・ガヴァナンス，第5章でグローバル市民社会の実態について詳述するが，その前に本書の主題の一つであるグローバル社会におけるガヴァナンス，すなわちグローバル・ガヴァナンスについて詳しく検討しておきたい。

3　グローバル・ガヴァナンスの概念化

グローバル・ガヴァナンスには多様な系譜があり，概念化することは難しい。本章第1節では，国内社会におけるガヴァナンスを「政府を含む多様なアクターによる共治」と定義したが，グローバル社会には「政府」は存在せず，300の国際機関と192の主権国家が「統治らしきこと」を行っている。しかも，主権国家にはアメリカを始めとするG8と呼ばれる大国から，人口が数万人しかいない小国，はたまた「破綻国家」までが，きわめて非対称な権力関係のもとで相互作用を及ぼし合っている。そこに形成途上のグローバル市民社会のアクターたちや多国籍企業などが加わって織り成されるグローバル社会におけるガヴァナンスは，国内社会のガヴァナンスに比して大変複雑であるといわざるを得ない。

本節では，その複雑さと概念化の困難さを十分に念頭に置き，かなりの単純化は免れ得ないことを前提とした上で，グローバル・ガヴァナンスの概念化を試みたい。

（1） グローバル・ガヴァナンスの構成要素と定義

① 国際関係論の中のグローバル・ガヴァナンス

　国際関係論の中で，いち早くグローバル・ガヴァナンス論に取り組んだローズノウは，1992年に出版された『政府なき統治——世界政治における秩序と変化』（*Governance Without Government : Order and Change in World Politics*）の中で，「ガヴァナンスはガヴァメントと同義ではない」とはっきりと述べた上で，ガヴァメントとガヴァナンスの違いを明確にしている。その違いは，「ガヴァメントとは，公式に制定された政策の実施を確実にする公式の権威，警察力によって支えられた活動を暗示する」のに対し，「ガヴァナンスとは，法的に公式に定められた責任から生じる，あるいはそれとはかかわりのない共有された目標，そしてそれは抵抗や無視を克服し，遵守を達成する警察力に必ずしも依拠しない共有された目標によって支えられている」というものである（Rosenau, 1992 : 4）。

　さらに，ローズノウは，ガヴァナンスは政府機関も，非公式の非政府のメカニズムも包含することを主張した上で，「ガヴァメントが自らの政策に対して広範な反対に直面した時でさえも機能できるのに対し，ガヴァナンスは，それが多数によって（あるいは，少なくとも，最も強力な影響力を行使する者によって）受け入れられた時にのみ作用するルールのシステムである」と論じ，「政府なき統治（Governance without government）」が存在することを炙り出した（Rosenau, 1992 : 4）。

　この「政府なき統治」，すなわち中央政府が存在しないアナーキカルなグローバル社会の中で，いかにして国際協調を進め，グローバル社会に山積する諸問題を解決していくかという課題は，国際政治学や国際関係論の大きなテーマであった。戦後国際関係論で主流を占めてきたリアリズムは，国家は自国の利益や安全を優先的に追求する「合理的」アクターであるから，中央政府の存在しないグローバル社会はホッブズ的自然状態であり，国際協調を進めるのは困難であると論じてきた（土山, 2001 : 98）。

　それに対し，リベラル制度論，ないし国際レジーム論は，アナーキカルな国際社会でも，一定の原則やルールに沿って問題が解決され，それがパターン化

すれば，やがてある争点領域において，それを規制するために合意された相互期待，規範，ルール，および手続の束から成る「レジーム（regime）」ができると主張している（土山，2001：108）。そして，この国際レジームの束の拡大こそ，たとえ中央政府がなくても，規範やルールが遵守される過程や状態を指すグローバル・ガヴァナンス形成の土台をなすものであり，現時点でのグローバル・ガヴァナンスの実態でもあるとの議論がなされている（太田，2001：286）。

他方，多極化した国際関係において勢力均衡政策を主張する古典的リアリズムは国際レジームの有効性については懐疑的である。また，二極化した国際関係において勢力均衡政策を唱えるネオ・リアリズムも，特に覇権安定論は，国際関係が統治されるのは，覇権国が国際公共財を提供するからであり，国際レジームは二次的な役割しか果たしていないとみている（毛利勝彦，2006：27）。

このネオ・リアリズムの議論に対して，深井は，先進資本主義国・企業の利益保護に偏向した世界秩序の維持拡大機能を果たすグローバル・ガヴァナンスである点を問題視し，この偏向性を是正していけるグローバル・ガヴァナンスへの変革が課題であると主張している。[15]

このように，国際関係論の中ではグローバル・ガヴァナンスに関して議論が錯綜しているが，さらにグローバリゼーションの進展が新たな問題を投げかけている。すなわち，リアリズム，ネオ・リアリズム，国際レジーム論，いずれの立場に立ったとしても，これらに共通して中心的地位を占める主権国家は，近年その深刻さが増す地球規模問題に対応するために大幅な能力向上が迫られているにもかかわらず，グローバル化によって逆にその相対的な力が弱体化しているという論点である。

デイヴィッド・ヘルド（David Held）らは，この種の議論に反対し，あくまでも主権国家のパワーを中心にグローバル・ガヴァナンスが形成されていると考える論者を「伝統論者（Traditionalist）」，上記の議論に賛同し，「国家の退場」を認識しつつ，グローバル市場やグローバル資本主義の拡大を重視する論者を「グローバル論者（Globalist）」，グローバリゼーションの進展によって主権の内容が変容したことを論じ，非国家行為体による「下からのグローバリゼーション」を主張する「変容論者（Transformationalist）」の3つのカテゴ

リーに分類して，議論を展開している (Held ed., 2000)。

この3つのカテゴリーの詳細は後ほど吟味することとして，それぞれの論を認めつつも，とりわけ「変容論者」に近い立場に立つならば，以下のような議論ができるだろう。主権国家が弱体化する中で，地球規模問題に対処するためには，国境や国益を超えたグローバルな協力体制を大きく推進する必要があるが，「伝統論者」やリアリズムが主張するように，主権国家はあくまでも国益を第一とする20世紀型の思考様式からいまだに抜け出せていない。また，国境や国益を超えた協力を促進するはずの国連は，国益第一の国家から構成されているがゆえに，国家の意向，特に大国の意向を超えて主導権をとることは現状ではきわめて困難である。

ここで，グローバルなレベルでも市民社会の重要性，そして各国政府も含めた多様なアクターによる共治としてのガヴァナンスの重要性が浮かび上がる。つまり，地球環境問題，貧困問題など地球規模の協力が要請される問題が刻々と深刻さを増し，主権国家，ならびに国連をはじめとする国際機関が限界を露呈している今こそ，アメリカのような大国や一部の強者がルールを決めていく「統治」ではなく，各国政府，国際機関に加えて，NGO，協同組合，労働組合，大学，市民運動，社会運動，社会的企業，地方自治体など，多様なステークホルダーがグローバルな課題設定，政策の形成・決定・実施に参加できるグローバルな「共治」のシステムの構築が切実に要請されているという議論である。[16]

この多様なステークホルダーによる共治の視点を捉えて，グローバル・ガヴァナンス委員会（The Commission on Global Governance）は，「よりよい世界を創るためには，共に力を合わせ，集団としての力を使うこと以外に方法はない」と明言し，グローバル・ガヴァナンスを次のように包括的に定義している。それは「個人と機関，私と公とが，共通の問題に取り組む多くの方法の集まりである。相反する，あるいは多様な利害関係の調整をしたり，協力的な行動をとる継続的プロセスのことである。承諾を強いる権限を与えられた公的な機関や制度に加えて，人々や機関が同意する，あるいは自らの利益に適うと認識するような，非公式の申し合わせもそこには含まれる」というものである (Commission on Global Governance, 1995 : 2)。

② 国際レジームとグローバル・ガヴァナンスの相違

ここまでの議論で、グローバル・ガヴァナンスの定義、あるいは構成要素として、太田の「国際レジームの束の拡大こそ、たとえ中央政府がなくても、規範やルールが遵守される過程や状態を指すグローバル・ガヴァナンス形成の土台をなすものであり、現時点でのグローバル・ガヴァナンスの実態でもある」という国際レジームにかかわる議論と、グローバル・ガヴァナンス委員会の議論とも共鳴する「多様なアクターによる共治」という論点などが提示された。

ここで、明らかにする必要があるのが国際レジームとグローバル・ガヴァナンスの関係である。山本吉宣は、両者の共通点について、「両方とも、グローバルに相互依存が深化し、共通の問題が出現し、そのような共通の事項を（世界政府のない状態で）管理したり、解決する、という機能をもつ」点、ならびに「それを、行為主体間の協力によって達成する」という2点を挙げている（山本, 2001 : 222）。

同時に、山本は両者の相違点として、①行為者（主体）、②（管理あるいは問題解決の）方法、そして、③問題領域の範囲を指摘している。すなわち、「レジームは、国家を行為者とし、ルール（規制的ルール）を問題解決の方法とし、さらに特定の問題領域を考える」のに対して、「グローバル・ガヴァナンスは、主体としては、国家だけではなく、NGO、多国籍企業など、さまざまな非国家行為主体を取り込み、方法としては、単にルールだけではなく、さまざまな方法を考え、さらに、問題も多くのものに広がるものを考える」という相違である（山本, 2001 : 222）。

他方で、ポール・ワプナー（Paul Wapner）は、レジームは国家を行為主体とするばかりでなく、多種多様なNGO、圧力団体、専門家集団、企業などからなる国家以外のアクター自体がレジームを形成していること、そして国際レジームの形成や維持にも関与していると論じている（Wapner, 1997 : 77-84）。したがって、グローバル・ガヴァナンス論の創始者の一人と目されているオラン・ヤング（Oran Young）は、グローバル・ガヴァナンスは、主権国家を中心とする「国際レジーム」と国家以外の多様なアクターが形成する「トランスナショナル・レジーム」、そして両者の混合レジームを合わせたものを意味する

と論じている (Young, 1997 : 283-284)。

③ グローバル・ガヴァナンスの構成要素と定義

　同時にヤングは，グローバル・ガヴァナンスを国際レジームの束と捉えながら，それを，さまざまな領域の課題に関して「国際社会のほとんどすべての構成メンバーの活動を制御（govern）するための大きな枠組取り決め」であるとの定義を行い，その包括性を指摘している（Young, 1998 : 13 ; 渡辺・土山, 2001 : 9）。また，内田孟男は「グローバル・ガバナンス理論は，地球的諸問題を解決し，いわゆる『地球公共財』を提供し，発展させていくためには，地球的な公共政策と制度とが不可欠であるとの，認識に立脚する」と論じ，地球的諸問題の解決がグローバル・ガヴァナンス論の目的であり，そのためには地球レベルでの公共政策と制度が必要となるとの議論を行っている（内田, 2004 : 11-12）。

　これらの議論を念頭に，グローバル・ガヴァナンスの構成要素を考えると，少なくともそれらは，①各国政府も含めた多様なアクターによる共治，②地球規模で生起する諸問題を解決し，地球公共財を供給することが目的，③国際社会のほとんどすべての構成メンバーの活動を制御するための大きな枠組取り決め，政策，制度，④国際レジームの総体，⑤グローバル市民社会の多様なアクターによる国際レジーム形成への関与，⑥国家以外のアクターが形成するトランスナショナル・レジームの存在，⑦国際レジームとトランスナショナル・レジームの混合，という7つの密接に関連した要素から構成されているといえるだろう。

　これらの構成要素を基に，ここで本書のいうグローバル・ガヴァナンスを，とりわけ変容論者に近い立場に立って，さしあたり以下のように定義しておこう。グローバル・ガヴァナンスとは，グローバルなレベルにおける多様なアクターによる課題設定，規範形成，政策形成・決定・実施を含めた共治のことをいう。それは，地球規模で生起する諸問題を解決し，地球公共財を供給するために，国際社会のほとんどすべての構成メンバーの活動を制御するための大きな枠組取り決めであり，政策であり，制度である。

　またグローバル・ガヴァナンスは，これまで構築されてきた国際レジームの

総体であり，そのレジームの形成・意思決定・政策の実施に，NGO，協同組合，労働組合，大学，市民運動，社会運動などグローバル市民社会の多様なステークホルダーが参加していくプロセスでもある。これまで国家以外のアクターが独自に構築してきたトランスナショナル・レジームもあり，その意味でグローバル・ガヴァナンスは，国際レジームの束とトランスナショナル・レジームの束が相互に影響しあいながら発展，融合していくものであると理解することができる。

以上がグローバル・ガヴァナンスの暫定的な定義であるが，グローバル・ガヴァナンスが現在直面している大きな課題は，いかにしてそれを大国やグローバル資本などの強者の利益のためではなく，小国や社会的弱者の利益，そして資源や環境の保全を重視する秩序に変えることができるかというものであろう。その理由は，後に考察するように，現在前者の利益に「偏向」しているグローバル・ガヴァナンスを変革しない限り，その正当性が揺らぐからである。だからこそ，これから論じるグローバル・ガヴァナンスの透明化，民主化，アカウンタビリティの向上の議論は避けて通れない課題となる。

なお，グローバル・ガヴァナンスはグローバル社会全体を対象とし，あらゆる問題領域を含むので，当然のことながらローカル，ナショナル，リージョナルな問題領域やガヴァナンスもその一部であり，グローバル・ガヴァナンスは本質的に多様性に富み，多元的，重層的なものである(17)。したがって，各レベルの相互作用も含めてトータルな分析を行う必要があるが，ここでは，議論の都合上，グローバルレベル以外のガヴァナンスや諸レベルのガヴァナンスの相互関係についての考察は別の機会に譲り，特にグローバルなレベルを中心にガヴァナンスの検討を進めていくことにする(18)。

（2） 誰のためのグローバル・ガヴァナンスなのか

さて，グローバル・ガヴァナンスの構成要素と定義に続く課題は，グローバル・ガヴァナンスの実質的な中身の検討である。換言すれば，先ほど触れたように，現在のグローバル・ガヴァナンスは誰の利益のために機能しているのかという課題である。さらに，グローバル・ガヴァナンスはどのように運営され

ているのか，グローバルなルールはどのようにして定められ，実行されているのか，グローバル・ガヴァナンスは誰に対して責任を負っているのか，権力はどこに帰属しているのかとの問いに対する答えを探求しなければならない。このことは，繰り返しになるが，グローバル・ガヴァナンスの透明化，民主化，アカウンタビリティの問題と直結する。

① 「伝統論者」，「グローバル論者」，「変容論者」の諸理論

　アンソニー・マッグルー（Anthony McGrew）は，これらの問いに答えるために，前述の「伝統論者」，「グローバル論者」，「変容論者」という3つのカテゴリーを用いながら，説明を行っている（表2-1）。

　伝統論者（ヘゲモニー型ガヴァナンス）の代表的な一人として見なされているスティーブン・クラズナー（Stephan Krasner）は，国際レジーム論やグローバル・ガヴァナンスが重視する国際的なルールや制度は，基本的に国家の利益やパワーによって形成されるばかりでなく，「パワーの配分に不均衡があり，ハイアラーキカルな権威が存在しない以上，ゲームのルールが，強国によって作られるという現実は，驚くべきことではない」と主張している（クラズナー，2001：64）。とりわけ彼は世界最大の経済を誇り，抜きん出たヘゲモニックなグローバル・パワーであるアメリカについて，「開かれた国際資本市場の最大の推進派はアメリカであり，それはそうした環境で活動するのに最も適していたのがアメリカの企業だという事情にも関係していた」と述べ（クラズナー，2001：63），グローバリゼーションは国家主権を侵食するどころか，むしろ強国と「手を取り合って進展している」と論じている（クラズナー，2001：53）。

　また，ジョン・アイケンベリー（John Ikenberry）は，アメリカについて，「協力的で安定した戦後秩序を保証したのは，覇権的支配の直接的で道具的な能力の行使より以上に，開かれた政体と契約で縛る制度によって達成された戦略的抑制，というアメリカの能力の行使によるところ大であった」と論じ，「グローバル・ガヴァナンスとは，大国における基本的な規則，原則，そして制度を含む政治的秩序を律する取り決めを指す」とまで述べている（アイケンベリー，2001：71-73）。

表2-1　グローバル・ガヴァナンスの諸理論

	伝統論者 (ヘゲモニー型ガヴァナンス)	グローバル論者 (グローバルな資本の支配)	変容論者 (テクノクラート型ガヴァナンス＋下からのガヴァナンス)
主な主体／ 支配の機関	◦支配的諸国家	◦グローバルな企業 ◦金融資本	◦認識共同体 ◦NGOと社会運動
支配者は誰か？	◦ヒエラルキー ◦ヘゲモンとしてのアメリカ	◦コスモクラシー ◦トランスナショナルなビジネス集団	◦ポリアーキー ◦多様な社会諸勢力と利益諸集団
誰のために？	◦国民的・戦略地政学的利益	◦グローバルな資本	◦個別的・集団的人々と地球的利益
どのような 手段をもって？	◦強制と同意	◦構造的権力 ◦国民国家の行動をグローバルな市場によって規制する	◦知識，手続き，および専門的審議の適用 ◦国境を越えた動員 ◦トランスナショナルな連合の形成
どのような 目的のために？	◦ヘゲモニー的利益に連なるグローバルな秩序の維持	◦グローバルな資本主義的秩序の安定と再生産	◦能率的で責任ある効果的なガヴァナンス ◦上からのグローバル化に対抗し，抵抗する

出典：McGrew（2000：160）をもとに一部修正して作成。

　さらに，マッグルーは，「アメリカは……（中略）……グローバル・ガヴァナンスのほとんどの局面について決定的拒否権を握っている」ことも付け加え（McGrew, 2000：152），ヘゲモニー型ガヴァナンスの立場に立てば，アメリカならびに強国がグローバル・ガヴァナンスを牛耳っていることになる。

　したがって，「強国がいかにして重要な戦略を構築し，追及しているかという理解なしに，私たちはグローバル・ガヴァナンスの本質を説明できないだろう」とクレイグ・マーフィー（Craig N. Murphy）は論じるのである（Murphy, 2005［2000］：97）。

　次に，グローバル論者（グローバルな資本の支配）であるが，彼らはグローバルな資本主義が支配的位置にあるとする世界秩序観に立ち，「資本主義がグローバル化するにつれて，アメリカのような最強の国家でさえ，グローバル市場の掟に飲み込まれていることに気づくことになった」と主張する（McGrew, 2000：153）。この論理に立つと，「グローバル・ガヴァナンスのインフラストラ

クチャーは，エリート，企業，官僚ネットワークからなる強力なトランスナショナルな社会勢力（＝コスモクラシー）に握られていて，その中心はアメリカにあるものの，その富と権力および特権は，グローバルな企業資本主義の再生産や拡大と結びついていることになる」とマッグルーは分析している（McGrew, 2000：153，括弧内は筆者が挿入）。

さらに，マッグルーは，グローバル論者の立場から見れば，「グローバル・ガヴァナンスの諸機関と国民国家の諸装置は，実質的にグローバルな市場の諸原理とグローバルな蓄積要請に，すなわち，利潤追求の要請に従っており，資本主義的秩序を維持・管理するための伝動ベルト」と化し，「グローバル・ガヴァナンスの既存システムは，グローバルな資本主義体制を育て，正当化し，守るための組織にほかならない」と論じている（McGrew, 2000：153）。

市民社会セクターが政府セクターよりも，市場セクターよりも上位にあると主張したデイヴィッド・コーテン（David Korten）も，「経済がグローバル化し，大企業が誰の束縛も受けない権力を手にしたことによって，この順位が逆転した。市場が第一セクターとなり，政府は市場の利害に左右され，市民社会が政府の公益に沿うべき行動を監視する能力は大幅に低下した。大企業という王が君臨する市場という王国，それが現状だ」と論じ，ガヴァナンスは国内レベルでも，グローバルレベルでも大企業の支配下に置かれるようになったことを認めている（Korten, 1995：99）。

最後に，変容論者（テクノクラート型ガヴァナンス＋下からのガヴァナンス）の議論である。彼らは，アメリカなど大国のヘゲモニーもグローバルな資本の支配も，グローバル・ガヴァナンスを説明する決定論とはしていない。なぜなら，このアプローチはグローバル・ガヴァナンスの運営と形成に占める政治的主体に重要性を認め，とりわけ人々の力と専門家の役割を強調するからである。グローバル資本の支配に対して，グローバル市民社会はアクターの動員と組織化を通じて抵抗勢力を形成し，グローバルな市場とグローバルな諸機関を世界の人々の幸福に資するものに変革することをめざす「下からのガヴァナンス」（上村，2003；星野，2005）を構築しているという議論は，変容論者の一つの柱を構成する（McGrew, 2000：154）。

このアプローチのもう一つの柱は，認識共同体（Epistemic community）の役割である。その背景には，グローバル化に伴うグローバルな「リスク社会」の生成がある。マッグルーは，「リスク社会においては，社会生活の多くの側面は専門家たちによって，つまり専門的知識と経験を積んだ人々によって統治されるようになるので，きわめて重要な多くの側面も含めて，グローバル・ガヴァナンスの日常業務の多くは職能的ないし専門的な機関の役割になる」と論じている（McGrew, 2000 : 156）。

その一つの例として，序章で見たIPCC（気候変動に関する政府間パネル）がある。IPCCは，1988年に国連環境計画（UNEP : United Nations Environment Programme）と世界気象機関（WMO : World Meteorological Organization）によって設立された国連の下部機関で，世界中の数百という気候変動問題の専門家がそのメンバーである。ここでの議論とその結論が地球温暖化問題に関する国際交渉のみならず，国内政治，国際政治双方に大きな影響を与えていることは，IPCCがノーベル平和賞を受賞したことに象徴的に表れている。その正当性とパワーは，まさにマッグルーのいう気候変動問題に関する専門的知識である。変容論者は，この認識共同体と人々のネットワークによる「下からのガヴァナンス」をグローバル・ガヴァナンスの要諦と見なしているのである。

これらの議論を，別の角度から整理すると，最初のヘゲモニー型ガヴァナンスは，透明性，民主性，アカウンタビリティ，いずれの観点から見ても，グローバルなレベルでの「政府の失敗」に相当し，次のグローバルな資本の支配も，同様の観点からグローバルなレベルでの「市場の失敗」とみなすことができるかもしれない。最後の「テクノクラート型ガヴァナンス＋下からのガヴァナンス」も，グローバル社会を正当に代表するものではない限り，民主性の欠如を意味しており，グローバルなレベルでの「市民社会の失敗」に陥る可能性がある。

② グローバル・ガヴァナンスの透明化，民主化，アカウンタビリティ

これらの議論から，現状のグローバル・ガヴァナンスは透明性，民主性，アカウンタビリティのいずれも欠いていることは否めないだろう。さらに例を加

えるならば、国際金融市場は国際権力関係の一大要素となっているにもかかわらずきわめて不透明で、とりわけイギリスがかなりの部分を支配しているオフショア経済には巨額の資金が隠匿されている。また、国連はアメリカの拠出金拒否の脅しに常にさらされるのみならず、安全保障理事会の拒否権によっても非民主的な性格が与えられている。この点について、国連事務総長を務めたブトロス・ブトロス・ガリ（Boutros Boutros-Ghali）は、「ただ一つの票、すなわちアメリカの票が国連での結果を規定するという事実は、国際社会の舞台において民主化をさらに増強していこうという希望を脅かしている」と回想している（in Patomäki, 2001 : 175 – 176）。

また後に検討することであるが、IMFや世界銀行は「1ドル1票制」といわれるがごとく、豊かな先進国、特にアメリカに圧倒的に有利な意思決定が行われるメカニズムを維持し、WTOも「1国1票制」を有名無実化し、現実にはアメリカ、EU、日本、カナダなどの大国間で意思決定がなされている。

したがって、グローバル・ガヴァナンスを規範論で論じるのであれば、現在のグローバル・ガヴァナンスはかなりの程度大国やグローバル資本の利益に偏った偏向性を持っているため、その透明化、民主化、アカウンタビリティは重要な論点となる。ここでいうグローバル・ガヴァナンスの透明化とは、政策形成や意思決定のプロセスが、グローバルな共治に伴う資金の流れも含めて、どれほど内外に開かれたものになっているかという情報公開の程度を指す。次に、グローバル・ガヴァナンスの民主化とは、一方で政策の形成や実施、意思決定の影響を受けるアクター、またはその代理となりうる人々、団体ないし国家が、どの程度そのプロセスに参加できているかという基準であり（数的民主化）、他方でそのプロセスの中ですべてのアクターがどの程度平等に扱われ、政策形成や意思決定に影響を与えているかという基準（質的民主化）の程度を指している。そして、グローバル・ガヴァナンスのアカウンタビリティとは、その政策形成や意思決定、政策の実施について、その影響を受ける人々、団体、国家はもとより、このプロセスに参加していない人々、団体、国家に対しても、どの程度の説明責任を果たしているかということを意味している。

上記のグローバル・ガヴァナンスの定義とその透明化、民主化、アカウンタ

ビリティの尺度を組み合わせて考えた時，それがアメリカであれ，グローバル資本であれ，認識共同体であれ，NGOであれ，国際機関であれ，国際レジームであれ，トランスナショナル・レジームであれ，あるいはその総体であれ，現状のグローバル・ガヴァナンスやそれを構成するものの中で，完全に透明で，民主的で，アカウンタビリティのあるものだと断言できるものはおそらくないだろう。その意味で，現状のグローバル・ガヴァナンスは形成途上にあるともいえるし，不十分であるともいえるのである。

4　グローバル・ガヴァナンス分析枠組の構築

　ここまで，グローバル・ガヴァナンスの構成要素と定義，その透明化，民主化，アカウンタビリティについて議論を行ってきたが，本節では，第2節で提示したグローバル三項分析モデルとこれまでの考察を土台にしながら，今度は一方で組織形態や制度化の度合いと，他方で法的拘束性の度合いを軸にしてグローバル・ガヴァナンス自体の分析枠組の構築を試みたい。

　グローバル・ガヴァナンスの定義は多様で，多面的で，多層的であることはすでに確認したが，さらにグローバル・ガヴァナンスの全体像をより良く把握し，効果的な分析枠組を構築するために，ガヴァナンスの組織形態や制度化の度合いに着目してみよう。この観点からグローバル・ガヴァナンスを分析する議論には，一方で国連，IMF，世界銀行，WTOなど既存の国際機関の改革（特に民主化）や，国際租税機関，通貨取引税機関など，新たな国際組織の創設を提唱する議論（「組織改革・制度化」の議論），他方でNGO，社会運動，労働運動などグローバル市民社会のアクターのネットワークやネットワークのネットワーク（メタ・ネットワーク）の形成を通じてグローバルレベルのガヴァナンスに関与し，グローバルな問題解決を図る議論（「ネットワーク化」の議論），そして両者の間に，国連・政府・NGO・企業など異なるアクターが協働して問題解決や政策形成・実施に取り組む議論（「パートナーシップ」の議論）がある。この組織形態や制度化に着目したグローバル・ガヴァナンスの議論を分析枠組の一つの柱とする。

表 2-2　グローバル・ガヴァナンスの分析枠組

	組織形態	法的拘束性	レジーム
ハード・ガヴァナンス	組織改革・制度化	強い	国際レジーム
ミドル・ガヴァナンス	パートナーシップ	中間	混合レジーム
ソフト・ガヴァナンス	ネットワーク化	弱い	トランスナショナル・レジーム

出典：筆者作成。

　この分類は，概ね主権国家をベースとする国際レジームにかかわる議論が「組織改革・制度化」の議論に，国家以外のグローバル市民社会のアクターを中心とするトランスナショナル・レジームにかかわる議論が「ネットワーク化」の議論に，そして，国際レジームの形成・意思決定・政策の実施にグローバル市民社会のアクターが参加していくプロセス，ないし国際レジームとトランスナショナル・レジームの融合にかかわる議論が「パートナーシップ」の議論に呼応しているといえるだろう。

　「組織改革・制度化」の議論はある程度の集権制や階層性を持つ具体的な組織や制度の構築，その透明化・民主化の促進やアカウンタビリティの確立など，組織や制度を中心した議論を行うという意味で「ハード」なガヴァナンスの議論と呼びうる一方，「ネットワーク化」の議論はそのような集権制も，階層性もなく，より分散的，水平的で，緩やかなガヴァナンスの形態を議論するという意味で「ソフト」なガヴァナンスの議論とみなすことができるだろう。「パートナーシップ」は，「ハード」と「ソフト」の中間（ミドル）にあると考えられるので，ここでは「ミドル」ガヴァナンスと呼ぶことにする。

　同時に，アクターの自発性や自主性に期待をするのか，法的に規制をかけるなど法的拘束力や強制力を重視するのかという観点からも，もう一つ別の柱を立てることができる。前者は「ソフト」なアプローチになり，後者は「ハード」なアプローチとなる。これらの議論を整理すると，表 2-2 のようにまとめることができる。

　現実には，グローバル・ガヴァナンスを表のように整然と分類することはできず，「程度の差」とみなすべきかもしれないが，グローバル・ガヴァナンスをよりよく分析するための枠組として，それを「ハード」，「ミドル」，「ソフ

第Ⅰ部　グローバル社会の課題とガヴァナンスの実際

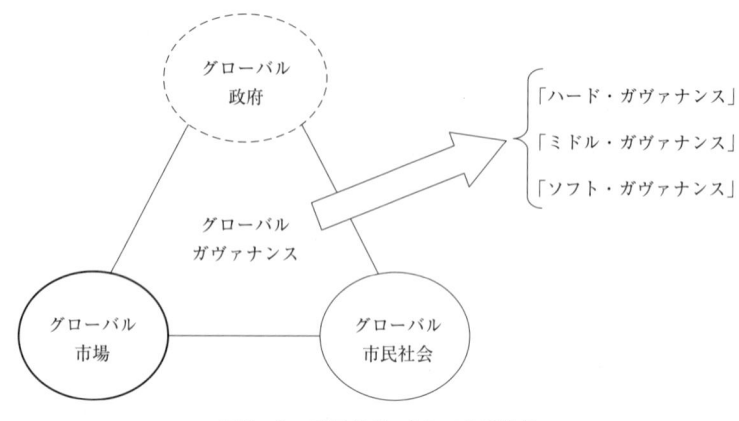

図2-5　三層ガヴァナンス分析枠組

出典：筆者作成。

ト」と三層に分類しておきたい。これを前述したグローバル三項分析モデルと合わせると図2-5のようになる。本書ではこの枠組を「三層ガヴァナンス分析枠組」と呼び，グローバル・ガヴァナンス自体を分析する枠組として使用したい。

　ここで注意を要するのが，「ソフト・ガヴァナンス」の性質とグローバル市民社会のそれが軌を一にしているということである。しかし，グローバル市民社会はグローバル社会の分析枠組の一極をなしていることが示しているとおり，グローバル市民社会＝グローバル・ガヴァナンスではない。同時に，グローバル市民社会の一部のアクターは，確かにグローバル・ガヴァナンスに，とりわけグローバルな政策の形成や実施に関与している。したがって，ここでいう「ソフト・ガヴァナンス」は，グローバル・ガヴァナンスに関与しているグローバル市民社会の一部のアクターたちによるガヴァナンスの試みと規定し，グローバル市民社会そのものとは峻別しておく。

　同様に，基本的にグローバル市場は統治される対象ではあるが，グローバル・ガヴァナンスに関与している企業も存在する。したがって，グローバル・ガヴァナンスに関与しているグローバル市場のアクターによるガヴァナンスの試みも，「ソフト・ガヴァナンス」に加えておく。

他方,「ハード・ガヴァナンス」の性質は,グローバル政府のそれとも類似する。しかし,ハード「ガヴァナンス(共治)」はグローバル「ガヴァメント(政府)」とは異なるので,この点においても「ハード・ガヴァナンス」とグローバル政府を峻別しておく。

政府とは一定の距離を保ちながらも,ロビイングや政策提言,各国政府とのインフォーマルな情報交換などを通じて,間接的にグローバルな政策の形成や実施に影響を与えているNGOやそのネットワーク,企業などのあり方を「ソフト・ガヴァナンス」と呼び,NGOやそのネットワーク,企業などが各国政府と協働して政策を形成,実施するパートナーシップを「ミドル・ガヴァナンス」と呼ぶこととする。他方,各国政府とは一線を画し,グローバル市民社会の領域内において議論,活動を展開するNGO,社会運動,市民運動やそのネットワークを「グローバル市民社会」,さらには基本的にグローバル・ガヴァナンスとかかわりなく自由に行動する企業やそのネットワークを「グローバル市場」と分類しておく。

以上のように,本章では市民社会論の三項モデルを用いてグローバル社会におけるグローバル・ガヴァナンスの位置づけを浮き彫りにした後に(グローバル三項分析モデル,図2-4),グローバル・ガヴァナンスの概念化を試みた。そして,グローバル・ガヴァナンスの実質的な中身(主として権力関係)を明らかにするために,「伝統論者」,「グローバル論者」,「変容論者」の立場から分析を行うことを通じて,グローバル・ガヴァナンスの実態に迫った。

その上で,本書ではレジームとの相違を意識しながら,一方で「組織・制度化とネットワーク化」,他方で「法的拘束性と自発性」を主柱に,グローバル・ガヴァナンス自体を「ソフト」,「ミドル」,「ハード」の3つに分類し,図2-4で示したグローバル三項分析モデルと結合させた三層ガヴァナンス分析枠組を提示した(図2-5)。

以下の章では,まず図2-4で示したグローバル三項分析モデルを用いて,グローバル市場,グローバル・ガヴァナンス,グローバル市民社会のそれぞれについて詳細な分析を行い,それぞれの実態と問題点,現在のグローバル・ガヴァナンスの状況を明らかにしたい。

第Ⅰ部　グローバル社会の課題とガヴァナンスの実際

　具体的には，第3章でグローバル市場の実態を考察し，第4章でグローバル市場の負の影響を抑えるためにどのようなグローバル・ガヴァナンスが試みられているのかを議論する。そして第5章で，グローバル市場の負の影響の拡大とグローバル・ガヴァナンスの機能不全に対して，グローバル市民社会がどのような反応を示しているのかという点について，世界社会フォーラムを事例に検討していく。これらの考察を通じて，グローバル市場，グローバル・ガヴァナンス，グローバル市民社会の力関係を明らかにし，問題の所在をクリアに浮かび上がらせる予定である。

　続いて第Ⅱ部で，グローバル・ガヴァナンスについて，グローバル・タックスとの関係に焦点を絞りながら，図2-5の三層ガヴァナンス分析枠組を用いて，「ソフト」，「ミドル」，「ハード」の各々のガヴァナンスについて，さらに詳細な考察を行っていくこととしたい[20]。

注
(1) 持続可能なグローバル福祉社会に関する研究としては，深井（2005；2007），広井（2005；2006a；2006b；2008a；2008b；2009），Brown（2006），Korten（1995；1999）が参考になる。
(2) たとえば，マイケル・ウォルツァー（Michael Walzer）は市民社会を「非強制的な人間の共同社会（association）の空間の命名であって，家族，信仰，利害，イデオロギーのために形成され，この空間を満たす関係的なネットワークの命名である」と定義し（ウォルツァー，2001：10），市場についても「それが共同社会のネットワークに組み入れられる時，所有の形態が多元化される時，疑うべくもなく市民社会論と最も調和する経済編成なのである」と主張している（ウォルツァー，2001：22）。すなわち，ウォルツァーは市民社会を市場も含めた「種々の枠組からなる枠組」と理解している（千葉，2002：116-117）。
(3) ちなみに，筆者も関わっていた千葉大学21世紀COEプログラム「持続可能な福祉社会に向けた公共研究拠点」が進めていた公共研究においても，その一つの研究成果として，政府，市場，コミュニティからなる三項モデルを分析枠組として採用しており，ある意味で本書はその分析枠組をグローバルレベルに適用したものともいえる。
(4) 途上国においては，ソマリア，スーダン，ジンバブエ，チャド，イラクなど，国家が国家として機能していない，いわゆる「破綻国家」という問題が存在する。
(5) サントスとアヴリッツァーは，中央省庁は社会，環境，文化分野の複雑な政策を実施するのに必要な情報をすべて収集し，対処することができなくなっている

と指摘し、社会的アクターによってもたらされる知識が問題解決の主要な要素になっており、これらのアクターの参加が重要であると論じている（Santos & Avritzer, 2005 : xxxvi ; xli）。
（6）政府セクター、市場セクター、市民社会セクターの重要度について、コーテンは市民社会セクターの重要性を強調し、「三つのうち最上位に位置するのは市民社会である。他のあらゆる機関の権威や正当性は、すべて市民社会に由来している。市民は政府を通じて、市場が人間にとって有益な働きをするようなルールを定める。したがって、政府を第二のセクターと考えてよいだろう。市場は第三のセクターとみなすべきである」と論じている（Korten, 1995 : 98-99）。
（7）たとえば、スウェーデンは先進的な社会福祉と進んだ環境政策で知られるが、その根幹には、「レミス手続き」と呼ばれるスウェーデン独自のガヴァナンスがある。「レミス手続き」とは、行政が法律やプロジェクトを決定するときに、国民、関係省庁、業界団体、その他の社会を構成する利益団体など、多様なステークホルダーに案件を説明する文書を送付し、それぞれの意見を求める独自の民主的な手続きである。このスウェーデンの政策形成のメカニズムは、政府の関与が強く、形成までに長い時間を要するという要素はあるものの、専門家の知を活かしつつ、あらゆるステークホルダーが政策形成過程に参加するメカニズム（ガヴァナンス）を通じて、「緑の福祉国家」というユニークなヴィジョンや、炭素税、グリーン・タックス・シフトなどのさまざまな革新的な政策が生み出されることとなったと考えられる。ここに政府が単独で政策を形成・決定し、実施を行う「ガヴァメント」ではなく、多様なステークホルダーが関与してより効果的な政策を形成する「ガヴァナンス」の有効性が示唆されていると思われる（詳細は、飯田、2000；小澤、2006；高見、2006；伊波、2006を参照）。
（8）功刀達朗は、この三項モデルと類似したものをすでに構想しているが、グローバル・ガヴァナンスに相当する部分に、国連と国際機構を置いていることから、本書で用いる枠組とは多少異なるものとなっている（詳細は、功刀・毛利、2006：16を参照）。
（9）「192」というのは、2006年時点での国連加盟国のことを指している。国連加盟国のほかにも、国連に加盟していない台湾やバチカン市国も存在することに留意されたい。
（10）The World Bank, http://web.worldbank.org/（2008年1月6日閲覧）。
（11）UNCTAD, http://www.unctad.org/（2008年1月6日閲覧）。
（12）2007年の外国為替市場規模の計算は、主要市場の1営業日平均取引高（グローバルベース）の3.21兆ドル（1営業日）に年間営業日の240日をかけたもの（3.21×240＝約770兆ドル）。グローバルベースの1営業日平均取引高については、日本銀行、http://www.boj.or.jp/type/stat/boj_stat/deri/deri0704.htmを参照（2008年8月20日閲覧）。
（13）毎日新聞、2008年6月2日。
（14）時事通信、2008年6月9日。

(15) 南山大学総合政策学部（当時）の深井慈子教授へのインタヴュー（2008年12月26日，於：千葉大学）。覇権安定論に対しては，受益者を基準に，自由貿易体制のように国際社会の一部を受益者とする「国際公共財」と弱者を含む地球上のすべての住民を受益者とする「地球公共財」の概念とは区別すべきだとの議論を展開している（深井，2006）。

(16) この点について，深井は，「グローバル・ガヴァナンスの方法には，一部の支配階級（強大国）がルールを決める『統治』と，ルールづくりに社会の全員が参加する『自治』と，その中間にある『共治』という3つの理念型があると考えることができるのではないか」とのコメントをしている（南山大学総合政策学部の深井慈子教授へのインタヴュー，2008年12月26日，於：千葉大学）。

(17) ちなみに，ローズノウは「グローバル・ガヴァナンスは，家族から国際機関まで，コントロールの行使を通じてそれぞれの目的を追求することが，トランスナショナルに影響を与えるすべてのレベルの人間活動のルールのシステムを含むものと考えられる」と論じ，個人から国際機関まであらゆるアクターが，あらゆるレベルで相互に影響を与え合い，グローバル・ガヴァナンスが形成されていると理解している（Rosenau, 2005 [1995]：45）。

(18) ローカルからグローバルに至る多元的・多層的なレベルのガヴァナンスの分析については，広井（2009）を参照。

(19) オフショア（Offshore）とは，課税が優遇または免除され，また制度上の制約が少なく取引できる，特別に指定された地域や市場のことをいう。

(20) 国家を超えるガヴァナンスを形成し，運営を行っている唯一の事例としてEU（European Union）が挙げられるが，グローバル・ガヴァナンスを考察する上で，大変参考になる（詳細は，星野，2004；高瀬，2006；明田，2007を参照）。

第3章
グローバル市場の拡大と問題点

　前章で見たとおり，グローバル市場の拡大には目を見張るものがある。当然のことながら，その拡大に伴って，グローバル市場はグローバル社会に多大な影響を与えている。その影響にはプラスとマイナスの両面があるが，本章ではとりわけその負の側面の実態に焦点を当て，「グローバル市場の失敗」を考察したい。

　まず問題の背景を概観し，IMF，世界銀行，WTOについて検討を行う。これらの国際機関は，本来であれば「グローバル政府」に近いところに分類されるべきものであるが，新自由主義に基づくグローバル化の促進を通じて，グローバル市場の拡大に大きく貢献してきた主体として，便宜上グローバル市場の主要なアクターに含めておくこととする。ここでは，IMFと世界銀行の構造調整プログラム，ならびに自由貿易を推進するWTOの検討から始め，次に，新自由主義的グローバリゼーションの恩恵を最も受け，グローバル市場の主役となっている多国籍企業の実態を吟味する。

　多国籍企業のグローバルな利潤追求活動の拡大の背後には，先進国における大量消費・大量廃棄経済，タックス・ヘイブンや資本逃避，そして何よりも巨大化したグローバル金融の存在がある。本章では，グローバル市場に特有のこれらの問題を一つひとつ詳しく検討することで，グローバル市場の実態と問題点を浮き彫りにしたい。

1　問題の背景と三大国際機関

（1）　問題の背景

　グローバル市場の基本構造には，不公正な国際経済構造が横たわっている。それは，新自由主義というパラダイムの中で，巨大なグローバル金融の影響を受けた多国籍企業や金融機関が，規制緩和，金融の自由化，貿易の自由化などの恩恵を受けながら，途上国，環境，社会的弱者に与える影響などを考慮せずに，際限のない利潤の拡大を図っているという構造である。

　たとえば，グローバル市場で力を持つ先進国を拠点とする企業，特に多国籍企業は，途上国の資源を極端に低い価格で購入し，労働者を低賃金で雇用することによって，安価で大量にモノを生産し，製品として高く販売，輸出することによって売り上げを伸ばしてきた。また，多くの先進国はこれらの企業の利潤を土台に経済発展を成し遂げることができた。

　しかしその反面，先進国と途上国の経済格差，とりわけ世界の最富裕層20％と最貧困層20％の格差は年々拡大し，1960年に30対1だった格差が，2002年には114対1に拡大しているのはすでに見たとおりである[1]（UNDP, 2002：1）。

　この格差傾向に拍車をかけたのが累積債務問題である。この問題の発端は1971年のニクソン・ショックによる金・ドル交換の停止とブレトンウッズ体制の終焉，それに伴う変動為替相場制への移行と，1973年のオイルショックに遡る。変動相場制の移行とオイルショックにより，石油輸出国機構（OPEC）諸国のオイルダラーが先進国の銀行に大量に流入する一方，不況のため先進国内では貸付先が見当たらなくなった銀行は，返済能力を十分に考慮することなく多くの途上国に低利子で貸付を行った。[2]

　途上国の多くは資金を適切に利用するガヴァナンスに欠いていたばかりでなく，70年代末にアメリカが国内インフレ抑制のために大幅に金利を引き上げ，これまで4～5％だった金利がその後16～18％にはねあがったために債務が膨張し，債務地獄に陥った（北沢，2003：22-23，34-35；Millet & Toussaint, 2004：19-21, 27-28）。途上国全体の債務は，1980年に1,340億ドル，1992年に4,730億

ドル（Korten, 1995：165），そして2002年現在で2兆3,842億ドルまで膨張した。[3]

この不公正な国際経済構造は1979年にサッチャー政権が，80年にレーガン政権が誕生したことによって，さらに深化した。ともにケインズ主義や国家による市場介入に断固反対し，自由市場主義と公共支出の削減を熱心に支持した。これがいわゆる新自由主義（ネオリベラリズム）といわれる「レッセフェール的資本主義」であり，具体的な政策として，規制緩和，民営化，減税（特に高所得者向けと法人税）を積極的に行い，国際的には可能な限り関税を撤廃して自由貿易を進め，金融の自由化によって国際資本移動を加速させるグローバルな市場経済至上主義であった。この新自由主義こそがこれから検討するIMFや世界銀行による構造調整プログラム，後述するWTOの支柱になり，巨額の資金や多国籍企業が国境を超えて自由に動き回る経済のグローバリゼーション（新自由主義的グローバリゼーション）の原動力になり，グローバル市場の形成に大きく貢献した。

国際労働機関（ILO：International Labour Organization）は2001年に「グローバル化の社会的側面に関する世界委員会」を設置し，2004年に報告書を発表している。この委員会に参加していたジョセフ・スティグリッツ（Joseph Stiglitz）は，「この委員会は世界73ヶ国を調査して驚くべき結果を得た。1990～2002年の間に南アジア，アメリカ，欧州連合（EU：European Union）を除く全地域で失業率が上昇していたのだ。報告書が発表された当時，世界の失業者数は過去最高の1億8,590万人を記録した。委員会の調査によれば，世界の総人口のうち，不平等が拡大傾向にある国々に住む人の割合は59％。不平等が縮小傾向の国々に住む人の割合はわずか5％にどどまった。先進諸国の多くでも，金持ちがより金持ちになる一方，貧困層は現状維持さえむずかしい」という調査結果を公表し，新自由主義に基づくグローバル経済を批判的に分析している（Stiglitz, 2006：8）。

（2） IMFと世界銀行による構造調整プログラム

途上国の膨張した債務返済の促進を目的に，新自由主義の教義に則ってIMFと世界銀行グループによって1980年代初頭以降に推進された政策が，構造調整

プログラム（Structural Adjustment Programmes）である。この政策は途上国の制度改革を視野に入れ，可能な限り政府を効率的で小さくし，市場の力をより大きく働かせて経済を効率的にし，輸出を増やすことで途上国経済を発展させ，債務返済能力を向上させることに主眼があった。そのために，公共部門の民営化を進め，補助金や公務員を削減し，輸入制限を撤廃して貿易の自由化を推進し，市場に合わせた為替レートの設定（多くの場合，通貨の切り下げ）を求めた。[4]

IMFと世界銀行によって推進された構造調整プログラムは，途上国各国の経済を世界に開放し，グローバル市場と結びつけ，それがさらなるグローバル市場の拡大へと連鎖するという反応を呼び起こした。

しかしながら，この構造調整プログラムの成果について，芳しい評価は聞かれない。コーテンは，「（構造調整プログラムにしたがって）天然資源や農産物を輸出して外貨を稼ごうとする国が続出したため，国際市場におけるそれらの輸出品の価格が下がり，さらに輸出量を増やさなければ必要な外貨が得られない，という悪循環が生まれ」，「輸出品の価格が下がり，利益を外国資本に吸い上げられ，関税障壁の撤廃で外国製品の需要が高まったので，ほとんどの国は慢性的な貿易赤字に陥った。世界銀行とIMFの構造調整プログラムが始まった1980年から1992年までの12年間で，低所得国の貿易赤字は65億ドルから347億ドルに上昇している」として，このプログラムを批判している（Korten, 1995：165，括弧内は筆者が挿入）。

世界銀行はアフリカにおいて構造調整プログラムを実施している国々は実施していない国々と比べて，良い経済パフォーマンスを示していると主張している。しかし，国連アフリカ経済委員会（UNECA：United Nations Economic Committee for Africa）は「少なくともいくつかのケースでは，最初から想定された結論を導き出すためにデータが恣意的に選別されている」と指摘している（in Mackenzie, 1992：3）。そして再検討の結果，「1980年から87年の期間に，強い構造調整を行った国々は他のどのグループと比べてみても，最悪の経済パフォーマンスを示している。まったく構造調整プログラムを実施しなかった国々は3.5%の経済成長を達成し，少しだけ実施した国々は2％，それに対し，

強い構造調整を実施した国々は－0.53％の経済成長率であった」ことを明らかにしている（in Mackenzie, 1992：3）。

　ザンビアでは，1983年から86年の間に医師の数が1万人当たり13人から5人になり，医薬品の予算も1983年の25％以下になり，農村診療所の73％で十分なスタッフが雇えず，乗用車の51％が使用不可能で，必要不可欠な医薬品や設備が整っていない状況にあった。これらの結果を受けて，UNECAは「アフリカ経済の方向性を構造調整プログラムの実施を通じて国際開発機関に委ねることは，危機を解決するどころか危機そのものに陥る。構造調整プログラムは予算や対外的な不均衡という危機の症状を扱っているだけで，危機の根本原因に触れていない。構造調整プログラムの人的コストは持続不可能であり，長期的に見て持続可能な発展を阻害している」と構造調整プログラムを強く非難している（in Mackenzie, 1992：20）。

　その後も，構造調整プログラムの負の影響が世界中から報告されている。たとえば，1986年にジンバブエで食糧価格が120％跳ね上がって飢餓暴動が起こり，1991年にペルーでガソリンの価格が31倍，パンが12倍に跳ね上がる一方，最低賃金は15年間で90％以上下落して貧困がこれまでになく深刻化し，1998年にはイエメンでガソリン代が40％上がって暴動が起こるなど，多くの問題が発生している（Millet & Toussaint, 2004：54-55）。また，構造調整プログラムを受け入れたケニアの平均寿命が1990年は60歳，1997年は54歳，そして2006年は48歳と大幅に下がっていることも指摘しなければならない。もちろん，これにはHIV/AIDSの蔓延も関係しているが，医療費の削減により，医師も看護師も薬も不足し，満足な治療が受けられなくなったことが大きな要因となっている。

　そして，とりわけ構造調整プログラムの最大の失敗として，1997年に起きたアジア通貨危機がある。新自由主義に基づく構造調整プログラムの主要な柱である資本の自由化，特に金融資本や投機資本の自由化を受け入れたアジア諸国では，マイナス成長と記録的な失業率に陥り，わずか数週間の間にタイでは100万人が，インドネシアでは2,100万人が貧困線以下の生活に突き落とされた（Bello, 2002：67）。

　スティグリッツは，アジア通貨危機は「本来なら起こる必要のないものだっ

た」と述べ、「証拠が歴然と示すとおり、90年代末の世界的危機では、IMFの助言に従った新興諸国がことごとく悪影響を受けた。危機の対応策を案出する際のIMFは、危機に見舞われた国と国民を救うことより、欧米の債権者を救うことを重視しているように見えた。欧米の銀行への支払いにまわすなら金を貸すが、餓死寸前の人々への食料助成にまわすなら金は貸さない、という態度だった」とIMFを批判している (Stiglitz, 2006:18)。

フランスの下院議員であるイヴ・ダヴェルニエ（Yves Davernier）はこのIMFと世界銀行の政策について、「慈善の典型である『飢えた者に魚を与える』と、発展の要である『飢えた者に魚の取り方を教える』の間のどこかに、『飢えた者に壊れやすい釣り竿を高く貸し付ける』という行為が入り込んでいるらしい。世界銀行とIMFの新しいモットーを言い換えるとそういうことになる」と比喩を用いながら、シニカルな批判を行っている (in Millet & Toussaint, 2004:46)。

また、コーテンは、「民衆の生活水準を向上させたかどうか、あるいは民主的な統治体制を強化したかどうかで判断すると、世界銀行とIMFのやってきたことは破滅的な大失敗と言える。世界中の貧困者に大きな重荷を負わせ、彼らの幸福を阻害したからである。だが、設立者たちが意図した目的—経済的強者が支配するグローバル経済の構築—に関しては大成功だったと言える」と分析している。さらに、「世界銀行とIMFは、企業自由主義を奉じる強力な政治的支持基盤を獲得し、途上国政府の民主的な説明責任能力を低下させ、民主的に選ばれた議会の機能を奪い、法的・制度的な障壁を取り去って、多国籍企業が途上国の経済を思うがままに搾取することを許した。人類の歴史長しと言えども、軍隊を除いて、これほど多くの人々に、これほど多くの被害を与えた機関はなかったと言えるだろう」と強烈な批判を加えている (Korten, 1995:172)。

これらの批判を受けて、アメリカ下院は国際金融制度諮問委員会（別名メルツァー委員会）を設置し、構造調整プログラムを推進してきたIMFと世界銀行について報告書を提出させた。委員会が2000年3月に提出した報告書によると、

①世界銀行の有償援助（融資）の70%は11ヶ国に集中しており、他の145ヶ

国が残りの30％を取り合っている。
② 世界銀行の資金の80％が最貧国ではなく，良好な信用格付けを持つ比較的裕福な国々に投入されている。
③ 世界銀行のプロジェクトの失敗率は，最貧国では65〜70％，発展途上国全体では55〜60％に及ぶ。

これらを踏まえて，報告書は「要するに，世界銀行は世界の貧困の緩和という公言された使命の達成には失敗した」と結論づけている（International Financial Institution Advisory Commission, 2000；Bello, 2002：69-70）。

また，IMFについても，

① 経済成長を促進する代わりに，IMFは経済不況を制度化している。
② IMFと世界銀行はその大きな部分がG7諸国の重要な政治経済制度，特に米国政府と米国金融資本の利害によって駆動されている。
③ 両機関の力学は貧困削減や経済成長の促進といった外部からの要求よりもむしろ官僚の帝国的拡張の内部的な必要性から来ている。

このような分析から，報告書は構造調整プログラム（その後，名前が「拡大構造調整ファシリティ」に変わり，現在は「貧困削減戦略ペーパー」と呼ばれている）のようなIMFのプログラムの停止や，IMF自体の縮小再編を勧告している（International Financial Institution Advisory Commission, 2000；Bello, 2002：93）。

（3） 自由貿易を推進するWTO

次にIMF，世界銀行とともに，新自由主義的グローバリゼーションを推し進めている第三の柱である世界貿易機関（WTO：World Trade Organization）を検討してみよう。WTOは1995年に関税貿易一般協定（GATT）の後を引き継ぐ形で発足した自由貿易を促進し，擁護する国際機関である。GATTの対象が工業製品・農産物だけだったのに対し，WTOの対象はモノだけでなく，通信，

金融，流通，知的財産権，環境や食糧の安全基準も含まれ，紛争時には裁判権も持つ。

　渡辺頼純は，さまざまな観点から，いかにWTOがグローバル社会にとって有益かを論じている。それはまず，WTOが擁護・推進している自由貿易の重要性である。渡辺は一方で自国経済と世界市場を切り離した結果，国民経済が疲弊し，「貧困の鎖」に縛られたままのキューバ，タンザニア，ミャンマー，アルバニア，北朝鮮と，他方で貿易と投資をいわば「車の両輪」として，世界市場と自らの国内市場とを連結・統合し，発展を果敢に模索してきたマレーシアとメキシコの例を比較し，「自由貿易には交易条件の悪化や従属の深化といった問題はあるものの，やはり長期的には国際経済と国内経済の接点ともいうべき貿易をより自由に，かつより多角的に行う方が結局はその国の国民の繁栄と生活水準の上昇につながる」と論じている（渡辺，2003：206-208）。

　続いて渡辺は，とはいえ，WTOが硬直的な自由貿易主義に凝り固まったものではないばかりか，国際公共財に必要不可欠なものであることも強調している。すなわち，WTOは「ともすれば保護主義の方に振れがちの世界貿易という振り子をより自由な方へ，より開放的な方へ振り向け」，「極めて現実的に貿易障壁を軽減し，貿易紛争を処理するためのガイドラインを提示する国際的な法的手段（legal instrument）」，かつ「貿易という開かれた国際的『ゲーム』のルールブックであり，より国際政治的な観点からすれば世界経済の安定的運営に必要欠くべからざる『国際公共財』ということができよう」と論じている。その上で，「もしこれがなかったなら大国の強力な保護主義勢力が思うに任せて『ジャングルの掟』を振り回すことになっていたであろう」と主張している（渡辺，2003：209）。

　第三に，WTOは，「最恵国待遇」（加盟国の間で，物品やサービスの原産国によって差別をしない原則），「透明性の原則」，「確実性，予見可能性の増大」，「貿易円滑化」を促進し，これらの諸原則によって，貿易システム全体を経済的により効率的に機能させ，不必要なコストを低減させていると論じられている（渡辺，2003：210-213）。

　第四に，渡辺は「WTOという組織にあたかも一つの組織としての『意思』

第3章 グローバル市場の拡大と問題点

があるように思われている」が，そうではない点も強調している。つまり，WTOの「決定」は，加盟国のさまざまな意見の最低の共通ラインであり，加盟国の集団的な意思を無視してWTOのなかで何らかの決定が行われることも，WTOとして行動を起こすこともありえないとしている。ただし，渡辺は，WTO事務局が加盟国の集団的意思形成のために，資料やデータの準備を始め，種々の非公式会合を開催したり，「ノン・ペーパー」と呼ばれる議論の「たたき台」を作成していることも付言している（渡辺，2003：216-219）。

最後に渡辺が取り上げているのは，その紛争処理メカニズムである。これは「紛争処理に要する時間を大幅に短縮，パネル報告の採択に際しては理事会全体が反対しない限りは採択するという『ネガティブ・コンセンサス方式』を採用するなど，提訴された側による引き伸ばしや妨害を抑える工夫が随所に見られる」というものである。このメカニズムによって，GATT時代よりも紛争案件の数が，とりわけ途上国による提訴が増加した。渡辺は，GATT時代に途上国による対先進国申し立ての割合は全体の11.5％であったが，WTOになってからはその割合が18.5％に上昇したことを取り上げ，国際機関としてのWTOへの信頼を高めることにつながっていると主張している（渡辺，2003：219-222）。

このようなWTO擁護論に対し，グローバル社会運動の知的リーダーの一人であるスーザン・ジョージ（Susan George）は，いわばGATTが「経済産業省」だったのに対し，WTOは「厚生労働省」，「環境省」，「農林水産省」，「日本銀行」，「裁判所」を兼ねる権力を持とうとしていること，しかも，WTOは国連から完全に独立した機関で，国連憲章，世界人権宣言，これまで締結されたさまざまな条約，諸国家の経済的権利と義務の憲章などとは無関係の機関になっていることを指摘している（ジョージ，2002：38）。

佐久間智子は，渡辺が賞賛するWTOの紛争処理メカニズムについて，ルールに従わない者を罰する経済制裁の実施により，WTOルールは他の国際法とは比較にならないほど強制力の強い国際法となったこと，その結果，各国は国際環境法や人権法など他の国際法よりもWTOルールを優先せざるを得なくなっていること，そしてWTOは各国の国内法規や基準に改変を迫り，国内法

よりもWTOルールが優先される事態が生じていると批判している（佐久間, 2002：110-112）。

　この点について, コーテンは,「WTOが認める国際基準よりも厳しい健康基準, 安全基準, 労働基準, 環境基準を定めた国内法は, すべて非難の対象になりうる。WTOが設定する狭い許容範囲からはみ出した国は, 国際基準に合わせて国内の基準を引き下げるか, 罰金を払い続けるか, 経済制裁を甘んじて受けるか, 選択は3つに1つだ。WTOの目標は, 国際基準を『統一』することである。輸入品に対して, リサイクルの義務, 発ガン性添加物の使用禁止, 自動車の安全基準の適用, 有害物質の使用禁止, 品質の表示義務, 食品の検査などを課す法律は, すべて違反と見なされる可能性がある」と論じている（Korten, 1995：174）。

　さらに, 紛争処理パネルについても,「（紛争処理パネルの）専門家はたいてい弁護士であり, 顧客である企業の貿易上の利益を代弁することで実績を築いてきた人々だ。……（中略）……パネルに提出された書類は公開されない。どの委員がどの立場や結論を支持したかということも, いっさい公表されない。証明義務は訴えられた側の国にあり, 問題の法律がGATTの定める貿易障壁ではないことを証明しなければならない」という説明を行っている（Korten, 1995：176, 括弧内は筆者が挿入）。

　このような現状を踏まえて, ノリーナ・ハーツ（Noreena Hertz）は,「WTOは誰に対しても説明責任を持たない機関であり, 私たちが何を食べられるかを自由に選ばせず, 民主的に選ばれた政府が可決した法律を踏みにじり, 貿易戦争を始め, あるいは許可し, 私たちの健康を危機にさらす」と論じ, WTOに厳しい批判を浴びせている（Hertz, 2001：93）。

　さらに, ジョージはWTOが構想しているさまざまな協定によって, 次のような結果がもたらされると警告している。

　①公共サービスを弱体化させるか, もしくは破壊する。
　②小規模農業の従事者を破滅に追い込む。
　③社会的既得権をおびやかす。

④すでに定着している国際法を破る。
⑤すでに不利な状態におかれている国々を，より一層不利な状態におくことになる。
⑥文化を同質化する。
⑦環境を荒廃させる。
⑧実質賃金や労働基準を低下させる。
⑨市民を保護する政府の能力や，政府に保障を求める市民の能力を格段に低下させる（ジョージ，2002：10）。

　コーテン，ハーツ，ジョージ，佐久間によれば，このWTOによって大きな利益を得ているのは，多国籍企業である。これまでWTOは，貿易自由化の推進の名の下に，倫理的に容認できず，環境にダメージを与える活動をしていると思われる企業に対して，政府がボイコットや懲罰的関税という手段を用いようとすると，その動きに介入，阻止するなど，企業の利益にとって都合のいい決定をしてきた。たとえば，WTOはアメリカとカナダの食品業界の利益を擁護して，健康への害が指摘されているホルモン剤を使用して育てた牛肉をEUが輸入しなければならない裁定を下し，「チキータ・ブランド」の利益を擁護して，農薬を大量に使うプランテーションで，1日に12〜18時間もの労働に対してわずかの賃金しか得られない労働者によって生産されるバナナをEUは輸入せざるを得なくなっている（ジョージ，2002：37-43）。

　これらは数ある事例のほんの一部であるが，WTOがかくも企業に貢献するようになってしまった理由について，アメリカを代表するバイオテクノロジー会社モンサント（Monsanto Company）幹部のジェイムズ・エンヤート（James Enyart）は，こう答えている。「国際貿易において重要な問題を決定するのは，企業です。企業が解決策を作り，それを具体案にして，自国あるいは他国の政府に売るのです」と（Hertz, 2001：95）。

　WTOでの議論は基本的に非公開であり，非公開会議にはNGOはオブザーバーとしての参加さえ認められない。他方，企業は各国の政府代表団のメンバーとして大臣会議などに出席することで，影響力を行使しているだけでなく，

息のかかった専門家をWTO各種委員会に送り込み，高度な専門用語が並ぶ複雑な規約案を作成させ，企業に都合のよいルールを作ることに成功している。

ここまでの議論を勘案すると，渡辺がいうとおり，WTOは確かに活発で効率的な紛争処理メカニズム，そして貿易システム全体を経済的により効率的に機能させ，不必要なコストを低減させることにより，自由貿易を進展させてきたようである。また，多種多様な利害が交差する国際貿易というアリーナに，一定の秩序を与えてきた。しかしながら，問題はそれが世界のすべての人々，とりわけ安心・安全を求める消費者やグローバル社会の底辺で苦境に喘ぐ人々の利益に適っているかどうかということである。

コーテン，ハーツ，ジョージ，佐久間の議論からは，WTOはこれらの人々の利益のためではなく，往々にして多国籍企業の利益に貢献しているように見える。その証左が，1999年シアトルで開催された第3回WTO閣僚会議の挫折ではなかろうか。この会議は，IMF，世界銀行，WTOを批判し，新自由主義的グローバリゼーションに反対するNGO，労働組合，社会運動，市民運動団体など総勢5万人に取り囲まれ，頓挫した。そして，その後もWTOはこれらの運動の格好のターゲットとして非難を浴び続け，いまだに立ち往生しているのが現状である。

2　多国籍企業の実態と大量消費社会

一般に海外拠点を世界各地に設け，グローバルな活動を行う企業を多国籍企業（MNCs：Multi-National Corporations，あるいはTNCs：Trans-National Corporations）と呼ぶ（川本，2007：125）。ロビン・コーエン（Robin Cohen）とポール・ケネディ（Paul Kennedy）は，この多国籍企業を次の5つの側面からさらに詳細に定義している。それは，

①2つないしそれ以上の国々で経済活動を取り仕切っている。
②国家間の格差を利用して利潤を最大化する。具体的には要素賦存量，賃金，市場条件，政治・金融体制の違いから利潤を引き出す。

③地理的な柔軟性を持っている。つまり，グローバルな規模で，資源や活動を異なった場所に移す能力を持っている。
④超国家企業内の異なった部門の間で行われる資金，部品，活動の流れのレベルは，その企業が国内で行う流れよりも大きい。
⑤グローバルなレベルで大きな経済的・社会的影響力を及ぼしている。

というものである（コーエン&ケネディ，2003：160-161）。

　前述のとおり，多国籍企業は，1970年にはおよそ7,000社，1992年には37,000社であったが（コーエン&ケネディ，2003：172），グローバル化の進展とともにますます数が増加し，2005年には世界に61,000社，子会社が100万社，下請企業も含めると数百万社が存在している（Utting, 2005：4）。また，多国籍企業は数の面ばかりではなく，1社規模の経済力の発展も目覚ましく，近年先進国を凌ぐ勢いで，年々その規模と富を巨大化させている。

　2001年の世界のGDP，年間売上のトップ100を見ると，1位アメリカ，2位日本，3位ドイツと先進国が名を連ねるが，18位にウォルマート，20位にエクソンモービル，25位にブリティッシュ・ペトロリアムと多国籍企業が増え始め，トップ100のうち実に54を企業が占めている。ちなみに上述の3社は，それぞれ1社でノルウェー，デンマーク，トルコのGDPよりも多くの売り上げを計上している（ベルナー&バイス，2005：59）。

　多国籍企業は，途上国で雇用を創出し，政府に税収をもたらし，先進国から途上国に技術移転を行い，途上国経済の発展に貢献しているといわれている。近年急激な経済成長を遂げているBRICs（Brazil, Russia, India, China）と呼ばれる国々の成長の要因，とりわけ中国で1991年から2000年の間におよそ1億人が貧困ラインを脱した要因は，規制緩和による海外直接投資の増加と世界経済への統合，その中で具体的に利益をもたらした多国籍企業であるという議論も頻繁に聞かれる（Kedia et al., 2006：78）。他方，多国籍企業の活動を非難し，企業の社会的責任（CSR：Corporate Social Responsibility），企業の説明責任（CA：Corporate Accountability），そして多国籍企業の規制を問う声も，年々強まっている。

第Ⅰ部　グローバル社会の課題とガヴァナンスの実際

　多国籍企業の実態を明らかにするためには，世界中で操業している多くの多国籍企業について包括的に調べ上げることが必要だと思われるが，それは本書の射程を優に超える。したがって，本節では，まず多国籍企業が途上国にとって有益な貢献をしているという議論を吟味し，次に途上国における多国籍企業の操業の実態についての詳細な報告を検討する。これらの検討を通じて，多国籍企業の総合評価を行い，グローバル市場の実態の一端を浮かび上がらせることとしたい。

（1）　途上国の発展に貢献する多国籍企業？

　途上国の経済発展や貧困削減に対する多国籍企業の貢献の議論は多岐にわたる。まず，それをマクロなレベルで見たとき，国際協力銀行開発金融研究所は，「多国籍企業は長いこと，多くの国々（開発途上国・先進国）で重要な役割を果たしてきたが，その重要性は近年の世界的なFDI（Foreing Direct Investment, 海外直接投資）の高まりを受け，ますます高まっている。多国籍企業による対内FDIストックは大雑把に見積もっても1999年で4兆8,000億ドル，多国籍企業の海外系列子会社は3兆ドル以上の総産出高を計上し，投資受入国にトータル4,000万人以上の雇用を創出したと推定される」として，多国籍企業の貢献を積極的に評価している（国際協力銀行開発金融研究所，2002：5，括弧内は筆者が挿入）。

　スザンナ・イーストン（Susanna Easton）は，「多国籍企業の役割はただ単に資本が不足している国々に資本を流しているだけではない。投資は富を生み，直接そして『クラウディング効果』を通じて新しい雇用を創出する。また，多国籍企業からの新たな税収は途上国がインフラを整備し，人的資本を強化するのに使える資金を生み出す。さらに，多国籍企業の諸戦略は，たとえば途上国の農村地域に浸透することで，途上国のあらゆる階層の富や利潤の分配に大きな影響を与えている。多国籍企業は自らの活動についての外部不経済に敏感なので，工業化や消費主義の有害な影響を抑える可能性もある。多国籍企業は，明らかに世界の貧困を削減し，国連の使命に一致する正の外部効果を提供するのに重要で積極的な役割を果たしうる」と論じている（Easton, 2006：ix-x）。

第3章 グローバル市場の拡大と問題点

スティグリッツは,多国籍企業は先進国・途上国双方に利益をもたらしているとして,次のように主張している。「企業は途上国にグローバル化の利益をもたらし,ほぼ世界中の生活水準を向上させる中心的な役割を果たしてきた。彼らは途上国の商品が先進工業国の市場に届くようにした。……(中略)……企業は先進工業国から途上国へ科学技術を伝える仲介者にもなり,両者の知識格差を埋める役割を果たしてきた。彼らが毎年,途上国への直接投資にふりむける2,000億ドル近い資金は,資源の格差を縮めた。企業は途上国に仕事と経済成長をもたらしただけでなく,先進国に安くて品質も向上しつつある商品をもたらして生活費を下げ,低インフレ・低金利の時代に大きく貢献してきた」と (Stiglitz, 2006 : 188)。

ベン・ケディア (Ben L. Kedia) らも,「多国籍企業は新しい技術と組織的知識を拡散させ,ホスト国企業の競合性を高める。加えて,多国籍企業はグローバル市場において途上国のより良いイメージを築き上げることによって,より多くの投資をひきつけ,途上国経済を助けている」と主張し,途上国経済に貢献する多国籍企業を前向きに評価している (Kedia et al., 2006 : 79)。

次に,もう少しミクロなレベルの貢献を見たとき,ケディアらは,「(途上国における) 多国籍企業のプレゼンスは,より良い製品を提供するのみならず,給料もそうであるが,途上国の他の企業に世界経済に比してより競合的で,費用効率的な製品を供給させる。さらに,多国籍企業に雇用された従業員は,企業が時折実施するトレーニングによって,新しい技術や商売を学ぶことができ,上層部で雇用された従業員は新しいマネジメント,ビジネススキル,進んだ技術と知識,より効率的で効果的なビジネス文化に接することができるが,そのことは彼らが現地で新しい会社を設立することにもつながる」と論じ,多国籍企業が途上国の人々に与えるポジティブな影響,とりわけ多国籍企業に勤務する従業員に与える利点を説明している (Kedia et al., 2006 : 74, 括弧内は筆者が挿入)。

最後に,多国籍企業のミクロなレベルの具体的な貢献については,ウェム・イテ (Uwem Ite) が,ナイジェリアで石油採掘と生産を行っている「ロイヤル・ダッチ・シェル (Royal Dutch Shell)」の子会社の「シェル石油開発会社

(SPDC : Shell Petroleum Development Corporation)」の事例を検討している。

SPDCは，ナイジェリア最大の石油採掘企業であり，同国の石油生産高の40％を生産している。SPDCはニジェール・デルタ地域における31,000平方キロメートルの石油採掘地の中で6,000キロメートルのパイプライン，8つの天然ガスプラント，1,000以上の油井を持ち，1万人を雇用している。SPDCは環境破壊や貧困の原因とされることが多いが，当地域の物理的開発に寄与していると見なされている（Ite, 2005 : 920-921）。

シェルを含むニジェール・デルタ地域で操業する石油企業は，40年間で2兆3,000億ドル（230兆円）の石油採掘操業費をナイジェリア政府に納め，2003年にはSPDC単独でナイジェリア政府に18億6,000万ドル（1,860億円）の税金を支払っている（Ite, 2005 : 922）。

後に見る人権活動家のケン・サロ・ウィワ（Ken Saro Wiwa）の処刑の後，シェルはそれに手を貸したとして世界中から非難を浴びるが，それを契機にシェルはナイジェリアでのCSRをさらに強化するようになった。1997年から2003年にかけて，ニジェール・デルタのコミュニティ開発プログラムに3億3,680万ドル（336億8,000万円）を費やし，2002年以来ナイジェリア政府に支払ったすべての税金，使用料（石油採掘使用料），その他の支払いを公開するようになり，独立した機関がニジェール・デルタのコミュニティ開発プログラムを高く評価していることを，イテは積極的に評価している（Ite, 2005 : 921-925）。

以上のことから，マクロレベルでもミクロレベルでも，多国籍企業はさまざまな側面で先進国，途上国双方に多大な貢献をしていると考えることができそうであるが，最終評価に入る前に，もう少し詳しく多国籍企業の実態を吟味しておこう。

（2） 多国籍企業の実態と巨大化する理由

上述のとおり，スティグリッツは多国籍企業について積極的な評価を与えているが，同時に多国籍企業の欠点についても論じている。一つは，政府による規制と市民社会からの圧力がなければ，企業は環境を十分に保護する誘因を持

第3章　グローバル市場の拡大と問題点

たないことであり，二つ目は，さまざまな業種の企業が，ありとあらゆる優遇措置を求めて贈収賄を行うことである。三つ目は，ウォルマートのような大型小売店が地域社会の零細企業をつぶしていき，街を空洞化させているのみならず，その低賃金と杜撰な健康保険制度が他の競合企業の賃金や健康保険制度のレベルを低下させていることである（Stiglitz, 2006 : 190-192）。

　中でも，彼が特に問題視しているのは企業の「有限責任」である。有限責任とは，企業の出資者が出資した金額に対してのみリスクを負うことをいう。有限責任は，社会に莫大なコストを強いる。たとえば，インドのボパールでのユニオンカーバイド社（Union Carbide）の工場で起こった有毒ガス流出事故では，2万人以上が死亡し，およそ10万人が呼吸器疾患や眼病，神経障害や免疫障害などの被害を受けた。それに対して，ユニオンカーバイトが支払った賠償金は一人当たり約500ドルにすぎない（Stiglitz, 2006 : 193-195）。

　また，パプアニューギニアでは，オク・テディ社（Ok Tedi）がおよそ60億ドルの鉱石を採取しながら，オク・テディ川とフライ川に12年間にわたって毎日8万トンの汚染物質を投棄していた。鉱山が枯渇すると，オーストラリア人が大多数を占める経営者たちは，ただそこから立ち去って，自分たちの役割（すなわち，環境浄化と復元）を地元政府に引き継がせた（Stiglitz, 2006 : 195）。もし，企業の「有限責任」が認められず，出資者が無限に責任を求められるとしたら，以上のような事態はありえないだろう。

　さらにコーテンは，多国籍企業の下請工場の労働条件を「現代の奴隷制」と呼び，サンフランシスコ，ホンジュラス，南アフリカ，中国，バングラデシュ，インドの事例を紹介している（Korten, 1995 : 230-232）。コーテンはインドのカーペット業界の事例で，一日の休みもなく，連日14〜16時間働かされる30万人の児童労働者を取り上げ，これらの少年たち目撃したインドのP.M.バグワティ（P. M. Bhagwati）元法相の証言を紹介している。元法相は，「少年たちは殴られ，［熱した鉄棒で］焼印をつけられ，木から逆さ吊りにされていた」と証言したという（Korten, 1995 : 232）。

　一体途上国における多国籍企業の操業の実態はどうなっているのだろうか。以下では，これについて詳細な報告を行い，オーストリア公共放送やドイツの

『シュピーゲル』誌から絶賛を浴びたクラウス・ベルナー（Klaus Werner）とハンス・バイス（Hans Weiss）の『世界ブランド企業黒書（*Das Neue Schwarzbuch Markenfirmen*）』（以下『黒書』と呼ぶ）を中心に，いくつかの事例を考察することで，さらに多国籍企業の実態に迫ってみたい。なお，この書物はスペイン語，オランダ語，トルコ語，ハンガリー語，そして日本語に翻訳され，今後中国語，韓国語，ルーマニア語，スウェーデン語，ロシア語に翻訳・出版されることになっているが，英訳の予定はない。

① 石油ビジネス，環境破壊，人権侵害

最初の事例は，先に検討したナイジェリアのSPDCについてである。『黒書』によると，この企業が操業しているニジェール・デルタは，以前は白い砂浜や湖沼が海に迫り，ヤシの木やマングローブの林が彩りを添える旅行者の天国だった。しかし，2001年1月にこの地方を訪れたズザンネ・ガイスラー（Susanne Geissler）は，「ほとんど息をすることができません。景色を見ようとしても，灰色の霧を通してみることしかできないのです。空気は，工業施設と交通機関によって汚染されています。至るところでガスの炎が数メートルの高さに吹き上がるのが，灰色のベールの向こうにぼんやりと見えています」と描写している（ベルナー＆バイス，2005：133）。

SPDCの前近代的な石油採掘，老朽化した石油パイプラインからの石油漏れ（Oil Spill），年間200億立方メートルの天然ガスの焼却処分（これは年間1,200万トンのメタンの大気放出を意味するが，その量はオランダによるメタン放出の11倍に相当する），過去35年間で700万立方メートルに達した石油採掘残滓，これら環境汚染に関連して土砂で埋められた2,300立方メートルの石油などにより，この地を観光資源として利用するどころか，漁業や農業は破壊され，飲料水や空気は汚染され，数十年先まで不毛の地となってしまった。さらに，これらの環境汚染によると見られる「ブリーフ病（Brief Illness：頭痛と呼吸困難で始まり，高熱にうなされ，3日以内に死亡する病気）」で数千人が死亡している（ベルナー＆バイス，2005：135-142）。

このような状況下で，「オゴニ人生存運動（MOSOP：Movement for the

Survival of the Ogoni People)」が創設され，1993年ケン・サロ・ウィワの指導の下，数万人が反シェル運動に立ち上がった。これによりシェルは一時的に石油採掘を中止しなければならない事態に追い込まれた。しかし，ナイジェリアの輸出額の90％を占める石油産業とシェルから得られる利権を保護するために，当時のサニ・アバチャ（Sani Abacha）政権は残虐な弾圧を始め，その結果2,000名が殺され，推定で8,000名が自宅を喪失した。さらに，その2年後，アバチャ政権は「オルタナティブ・ノーベル賞」受賞者で，国内的にも国際的にも尊敬を集めるケン・サロ・ウィワを8名の仲間とともに絞首刑に処した（ベルナー＆バイス，2005：134-136）。

サロ・ウィワの家族は，1996年にシェルおよびシェルの子会社に対して，ニューヨーク裁判所に以下のような訴えを起こしている（ベルナー＆バイス，2005：136-137）。

・シェルは，ナイジェリアの軍事政権をそそのかし，ケン・サロ・ウィワおよびその他のオゴニ人に対する拷問と殺人を引き起こした。
・シェルは，これらの人々が殺人を犯したという話を流布し，またこの目的のために証人に対して買収を行う手助けをした。
・シェルは，石油採掘のための土地を取得したにもかかわらず，それに対する適切な保証金を支払わなかった。
・シェルは，石油採掘地の空気と水を汚し，それによってオゴニ人から生活の基盤を奪った。
・シェルは，地方の村を攻撃するために警察と軍隊を動員し，その際，複数の人間を殺し，あるいは傷付けた。
・シェルは，コンツェルンによる環境汚染に抗議する人々を鎮圧するため，軍部に金銭や武器を提供し，兵站支援を行った。

この訴えは，1998年にアメリカ連邦判事によって却下された。しかし，2000年9月，控訴審裁判所によってこの事件が再び取り上げられ，ニューヨーク最高裁判所に送られた。最高裁判所は，2001年3月26日にケン・サロ・ウィワの

家族が起こしたシェルに対する起訴手続の開始を告知している（ベルナー＆バイス，2005：137）。

　これらの事実から，シェルという石油関連多国籍企業が途上国の環境，そして生活を破壊し，人権まで侵害していることが窺える。しかし，この企業がナイジェリアで操業し，石油が産出されることで，雇用が生み出され，経済が発展し，人々の生活レベルが向上しているということはないのだろうか。『黒書』は，ナイジェリアの人口1,200万人のうち，石油産業が雇用しているのはわずか1万人であり，しかもその大部分が外国人であること，ナイジェリアが独立を果たした1960年には，30％の人々が貧困ラインを下回る生活をしていたが，この率は1999年までに70％へと上昇したことを明らかにしている（ベルナー＆バイス，2005：134，144）。

　これに対して，イテは，ニジェール・デルタ地域の貧困や低開発の原因は，ナイジェリア政府が歳入をSPDCを始めとする石油関連の多国籍企業に極度に依存してきたこと，そこから上がってくる税収が権力者の私利私欲のために使われてきたことも含めて政権内で汚職が蔓延していること，政府のガヴァナンスとアカウンタビリティが欠如していることにあると分析しつつ，にもかかわらず政府が問題の原因をSPDCなどの多国籍企業に押しつけてきたことを指摘している（Ite，2005：919-920）。

　確かに問題はナイジェリア政府にもあることは認識しなければならない。また，先に見たように大きな国際世論によって多国籍企業は変わりうるということも，1995年以降のシェルの変化も積極的に評価することができるだろう。ただし，シェルがコミュニティ開発プログラムに出費した7年間で336億8,000万円（1年あたり平均48億1,142万円）という額は，同社が2003年にナイジェリア政府に支払った18億6,000万ドル（1,860億円）という税金から想定される利潤の大きさ，そして壊れてしまった環境や失われた数千名の命の大きさと比べると，霞んで見える。

　さらに，イテが評価しているコミュニティ開発プログラムも，情報公開も，独立した機関による評価も，すべてSPDCかシェルの年次報告書から引用されたものであり，客観的な分析とはいいがたい。ちなみに，シェルの努力にもか

かわらず，ナイジェリアで貧困ライン以下の生活をしている人々の割合は，2007年時点でも70％のままである。(5)

② カカオ農園の児童労働

次に取り上げる事例は，ヨーロッパおよびアメリカ系食品関連多国籍企業傘下にあるコートジボワールのカカオ農園である。『黒書』はマリ出身のアボウとアダマという2人の少年の物語を紹介している。彼らは7歳の時に商人にだまされて，コートジボワールのカカオ農園にそれぞれ25ユーロ（3,250円。1ユーロ＝130円で計算，以下同様）で売られ，8歳から14歳までの子どもたち20名とともに働いている。「この農園の子どもたちは，焼けつくような暑さの中で，犬による監視と追い立てを受け，鞭とナタで脅かされながら辛い仕事に耐えていた。……（中略）……『彼らは老人か喘息患者のようにハアハアあえぎ，目は生気を失っている。両肩が落ち，その肩の間に上体がだらんとぶらさがっている』と，（フランス人ジャーナリストの）ジアールは説明している。アボウが逃亡を企てると，罰として終日裸にされ，後ろ手に縛られて日向にさらされた。そして一日の仕事を終えた他の少年たちも，『シコット（Chicotte）』というコブ付きの鞭でバンバ（農園主）がアボウを打つのを見ていなければならなかった」（ベルナー＆バイス，2005：161-162。（　）内は筆者による補足）。

マリからコートジボワールの大規模農園に連れてこられた子どもの数はこれまでに約2万人，西アフリカ全体では推定で20万人に上るが，国連児童基金（UNICEF：United Nations Children Fund）マリ事務所のピエール・ププール（Pierre Poupard）は，「そこで行われているのは，間違いなく奴隷制である」と述べている（ベルナー＆バイス，2005：162）。

長年ジャーナリストとして世界を飛び回り，ザンビア大使も務めた石弘之も，カカオ農園の実態について，朝5時から夜11時までカカオ豆の摘み取りに働かされ，労働時間は週に100時間を越えること，十分な食事が与えられないので，病気に倒れる子どもが多いこと，夜は狭い小屋の板張りの床にすし詰めになって寝ること，外からはカギをかけられ，排便は缶の中にしなければならないこと，そこまでしてチョコレートの原料を集めている彼らは，これが何になるか

も知らないし、ましてやチョコレートなど食べたこともないと述べ、チョコレートは、「アフリカの子どもたちの汗と血と涙」でできていると論じている（石、2005：160-161）。

なぜ食品関連多国籍企業傘下のカカオ農園ではこのような「奴隷制」とも形容される悲惨な児童労働が起こっているのだろうか。石によると、西アフリカでは、「『子どもを売る』という罪悪感が一般に薄く、貧しいがゆえにやむをえないと考えている親が多い」中で、「土地を持たない小作農や移住者の場合、自分の子ども以外に売るべき『資産』」がない彼らが貧困に陥った時、「仲買人が農村などをまわり、親や親戚から一人15～30ドル程度で子どもを買い集めて、国外へ連れ出して300ドルほどで売る人身売買が、現在でも横行している」この地域で、奴隷制が継続していることを指摘している（石、2005：157-158）。

同時に石は、世界のカカオ豆のほぼ100％が途上国で生産され、その70％がコートジボワール、ガーナ、ナイジェリアなどの西アフリカの国々が占め、中でもコートジボワールは世界の40％を占める最大の輸出国であると記述している。その上で、カカオ豆を原料とするココアの価格が、過剰生産のために、1977年に1ポンドにつき2ドル近くあったものが、2001年には40セント前後と、5分の1にまで下落し、「その価格暴落のなかで利益を確保するために、カカオ農園経営者は、労働者の賃金をカットし、国際的に糾弾されながら子どもの奴隷を増やしてきた」ことを指摘している（石、2005：159-162）。

ベルナーとバイスも、平均的カカオ農家の総年収がおよそ340ユーロ（44,200円）に過ぎないこと、その主たる原因が世界市場における価格の低さで、過去20年間で1トン当たり870ユーロから4,000ユーロの間で揺れ動いていたが、最近は値下がりが甚だしいことを挙げ、「こうした傾向は、できるだけ安く生産を行うことを農民に強いる結果となり、その恰好の手段として、1日に1皿のトウモロコシ粥以外に費用のかからない児童労働が使われている」と分析している（ベルナー＆バイス、2005：163）。

ここで生産されたカカオは、それを加工してチョコレートを製造しているひと握りの食品多国籍企業に安く買い取られる。ベルナーとバイスはまさにこれらの多国籍企業がカカオの低価格の根本原因であると指摘し、これらの企業の

利潤最大化のために，途上国の農民や農園労働者が犠牲になっていることを示唆している（ベルナー＆バイス，2005：163-164）。

この点に関連して，石もカカオ豆の価格決定権が先進国の多国籍企業に握られていることをおさえた上で，ココアの価格がこれほどまでに急落した理由として，コートジボワールのパスカル・アフィ・ンゲッサン（Pascal Afi Nguessan）元首相の「先進国のチョコレート会社が，途上国にカカオ豆を大量に生産させて価格を引き下げている」という批判を紹介している。アフィ元首相は2001年5月，「価格暴落のせいで農園経営者は労働コストを下げねばならない。もし本気で奴隷労働をなくしたいと考えているなら，今の10倍の価格でカカオ豆を仕入れる必要がある」とチョコレート会社に迫っている（石，2005：162）。

このような事例は，カカオに限られず，バナナ（バナナの場合はさらに農薬被害），オレンジなど他の一次産品でも見られることを『黒書』は指摘している（ベルナー＆バイス，2005：165-172）。

③　下請工場の過酷な労働条件

続いて，高い経済成長を持続している中国における玩具製造業の実態について見てみよう。アメリカの人権団体である全米労働委員会は，マテル，ディズニー，マクドナルド，ウォルマート向けの玩具を製造している広東省の8つの工場に関して，2002年1月に報告書を発表している。それによると，「1日あたり13時間から16時間，そして1週間あたり最長109時間，しかも全く休日なしで5ヶ月ぶっ通しの労働が続いていた。また1年間に364日働かなければならず，休日はたった1日しかないという従業員もいた。時給はユーロに換算して11セント（14.3円）であり，法律で定められている最低賃金の半分にも満たなかった」という事実が確認されている（ベルナー＆バイス，2005：201-202）。

中国が高い経済成長を達成し，約1億人が貧困ラインを脱したと言われるその裏側では，「女工哀史」のような実態があり，数字上では貧困ラインを脱したかもしれないが，生活の実態は以前よりも悪化した可能性があることを『黒書』は示唆している。

このような多国籍企業に依存する中国のやり方について，北京大学の宋磊・副教授は，「確かに多国籍企業は子会社や下請工場を通じて雇用を創出しているが，労働者の労働条件や生活水準は低いままである。また多国籍企業は基本的に製品を組み立てるだけの単純労働をさせており，これでは技術は蓄積しない。さらに，誰にでもできる単純労働なので，雇い手は簡単に従業員を解雇することができる。なぜなら代わりはいくらでもいるからである」と述べ，外資に依存する中国の経済発展に悲観的な見方を示している(6)。

また，エルサルバドルでナイキ，アディダスのシャツを製造しているフォルモサ工場で働いていたフリア・エスメラルダ・プレイテス（Julia Esmeralda Pleites）は，工場の様子について次のように語っている。「換気が悪く，従業員は汗をかき，脱水状態になります。そしてほこりが絶えず鼻をふさぎます。水を飲みに行く場合やトイレに行く場合には，許可を受けなければなりません。誰でも１日に１，２回以上外に出ることが許されないため，保安員が社員証をいつもチェックしています。工場は汚く，トイレットペーパーもない上，飲料水は浄化されていません。工場を出る時には，私たちは全員，屈辱的なボディチェックを受けなければなりませんでした。私たち女性のチェックをする同性の保安員は，体の至るところを触りました」と（ベルナー＆バイス，2005：206-207）。

コーテンは，同様の事態が先進国（サンフランシスコ）でも起こっていることを紹介している。「暗くて窮屈で，窓もない工場が多い。……（中略）……休日なしの１日12時間労働で，昼休み以外は働きづめ，というところも珍しくない。豊かでコスモポリタンな魅力あふれる街で，19世紀さながらの過酷な労働条件がまかり通っている。あるアジア人労働者は，『従業員どうし口をきいてはいけないと言われ，トイレにも行かせてもらえない』という。……（中略）……メーカー側ができるだけ安い価格を要求するので，ベイエリアにある約600の縫製工場は，生きるか死ぬかの競争に追い込まれている」（Korten, 1995：230）。

なぜ彼らはこのような劣悪な労働条件で働かなければならないのだろうか。そこにはカカオの場合と同じ構造が見られる。下請工場の所有者は，多国籍企

業から仕事をもらって生計を立てている。多国籍企業が途上国で操業する目的は，可能な限り商品を安く製造することである。したがって，工場労働者の賃金は抑えられ，工場の環境衛生や安全対策も顧みられない。報酬についていうならば，100ユーロ（13,000円）のスポーツシューズを製造して下請企業が受け取るのは，約12％に過ぎず，工場労働者が受け取るのは0.4％，つまり40セントに過ぎない（ベルナー＆バイス，2005：204）。もちろん，残りはすべて親会社に渡るのである。

『フランクフルター・ルントシャウ（Frankfurter Rundschau）』誌は，カールシュタット・クベレという衣料関連多国籍企業の発注の実態について，「下請企業にかかるプレッシャーは大きい。下請企業には，他のライバル会社のことが分からないからである。これらの企業に見えるのは，受注のために張り合わなければならない他社の提示額だけである」と報告している（ベルナー＆バイス，2005：213）。下請企業は親会社に従わなければならない。さもなければ，親会社はより条件がよいところに乗り換えてしまうからである。

④　多国籍企業が巨大化する理由

ここに挙げた事例が，すべての多国籍企業に当てはまるわけではないだろうが，これまでの分析から多国籍企業が巨額の富を得ることのできる理由のいくつかが浮かび上がる。それは一つには安価な労働力，緩い環境規制，児童労働を含む過酷な労働条件を課しても可能なところで操業している，ないし下請企業に操業させているからである。また，ハーツは，通信技術の進展によって「今日の企業にとって，製造部門をいくつかに分け，世界中どこでも有利と思われる地区に関連会社を設立することはあたりまえになっている。ある場所で製造を企画し，他の場所で生産を提携し，さらに他の場所に部品・サービスを外注する。インプット，資本，原料，労働力さえも，生産コストが抑えられ，税率が低いところから調達し，まったく他の場所から市場に出す」ことが可能になったと指摘している（Hertz, 2001：37）。したがって，操業地のメリットがなくなれば，多国籍企業は違う地域へ軽々と移転する。

これらの結果（そして後に見るタックス・ヘイブンと資本逃避の結果），世

界資産の25％は300の多国籍企業で占められ，企業の売り上げは世界貿易の3分の2，世界産出の3分の1を占め，世界貿易のおよそ60％は，多国籍企業内部の取引となったといえるのではないだろうか（Hertz, 2001：38 ; Christensen & Kapoor, 2004：4）。イーストンやケディアらが主張するような多国籍企業の光の側面を無視することはできないが，大切なことは数字上の改善や発展ではなく，そこで働く労働者の実態であり，当該地域や当該国の持続可能な発展である。

『黒書』やここに挙げたその他の事例からは，多国籍企業の発展の裏側で，多くの従業員は過酷な労働を強いられ，健康状態は悪化し，人権は蹂躙されているのみならず，操業地域の貧困は深化し，環境は破壊され，場合によっては紛争も助長されていることが明らかになっている。さらに，多国籍企業が去ったあとに操業地域に残されるものは，倒産した地元企業，大量の失業者，環境と生活の破壊であることを鑑みるならば，多国籍企業の評価は否定的なものにならざるを得ない。

持続可能なグローバル福祉社会を構築するためには，このような事態は改善されなければならない。しかし，後に見るようにこのような多国籍企業の動きを効果的にコントロールするためのグローバル・ガヴァナンスは現在のところ存在しない。

（3） 多国籍企業と大量消費・大量廃棄社会

しかし，一方的に多国籍企業だけを責めるのは，フェアではないだろう。なぜなら多国籍企業の発展を支えているのは，これらの企業の商品を過酷な労働条件で安価に生産している途上国の人々のみならず，これらを大量に購入している消費者（企業も含む）がいるからでもある。とりわけ，途上国のおよそ10倍の消費・廃棄をしているといわれている先進国の消費者が多国籍企業を支えているといっても過言ではないだろう[7]。

① 大量消費・大量廃棄の影響

先の事例に引きつけて言えば，先進国の消費者が多国籍企業の実態を知らず

に，あるいは実態に目をつむってこれらの商品を消費すればするほど，石油採掘・生産による環境破壊は進み，カカオ農園では児童労働が行われ，下請企業では過酷な労働条件で人々が働き続けることになる。

しかし，先進国の大量消費，そしてそれに伴う大量廃棄の影響はそれだけには留まらない。まず，化石燃料の大量消費・大量廃棄によって，地球温暖化が引き起こされ，取り返しのつかない事態になりつつあるのは，先に見たとおりである。また，木材・パルプ・紙類などの大量消費・大量廃棄によって，森林破壊が進む。つまり，大量消費・大量廃棄こそが地球環境問題を悪化させ，それがまた途上国の人々の生活を直撃しているといえるだろう。

次に，多国籍企業が途上国で栽培している換金作物（コーヒー，紅茶，バナナ，パーム油，エビ，大豆，たばこなど）を大量に消費することで，より多くの肥沃な耕地が換金作物栽培用のプランテーションに転換され，主食作物栽培が縮小され，現地の食糧自給率は低下することになる（Korten, 1995 : 30）。また，プランテーションは大量の水と土地の栄養を必要とするので，井戸を枯らすなど周辺の農業生産と生活環境に大きな負の影響も与えている（上村，2006c : 54 ; 2007b : 61-62）。

さらに，換金作物は輸出目的で栽培されるので，現地の人々はこれらを購入できないばかりか，利益は先進国の本社に吸い上げられ，現地に還元される割合もわずかなので，現地の経済は潤わないことが多い。環境問題との関連で言うと，エクアドル，インド，ベトナムなどではエビの養殖のためにマングローブ林が伐採され，石油採掘や大豆栽培のためにアマゾンの森が破壊され，インドネシアではパーム油のために熱帯林が大規模に焼かれている（ベルナー＆バイス，2005 : 158; 上村，2006c : 54-55）。

換金作物栽培で現地の農民も利益を得ているという議論もあるが，現実には換金作物の供給は常に過剰で，国際価格は下落している。特に構造調整プログラムによる輸出用換金作物栽培奨励の影響で，国際価格の急落に拍車がかかっている。たとえば，ココアの価格は1980年に1キログラム当たり330.5セントだったものが，2001年には111.4セントに下落し，コーヒー（ロブスタ種）の価格は1980年に411.7セントだったものが，2001年には63.3セントに下落して

表3-1 換金作物の国際価格の推移（1980〜2001年）

製品名	単位	1980	1990	2001
コーヒー（ロブスタ種）	セント/kg	411.7	118.2	63.3
ココア	セント/kg	330.5	126.7	111.4
ピーナッツ油	ドル/t	1,090.1	963.7	709.2
パーム油	ドル/t	740.9	289.9	297.8
大豆	ドル/t	376.0	246.8	204.2
米（タイ米）	ドル/t	521.4	270.9	180.2
砂糖	セント/kg	80.17	27.7	19.9
綿花	セント/kg	261.7	181.9	110.3
銅	ドル/t	2,770.0	2,661.0	1,645.0
鉛	セント/kg	115.0	81.1	49.6

出典：Millet & Toussaint, (2004: 28).

いる（Millet & Toussaint, 2004：28, 表3-1参照）。体力のある大規模なプランテーションだけが価格競争を生き残る一方，弱小農民の経営は破綻しており，土地を手放して都市に流入するか，土地なし農民として大規模農園に雇われるしかなくなっているのが実態である（上村, 2006c：55）。

このように，IMFや世界銀行が進める構想調整プログラムに加えて，換金作物の大量輸入，大量消費が，多国籍企業の換金作物生産や資源開発を奨励し，上記の問題を引き起こしているといえるだろう。それらを輸入しているのはほとんど先進国であるが，特に食糧自給率（穀物換算）が28％しかなく，世界で最も食糧を輸入している日本が負わなければならない責任は大きい（上村, 1997b：2-3）。[8]

さらに，紛争問題も先進国の大量消費，大量廃棄と関係している。今日の紛争はかつての東西冷戦のようなイデオロギーに基づく争いから，鉱物や木材をはじめとする経済価値のある産品に富む土地を占領し，市場への流通の拠点を支配することに重点が移っている。現実に2000年に世界中で起こった49の武力紛争の4分の1は，資源採取と深くかかわっていた。たとえば，コロンビア，ナイジェリア，インドネシアなどは石油が，アンゴラやシエラレオネではダイアモンドが，コンゴ民主共和国ではタンタル鉱石が紛争の大きな要因になっている（レナー, 2002：267）。この点に関連して，シエラレオネのイブラヒム・カマラ（Ibrahim M. Kamara）国連大使（当時）は2000年7月に「（シエラレオネ

の）紛争はイデオロギーに基づくものでも，部族的なものでも，地域間対立によるものでもないと私たちはこれまでずっと主張してきた。紛争の原因は1から10まですべてダイアモンドなのだ」と語っている（inレナー，2002：267）。[9]

　これらの資源を一番大量に購入しているのは富裕層，比率的にも特に先進国の人間である。タンタルは，携帯電話，ノートパソコンなどの電子機器で使用されているが，それらを使っているのも先進国を中心とする富裕層である。しかし，紛争地域の資源を大量に購入すれば，直接的・間接的に紛争当事者に収入が入り，往々にしてそれが武器に変わるという構図がある。つまり，何も知らずに紛争地域の資源を大量に使い，捨てる行為自体が紛争に油を注いでいるのである（上村，2003：185-186；2005c：107；ベルナー＆バイス，2005：151-159）。

② 大量消費・大量廃棄が起こる原因

　それにしても，なぜ多くの先進国では大量消費・大量廃棄が起こるのだろうか（以下，Korten，1995：76-77；上村，1997a）。一つには，コストの外部化，あるいは外部不経済が挙げられる。すなわちブラウンの言葉を借りるならば，「市場が生態学的な真実を語っていない」ことにある（Brown，2006）。

　これまで地球温暖化を引き起こす二酸化炭素の排出は大きな社会的費用を生むにもかかわらず，市場の価格に反映されず，誰もがその負担を負わずに好きなだけ排出をしてきた。また，途上国に存在する天然資源や一次産品の価格も「不当に」安価であった。たとえば，木材採取のために切られた森林を修復するためには，植林をした上で数十年単位の時間とコストをかけて育てていかなければならない。また，土壌形成，保水など森林の機能を回復させるためには，生態系そのものを修復する必要もある。つまり，生態系も含めて，森林が再び元に戻るまでにかかる費用と時間は膨大なものになる。しかし，現状の経済体系では天然資源の価格に以上のようなコストが含まれておらず，多くの場合「ただ」同然の価格で売却されている。これらがいわゆるコストの外部化と呼ばれるものである。

　そして，先進国と途上国の物価や人件費の差が比較にならないほど大きく開いていること，それに伴い多国籍企業が経費の低い国に子会社を設立，あるい

は現地の下請企業と契約し，環境，労働条件，人権，安全衛生基準に配慮することなく，徹底的に抑制した生産コストで操業しているという要因もこれまで見てきたとおりである。これも支払うべきコストを外部化し，その負担がすべて従業員にのしかかった結果であるといえるだろう。

以上の結果，温暖化を引き起こす二酸化炭素排出に対しては費用がかからないので，大量排出は止まらず，途上国から輸入する天然資源や一次産品は極端に安価になり，先進国において大量に消費・廃棄され，森林破壊，廃棄物問題とともに温暖化を引き起こすことになる。同時に，天然資源そのものが安価であり，また従業員を犠牲にして生産コストを極端に低く抑えているので，製品（エネルギー代も含めて）も価格が安くなり，多くの消費者は大量にモノを買い，使えるモノを捨て，次々と新しいモノを買い求めるようになっている。

さらに，大量消費・大量廃棄が起こる別の理由として，現在の先進国社会（そして途上国社会の一部）が過剰な競争社会になっていることも挙げられる。競争社会で勝ち残るために，企業は少しでも多くの製品を売り，サービスを提供し，利潤を上げなければならない。そのため内部ではリストラや正社員から派遣社員への移行を断行し，外部では過剰な宣伝・広告活動を展開して，過剰な消費を煽る。このような競争社会をさらに加速させたのが，これまで述べてきた1970年末から始まる新自由主義であり，グローバル金融の拡大であるが，この点は後述する。

このように多国籍企業は，安価な労働力，緩い環境・労働・安全衛生規制，生産コストが低い国への移転，そして大量に製品を購入してくれる主として先進国の消費者によって，巨額の富を得ることが可能になったといえるだろう。しかし，さらにもう一つ見逃すことのできない大きな要因がある。それがタックス・ヘイブン（Tax haven：租税回避地），移転価格（Transfer pricing）と資本逃避（Capital flight）の問題である。

3　タックス・ヘイブンと資本逃避

（1）　タックス・ヘイブンとは何か？

　「タックス・ヘイブンとは，国際金融の大中心地にして汚濁の最深部である」。フランスの日刊紙『フィガロ』の論説委員アラン・ヴェルネー（Alain Vernay）は，早くも1968年にタックス・ヘイブンについてこのような記述を行っている（in Chavagneux & Palan, 2006：3）。

　一般に「オフショア金融センター（Offshore Finance Centre）」とも呼ばれるこの「最深部」の研究は，「これまでほとんど顧みられることのないテーマでありつづけてきた」（Chavagneux & Palan, 2006：4）。したがって，カリブ海にあるケイマン諸島（イギリス領）が，世界第４位の金融センターであることや，イギリス領ヴァージン諸島が，中国に対してアメリカよりも多額の投資を行っているという驚くべき事実は，ほとんど知られていない（Chavagneux & Palan, 2006：3）。

　現在に至っても「タックス・ヘイブンについての唯一の客観的な定義は存在しない」が，クリスチアン・シャヴァニュー（Christian Chavagneux）とロナン・パラン（Ronan Palan）は「もっとも広い意味では，外国人の居住者，金持ちの個人，企業などが，その本来の出自国において課税されるのを回避するために，自分たちのお金を預ける国々のこと」と定義している（Chavagneux & Palan, 2006：7, 11）。その上で，タックス・ヘイブンの特徴と実態を明らかにするために，10の指標を挙げている。

①非居住者に対しては，ほとんど税金がかからないか、非課税である。
②銀行の秘密保持が強化されている。
③職業上の守秘義務の範囲が広い。
④登記手続きが，いい加減ですむ。
⑤国際資本の移動が，全面的に自由にできる。
⑥執行が敏速である。

⑦大金融センターの支柱になる。
⑧経済的・政治的に安定している。
⑨ブランドイメージが良好である。
⑩双方向的な合意網を持っている。

　⑩の意味は，一般にタックス・ヘイブンは，諸大国と協定を結んでいて，企業の子会社に二重課税をしないように配慮しているという意味である（Chavagneux & Palan, 2006 : 11-14）。
　上述の定義や指標を照らし合わせたとき，具体的にタックス・ヘイブンとはどのような国や地域を指すことになるのだろうか。シャヴァニューとパランはタックス・ヘイブンを以下の3つのグループに分類している。①ロンドン，②それ以外の先進国の金融市場（オーストリア，アイルランド，ルクセンブルク，スイスなど），③エキゾチックな市場（イギリス領の島々，カリブ海諸国など）。そして，それらがタックス・ヘイブン全体のなかで占める割合として，およそ①が40％，②が30％，③が30％としている（Chavagneux & Palan, 2006 : 32）。
　これらの分類を提示した上で，彼らは「国際的視野から見たら，ロンドン市場は疑いもなく，地球で一番のタックス・ヘイブン」なのであり，「タックス・ヘイブンという現象は，何よりもまず強大な国々が発展させたオフショア活動に由来する」と論じている（Chavagneux & Palan, 2006 : 18）。
　タックス・ヘイブンは1970年中葉にはおよそ25ヶ所であったが，現在は73～80ヶ所あるといわれている（Christensen & Kapoor, 2004 : 4）。多くの多国籍企業は，これらのタックス・ヘイブンに特別目的会社（SPC : Special Purpose Company）や特別目的体（SPV : Special Purpose Vehicle）と呼ばれる投資所得を媒介する金融会社を設立，あるいは利用している。
　SPCやSPVは，個人や企業の所在地を変え，収入を得た国家を変え，複雑な隠匿網をつくり，非合法とされている取引に，合法的なベールをかぶせる機能を担っている。具体的には，オフショア・カンパニー（Offshore company：資本を集めることを可能にする企業。いかなる課税からも免れている上に，会計データを出す義務もない），オフショア・ファウンデーション（Offshore foundation：財産を

第3章　グローバル市場の拡大と問題点

表3-2　タックス・ヘイブンにある企業数

タックス・ヘイブンの地域	企業数
アンギラ	7,400
アンティグア・バーブーダ	10,300
バハマ	42,616
バルバドス	21,416
ベリーズ	37,370
バミューダ諸島	17,718
イギリス領ヴァージン島	619,916
ブルネイ	2,500
ケイマン諸島	72,000
クック諸島	15,000
キプロス	148,933
ジブラルタル	31,142
ガーンジー島	17,170
香港	547,455
マン島	35,821
ジャージー島	33,936
ラブアン（マレーシア）	4,915
マデイラ島	5,062
モーリシャス島	21,302
ニウエ	9,678
パナマ	369,652
セントルシア	1,361
セントヴィンセント・グレナディーン	11,383
セイシェル	16,873
シンガポール	110
西サモア	18,500

出典：*Step Journal et lawtax. net*, 2004, in Chavagneux & Palan (2006: 63).

管理するために設立される団体であるが，投資活動も認められている。非課税。本名を出すことなく設立可能），オフショア・トラスト（Offshore trust：自分の財産を他人の名義として預かってもらい，管理してもらう仕組み。つまり，委託者の資産を，法的な所有者だけを受託者に移し，委託者は経済的利用権を持ち続ける。登記の手続きは不要）などがある（Chavagneux & Palan, 2006：55-58）。これらの企業は年間15万社の割合で増え続けている（Christensen & Kapoor, 2004：5）。

　タックス・ヘイブンには，イギリス領の島々，カリブ海諸国，その他小国26ヶ国だけで，200万社を超える企業が存在し，そのうち人口が22,187人（2004年）のイギリス領ヴァージン諸島だけで619,916社が存在する（表3-2：

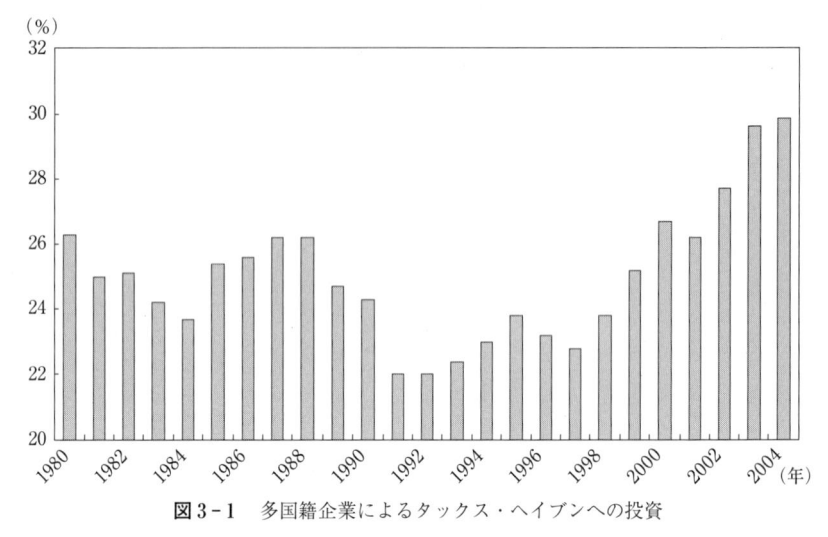

図 3-1 多国籍企業によるタックス・ヘイブンへの投資

出典：UNCTAD, in Chavagneux & Palan (2006: 20).

Chavagneux & Palan, 2006：63)。

　有利な税制あるいは非課税，架空の所在地，取引の秘密保護，さらには足跡の残らない活動が行える金融市場という企業にとってこの上ない条件を提供するタックス・ヘイブンには，多国籍企業の海外投資のおよそ30％が流れ込んでいる。国連貿易開発会議（UNCTAD：United Nations Conference on Trade and Development）によると，1990年代後半以降，この傾向が明らかに上昇している（図3-1参照）。これらの事実は，多国籍企業がいかにタックス・ヘイブンを利用しているかを如実に表している。

　多くの多国籍企業はタックス・ヘイブンに子会社をつくり，その子会社が他の場所に投資している。なぜなら，これらの子会社はほとんど税金を払わずに済むからである。たとえば，2004年にアメリカ系の多国籍企業による投資の主要な行き先を見てみると，イギリス，オランダ，スイス，アイルランド，イギリス領の島とカリブ海諸国，バミューダ諸島，ルクセンブルグなどが挙がってくる。これらはすべてタックス・ヘイブンであるが，イギリス領の島々とカリブ海諸国を合わせた額，あるいはバミューダ諸島単独で，中国よりも多くの投

資を受けている（Chavagneux & Palan, 2006 : 19）。

　ウィリアム・ブリテェィン-キャトリン（William Brittain-Catlin）は，多国籍企業がタックス・ヘイブンを通じて，いかに利益を上げているかを説明している。1997年にBP（British Petroleum）がケイマン諸島に設立したケイマン97ホールディング・リミティッドの主な機能は，BPグループ全体の利益と資産の大部分を1ヶ所に集約し，プールすることであり，オフショア・ネットワークを使って資金洗浄を行い，BPにとって最も有利になるような税率を設定した後に，アメリカもしくはイギリス国内にある企業に，その企業の収入として戻すことが目的である。これがうまくいけば，税金をほぼ永久に逃れることができるのみならず，オフショアにプールされた資金を用いて，外国為替と金利市場をヘッジするなど，金融商品に投資し，投機を行い，利益を上げることができる（Brittain-Catlin, 2005 : 43）。

　アップルは5億2,000万ドルを，ケイマンや他のタックス・ヘイブンの会社にプールし，クレジット・カード会社のMBNAコーポレーションは1億9,800万ドル，運送会社のCSXコーポレーションは2億9,000万ドルをタックス・ヘイブンにプールしていた（Brittain-Catlin, 2005 : 43）。ブリテェィン-キャトリンによると，1999年には，アメリカの多国籍企業全体で，4,000億ドルの非課税の収益がオフショアにある企業の資金として自由に動き回っており，その額は2002年末までにおよそ6,390億ドルに増加していた（Brittain-Catlin, 2005 : 43-44）。

　さらに，税金を最小限に抑えるという戦略は，「移転価格（transfer pricing）」によって実現される。これは，「グループ企業内の異なった国・地域にある企業同士で財やサービスを取引する際に，商品価格を操作することによって所得を他国へ移転することである。『移転価格』によって，所得を課税のより低い国・地域に設立した会社に移転すれば，税金を最小限に抑えることが可能になる」というものである（Chavagneux & Palan, 2006 : 64）。逆に，多国籍企業は，税金の高い国に設立した子会社に高い価格を押しつけて，そこの国で上げた利益を削減し，二重の意味で租税を最小化できる。

　J・W・スミス（J. W. Smith）は，移転価格の具体的なやり方を以下のよう

に例示している。

①多国籍企業は，書類上で，企業の本部を第三国であるタックス・ヘイブンに移す，もしくはそこに子会社を設立する。
②人件費の安い発展途上国に工場を建設し，10ドル程度の単価で安く製品を生産する。
③オフショアのタックス・ヘイブンに対して，利益が出ないように，製造費と同じ10ドルで製品を販売し，請求書を発行する。
④その製品をタックス・ヘイブンから人件費の高い国に対して，販売し，請求書を発行する。

その価格は，たとえば30ドル程度に設定される。タックス・ヘイブンでのペーパー・カンパニーでは利益が発生し，人件費の高い国にある実際の会社では利益はまったく発生しない。製品は人件費の安い発展途上国から，人件費の高い先進国に直接輸送される。非課税の利益は，住所とドアに付けられた表札だけの存在であるタックス・ヘイブンの企業にプールされる。現実の製品はオフショアの企業には一切かかわりはない。書類上の作業も，企業本社の事務所で行われる（in Brittain-Catlin, 2005：50-51）。

スミスの説明は移転価格の幅がきわめて小さい事例であるが，実際の移転価格はより大きな幅で行われている。たとえば，アップルがケイマンに設立した子会社は，アップルがコンピューターの生産を行っているシンガポールの子会社に対して200ドル程度を書類上で支払い，アメリカのアップルに900ドルで販売している。アメリカのアップルは，コンピューターを販売業者に1,000ドルで販売し，販売業者は新品のコンピューターの領収書をシンガポールの工場から直接受け取っている。アメリカで販売したコンピューターには，100ドルの利益にしか課税されない一方，700ドルの利益は課税されずに，ケイマンにプールされる。

こうしたアップルの行為に対して，1992年にアメリカ国税庁は，移転価格とオフショアへの利益のプールを通じて，アップルが1984年から1988年の間に約

5億8,600万ドルの法人税を回避したとして告訴したが，結局和解したため，アップルのオフショア活動の全貌は明らかにならなかった（Brittain-Catlin, 2005：51-52）。

そのほかにも，アメリカの多国籍企業の親会社と他国の子会社の移転価格の例として，一方でチェコからアメリカに輸入されたプラスティックのバケツが1個972.98ドル，中国からの化粧用手袋が1キログラム4121.81ドル，フランスからの差し錠が1キログラム3067.17ドル，他方で，アメリカのミサイル発射装置がイスラエルに1機52.03ドル，ダイアモンドがインドに1カラット13.45ドル，35ミリカメラがコロンビアに1台7.44ドル，車の座席がベルギーに1個1.66ドルで輸出されている（Chavagneux & Palan, 2006：65）。

移転価格を適用しているその他の企業の事例としては，ゼネラル・エレクトリックが法人税を1999年の27％から2003年の16％に引き下げていること，シティグループが，2003年に平均税率を前年より3％削減して，7億7,800万ドルを節税していることなどが挙げられる。さらに，800の子会社（うち60社がタックス・ヘイブンにある）のネットワークから構成されるルパート・マードック（Rupert Murdoch）のニューズ・コーポレーションがイギリスに所有する持株会社ニューズコープ・インベストメントにいたっては，1999年までの11年間の評価益14億ポンドに対して，イギリスでまったく税金を払っていない（Brittain-Catlin, 2005：45-46）。

このような移転価格によって多国籍企業は多くの利潤を得ることができるが，各国政府は多額の税収を失うことになる。アメリカ下院議会は，「アメリカに多数ある外国企業の半分以上が，事実上，アメリカでこの10年間，税金を払っていない」と推定しているが（in Brittain-Catlin, 2005：53），実際アメリカ政府の税収は1998年に357億ドル，2001年には531億ドルの損失を被っている（Chavagneux & Palan, 2006：65）。

このような事態が常態化しているならば，多国籍企業は税金も払わずに好き放題利潤を上げ，富を蓄積する一方で，それが先進国であれ，途上国であれ，政府には税収が入らず，政府による公共サービスが低下するばかりか，「税を真面目に納める」というモラルが崩壊する危険性を高めている。これはまさに

市場の失敗を表しているとともに,それに対応できない政府の失敗もあわせて示しているといえるだろう。

(2) 資本逃避のメカニズム

このタックス・ヘイブンと移転価格の問題は,途上国から先進国への資本逃避に結びついている。資本逃避とは,一般に政治,経済情勢の悪化などにより,ある国の資産,投資資金,資本が,大量かつ一斉に国外に流出することをいうが,ここではもう少し定義を広げ,上述したタックス・ヘイブンなどオフショアを通じて流出している資金,「移転価格」など「利潤洗浄活動」による資金,そして後述する「新たな汚職」によって,途上国から先進国へ流出している資金や資本も含めることにする。

すなわち,タックス・ヘイブンにある多国籍企業の子会社が途上国の子会社に,マネジメント,コンサルティング,マーケティングなどの多額の費用負担を支払わせて,途上国における利潤を減らし,その分タックス・ヘイブンにおける利潤を高める。その結果,途上国の子会社が途上国に納める税額は減少する一方,タックス・ヘイブンに回った利潤を世界中のどこにでも再投資することができる(Chavagneux & Palan, 2006:62)。たとえば,1990年代末の推計で,アフリカの貿易取引の60％が移転価格などの価格操作が行われ,アフリカの貿易額の7％の資本が逃避し,その額は年間100～110億ドル(1兆～1兆1,000億円)に相当する(Christensen & Kapoor:2004:10)。

また,タックス・ジャスティス・ネットワーク(TJN:Tax Justice Network)国際事務局長のジョン・クリステンセン(John Christensen)によると,さらに大規模な資本逃避が進んでいる。すなわち,何十もの先進国の銀行,弁護士,会計事務所,多国籍企業,タックス・ヘイブンがネットワークを作り,途上国政府を巻き込んで,途上国の資金をタックス・ヘイブンや先進国の銀行に移転させ,隠匿している。クリステンセンとカプールは,このような多国籍企業のタックス・ヘイブンを利用した租税回避,価格操作などの「利潤洗浄技術」,先進国の金融機関や会計事務所などが画策した資本逃避のために,途上国から先進国に流出している資金が年間5,000億ドル(50兆円)にも上ることを明ら

かにしている（Christensen & Kapoor : 2004 : 6）。うちアフリカから先進国への資本逃避が合計で年間1,480億ドル（14兆8,000億円），ラテンアメリカからは2,000～3,000億ドル（20兆～30兆円）と推定されている（Christensen, 2007a : 8 ; 2007b : 4 ; Kapoor, 2006 : 3）。

さらに，多国籍企業は操業地や投資先の選択に当たり，各国に投資条件，特に優遇税制を競わせている（これを「租税競争」〔"Tax Competition"〕と呼ぶ）。その結果，多くの途上国は誘致競争に勝つために，たとえ自国に不利であっても企業に有利な条件を提示せざるをえない。したがって，これらの国々はせっかく多国籍企業を誘致しても，多額の税収を上げることができない。それどころか，以上のようなメカニズムで自国の資本が先進国に次々と流出しているのである。

（3） 国際金融の大中心地にして汚濁の最深部

1990年代の半ばに，IMFは国際金融フローのおよそ半分がタックス・ヘイブンを通過しているという調査報告を公表した（Cassard, 1994）。すなわち，国際的な貸付の40％以上がタックス・ヘイブンに向かって流れ，国際的な預金の45％以上がタックス・ヘイブンに由来する。このことを捉えて，シャヴァニューとパランは，「タックス・ヘイブンは，世界金融の半分を支配している」と表現している（Chavagneux & Palan, 2006 : 16-17）。

国際NGOオックスファム（Oxfam）は，タックス・ヘイブンを通過しているファンドが，年間7兆ドル（700兆円）と推定し（Oxfam, 2000），タックス・ジャスティス・ネットワークはタックス・ヘイブンなどオフショア経済に隠匿されている金融資産の総額が11.5兆ドル（1,150兆円），もしこれらが適切に課税されれば年間2,550億ドル（25兆5,000億円）の税収になることを明らかにしている（Tax Justice Network, 2005）。このような事態を目の当たりにして，元IMF財務局長のヴィト・タンジ（Vito Tanzi）は，タックス・ヘイブンのことを「財務の白アリ（fiscal termites）」と表現している（in Christensen & Kapoor : 2004 : 5）。

これらが意味していることは2つある。一つは，どれだけ先進国から途上国

に援助を行ったとしても，あるいは多国籍企業が途上国で操業したとしても，以上のようなタックス・ヘイブンを通じた租税回避，移転価格と資本逃避の構造がある限り，「穴の開いたバケツに水を注ぐ」ようなものであり，援助や直接投資の効果を著しく低減させているということである。そして，資本逃避の額（年間5,000億ドル），タックス・ヘイブンに隠匿されている総額（11.5兆ドル），課税をした場合の税収（年間2,550億ドル）の規模の大きさである。前述したように，国連ミレニアム開発目標（MDGs）を達成するために最低限必要な追加的資金は年間500億ドルである。これらの数字を比較したとき，「貧しい」途上国から「豊かな」先進国に莫大な資金が流出する不合理さとともに，世界の裏の経済（オフショア経済）では途轍もない資金が課税を逃れ，隠匿されていることが明確に理解できる。

「タックス・ヘイブンとは，国際金融の大中心地にして汚濁の最深部である」と喝破したアラン・ヴェルネーは，まさに慧眼であったといわざるを得ない。このオフショア経済にメスを入れ，「漏れを防ぐ（Plugging the leaks）」ことなしに，途上国の貧困問題をはじめとするさまざまな問題の解決は夢物語に終わってしまいかねないだろう。

4　実体経済を「支配下に置く」グローバル金融

企業がそこまでして租税を回避し，従業員や環境を犠牲にしてまで生産コストを引き下げ，WTOにおける国際貿易ルールの作成にかかわるなど，あくなき利益を追求するのはなぜだろうか？　もちろん，そこには多国籍企業の経営者や幹部たちの「少しでも多くのお金をもうけたい」という個人的な欲求もあるだろう。しかし，本節で着目したいのは，グローバル金融（グローバル金融資本ともいう）の巨大化という現象である。

本節では，企業，各国政府，国際経済機関に対するグローバル金融の影響について考察を行い，グローバル市場の問題にさらに踏み込みたい。

第3章　グローバル市場の拡大と問題点

（1）　絶対化する株主の権力

「金融」とは「金を融通する」ということであり，「融通」とは「溶かして通りをよくする」という意味である。そのことから，本山美彦は「偏在しているカネを溶かして，カネに不足しているモノの生産者たちに，カネが流れていくような状態を作り出すことが金融である」と説明している（本山，2008：2）。また，相田洋も「世の中に偏在する資金を，それを必要とするところに回してあげて，富の生産に役立てるのが金融の本来的な姿」であり，「金融機関の手で広く集められたお金が生産のために使われ，できた製品を売って作ったお金が，人々の生活を支えて，再び金融機関に集まってくる。その中で金融機関はお金を動かす手間賃をいただくことも生業とする」（相田ほか，2007：386）という金融の本質に言及している。すなわち，本来的に金融そのものに善悪はないのである。

しかし，相田は他方で，「それら（金融商品）を取引する人々の姿だけを見ていると，なんだか生産とは無縁のところで，利ザヤ稼ぎだけが独り歩きしているように見えて仕方がない。そのための方法を編み出すために人々は知恵を絞っているように見える」とも述べ，本来の金融の姿と実態のギャップを指摘している（相田ほか，2007：386-387）。

なぜこのようなギャップが生じたのだろうか？　その一つの理由がグローバル金融の巨大化であり，金融商品を運営する人々，そして所有する人々の利潤追及欲である。佐藤清一郎によると，2003年後半の時点で世界の実体経済の規模（世界のGDPの合計額）が36兆ドル程度（3,600兆円）であるのに対し，世界の金融資本市場（株式時価総額，債権残高，銀行融資残高の合計）の規模は130兆ドル（1京3,000兆円）で，実体経済の約3.6倍となっている。[13]その地域ごとの詳細を見ると，アメリカが41兆ドル（全体の31.3％），ユーロ圏が35兆ドル（同27％），日本が20兆ドル（同15.5％），中国，ロシアなどを含む新興国が15兆ドル（11.6％）となっている（佐藤，2005：1-2）。また，グローバル金融のうち世界の株式時価総額は31兆ドル（3,100兆円）である（Peyrelevade, 2005：39）。

ここではまず，世界の株式時価総額（31兆ドル）が世界の実体経済の規模の

86％にまで及んでいることに着目したい。ジャン・ペイルルヴァッド（Jean Peyrelevade）によると，世界には3億人の株主，すなわち世界の人口の5％（うち半数がアメリカ人）が世界の株式資産のほとんどを所有し，そのうち1,000万～1,200万人の個人が，世界の株式資産の半分を保有している。さらに，世界の金持ち上位1％が世界の金融資産の50％を握っている（Peyrelevade, 2005 : 40-42）。

　株式を保有する人々に世界中で共通する点は年齢層である。つまり彼らの多くは，50～60歳代であるという点である。この事実は人口の高齢化が株主の権力強化に多大な寄与をしていることを意味している。なぜなら株主の多くは，退職後の生活の備えに対する懸念から投資を行うからである（Peyrelevade, 2005 : 45-46）。

　ここで重要になってくるのは，年金基金，退職者基金，生命保険会社，投資銀行，その他の機関投資家である。現在，アメリカの年金基金は10兆ドル（1,000兆円）近くの資産を運用しており，その半分は株式である。このことはアメリカの株式時価総額の30％以上を保有していることを意味する。その多くは機関投資家によって運用されている。機関投資家は，厳しい競争原理の中で資金の出し手（将来の退職者層）の資産を管理することで利益を上げていかなければならない。したがって，機関投資家は企業の資産の収益を改善するために，企業の経営方針に深く関与し，これを正当化させるコーポレート・ガヴァナンスという原則を生み出した（Peyrelevade, 2005 : 46-53）。

　たとえば，年金基金の一つであるカルフォルニア州公務員退職年金基金（カルパース）は，1,500億ドル（15兆円）以上の資産を運用しているが，「株主の利益を十分に尊重しない企業を掲載したブラックリストを公表し，経営陣や取締役の報酬を監査し，株主総会において過激な経営改善策に従うように迫り，場合によっては経営不振の責任者である社長の引責辞職を要求」している（Peyrelevade, 2005 : 52）。

　このような動きはコーポレート・ガヴァナンスの名の下に世界を席巻し，もはや企業の経営者は「株主に対して逆らうことのない献身的な奉仕人」に過ぎなくなり，企業経営の使命は，株主のために企業価値の最大化をめざすことだ

けになった。これに従わない経営者は辞職を迫られる。実際にCEOの平均任期期間は1995年には9年であったが，現在では6.5年と明らかに短くなっている（Peyrelevade, 2005 : 32-54）。

　コーテンは，「アメリカの大企業のトップと言えば，ごく最近まで，世界中で最も安全な，実入りのいい仕事だった。しかし先週は，IBM，ウェスティングハウス，そしてアメリカン・エキスプレスのトップが地位を追われた。数ヶ月前には，GMのロバート・ステンペル会長が突然解任されている。……（中略）……大企業のトップは，次は誰かとびくびくしながら暮らしている」という『エコノミスト』の記事を引用し，巨大化するグローバル金融の影響で不安な日々を送らざるを得なくなった多国籍企業のトップを紹介しているが（Korten, 1995 : 244），ペイルルヴァッドの議論は，このことを裏付けていると言えるだろう。

　本山は，このような金融の持つ力を「金融権力」と名づけ，それを構成するのは，アメリカの財務長官，アメリカの四大会計事務所，アメリカ証券取引委員会，格付け会社，ウォール街証券会社やアナリスト，法律事務所と政治家を挙げている（本山, 2008 : 39-40）。本山は，この中でもとりわけ「格付け会社」が「金融という構造的暴力」を振い，企業の生殺与奪の力を持つと論じている。

　格付け会社とは，企業が起債する債券に最高ランクのトリプルAから最低ランクのDまでの格付けをする会社であり，世界の格付けシェアにおいて1位，2位のS&Pとムーディーズの合計は80％を超えており，「これら二社こそ，いわば現代の『閻魔大王』であり，金融の世界における帝王である」と本山は述べている（本山, 2008 : 4）。

　格付け会社が大きな力を持つ理由は，「銀行借入ではなく，資本市場から資金調達をしている企業が，格付けを大きく下げられてしまうと，とたんに債権が売れなくなり，資金調達ができなくなって倒産してしまう」からである（本山, 2008 : 4）。格付けは中小企業だけでなく，大企業も大きな影響を受ける。本山はその例としてGMを挙げている。

　1991年末，GMは45億ドルもの巨額の営業損失を発表した。これを受けて

92年,ムーディーズはGMの格下げを発表した。この格下げの発表が,GM会長のロバート・ステンペルの背を押して,厳しいリストラに踏み切らせた。ステンペルは,21の工場閉鎖と74,000人もの人員整理をすると公表した。……(中略)……S&Pは,ムーディーズよりも遅れてその年の3月に格付けの引下げを発表した。GMのリストラ計画が生ぬるいとS&Pは判断したのである。外部重役陣は,10月,ステンペルたちの旧経営陣を「因習に囚われた人たち」と批判し,彼らに辞任を要求した。11月,S&PはGMが新基軸を打ち出さない限り,格付けをジャンク・ボンド並みにさらに引き下げると警告を発し,翌93年,実際に引き下げた(本山,2008:40-41)。

その後,ステンペル会長は解任されている。つまり,企業という実体経済の主要なアクターは,株式,格付け会社などのグローバル金融の「支配下」に置かれてしまったと見ることができよう。ここに世界中の多国籍企業が,なぜいかなる手段を行使してでも,常に過度な利益を求めて行動をするのかの理由が浮かび上がる。

(2) 国境を超える資本と自律性を失う各国政府

外国為替市場に目を転じてみると,ブレトンウッズ体制が崩壊し,1973年に変動相場制に移行して以来大きな地殻変動が生じたことがわかる。変動相場制への移行に伴い,為替レートの大幅な変動が日常茶飯事になると,為替変動による利潤機会,すなわち投機の機会が拡大すると同時に,民間部門は為替レートの変動によって被るコストをヘッジ(保有している資産の価格が変動してもその影響を相殺し,損失が発生しないようにするための取引)する必要に迫られた。すなわち,これまで公的部門によって担われていた為替リスクが「民営化」されたのである。これらの要因が新たな金融商品が生み出されるエンジンとなり,以前はリスクをヘッジする可能性を制限していた多くの規制が取り除かれるなど,グローバルな金融規制緩和への大きな圧力になっていった。為替管理は撤廃され,金融機関が国境を越えた市場にアクセスするための国内規制も廃棄され,貸出しの増加に対する数量制限も除去された。こうして,金融商

品のグローバル市場が生み出されたのである（イートウェル＆テイラー，2001：2-4）。

　その一つの結果が外国為替市場の極端な拡大である。すなわち，すでに見たとおり，1973年に4兆ドルだった外国為替市場が，1980年中葉には40兆ドル（Kapoor, 2007b：2），そして2007年には770兆ドル（7京7,000億円）まで急成長することとなった。

　この国境を超える巨額のグローバル資本の移動は，実体経済に大きな影響を及ぼす。1975年から1997年の間に，変動相場制の下，国際為替市場が大きく変動し，為替市場が不安定になったことが作用して，158回の通貨危機，54件の銀行危機が起こった（Jetin, 2007：84）。この通貨危機について詳しく見てみると，1992年に欧州通貨制度（EMS：European Monetary System）が強大な投機によって危機に陥り，1994年にはメキシコのペソ危機，1997〜98年にはアジア通貨危機が発生，アジア通貨危機は1998年のロシア・ルーブル危機，1999年のブラジル通貨危機，2001年のアルゼンチン通貨危機へと連鎖していった。

　この危機の中でもとりわけ規模の大きかったアジア通貨危機はタイで始まった。タイへの資本流入額は，1990年から96年までの7年間で対GDP比で10.2％であった。ところが，1997年になると流出超に転じ，1997年には対GDP比で3.0％，98年には9.0％の流出超を記録した。わずか2年でGDPの20％にも及ぶマネーがスイングしたのである。その結果，タイの実質GDP成長率は，90年から96年までの年率8.6％から，98年には同マイナス10.5％へと急ブレーキがかかった（水野，2007：58-59）。これが，前述のわずか数週間の間にタイでは100万人が，そして連鎖危機に陥ったインドネシアでは2,100万人が貧困線以下の生活に突き落とされることになった要因であった。

　この危機で中心的な役割を果たしたのはヘッジ・ファンドである。ヘッジ・ファンドとは，株式や債券，不動産，貴金属，さらに金融先物，スワップ，オプションなどのデリバティブ（金融派生商品）を駆使して，高い運用利回りをねらうファンドの総称である（上川ほか編，2007：410-411）。1997年の時点で2,000億ドルを上回る程度の規模であったヘッジ・ファンドは，2006年には1.4兆ドル（140兆円）に拡大している（IMF, 2007）。ちなみにこのヘッジ・ファ

ンドの多くはタックス・ヘイブンに登録されている。たとえば日本のヘッジ・ファンドの51％がケイマン諸島，4％がイギリス領ヴァージン諸島，2％がアイルランドとルクセンブルグ，すなわち6割がタックス・ヘイブンにある（金融庁，2005）。また，デリバティブ市場は，1990年代末の5.7兆ドルから2004年末の298.4兆ドル（2京9,824兆円）に達している（上川ほか編，2007：91-92）。

　アジア通貨危機の発端の一つは，1995年にアメリカが「強いドル」政策に転換したことである。それに伴いドルとバーツの交換レートを事実上固定する「ドル・ペッグ」制を採用していたタイなどドルに連動するアジア各国の通貨も上昇したが，次第に「アジア通貨の過大評価」への不安が拡大していった。過大評価された通貨に空売りを仕掛け，安くなったところで買い戻せば利益が出る。かくして，ヘッジ・ファンドは大規模なバーツの空売りを仕掛けた。これに対し，タイ通貨当局は外貨準備のドルを使ってバーツを買い支えていたが，1997年7月2日に資金が尽き，変動相場制への移行を余儀なくされた。バーツは1年もたたないうちにほぼ半値まで下落した。ヘッジ・ファンドはバーツ売りの対価として得たドルを，今度は値下がりしたバーツの買い戻しに使い，取引を手じまうことで巨利をあげたのである。

　この通貨危機に対して，後に検討するチリ，マレーシアなど一部の政府を除いて，多くの政府はなすすべを持たなかった。なぜなら，1980年代に推進された金融自由化によって，またタックス・ヘイブンの拡大によって，各国政府は国際的な資本移動をコントロールする術を失ってしまったからである。また金融がグローバル化した現在，各国が金融政策を施しても，財政拡張政策に打って出ても，大量の資金の国外流出や為替レートの変動によってすべて吸収されてしまい，もはや経済政策が有効でなくなってしまった。つまり，国境を超える巨額の国際的な資本移動に直面して，各国政府は国内経済政策に関する自律性を失ってしまったのである（諸富，2002）。その意味では，第2章で触れた「グローバル論者」の理解は正鵠を得ていることになる。

（3）　IMF，世界銀行，WTOとグローバル金融

　さらには，IMF，世界銀行，WTOという絶大な権力を誇る国際機関でさえ，

グローバル金融の直接的・間接的影響下にあることも理解しておかねばならない。資本勘定において支払い困難に陥っている国々に緊急融資を供与するのはIMFの仕事の一つであるが，これに関連して吾郷健二は，「救済融資の提供はIMFと同時にその主要株主であるアメリカなどとのアドホックな取り決めに依存する……（中略）……が，そこにはアメリカの利害が働いているのである。また，融資には各種のコンディショナリティ（自由化や民営化や財政支出の削減や外貨の内国民待遇などの条項）が必ず入るが，それにはアメリカ資本の利害が強くかかわっている」と述べ，アメリカとグローバル金融，とりわけアメリカ資本とのかかわりを指摘している（吾郷，2003：207）。

世界銀行とグローバル金融とのかかわりについて，川村暁雄は「当初，各国の政治的な支援が弱く，もっぱら市場の主体として債券を発行することにより資源を獲得していた世銀には，資金拠出者と顧客である借り入れ国の両者の要求に応えていく必要があった」と述べ（川村，2005：181-182），原洋之介も「世銀はその発足当時から，資金調達のかなりをニューヨークの金融市場に依存しなければならなかった。それだけに，世銀の活動は，どうしても国際金融資本が要請する短期的な市場収益性の基準から制約を受けざるをえなかった」ことを認めている（原，2004）。

この点について，コーテンは，「世界銀行は，貧困者と債務国政府に奉仕する機関というイメージを広めようとしているが，実際には，国際金融システムの産物にすぎない。……（中略）……建前上，世界銀行は加盟国の政府が所有することになっているが，それらの政府が拠出した資金は105億3000万ドル（1993年）だけだ。そのほかに，世界銀行の債務返済を保証するため，各政府が担保に入れた資金が1550億ドルある。この資金と担保金は，そのまま借款に使われるわけではない。これを抵当に国際金融市場から資金を借り入れ，それを途上国政府に融資することで，途上国政府が直接銀行から借り入れる場合よりも低い利率が設定できるのである」と分析し，グローバル金融資本の強い影響下にある世界銀行の姿を浮き彫りにしている（Korten, 1995：166-167）。

また，WTOについて佐久間智子は，「WTOは，このような金融資本の要求に対して忠実な国家と企業によって形作られたルールであり，国際機関である。

国家と企業は，金融資本に最大の利潤をもたらす道具（手段）として，WTOルールによって『改造』されつつある」と指摘している（佐久間，2002：113）。

　これらのことから，グローバル金融ないしグローバル金融資本が，強制力を持って実体経済を外から規定するようになり，国であろうと，企業であろうと，国際機関であろうと，金融市場が好まない行動を取ることは許されなくなったといえるだろう。この事態を捉えて，佐久間は「金融資本の求めるものは唯一つ，『利潤』である。この事実が『世界経済は，なぜ右肩上がりの成長，拡大を続けなければならないのか』という問いの答えであり，あらゆる政府は経済を成長させ続けなければならないし，企業は利潤を上げ続けなければならない。さもなければ，格付け会社に格下げされ，投資家に見放され，国債や株式が『売りを浴びせられる』」と論じている（佐久間，2002：113）。

　もちろん，すべての問題をグローバル金融や金融資本で説明できるほど現実は単純ではないだろう。なぜなら，一つにはこれらとほとんどかかわりのない経済や経済主体も存在するからである。たとえば，自給自足経済，地域循環型経済，地域通貨，NGO・NPOなど，いわゆる市場を超えた経済領域やその中にいる経済主体である。しかし，グローバリゼーションが進み，貨幣経済や商業化が世界の隅々まで浸透していく中で，自給自足経済は世界的に縮小する一方，地域通貨や地域循環型経済がその間隙を埋める形で広範に浸透しているとはいいがたい。NGO・NPOも経済規模が小さいのみならず，小額でも融資を受けている限り金融資本の影響から完全に遮断されているとはいい切れないだろう。

　また，金融関連以外の多国籍企業も，本業とは別に大きな規模で株式，債券，通貨の売買にかかわるなど，多国籍企業とグローバル金融の境界線が曖昧になってきているということも指摘できる（川本，2007：125）。つまり，この現象は独立変数としてのグローバル金融という説明要因を弱めているとも考えられる。

　しかし，多国籍企業とグローバル金融の境界線が曖昧になることよって，より両者が共鳴し，短期的利潤の最大化を求めるグローバル金融資本に引きずられる形で多国籍企業がその活動をますますオフショアに移し，そこからグロー

バル金融市場に投資をおこなう構造が支配的になっているように見受けられる(15)。したがって，多国籍企業とグローバル金融，双方に対する何らかのコントロールが求められているといえるだろう。

ここまで論じてきたグローバル市場の諸問題の相互関係について，コーテンは次のような議論をしている。まずコーテンは，経済成長の追求により，「地球の生命維持システムの崩壊が急速に進み，資源をめぐる競争が激化し，貧富の差が拡大し，家族や地域社会を支える価値観や人間関係が損なわれている」と指摘し，多国籍企業や金融機関への権力集中により，政府が公共の問題に取り組むことができなくなってきたと述べている。そして，絶大な力を持つ金融資本のせいで，多国籍企業や金融機関は「投資家の利益拡大に一意専心」し，「自らの経済力を政治力に転換し」，「今ではそれらの企業が，政府の意思決定プロセスを左右し，国際通商協定や国際投資協定を通して，世界貿易のルールを書き換え，社会や環境に与える影響など無視して，利潤の拡大を図るまでになっている。このままのやり方でビジネスを続ければ，経済と社会と環境が破綻をきたすのは必至である」と論じている（Korten, 1999 : 6）。

これまで示してきた諸問題の根底には，結果として過酷な競争と貧富の格差，環境破壊と人々の紐帯の断絶をもたらす新自由主義というパラダイムの中で，巨大なグローバル金融の影響を受けた多国籍企業や金融機関が，その存続をかけて政府の意思決定プロセスに関与し，世界貿易のルールを規定し，オフショアを存分に利用しながら，消費拡大主義を煽り，社会，環境，未来の世代に与える影響などを考慮せずに，際限のない利潤の拡大を図っているという構造がある。このグローバル市場の失敗を効果的に是正できない限り，持続可能なグローバル福祉社会の実現はありえない。

巨大化したグローバル市場をコントロールできる方向性は大きくいって3つある。一つはグローバル市場のアクターが自らその失敗を是正していく試みであり，いま一つは分析モデルの一極をなすグローバル市民社会によるグローバル市場への対抗であり，最後に中央政府なきグローバル社会におけるすべてのセクターによる共治，すなわちグローバル・ガヴァナンスである。

本書では，最初のグローバル市場のアクター自身が市場の失敗を是正する試

みについては，次章で部分的に触れる程度に留め，2点目と3点目の方向性に焦点を当てて，分析を行っていく。⁽¹⁶⁾すなわち，第4章ではグローバル市場とグローバル・ガヴァナンスの相互関係について，換言すれば，グローバル・ガヴァナンスによるグローバル市場の失敗の是正の試みを，国際経済機関のガヴァナンス，多国籍企業に対するガヴァナンス，タックス・ヘイブンに対するガヴァナンス，グローバル金融に対するガヴァナンスの順に検討する。

続いて，第5章で，グローバル市場とグローバル市民社会の相互作用について，すなわちグローバル市場に対抗するグローバル市民社会を分析し，グローバル市場，グローバル市民社会，グローバル・ガヴァナンスの間に見られるダイナミズムを明らかにしていきたい。

注
(1) 格差は，先進国と途上国の間だけでなく，NIEs（Newly Industrializing Economies，新興工業経済地域），ならびにBRICs（ブラジル，ロシア，インド，中国）など，新たに台頭してきた諸国と，経済停滞に苦しむサハラ以南アフリカ諸国との間でも拡大している。さらに，各国内においても貧富の格差が拡大していることもよく指摘されるところである。
(2) エコノミック・ヒットマンであったジョン・パーキンス（John Perkins）によると，このような貸付は意図的に行われたという。エコノミック・ヒットマンとは，あらゆる手段を行使して，「世界各国の指導者たちをアメリカの商業利益を促進する巨大なネットワークにとりこむ」エージェントのことをいう。まず，巨額の国際融資の必要性を裏づけ，大規模な土木工事や建設工事プロジェクトを通じてアメリカ企業に資金を還流させる。次に，融資先の国々の経済を破綻させて，永遠に債権者のいいなりにならざるを得ない状況に追いこみ，軍事基地の設置や国連での投票，石油などの天然資源の獲得において，有利な取り引きをとりつける。これにより，一部の企業，銀行，政府が利益を得るのだという（パーキンス，2007 : 7, 5, 47）。
(3) 2002年の数値は，ワールドウォッチ・ジャパン，http://www.worldwatch-japan.org/NEWS/data1.htm（2008年1月30日閲覧）。
(4) ローレンス・サマーズ「途上国発展のカギ――市場経済補完する政策を」『日本経済新聞』1991年9月25日。
(5) CIA, *THE WORLD FACTBOOK*, http : //www.cia.gov/library/publications/the-world-factbook/geos/ni.html（2008年8月20日閲覧）。
(6) 北京大学政府管理学院政治経済学系の宋磊副教授へのインタヴュー（2008年8月11日，於：東京）。

（7） カナダのNGOアドバスターによると，平均的な北アメリカ人が消費するのはメキシコ人の5倍，中国人の10倍，インド人の30倍である（in Hertz, 2001：7）。
（8） その輸入は世界の農産物輸入額の約11％を占め，うち穀物の73％は途上国から輸入されている（農林水産省, 2002：13）。
（9） 2007年に日本でも公開された映画「ブラッド・ダイアモンド」は，シエラレオネを舞台に，先進国で売買されるシエラレオネ産ダイアモンドと同国の紛争の関係について，描き出している。
（10） 広井は，途上国の低賃金に着目して環境破壊との関係を明らかにし，その根本には先進国と途上国間の不等価交換があることを主張している（広井, 2008a）。
（11） この点は注（2）で示したパーキンスのいうエコノミック・ヒットマンの「世界各国の指導者たちをアメリカの商業利益を促進する巨大なネットワークにとりこむ」活動と密接に関連していると考えられる。
（12） タックス・ヘイブンなどオフショア経済は不透明な部分が多く，これらの推計がどの程度まで正確かは確証できないが，クリステンセンの前職がタックス・ヘイブンである英領ジャージー島政府の租税顧問であり，カプールは国際金融トレーダーであったこと，その彼らが招聘された数々の政府間会合の場で，表明している数字であることを付言しておく。
（13） 2007年のサブプライム問題を契機に始まった世界的金融危機は，実体経済から大きくかけ離れて膨張しすぎたグローバル金融資本バブルがはじけたものと見なすことができる。
（14） 空売りとは，投資対象である現物を所有せずに，対象物を売る行為のこと。たとえば，株の空売りとは，証券会社から株を借りて売却し，その株が値下がりした時点で買い戻す事で利益を得る投資方法のことをいう。
（15） ブリテェィン-キャトリンは，オフショアへの移転なしに，多国籍企業は生き残ることがむずかしくなっていることを指摘している。その例として，世界中に名の知られた工具メーカーであるスタンレー・ワークスが，2002年5月にカリブのバミューダ島に再登記する予定であったが，地元の議員の反対によりオフショアへの移転は阻まれた事例を挙げている。その結果，スタンレーは2003年5月に1000人の従業員を解雇し，9つの工場を閉鎖せざるを得なくなった（Brittain-Catlin, 2005：91-95）。
（16） グローバル市場のアクター自身による市場の失敗の是正の試みとして，次章で検討する企業の社会的責任（CSR）などがあるが，より明確な動向としては，「持続可能な発展のための世界ビジネス評議会（WBCSD：World Business Council for Sustainable Development）」によるグローバルなレベルでのエコ効率性（エコノミー資源とエコロジー資源の最適活用により，インプット面におけるエネルギーと原材料資源使用を削減し，アウトプット面における廃棄物と汚染を低減し，製品のライフサイクルを通して資源集約度と環境負荷の削減をめざすコンセプト）の推進が挙げられる。深井はこの動向について，「WBCSDなどの国際経済団体は，持続可能性を柱とするグローバルなビジネス規範の形成は，避けら

れないという認識をもち,グローバルなルールづくりに取り組む姿勢を見せ,主要国政府への働きかけを強めている」と分析している(深井,2005:39)。このようなグローバル市場のアクターによるグローバル・ガヴァナンスへのアプローチはさらに深く研究されるべきであり,今後の課題としたい。ただし,これまでの議論から,基本的に営利動因で行動する企業に多くを期待するのはあまり現実的ではないようにも思われるので,本書としては力点をグローバル市民社会とグローバル・ガヴァナンス,そして両者の相互作用に置いて,議論を展開していきたい。

第4章
グローバル・ガヴァナンスの動向
――グローバル政府の不在の中で――

「際限のない利潤の拡大を図る」グローバル市場を制御し，持続可能なグローバル福祉社会の実現に向けて可能な変革を促すためには，効果的なグローバル・ガヴァナンスが必要である。しかし，グローバル社会にはグローバル政府は存在しない。グローバル政府なしに，どのようなグローバル・ガヴァナンスが可能になるのかという課題が本章のテーマである。本章では，前章で挙げたアクターの順にしたがって，IMF・世界銀行・WTO内部のガヴァナンス，多国籍企業を規制するためのガヴァナンス，タックス・ヘイブン，グローバル金融に対するガヴァナンスについて吟味し，グローバル市場に対応するグローバル・ガヴァナンスの現状の姿を概観してみたい。

1　IMF・世界銀行・WTOのガヴァナンス

IMF，世界銀行，WTOは，第2章で提示した分析枠組の中では，ハード・ガヴァナンスに属する主体である。同時にこれらの国際機関は，グローバル市場を効果的に制御し，グローバル市場の失敗を是正するという役回りよりも，新自由主義の理念に則って，グローバル市場の拡大に大きく貢献してきたという意味で，グローバル市場と親和的な主体ということもできる。

ここでの関心は，グローバル市場と親和的な行動とこれらの機関の内部のガヴァナンスとの関係について明らかにすることである。この分析を通じて，これらの組織の改革の必要性，すなわち，ハード・ガヴァナンスの議論と連動していくことになるだろう。

まず，IMFと世界銀行のガヴァナンスであるが，それを一言で象徴的にいう

ならば、「1ドル1票制」とも呼ばれる加重表決制である。これは、出資金が多ければ多いほど発言権が高まるというもので、結果として常に先進国に優位なシステムになっている。特にアメリカは「重要な決議については85％以上の多数で議決するものとする」という条項を他の加盟国に認めさせることに成功し、唯一15％以上の議決権を持つこの国が事実上の拒否権を保持している (High-Level Panel on Financing for Development, 2000 : 26 ; Millet & Toussaint, 2004 : 42-44)。スティグリッツは、この点に関連して、「IMFでは1国が、しかも1国だけが拒否権を握っている。これはG1と呼ばれ、しかも、その権限の行使が恥ずかしいこととは見なされてはいない」と、IMFのガヴァナンスを強く非難している (Stiglitz, 2003 : 63)。

また、これらの機関の人事を見てみると、世界銀行の総裁は例外なくアメリカ大統領が任命するアメリカ人であり、IMFの専務理事は同じく例外なくヨーロッパ人、副専務理事にはアメリカ人が任命され、常時アメリカ財務省長官と協調しながら政策を決定、実施している (Millet & Toussaint, 2004 : 38-52)。この三機関はともにワシントンにあることから、これらが協調して国際開発・金融政策を決定していくあり様は、しばしば「ワシントン・コンセンサス」と呼ばれている (Stiglitz, 2006 : 16-17)。

このように、IMFと世界銀行のガヴァナンスにおいては、基本的に債務国である途上国や、これらの機関が決定・実施する政策の影響を直接受ける人々、その他市民社会の意見は反映されていない。したがって、すべての主権国家、ならびに関連するあらゆる団体や人々の意思決定への参加という観点から見ると、これらの機関のガヴァナンスは民主的ではないということになり、スティグリッツをして「短期間のうちにとはいかないまでも、これは変えられなければならない」と言わしめている (Stiglitz, 2003 : 63)。

この点について、開発資金に関するハイレベル・パネルは、「債権者が自らが出資している組織のコントロールを期待するのは世の習わしである。もし債権者が議決において少数派に陥ったとしたら、出資は激減することになるだろう」と主張し、先進国の立場を擁護している。しかし他方でパネルは、「しかしながら、この現実を受け入れることによって、これらの機関のガヴァナンス

の異常な状態を是正する試みを排除してはならない」と論じ，IMFと世界銀行のガヴァナンスの変革を求めている (High-Level Panel on Financing for Development, 2000 : 27)。

　WTOのガヴァナンスはいかがであろうか。この機関のガヴァナンスの仕組みは出資金の規模にかかわりなく「1国，1票」制であり，各国が平等に投票権を持つという意味で「民主的」である。しかし，実際には「グリーンルーム」と呼ばれるWTOの一室で，一部の有力な国々によって実質的な決定が行われており，NGOの参加も認められていない (High-Level Panel on Financing for Development, 2000 : 25)。このWTOの運営方法は，NGOのみならず，多くの途上国からも非難を浴びている。

　この点について，新自由主義的グローバリゼーションの支持者のフレッド・バーグステン (Fred Bergsten) は，「WTOは投票によって動くのではない。それはコンセンサス方式の合意によって動くのであり，実を言えば，四大国つまり米国，日本，欧州連合，カナダによって管理されている。……（中略）……大きな措置をとるためには，これらの国の合意がなければならない。しかし投票は行われない」とアメリカの上院公聴会で証言している (in Bello, 2002 : 63-64)。

　これらの分析から明らかなことは，IMF・世界銀行・WTOのガヴァナンスは民主的ではないということであり，WTOの場合はさらに不透明さが加わるということである。したがって，これらの機関は新自由主義的グローバリゼーションを推進する先進国，とりわけアメリカの大きな影響を受けて，グローバル市場の制御よりも，その拡大と親和的な行動をとっていると理解することができる。

　しかし，国際経済に対して大きな影響力を持つこれらの機関のガヴァナンスが民主的ではないというのは，地球規模問題を解決して，持続可能なグローバル福祉社会を創造するという観点から見て，大きな問題である。なぜなら，民主的なガヴァナンスなしに，これらの機関が途上国の人々の苦境を真に理解することも，途上国政府のみならず，NGOや関連団体の支持と協力を得て，貧困問題など地球規模問題の解決に効果的に取り組むことも，不可能と思えるか

らである。

　事実世界銀行は，同行が行うプロジェクトが環境や社会に悪影響を与えているとして，多方面から非難を浴び，1980年に非自発的再定住（いわゆる立ち退き）に関するガイドライン，1982年に先住民ガイドライン，1989年に環境アセスメント政策を採択させられ，1993年には住民の申し立てにより世界銀行がこれらのガイドラインの遵守状況を独立機関により調査する仕組みとしてインスペクション・パネルを設置させられた（川村, 2005: 184-202）。

　また，サブプライム問題を契機に始まった世界金融危機は，あらためてIMFの役割を問うこととなり，改革の議論が高まっている。とりわけ，新興国は，IMFでの投票権の拡大などによる影響力の強化を要求している。

　今後必要なのはハード・ガヴァナンスの議論，とりわけ，これらの組織改革の議論である。議論の中核は，アメリカを始めとする少数の国々が物事を決定していくシステムではなく，途上国やNGO，市民社会などあらゆるステークホルダーの声を反映させることができる民主的なガヴァナンスをいかに確立できるかという課題だろう。もちろんこの新たなシステムでは，より多くの利害が複雑に錯綜，対立し，決定までに長い時間を要するという欠点もある。しかし，このようなガヴァナンスの変革なしに，これらの機関が信用を回復し，効果的なプログラムやプロジェクトを打ち立てていくことは困難であるように思われる。

2　多国籍企業に対するガヴァナンス

　次に，多国籍企業に対するガヴァナンスについて，特に規制という観点から吟味してみよう。国連社会開発研究所（UNRISD : United Nations Research Institute for Social Development）のピーター・アティング（Peter Utting）も，この課題について「ソフト」な規制と「ハード」な規制を両極とする分析枠組を提示している（Utting, 2005）。

　「ソフト」な規制とは，法的強制力のない自主的，自発的なアプローチをいい，グローバル市場のアクターによる「グローバル市場の失敗」の是正の試み

にかかわる「ソフト・ガヴァナンス」の議論とも関連する。「ハード」な規制とは，国家や超国家機関による罰則など強制力を含む法的アプローチのことをいい，「ハード・ガヴァナンス」の議論につながっていく。アティングは，一方で最も「ソフト」な規制として企業の自主規制を置き，続いて国際標準化機構（ISO：International Standard Organization）などによるさまざまな基準の設定やモニタリング，そして企業の社会的責任（CSR：Corporate Social Responsibility）や国際機関によるガイドラインなどを挙げている。他方で「ハード」な規制については，現状では純粋な「ハード」な規制は存在しないと指摘しつつ，それに近いアプローチとして，企業の説明責任（CA：Corporate Accountability）や国連人権委員会が検討している「人権についての多国籍企業やその他の企業の責任に関する国連規範（UN Norms on the Resposibilities of TNCs and Other Business Enterprises with Regard to Human Rights）」などを挙げている。

　本節では，多国籍企業に対する規制の歴史を簡潔に振り返りながら，アティングの分析枠組を用いて，多国籍企業に対するガヴァナンスの現状について検討したい。

（1）多国籍企業に対する規制の歴史

　多国籍企業に対する規制の動きは，早くも1970年代から始まっていた。宗主国からの独立を果たした途上国は，石油輸出国機構（OPEC：Organization for Petroleum Exporitng Countries）の結成，非同盟諸国首脳会議の開催などを通じて途上国間の結束を図り，先進国に対して新国際経済秩序（NIEO：New International Economic Order）や多国籍企業に対する法的規制を要求した。これに呼応する形で，国連は1975年に国連多国籍企業センター（United Nation Center on Transnational Corporations）を設立し，多国籍企業に対する法的な規制も含む行動規範の起草に着手した。しかしながら，その最初の「ハード」な規制の試みは頓挫し，国連多国籍企業センターも1993年にUNCTADの一部局に縮小された。他方，1976年に経済協力開発機構（OECD：Organization for Economic Cooperation and Development）が，1977年には国際労働機関（ILO：International Labour Organizaition）が，それぞれ多国籍企業に対する法的拘束力

のない原則やガイドラインを策定し,「ソフト」な規制が開始された (Utting, 2005 : 15)。

 しかし,1980年代以降,新自由主義的グローバリゼーションが世界を席巻する中で,国境を超えて活動する多国籍企業の数,規模はともに増大,それに反比例する形で国家の力は相対的に低下し,これらの企業に対するコントロールは徐々に失われていった。国際機関による原則やガイドラインも,法的拘束力がないがゆえに大きな効果をあげることができず,企業活動はほとんど規制を受けることなくグローバルに展開し,経済発展への貢献という「光」の側面とともに,地球環境破壊,貧困,労働条件,人権状況の悪化の要因という「影」の部分が浮かび上がってきた。

 このような状況を背景に,国連環境開発会議(リオ・サミット)が1992年に開催された。ここでは,地球環境問題や貧困問題の危機的な状況が訴えられ,環境と開発の両立をめざす持続可能な開発 (Sustainable Development) が提唱された。この会議と並行して,世界から結集したNGOや労働組合など市民社会諸団体によるNGOフォーラムが開催されたが,この場で多国籍企業によるさまざまな負の影響が糾弾された。

 これに対して,多くの多国籍企業はこれらの批判に反発し,その責任を否定しながらも,徐々に自主的な規制を開始することとなった。しかし,自主的な規制で負の影響を抑制することは困難であり,状況を改善できない企業に対する批判はさらに高まった。2002年に開催された国連持続可能な開発に関する世界首脳会議 (WSSD : World Summit on Sustainable Development) で,NGOサイドは高まる批判を背景に,法的規制も含む企業の説明責任(CA)を要求したが,法的規制を嫌う多国籍企業の圧力もあり,企業の説明責任の採択は見送られた。

 それに代わる形で浮上してきたのは,法的拘束力を持たない「ソフト」な規制の代表格である企業の社会的責任(CSR)や国連グローバル・コンパクト(GC)の推進と国際機関のガイドラインの強化であった。

（2） 企業の社会的責任（CSR）と国連グローバル・コンパクト（GC）

　一般にCSRは企業が自主的に自らの活動を改め，地球公共益に貢献する試みとみなすことができ，その意味ではグローバル市場のアクターが多少なりともガヴァナンスにかかわってグローバル市場の失敗を是正する試みとしての「ソフト・ガヴァナンス」の議論とも交差する。

　CSRには，法令遵守，企業統治から，本業を通じて環境・社会・人権に貢献することまで非常に広域にまたがり，確固たる定義はいまだに定まっていないように思われるが，谷本寛治はCSRを，「企業活動のプロセスに社会的公正性や環境への配慮などを組み込み，ステイクホルダー（株主，従業員，顧客，環境，コミュニティなど）に対しアカウンタビリティを果たしていくこと。その結果，経済的・社会的・環境的パフォーマンスの向上を目指すこと」と定義している（谷本編, 2004：5）。

　上述のとおり，企業行動に対する「ハード」な規制がない中で，これまで企業は顧客と株主を念頭に，利益を上げることに専念していればよかった。しかし，1990年代以降，経済面だけでなく，環境面，社会面にも配慮した経営がなされなければならないという認識が強まった。特に従業員，地域住民，取引先，投資家，環境，NGO・NPOなど幅広いステークホルダーとの相互対話（マルチ・ステークホルダー・ダイアログ）に基づいて，多様で幅広いニーズを把握し，企業がこれらのニーズに応えることで，社会のあらゆる方面から信頼を得ること，そして持続可能な社会の創造に貢献することが求められるようになったのである（上村, 2006c：61）。

　このステークホルダー・ダイアログの意義について，企業サイドの欧州商工会議所（Euro Chambers）は，「これまで企業の問題は労使間で議論してきたが，CSRというテーマにおいて，NGOなど多様な組織を含めた話し合いの場を設けたことは有意義だと理解している」と述べ，NGOサイドの欧州社会NGOプラットフォーム（Platform of European Social NGOs）は，「たしかに具体的なフレームワークづくりにはまだ4～5年くらいはかかるだろう。しかし今CSRについて議論し，セクターを越えて対話を続けることが重要である。ケーススタディーを積み重ね，何ができ何ができないのか，きちっと議論を積み重ねてい

く必要がある」と述べ，双方ともにその意義を確認している（谷本，2004：14-15）。

　CSRの効果を定量的に評価することは容易ではないが，CSRは企業が内発的に変わる効果的な手段となりうる。なぜなら，もし企業が真面目にCSRを推進するならば，環境面，社会面での行動が変わるだけでなく，そのことによってステークホルダーからの信頼が高まり，ブランド力が向上し，優秀な人材を呼び寄せる結果につながるなど，企業に目に見える利益を与えることが期待されるからである（上村，2005c：126；2006c：61）。

　このCSRを国連が中心になって，世界規模で推進する試みが国連グローバル・コンパクト（GC：Global Compact）である。これは，企業と国連が協働して，地球公共益の実現を模索する試みであり，「ミドル・ガヴァナンス」の議論ともかかわる。

　GCとは，世界中のビジネス活動に環境，労働，人権などに関する10原則を組み入れ，国連の目標を支持する行動に対して触媒の役割を果たすことを目的とした意見交換，相互学習，ならびに実践の場である。特に多国籍企業が国連機関，労働組合，市民社会と共に10原則を自発的に遵守することを主眼としている。

　10原則とは以下のものをいう。

①企業はその影響の及ぶ範囲内で国際的に宣言されている人権の擁護を支持し，尊重する。
②人権侵害に加担しない。
③組合結成の自由と団体交渉の権利を実効あるものにする。
④あらゆる形態の強制労働を排除する。
⑤児童労働を実効的に廃止する。
⑥雇用と職業に関する差別を撤廃する。
⑦環境問題の予防的なアプローチを支持する。
⑧環境に関して一層の責任を担うためのイニシャティブをとる。
⑨環境にやさしい技術の開発と普及を促進する。

⑩強要と賄賂を含むあらゆる形態の腐敗を防止するために取り組む。

　グローバル・コンパクトは1999年1月に開かれた世界経済フォーラムの席上,コフィー・アナン（Kofi Annan）国連事務総長（当時）が提唱し,2000年7月に正式に発足した。2005年9月現在で,グローバル・フォーチューン500社のうち98社を含み,世界中から2,236の企業,国際労働団体,市民社会の組織が参加している（Utting, 2005：4）。
　国連が前面に出て大企業を巻き込み,マルチ・ステークホルダー・ダイアログを通じて相互理解と相互学習を深め,企業行動の変革をめざすグローバル・コンパクトは,画期的な試みであり,第2章で示した分析枠組でいうならば,一つのミドル・ガヴァナンスの事例であるといえる。しかし,その有効性について谷本は,「GCは遵守を促す仕組みも,客観的で強制的なモニタリング・システムもないが故に,実効性を伴わない『ブルーウォッシュ』に陥る可能性も高い」というNGOの批判を紹介している（谷本, 2004：12）。[2]
　また,アティングはマッキンゼー社のグローバル・コンパクトの評価にかかわる調査報告を紹介している。それによると,グローバル・コンパクトに参加したおかげで原則に沿った行動をとるようになったと答えた企業はわずか9％であり,残りの91％のうち51％は,グローバル・コンパクトへの参加に関係なく行動を起こし,40％はグローバル・コンパクトへの参加にもかかわらず何ら行動を起こしていない,という評価結果が出ている（Utting, 2005：4）。
　CSRもあくまでも企業の自主性に任せる「ソフト」なアプローチであり,「遵守を促す仕組みも,客観的で強制的なモニタリング・システムもない」という点で,グローバル・コンパクトと軌を一にする。また,CSRやグローバル・コンパクトは,より「ハード」な規制を回避するための企業サイドの高度な戦略とみなす議論もある（Utting, 2005：16）。したがって,これらのアプローチの意義を認めつつも,その限界もここでは指摘しておかねばならない。

（3）　国際機関によるガイドライン（OECD）ならびに宣言（ILO）

　続いて,国際機関による企業の規制という「ハード・ガヴァナンス」の議論

と深くかかわるアプローチを検討する。まずOECDであるが、この機関は早くから多国籍企業の規制に取り組んできた。特に、1976年に策定され、2000年6月に改定された「多国籍企業ガイドライン（OECD GUIDELINES FOR MULTINATIONAL ENTERPRISES）」は、「労働」はもとより、「環境」、「消費者利益」、「科学及び技術」、「課税」など幅広い分野で10の行動指針を提示している（OECD, 2000）。また、行動指針の実効性を高める意味で、加盟国に「国別連絡ポイント（NCP：National Contact Point）」を置き、労働者の権利が侵害されるなど行動原則違反があった場合に、労働組合がNCPを通じて問題を提訴できるようにしている（逢見, 2004：83-86）。

このOECDの多国籍企業ガイドラインは、2002年に開催された国連持続可能な開発に関する世界首脳会議で、世界中の多国籍企業が遵守すべき行動原則であることが公式文書に記載されるなど、一つの「世界標準」となっている。しかしながら、これはあくまでも企業が自主的に取り組むガイドラインであり、法的拘束力はない。したがって、このガイドラインがどの程度遵守され、どの程度多国籍企業の規制に貢献しているかは大いに疑問であるというのが実状であろう。

他方、三者構成（政府、労働者、使用者）というユニークなガヴァナンスを持つ国際労働機関（ILO）も、国連多国籍企業センターやOECDと並んで、早くから多国籍企業の規制に取り組んできた機関である。「多国籍企業及び社会政策に関する原則の三者宣言（多国籍企業宣言）」がILO理事会によって採択されたのは、1977年のことであった。その後、2000年11月、2006年3月のILO理事会によって改定されたこの原則は、雇用、訓練、労働条件・生活条件、労使関係等の分野に関し、多国籍企業、政府、使用者団体及び労働者団体に対して遵守すべきガイドラインを提供している（国際労働機関, 2007：v）。

この宣言の目的についてILOは、「多国籍企業が経済的・社会的進歩に対してなしうる積極的寄与を奨励し、その各種の活動がもたらす困難を最小にし、かつ解決することである」と定めている（国際労働機関, 2007：2）。また、この宣言が多国籍企業、政府、使用者及び労働者団体に与える効果を監視するために、定期的な調査も3、4年に1度の割合で行われ、ILO理事会に報告されて

第 4 章　グローバル・ガヴァナンスの動向

いる。その宣言の適用をめぐって意見の対立があった場合には，当事者はILOに対し，その規定の意味の解釈を求めることができるようになっている（国際労働機関，2007：v）。

このようにILOは，政府，労働者，使用者それぞれが遵守すべき原則を策定し，定期的な調査を行うことで，多国籍企業の活動の負の影響を最小化する努力を行っている。さらに，この宣言を現実化するために，数々のプロジェクトも行っている。その一つがシアルコット・サッカーボール・イニシャティブ（Sialkot Soccer Ball Initiatives）である。ILOはパキスタンにおけるサッカーボールの製造過程で過酷な児童労働が行われていることに鑑み，1997年にUNICEF，シアルコット商工会議所（The Sialkot Chamber of Commerce and Industry）とともにアトランタ協定を締結し，この問題に協働で取り組むこととなった。その後，パキスタン政府，世界スポーツ用品産業連盟（WFSGI：The World Federation of Sporting Goods Industries），国際サッカー協会連盟（FIFA：Fédération Internationale de Football Association）の協力も得て事業を進め，児童労働の廃絶に尽くしている（ILO, 2007：1）。

また，ILOはカンボジアにおいて，「より良い工場プロジェクト（The Better Factories Project）」を進めている。これは，カンボジアの繊維・アパレル産業において，監視，改善提言，トレーニングと能力構築（Capacity Building）という改善のサイクルを確立すること，労使間での対話を促進することで，労働条件の向上をめざすものである。このILOの監視が輸出の条件となったことで労働条件も製品の質も向上し，「カンボジア・ブランド」が確立することとなった。その結果，輸出が量ベースで10％，価値ベースで20％伸長したばかりでなく，2005年1月以来30,000人の雇用が生まれ，労働組合組織率が43％向上し，児童労働も1％以下に低下した。このプロジェクトは，3年の移行期間を経て，カンボジア政府に継承されることになっている（ILO, 2007：1-2）。

そのほかにも，ILOは西アフリカのカカオ産業の児童労働撲滅プログラム，ベトナム，スリランカ，インドでの工場改善プログラム，フォルクスワーゲン社のサプライチェーン労働条件改善プログラムなど，多国籍企業とその関連会社が強いている児童労働など過酷な労働条件の改善に取り組んでいる（ILO,

2007：2)。

　三者宣言を策定するだけでなく，それをベースにさまざまなプロジェクトを展開し，児童労働の撲滅など労働条件の改善を図るILOの試みは，評価に値する。しかし，三者宣言はあくまでも多国籍企業，政府，労働者，使用者各々が遵守すべき原則を宣言したに過ぎず，OECDガイドラインと同様に法的な拘束力はない。しかも，この宣言はILOの職務上労働分野に限定されており，環境，税金，その他の分野については除外されている。また，ILOが行っているプロジェクトについても，多国籍企業の数が61,000社，子会社が100万社，下請企業も含めると数百万社にも及ぶことを考えると，それがカバーする範囲はきわめて限定的であり，その効果についてもさらに継続的な調査が必要であろう。

（4）　企業の説明責任

　CSR，国連グローバル・コンパクト，国際機関による法的規制のないガイドラインや宣言という「ソフト」なアプローチの限界を踏まえて再浮上しているのが，企業の説明責任（CA：Corporate Accountability）という，法的規制も視野に入れたより「ハード」なアプローチである。したがって，これは「ハード・ガヴァナンス」の議論と連動する。

　CAは，従来の自発的なアプローチを超えて，企業が法令を遵守しない場合には罰則を適用することも含めて，企業に義務の遂行を求めるより法的，規制的アプローチである。企業の説明責任の理論と実践は，「誰が決定し，誰が誰に要求するのか」という問題を含む正当性と民主的なガヴァナンスという課題を強調している。また，それは企業の不正行為の発見，調査，広報，是正策を促進する提訴手続き（complaints procedures）や提訴に基づく規制システムに焦点を当てている（Utting, 2005：1, 7）。

　またCAは，途上国において労働基準や労働権の悪化をもたらす下請制度（subcontracting），途上国政府や途上国経済から必要不可欠な資源を奪う企業の脱税，租税回避，移転価格の問題，大企業への経済力の集中や中小企業に対する優位の問題，そして多国籍企業やビジネス・ロビーの政治的影響など構造的問題も解決されるべきであると主張している（Utting, 2005：7-8)。

第4章　グローバル・ガヴァナンスの動向

　CAに関する事例として，国際NGO地球の友（Friends of the Earth）が2002年に開催された国連持続可能な開発に関する世界首脳会議（WSSD）において，「企業の説明責任協定」を提案し，WSSDの行動計画の中にCAにかかわる言葉が取り入れられたこと，イギリスにおいて，100以上の市民団体，政党などが，海外で操業するイギリスの企業に経済・環境・社会の「トリプルボトムライン」報告を義務付けることや人権侵害，環境破壊に対する法的責任を持たせることを要求する「企業責任連合（Corporate Responsibility Coalition）」を設立したこと，さまざまなNGOや弁護士が人権の分野で国際法の責任を多国籍企業に拡大するだけでなく，これらの企業を国際刑事裁判所の管轄権の下に置くことを要求した事例などが挙げられる。

　また，グローバリゼーションに関する国際フォーラム（The International Forum on Globalization）は，法的行動と消費者ボイコットの基盤となる企業行動に関する情報を提供する国連企業の説明責任機関（United Nations Organization for Corporate Accountability）を，クリスチャン・エイド（Christian Aid）は多国籍企業の行動規範を策定し，法令遵守を監視し，法令違反に処罰を行うグローバル規制庁（Global Regulation Authority）の創設を提案している。さらに，現在UNCTADの一部局となり，実質的な活動を停止している国連多国籍企業センターの再活性化の提案もなされている（Utting, 2005：6）。

　CAはCSRよりも根本的，構造的要因に切り込み，より効果的に多国籍企業を規制しようというアプローチであり，もし現実に実施に移されれば大きな成果をあげる可能性を秘めている。しかしながら，法的な拘束力を持って，企業に根源的な変革を要求する分，実現性が乏しくなり，上述の要求は現在のところ実現していない。

（5）　人権についての企業の責任に関する国連規範

　そこで期待されるのが，既存の国際機関の役割である。いうまでもなく，これも「ハード・ガヴァナンス」の議論にかかわるものである。

　国連人権委員会の「人権の推進と保護に関する小委員会」は，2003年に「人権についての多国籍企業やその他の企業の責任に関する国連規範」案を採択し

た(Utting, 2005 : 7)。この規範は，強制ではなく選択できる基準，弱い法令遵守とフリー・ライダーに特徴づけられる国連グローバル・コンパクトや自発的アプローチの欠陥の克服を試みるものである。規範は，マルチ・ステークホルダー・ダイアログの中で共通して見出され，かつ諸国家に適用される国際法から派生する広範囲の基準をまとめたものであり，すべての多国籍企業と関連会社にこれらの基準の遵守を義務づけ，その実施と監視メカニズムを提案している。規範は，法令遵守がなされない場合には十分な補償金支払いをも規定しており(Utting, 2005 : 15-16)，きわめて「ハード」なアプローチといえよう。

しかしながら，この規範案が国際法となるためには，国連人権委員会で採択されねばならない。そこで，2004年の国連人権委員会でこの案が検討されたが，「ハード」なアプローチを好まない政府や企業の圧力により，小委員会に対して「規範が法的効力を持つべきでも，監視機能も果たすべきでもない。そもそも国連人権委員会が小委員会にこのような規範の作成を依頼したことはない」との批判が浴びせられた。そして，翌年の国連人権委員会ではイギリスなどいくつかの政府の提案により，この規範に関するいかなる言及も行わないという決議が採択された。

このように小委員会で採択された規範は闇に葬られたが，これにかかわる国連事務総長特別代表を任命し，企業と人権に関する対話を継続するという合意は成立した(Utting, 2005 : 16)。その後，特別代表として，ハーバード大学教授のジョン・ラギー(John Ruggie)氏が任命され，2008年中に報告書を提出することになっている[3]。

おそらくこの報告書は法的規制を前面に出す「ハード」なアプローチを提案するものにはならないだろうとの予測がされているが[4]，この規範のような「ハード」なアプローチが小委員会とはいえ，国連機関の中で議論され，採択されたこと，そして議論を継続するために国連事務総長特別代表が任命されたことは特筆に値するだろう。

結局，多国籍企業に対するガヴァナンスは，「ソフト」なアプローチでは，実施が容易なものの，実効性が十分ではなく，「ハード」なアプローチは効果が期待されるものの，実現が容易ではないというジレンマに陥っているという

のが現状である。この隘路を脱却するための現実的かつ実効的な道筋は，戦略的に実施が容易な「ソフト」なアプローチから開始し，徐々に「ハード」なものに移行していくという経路であろう。そして，その移行プロセスを促進すると考えられるのが，後に見るグローバル・タックス，ならびにその実現をめざすプロセスなのである。

3　タックス・ヘイブンに対するガヴァナンス

　タックス・ヘイブンに対する規制の動きは，1920年まで遡る。この年ブリュッセルで開催された国際金融会議は，国際連盟に対して，「自らの住居や本社がある国とは異なった国において経済活動を行なう個人や企業」に，二重課税を課すように求めている。1922年にジェノバで開催された国際経済会議は，国際連盟の任務を，課税を逃れようとする「資本流出」の問題にまで拡大するように要求した。しかし，これらの要求は，スイス，オランダ，ドイツなどの反対により，日の目を見ることはなかった（Chavagneux & Palan, 2006 : 125-126）。

　その後，1960年代に入り，国連，OECD財政委員会（OECD Committee on Fiscal Affairs）などがこの問題に取り組み始めたが，各国の税務局間の情報交換を促す程度の結果しかもたらさなかった。ようやく新たな局面が開かれたのが，1998年になってからであった。それが，OECD財政委員会によって開始され，続いて「金融安定化フォーラム（FSF : Financial Stability Forum）」，「金融活動作業部会（FATF : Financial Action Task Force）」によって実施されたタックス・ヘイブンのブラックリスト政策である。

　さらに，2002年3月にモンテレーで開催された国際開発資金会議では，「公正で効率的な税制度，および税管理」の必要性が謳われ，資本逃避とタックス・ヘイブンの問題に関して「各国税務局間の対話を促進し，関連する多国籍企業間の活動の調整を一層進めることにより，国際協力を強化する」対策が奨励された。この合意に基づき，2003年12月に国連総会において「租税問題にかかわる国際協力に関する専門家委員会（「国連租税委員会〔UN Tax Committee〕」：Committee of Experts on International Cooperation in Tax Matters）」の設立が合意され，2005年以降年１回のペースでジュネーブで会合を開いている（Christensen, 2007b：2）。

　ここでは，まずOECD，FSF，FATFによるブラックリスト政策の内容と成果，続いて国連租税委員会の活動と限界を概観するが，これはタックス・ヘイブンに対する「ハード・ガヴァナンス」の実際と限界を検討することでもある。

（１）　国際機関によるブラックリスト政策

　1998年にOECD財政委員会は，「有害租税競争」についての報告書を発表し，タックス・ヘイブンのブラックリスト政策の口火を切った。その意図は，不正な行為を行なっている地域のリストを公表し，改革を促すことにあった。その第一弾として，1999年末に47ヶ所のタックス・ヘイブンがリストアップされた。

　OECDの活動と並行して，1999年２月にG7諸国の専門家により創設され，各国の通貨金融政策を中心にマクロ経済政策を監視し，勧告を行なう金融安定化フォーラム（FSF）は，2000年５月に，規制が弱いために，国際的な金融危機を助長すると思われる地域として42ヶ国を名指しした。その１ヶ月後の2000年６月に，マネーロンダリング対策で国際協調を推進するために設立された政府間機関である金融活動作業部会（FATF）も15ヶ所の「非協力国・地域リスト」を公表した。FATFに名指しされるということは，とりもなおさず犯罪者を匿っている場所というレッテルを貼られることを意味しており，名指しされた国・地域にとっては一大事となった（Chavagneux & Palan, 2006：128-130）。これら３つの国際機関のブラックリスト政策を整理したものが，表４-１である。

　ブリテェィン－キャトリンは，この国際機関によるブラックリスト政策によって，ケイマンが大きく変わったことを報告している。それによると，ケイマンにあった南米の麻薬資金の資金洗浄で有名になったプライベート・バンクはその業務を閉鎖させられ，実体のない銀行は，ケイマンに支店を設けるか，さもなければ退去を求められ，受益者が秘密裏に所有している無記名株式は廃止させられた。さらに，ケイマンの金融サービス会社は，宣伝材料に機密性や

第 4 章　グローバル・ガヴァナンスの動向

表 4-1　各機関によるタックス・ヘイブンのブラックリスト（2000年）

地域	FSF	OECD	FATF
アンドラ	II	X	
アンギラ	III	X	
アンティグア・バーブーダ	III	X	
蘭領アンティル諸島	III	X	
アルバ	III	X	
バハマ	III	X	X
バーレーン	II	X	
バルバドス	II	X	
ベリーズ	III	X	
バミューダ諸島	II		
ケイマン諸島	III		X
クック諸島	III	X	X
コスタリカ	III		
キプロス	III		
ドミニカ		X	X
ダブリン	I		
ジブラルタル	II	X	
グレナダ		X	
ガーンジー島	I	X	
ジャージー島	I	X	
香港	I		
英領ヴァージン諸島	III	X	
米領ヴァージン諸島		X	
イスラエル			X
ラブアン（マレーシア）	II		
レバノン	III		X
リベリア		X	
リヒテンシュタイン	III	X	X
ルクセンブルク	I		
マカオ	II		
マルタ	II		
マン島	I	X	
マーシャル諸島	III	X	X
モーリシャス	III		
モナコ	II	X	
モンセラト島		X	
ナウル	III	X	X
ニウエ	III	X	X
パナマ	III	X	X
フィリピン			X
モルジブ共和国		X	
ロシア			X
サモア	III	X	
セイシェル	III	X	
シンガポール	I		
ネビス	III	X	X
セントビンセント・グレナディーン	III	X	X
セントルシア	III	X	
スイス	I		
トンガ		X	
ターコス＆カイコス	III	X	
バヌアツ	III	X	

注：FSFは3つのグループに分類している。Iは比較的良好なシステムを持っているところ，IIは世界標準より劣るところ，IIIは問題が多いところ。
出典：Chavagneux & Palan（2006：131）.

内密性を約束しないように指導され，銀行秘密法は，証券取引委員会などの外部の金融当局が機密の銀行情報を要求しやすいように緩和された (Brittain-Catlin, 2005 : 217)。

このように，これら国際機関の「ネイム・アンド・シェイム（名指しして辱しめる）」政策は，タックス・ヘイブンに対して強い政治的圧力をもたらした。しかし，その効果は短命に終わる。2001年にジョージ・ブッシュ（George Bush Jr.）がアメリカ大統領の座に着くと，これらの国際機関の政治的立場が変化したのである。ブッシュの最高経済顧問であったローレンス・リンゼイ（Lawrence Lindsay）は，長い間アメリカの銀行に対するあらゆるマネーロンダリング規制に反対してきた人物であり，ブッシュ政権下で財務長官に任命されたポール・オニール（Paul O'Neill）は，アメリカの多国籍アルミニウム企業アルコアの会長兼CEOであった。

オニールは，「OECDイニシャティブの方向性について，最近多くの深刻な懸念が表明されている」と述べ，OECDイニシャティブに対するアメリカの支持を取り下げ，2001年5月10日には「アメリカは，いかなる国に対しても，ありうべき課税率や租税制度を指示するやり方を支持しない。また，租税制度を各国間で調和しようとする，いかなる試みにも加わらない」と宣言した (Chavagneux & Palan, 2006 : 131-132 ; Brittain-Catlin, 2005 : 202-203)。

これを受けて，OECDは2002年4月にあらためてブラックリストを公表したが，そこにはもはや7ヶ国（アンドラ，リヒテンシュタイン，リベリア，モナコ，マーシャル諸島，ナウル，バヌアツ）しか記載されていなかった。その後，ナウルとバヌアツもリストからはずされ，現在OECDが認定するタックス・ヘイブンは5ヶ国になっている。他方，金融安定化フォーラム（FSF）の仕事は，その後，IMFの中に統合されている。IMFは2005年に41の地域を検証し，これらの地域では大きな改革がなされているという結論を出したが，FSFはこの結果を公表するとともに，「2000年のリストはその目的を達成したので，もはや存在理由はない」と言明するに至った。金融活動作業部会（FATF）は，FATFの効果的な活動のおかげで，2005年10月以降汚れた金が容易に流通するのは，ミャンマーとナイジェリアの2ヶ国だけであると発表している

(Chavagneux & Palan, 2006:132-133)。

　シャヴァニューとパランは、この国際機関によるブラックリスト政策について、ロンドン、ニューヨーク、ルクセンブルクなど国際金融システムの核心には触れずに、他の小国や地域を国際金融システムを守るための生贄にしたのみならず、結果としてタックス・ヘイブンを世界の舞台に引き出し、政治的に正当かつ尊敬に値するパートナーとして認定せしめることになったとの辛らつな評価をしている。すなわち、この政策は、犯罪行為への攻撃から、タックス・ヘイブンが世界経済の中で果たしうる「肯定的役割」を確保するための新たな共通規範の探求へと移行し、タックス・ヘイブンに対して一定の規制を導入するかわりに、その存在権を正当なものとして認定する取引になったと論じている（Chavagneux & Palan, 2006:136-137）。

　ただし、2009年1月にアメリカでバラク・フセイン・オバマ（Barack Hussein Obama）大統領が誕生したことで、ブッシュ政権とは異なるアプローチが見られるようになっている。とりわけ、2009年4月2日に開催された第2回金融・世界経済に関する首脳会合（G20金融サミット）で、オバマ大統領がタックス・ヘイブン対策も含めて金融規制に前向きに取り組むとの姿勢を示したことは、ドイツのシュタインブリュック（Peer Steinbrück）財務相をして、（ブッシュ前政権と比較した場合のオバマ政権についての質問に）「規制面での目標に向かって一層取り組んでいる。タックス・ヘイブンの問題や国際金融機関の強化に関与しており、称賛しかできない」と語らしめている。[5]

　オバマ政権がこのままタックス・ヘイブンに対して厳しい姿勢をとり、実際に規制を実施するかどうかは現時点では定かではないが、この問題に大きな影響力を持つアメリカが真に政策転換をしたとすれば、新たな局面が開かれることは間違いないだろう。

（2）　国連租税委員会（UN Tax Committee）の活動と限界

　次に、「租税問題にかかわる国際協力に関する専門家委員会（国連租税委員会）」について見てみよう。[6]その前身は、1968年に国連経済社会理事会（ECOSOC: Economic and Social Council of the United Nations）によって設立され

た「先進国・途上国間の租税条約に関する専門家アドホック・グループ (The Ad Hoc Group of Experts on Tax Treaties between Developed and Developing Countries)」である。

1980年に，この専門家グループが先進国・途上国間の国連モデル二重課税条約を作成し終えた際，ECOSOCはグループの名前を「租税問題にかかわる国際協力に関する専門家アドホック・グループ (The Ad Hoc Group of Experts on International Cooperation in Tax Matters)」に変更し，メンバーも20名から25名に増やした（うち10名は先進国，15名は途上国からの税務官や専門家）。この新たな専門家グループの使命は，関連国際機関と協議の上，先進国・途上国間の租税条約の妥結を促進する方法を探究することであった。

その後，以上の役割に加えて，専門家グループは租税問題における国際協力にかかわる課題も担うようになった。すなわち，移転価格，債務回収における相互援助や相互援助手続きのための議定書，条約濫用，租税，貿易，投資の相互作用，金融課税や債券市場の開発，国境を超えた利息収入や資本逃避，そして電子商業への課税などである。2004年11月になり，ECOSOCは専門家グループを「租税問題にかかわる国際協力に関する専門家委員会 (Committee of Experts on International Cooperation in Tax Matters, "UN Tax Committee", 通称，『国連租税委員会』)」と再び名前を変更している。

国連租税委員会は，各国政府から選出され，国連事務総長によって任命された25名のメンバーから構成される。メンバーの任期は4年である。2005年以降，委員会はジュネーブにおいて5日間の会合を年に1度開催している。

国連租税委員会の役割は，以下のとおりである。

①先進国・途上国間の国連モデル二重課税条約，ならびに先進国・途上国間の二国間租税条約交渉マニュアルを常に再検討し，必要に応じて更新すること。
②各国租税当局間の国際租税協力を強化し，促進する観点から対話の枠組を提供すること。
③新しい諸課題がいかに租税問題の国際協力に影響を与えうるかを考察し，

評価，解説，適切な勧告を進展させること。
④途上国や体制移行国に対する能力構築や技術支援の提供に関する勧告を行うこと。
⑤上記すべての課題に対処する際，途上国や体制移行国に特別の注意を払うこと。

　国連経済社会理事会が，国際租税問題にかかわる専門家グループを創設し，その活動の範囲を移転価格や資本逃避まで拡大していることは注目に値する。しかしながら，国連租税委員会の唯一のNGOからのメンバーであるタックス・ジャスティス・ネットワークのジョン・クリステンセンによると，ここでの議論はあまりにも技術的で，タックス・ヘイブンや資本逃避にかかわるより大きな問題に焦点が当たっていないことを明らかにしている。[7]
　タックス・ヘイブンを扱っている国際機関は，現時点では，OECD，国連租税委員会，IMF，世界銀行であるが，いずれの機関もタックス・ヘイブンに対して効果的な規制を行えていない。特に，IMFと世界銀行は，新自由主義に立脚しているがゆえに，規制の強化よりも緩和・撤廃が政策の基軸であり，タックス・ヘイブンへの規制強化には積極的でないと見られる。

4　グローバル金融に対するガヴァナンス

　グローバル金融，ないしグローバル金融資本に対するガヴァナンス，あるいは規制については，アティングならびに三層ガヴァナンス分析枠組の用語を使えば，関係主体の自主性を重視する「ソフト」なアプローチと，法的な規制を求める「ハード」なアプローチ，そしてその間にある「中間的」なアプローチに分けられる。ここでは自発性と法的拘束性を軸にして，「ソフト」なアプローチとして，責任投資原則（PRI：Principles for Responsible Investment）を，「中間的」なアプローチとして，国際機関による「国際基準の確立と透明性の強化」と「金融規制と金融監督の強化」を，「ハード」なアプローチとして，チリとマレーシアによる資本規制について，考察を行うこととする。

第Ⅰ部　グローバル社会の課題とガヴァナンスの実際

(1) 責任投資原則 (PRI)

責任投資原則 (PRI) とは，いわば金融機関のCSRの一環であり，投資を通じて環境問題や社会問題を解決する原則を示したものである。これはまた，グローバル市場のアクターが市場の失敗を自ら是正する試みと考えることもできる。

三菱銀行取締役，日興アセットマネジメント副社長を経て，現在国連環境計画・金融イニシャティブ (UNEPFI : United Nations Environment Programme Financial Initiative) 特別顧問を務める末吉竹二郎によると，PRIの起源は，2003年5月にUNEPFIが年金基金に対し，環境 (Environment)，社会的責任 (Social responsibility)，企業統治 (Governance) 問題 (略してESG問題) の調査と，ESG問題を投資に反映させるための具体的な枠組の必要性を問いかけたことに端を発する (以下，末吉，2007 : 92-93)。その後，UNEPFIの資産運用作業部会は，投資銀行などの協力を得て，「ESG問題が株価形成に及ぼす影響の可能性」について調査を行い，「ESG問題が短期及び長期の株価に大きな影響を及ぼすという証拠がたくさんある」との報告を出すに至った。

そのような流れの中で，2003年11月にコフィー・アナン国連事務総長 (当時) は，国連本部に機関投資家を集め，機関投資家がどの企業や産業に投資するかで将来の大気中に滞留する二酸化炭素濃度が決まるとの演説を行った。この演説に触発された機関投資家たちは，UNEPFIなどの調査も踏まえて会合を重ねていたが，2005年初頭のアナン事務総長のPRI作成の呼びかけに応え，20社の機関投資家が「投資家グループ」を形成し，さらに投資コミュニティ，国際機関，政府機関，市民社会，学者からなる70人の専門家を擁するステークホルダー・グループがこの投資家グループを支援する形で1年余りの時間をかけて議論し，2006年4月27日にPRIが完成するに至った。[8]

PRIは以下の6つの原則からなる。

①私たちは投資分析と意志決定のプロセスにESGの課題を組み込みます。
②私たちは活動的な (株式) 所有者になり，(株式の) 所有方針と (株式の) 所有慣習にESG問題を組み入れます。

第4章　グローバル・ガヴァナンスの動向

③私たちは，投資対象の主体に対してESGの課題について適切な開示を求めます。
④私たちは，資産運用業界において本原則が受け入れられ，実行に移されるように働きかけを行います。
⑤私たちは，本原則を実行する際の効果を高めるために，協働します。
⑥私たちは，本原則の実行に関する活動状況や進捗状況を報告します。(9)

末吉によると，PRIの狙いは年金基金などの資金運用に当たるファンド・マネージャーにESG問題に配慮した運用を求めるのではなく，資金の出し手（アセット・オーナー）にESG問題の重要性を直接呼びかけ，彼らの意向によりファンド・マネージャーの運用方針をESGに配慮したものに変えることにある。
　2006年4月の開始時点でこの原則に署名した金融機関は65社，運用資産は2兆ドルであったが，その後参加機関は増え続け，2007年9月時点で234社，運用資産は10兆ドルまでに拡大している。この事実を受けて，末吉は「PRIはやがて投資の世界におけるバイブルになるであろう」と予測している（末吉，2007：93）。
　その予測を裏づけるように，先に見たカルフォルニア州公務員退職年金基金（カルパース）のほか，カリフォルニア州教職員退職年金基金（カルスターズ），ニューヨーク，ニューハンプシャー，バーモントなどの州政府職員の退職基金などを監督する22の機関投資家の財務担当者は，2007年10月にアメリカ合衆国証券取引委員会（SEC：US Securities and Exchange Commission）に対し，投資先の上場企業が環境ビジネスへの取り組みや二酸化炭素排出削減コストを開示することを法的に義務づける要望書を提出している。このグループの運用資産は1兆5,000億ドル（150兆円）に上る。
　また，環境対応を重視した投資家グループの「気候リスクに関する投資家ネットワーク（INCR：Invester Network on Climate Risk）」も，2007年春に企業の温暖化ガスの排出削減コストを情報開示させるようSECに求めている。(10)
INCRは65社で構成され，合計で4兆ドル（400兆円）を運用している。これらの運用資産の大きさを鑑みると，投資を通じて企業行動をより環境に配慮した

ものに変えさせる影響力はきわめて大きいと考えられる。

　しかしながら，多国籍企業規制のための「ソフト」なアプローチと同じく，PRIはあくまでも「原則」であって，「法」ではない。したがって，この原則に従うかどうかは各金融機関，各機関投資家に委ねられている。しかも，この原則は主として企業への投資原則であり，国際経済に大きな影響を及ぼす外国為替市場などへの投資などは範疇から外れている。すなわち，PRIは国際通貨危機や金融市場の不安定性などの金融リスクに対する処方箋ではない。

　以上の点を鑑みると，PRIなどの金融機関や機関投資家の自主的な取り組みを重視するアプローチは，今後より拡大することが望まれるものの，それだけでは十分ではないということになるだろう。そこで，次に主として金融市場や国際資本移動に対する国際機関の動向に焦点を当て，さらに広い視点からグローバル金融に対するガヴァナンスを考察してみたい。

　この議論は，国際機関による規制という意味では「ハード・ガヴァナンス」と連動するが，法的拘束性を持たない規制という点では，「ミドル・ガヴァナンス」とも交差する。

（2）　国際機関の対応

　近年，とりわけ1990年代初頭以降の国際通貨危機の頻発や金融市場の不安定性の強まりから，これらにいかに対処すべきかという議論が盛んになっている。特に，これらの危機や不安定性は，一国的でも一時的でもなく，グローバルでシステミック（systemic）なものであり[11]，グローバルな金融システムの再構築（new international financial architecture）が必要であるというコンセンサスが国際社会の中で生まれている（吾郷，2003：194）[12]。

　これらの議論をリードし，実際に国際金融分野のグローバルなガヴァナンスを担っているのは，国際決済銀行（BIS：Bank for International Settlement），10ヶ国中央銀行総裁会議（G10），G7蔵相会議，金融安定化フォーラム，IMF，世界銀行などである。これらの機関の議論の焦点は，まず各国政府，金融機関，企業，国際金融機関などが遵守すべき金融分野の「国際基準の確立と透明性の強化」であり，次に「金融規制と金融監督の強化」に当たっている。ここでは，

第4章　グローバル・ガヴァナンスの動向

さまざまな議論，規制の中から，バーゼル銀行監督委員会（銀行規制及び監督慣行に関する委員会）によって策定されたBIS規制と金融安定化フォーラムについて吟味し，続いてIMFについても簡単に触れる。

BIS規制とは，国際業務に従事する銀行の「自己資本比率＝自己資本÷総資産」の割合を8％以上に維持するという申し合わせである。これは，1974年にG10が設立したバーゼル銀行監督委員会によって1988年に策定され，1992年から実施が始まった自己資本比率規制である。

この規制の背景には，大手銀行の資本調達が伝統的な預金から，譲渡性定期預金証書（CD：Certificate of Time Deposit，譲渡可能な定期預金のことで，金利は市場金利動向を反映して自由に変動する）やユーロダラー（米国以外の銀行，主としてヨーロッパに所在する銀行に預けられた米ドル預金）などの市場性資金（需給などの変動に対して値動きの激しい金融資産）に移ったことで，資産規模が急激に拡大したと同時に，自己資本比率が低下したことがある。リスクを含む運用資産の総額に比べて自己資本の割合が極端に少なくなれば，大きな損失が発生した時に自己資本ではカバーできなくなり，預金者を含む債権者，さらには政府に損失が波及する危険性が高まる。ゆえに，銀行はBIS規制によって，一定の自己資本を確保することが奨励されたのである。

このBIS規制は，国際的な金融活動を規制するために，世界の主要国の銀行監督機関の間で成立した初めての統一的な紳士協定（強制力を伴わない）であり，各国の監督機関が個別銀行の経営に直接介入するために活用できるほとんど唯一の規制手段となっている（高田，2000：193-196）。

しかしながら，高田太久吉によると，「それが銀行経営の安全性を高めた証拠はほとんどない」。なぜなら一つには，多くの銀行が資産を圧縮するために，外国為替取引に絡むオプション，先物，スワップを含むデリバティブなどのバランスシートに直接計上されない「簿外取引」を拡大させたからである。すなわち，BIS規制により，多くの銀行が安全で流動性の高い資産を「高リスク・高リターン」資産で置き換え，結果として経営の脆弱性を高めたのである（高田，2000：200-201）。

さらに，1980年代以降，大手金融機関の業務内容が，伝統的な融資業務や証

券引受業務から，株式，債券，通貨，デリバティブなどの市場性資産を対象とする自己勘定での取引業務への比重を高めたことも，BIS規制の効果を弱めることとなった。なぜなら，BIS規制の主な対象は，借り手の倒産などによって元本と利息の回収ができなくなる信用リスクであり，トレーディング業務に伴う当事者の予想あるいは期待と異なる方向での資産価格の変動によって損失が発生する市場リスクではなかったからである。

このため，銀行が自己勘定で保有する証券の市場リスクを何らかの合理的な尺度で評価し，これらの資産が銀行にもたらす潜在的な損失額を全体的に把握することが必要になってきた。そこでBISは，1996年に従来の自己資本比率規制のリスク評価基準を拡大し，主としてトレーディング資産に含まれる市場リスクをできるだけ正確に評価し，これを自己資本比率を計算する際の分母（リスク資産）に加算する新しい基準を提案した。その際，主にトレーディング資産のリスクを評価するために提案された新しい手法は，Value at Risk（VAR, 見積もり最大リスク）と呼ばれている（高田, 2000 : 204-206）。

VARは，大手銀行にとって，さまざまな市場性資産のリスクを評価するための共通の規準となった。しかし，これにより銀行はトレーディング資産のリスクを抑えるために，厳重なヘッジを強いられる。このために銀行は派生的取引が必要となり，何重もの多角的かつクロスボーダーな取引を行うようになった。このような多角的取引は，リスクの取り入れや排出が摩擦なしにできる広大でシームレスな市場が必要になる。しかし，現実には市場は完全にシームレスなわけではなく，一度通貨危機が起こり，市場が混乱すれば，リスクの回避がむずかしくなる。

しかも，大手ヘッジ・ファンドであったLTCM（Long-Term Capital Management）の破綻のように，銀行のトレーディング資産は，単に市場リスクだけではなく，大きな信用リスクを潜在的に含んでいることが明らかになった。すなわち，トレーディング資産は市場リスクと信用リスクが密接に結びついていることから，VARを持ってしても，BIS規制の有効性は十分であるとはいえないのである（高田, 2000 : 206-214）。しかし，BIS規制のおそらく最大の欠陥は，資本取引の自由化が促した巨額の短期資本の無政府的な移動が，国際金融シス

テムに極度の不安定性をもたらし,各国金融市場の脆弱性を高めているという根本的な要因には対応していないことにある。

現実に1997年にアジア通貨危機,1998年にロシア通貨危機が発生し,BIS規制の不十分さが露呈し,国際金融諸機関は新たな対応を迫られることになった。その際の一つの対応として,1998年10月30日に,G7蔵相会議は,「我々は,国際金融システムの安定性を監視し促進するために,また,国際金融機関が国際的な監督・規制当局の団体と密接に連携しながら,入手可能な全ての関連情報に基づいて,各国の金融セクター及び規制・監督制度のサーベイランスを行うために,より良いプロセスが必要であることに合意する」との声明を発表した(イートウェル&テイラー,2001:263-264)。

この声明を受けて,1999年2月に開催されたG7ボン会議で,国際金融システムの安定を監視し,促進するための国際金融規制監督機関同士の協力と情報交換を促進するために設立されたのが,金融安定化フォーラム(FSF)である。FSFは,各国代表25名(G7から各3名,オーストラリア,香港,オランダ,シンガポールから各1名),国際金融機関から6名(IMF,世界銀行から各2名,BIS,OECDから各1名),国際監督者組織代表6名(バーゼル銀行監督委員会,国際証券監督者機構,保険監督者国際協会から各2名),中央銀行組織代表2名(国際金融安定化委員会,国際決済安定化委員会から各1名)の合計40名のメンバーから構成されている。本部はBISに置き,議長はBIS総裁である。

FSFの目的は,国際的な基準と透明性を確立することであり,討議内容も高レバレッジ金融機関,資本移動,オフショア金融センター,国際基準の履行,預金保険と多岐にわたっている。それぞれの分野での提案が,年2回開催される全体会議で討議され,承認されたものが国際基準として公表されている(神沢,2007:277)。しかしながら,FSFは国際金融問題を討議し,国際基準を公表することが主要な役割であり,具体的な金融危機に対処する権限は与えられていない。[13]

最後に,IMFの政策であるが,吾郷健二は,それがあるべき国際金融システムの改革から離れ,かつ「市場の暴走」への直接規制を避け,最後には「債務国のコストのかかる自己防衛メカニズムの構築と金融規律の厳格化」に矮小化

されつつあると論じている。すなわち，IMFは通貨危機，金融危機を回避するために，途上国に①債務管理の厳しい慎重な規制，②投機的攻撃への防衛策としての外貨準備の積み増しと予防的緊急融資制度の資格要件構築，③「市場の信頼」を確保する緊縮的な財政金融政策，④「資本の自由化と通貨の交換性」の維持を要求している。

吾郷は，この改革案に対し，負担を一方的に途上国に押し付けるものとして批判し，真に必要なことは，債権国（または先進国）と債務国（または発展途上国）が「等しく」責任を分かち，そして民間部門と公的部門（と市民社会）がそれぞれの権限と役割を明確に定義し，明文化したルールに基づくグローバルな（そしてローカルな）金融システムの構築であると論じている。すなわち，それは，①資本移動のグローバルな規制のための国際的な制度的取決め，②適切な条件下での十分な国際流動性のタイムリーな供給の確保，③黒字国と赤字国の対等な責任と負担，④債務問題解決の適切な国際的枠組といった根本的な改革である（吾郷，2003：195）。

したがって，吾郷は上述したいずれの国際機関の議論に対しても，「システム危機に正面から取り組むような議論は，まったくないか，あってもピースミール（非包括的）である」として批判している（吾郷，2003：195-197）。

昨今のサブプライムローン問題に端を発する世界金融危機は，いみじくも吾郷らが指摘するとおり，現状のグローバル金融に対するグローバル・ガヴァナンスの機能不全を示すものとなっているといえるだろう。

（3） チリとマレーシアの資本規制

そこで，吾郷が真に必要な改革として挙げている「資本移動のグローバルな規制のための国際的な制度的取決め」，すなわちグローバル金融に対する法的拘束力を持った規制という「ハード」なアプローチを考察するために，まず資本規制の必要性を検討し，続いて資本規制が一国レベルで行われた事例として，チリとマレーシアの資本規制を吟味してみたい。チリとマレーシアの資本規制は「グローバル」ガヴァナンスの事例とはならないが，もし世界各国で一斉に資本規制が可能になった場合は，グローバルなレベルでの「ハード・ガヴァナ

第4章 グローバル・ガヴァナンスの動向

ンス」の一種と考えることができるのみならず，資本規制自体の影響を吟味するためにも，ここで取り上げることとする。

資本規制の必要性の高まりは，1990年代以降連続的に続いた通貨危機を背景に，「金融的バブルとその後の深刻な危機を引き起こしてきた最大の要因は，海外からの短期資本の急激な流入と，その後のパニック的な流出であった」というところにある。高田によると，「現在では，何らかの資本規制を支持する見解は，もはや国際金融の専門家の間で少数意見ではなく，明らかに多数意見」になっている（高田，2000：218-222）。このような見解は，とりわけチリとマレーシアにおける資本規制の「成功」がバックボーンになっている。そこで，以下では，チリとマレーシアの資本規制について，高田と吾郷の議論をベースに検討しよう（高田，2000：226-232；吾郷，2003：238-253）。

チリは，1991年6月に，直接投資，貿易金融，ポートフォリオ投資，非居住者預金を含めて海外からのあらゆる信用に対して，取引金額の20％相当の無利子の準備預金を最短で90日，最長で1年間，中央銀行に預け入れることを義務づけた。さらに，国内の融資に適用されていた1.2％の印紙税が海外からの融資にも適用された。1992年5月には，準備預金率が30％に引き上げられ，準備預金の保有期間も一律1年に延長された。

チリ政府の狙いは2つあった。一つは短期資本ないし投機資本の流入を抑制しながら，直接投資の形態での資本流入には門戸を開放しておくことであった。もう一つは，外貨流入が国内経済に及ぼす影響を遮断するために為替レートの上昇をコントロールし，外貨準備の増加が国内通貨の過度の増発を引き起こさないように厳重な「不胎化」政策（外貨の買い上げのために為替市場に放出した資金を金融機関などが自由に使えないようにする措置）を実施することであった。

チリの資本規制政策により，非居住者にとって，1年未満の短期資本をチリに持ち込んでも，コストの面からほとんど利益が期待できなくなり，外資流入に占める直接投資の割合は，相対的に上昇した。つまり，チリが実施した資本規制は，直接投資にほとんど影響を及ぼさないで短期資本の流入を効果的に抑制することに成功した（高田，2000：226-228）。

このチリの資本規制について，吾郷は，「チリの規制策が成功したかどうか

については，チリの経済政策全体の評価とマクロ経済パフォーマンス全体の評価に関連する」と前置きした上で，「資本流入（とくに短期流入）抑制に果たす資本規制策の効果は十分証明されているといえるであろう」との評価を下している（吾郷, 2003：242）。

次に，マレーシアの資本規制である。マレーシア政府は，1994年初頭と1998年9月に，資本規制を行っている。1994年の規制は，1980年代末から1993年まで急激な資本流入，とりわけ短期資本の流入に対応したものであった。この規制は，資本流入の直接的数量規制と急激な金利の引き下げであり，これによって流入額全体としてGDP比で18％減少し，短期資本の流入は13％減少した（図4−1参照）。これにより，同年末には大半の規制は撤廃された（吾郷, 2003：243-244）。

その後，アジア通貨危機を経験し，マレーシアは1998年9月に再び以下のような包括的な資本取引規制を実施することとなった（高田, 2000：229-230）。

①マレーシア通貨のリンギットの価値を安定させるために，フロート制を停止し，リンギットを1ドル＝3.80リンギットの公定レートで固定する。
②非居住者による株式投機を規制するために，株式取引をクアラルンプール証券取引所に集中する。非居住者が購入した株式，ならびに株式を売却して得た資金は，取引後1年間国外持ち出しを禁止する。
③リンギットに対する国際的取引を制限するために，国外に存在するリンギット建て資産を国内に回収する措置をとる。
④居住者による海外旅行のためのリンギットおよび外貨の持ち出しを制限する。
⑤財貨およびサービスの貿易決済の必要による以外での非居住者に対するリンギットならびに外貨での支払いを制限する。
⑥いかなる形態であれ，居住者が海外で投資をおこなうこと，貿易上の理由によらない支払いを海外でなすことを許可制にする。
⑦居住者が非居住者からリンギット建てで信用供与を受けることを禁止する。
⑧海外勘定間での資金移転，ならびに海外勘定から国内勘定への資金の移転

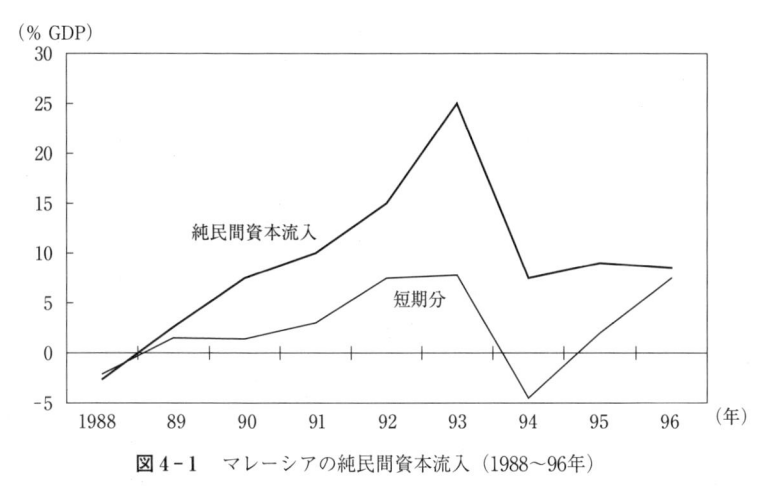

第4章 グローバル・ガヴァナンスの動向

図4-1 マレーシアの純民間資本流入（1988～96年）
出典：吾郷（2003：243）。

を許可制にする（海外に持ち出されたリンギットを凍結する）。

　このマレーシアの資本規制政策について，吾郷は「マレーシアはこの資本規制によって，極めて効果的に，国内金融市場をオフショア市場や国際金融市場から切り離すのに成功した。規制逃れも少なく，輸入のアンダー・インヴォイス（過少申告）やオーバー・インヴォイス（過大申告）もない。固定相場制をとったにもかかわらず……（中略）……闇相場も出現せず，また拡張的な財政金融政策にもかかわらず，リンギへの投機を抑制でき，金利を引き下げられた。一言で言って，成功したのである」との積極的な評価を行っている（吾郷，2003：245）。
　チリとマレーシアの「成功」を受けて，IMFも，「資本取引の規制は，健全なマクロ経済政策に取って代わることはできないが，必要な条件が満たされ，包括的かつ強力に実施されれば，国際市場の好ましくない影響から自国経済を守るために，一定の有効性を発揮することができる」との結論を出している（in 高田，2000：232）。
　これらのことから，一国レベルで資本取引の規制を行うという「ハード」な

アプローチは現実に実施されたのみならず，きわめて有効であったことがわかる。しかしながら，途上国の大多数は，IMFの承認なしには資本規制を実施しようとはしない。なぜなら，IMFの承認なしに規制を実施した場合，いわゆる「市場の信頼」を損ない，国際金融界から締め出されることを恐れるからである（吾郷，2003：197）。ゆえに，資本規制は各国レベルを超えて，グローバルなレベルで実施されることが望ましいということになる。しかし今のところそのようなグローバルな規制を行う機関も，ガヴァナンスも存在しない。

　第3章では，IMF，世界銀行，WTO，多国籍企業と大量消費・大量廃棄社会，タックス・ヘイブン，グローバル金融の分析を通じて，グローバル市場の諸問題と「失敗」を概観した。それに対し，本章では，グローバル市場とグローバル・ガヴァナンスの相互作用を検討した。すなわち，なぜIMF・世界銀行・WTOがグローバル市場に親和的な政策を遂行するのかという観点から，これらの内部のガヴァナンスの分析を行い，続いて多国籍企業については，CSRやGCなどの「ソフト」なアプローチから，CAや国連人権委員会小委員会での議論など「ハード」なアプローチを検討した。

　タックス・ヘイブンについては，国際機関による「ブラックリスト政策」ならびに国連租税委員会の活動という「ハード・ガヴァナンス」にかかわる観点から考察を行い，グローバル金融資本に関しては，「ソフト」なアプローチとしてPRI，中間のアプローチとしてBIS規制，FSF，IMFを，そして「ハード」なアプローチとしてチリとマレーシアの資本規制について吟味することで，グローバル市場に対する現状のグローバル・ガヴァナンスの対応状況を議論してきた。

　その結果明らかになったことは，これらの政策やガヴァナンスが，「ソフト」であれ，「ミドル」であれ，「ハード」であれ，資本規制を除いて十分な効果を上げているとはいえないということである。上記では検討できなかったが，グローバルに大量消費・大量廃棄そのものを規制するガヴァナンスも存在しない。地球温暖化を防止することを意図する国連気候変動枠組条約や京都議定書などは，多少これに関連するかもしれないが，それ自体がグローバルに大量消費・

第4章　グローバル・ガヴァナンスの動向

大量消費を規制することをめざすものではない。

　すなわち，現状のグローバル・ガヴァナンスは，グローバル市場を効果的に制御し，市場の失敗を是正するという役割を十分に果たしていない。すなわち機能不全に陥っているといえるのではないだろうか。[14]

　したがって，次章では，巨大化するグローバル市場とその失敗を制御するもう一つの可能性として，分析モデルの一極をなすグローバル市民社会によるグローバル市場への対抗とその成果について検討する。

注

（1）　詳細は，http://www.unglobalcompact.org/Portal/Default.asp を参照（2007年4月20日閲覧）。
（2）　ブルーウォッシュとは，企業が国連の青い旗印を利用して，自己宣伝を行うことを指している。
（3）　ピーター・アティング（Peter Utting）氏に対するインタヴュー（2007年9月20日，於：UNRISD）。
（4）　同上。
（5）　ロイター，2009年4月2日（http://jp.reuters.com/article/domesticFunds/idJPnTK026541620090402，2009年6月5日閲覧）。
（6）　国際開発資金会議フォローアップ・プロセス，http://www.un.org/esa/ffd/ffdtaxation.htmを参照（2007年11月1日閲覧）。
（7）　ジョン・クリステンセン（John Christensen）氏に対するインタヴュー（2007年9月3日，於：ソウル）。
（8）　http://www.unpri.org/files/pri.pdf（2007年11月1日閲覧）。
（9）　同上。
（10）　日本経済新聞，2007年10月11日。
（11）　「システミック・リスク」とは，金融機関の連鎖的な破綻により，金融システム全体を機能麻痺させるリスクの類のことをいう。
（12）　2007年のサブプライム問題を発端とする世界金融危機の兆候は，すでにこの頃から芽生えていたといえるかもしれない。
（13）　その後，FSFは第2回金融・世界経済に関する首脳会合（ロンドン・サミット：2009年4月）の宣言を踏まえ，より強固な組織基盤と拡大した能力を持つ金融安定理事会〔Financial Stability Board：FSB〕として再構成されることとなった（金融庁，http://www.fsa.go.jp/inter/etc/20090403__2.html，2009年6月7日閲覧）。今後FSBがどの程度の権力を持って金融規制に取り組むかについて，注視していく必要があるだろう。
（14）　ここでは十分な検討はできなかったが，グローバル市場のアクターによる市場

第Ⅰ部　グローバル社会の課題とガヴァナンスの実際

の失敗の是正の試みも効果的ではなかったことが明らかになったと思われる。また，グローバル・ガヴァナンスの効果については，後に見るように，グローバル・タックスを基軸とした「ミドル・ガヴァナンス」が航空券連帯税を実現させ，その税収で途上国の貧しい人々がHIV/AIDS，マラリア，結核の治療へのアクセスを高める目的で設立されたUNITAIDを創設するなど，新たな可能性が見られる。これらの可能性と限界は第10章で論じる。

第5章

対抗するグローバル市民社会
――世界社会フォーラムを中心に――

現在のグローバル・ガヴァナンスが巨大化するグローバル市場に対して効果的な制御をかけることができないのであれば，グローバル政府が存在しない今，グローバル市民社会の役割に期待がかかる。そこで，本章では，「グローバルな市場の失敗」と「グローバル・ガヴァナンスの機能不全」が支配的な現在のグローバル社会において，グローバル市民社会はどのような反応を示し，どのような行動を起こし，どのように問題を解決しようとしているのかというテーマを議論したい。

本章では，システムや権力との関係に着目して，グローバル市民社会のアクターの分類を行った上で，事例として世界社会フォーラム（WSF：World Social Forum）を取り上げ，グローバル市民社会の実態，可能性，そして限界を検討する。

1 グローバル市民社会の分類

第2章第3節では，グローバル市民社会を「グローバル国家（政府）もグローバル市場も排除した民衆の自発的なグローバルな公的領域」と広く定義したが，グローバル市民社会には多種多様なアクターが存在している。そこで，グローバル市民社会の「中身」をよりよく理解するために，ここではまずメヒドとカルドーの市民社会アクターの類型化の試みを通じて，これら多様なアクターを分類し，整理することで，各々の特徴を炙り出し，グローバル市民社会の実態とグローバル・ガヴァナンスとの関連を探ってみたい。

メヒドは，市民社会アクターを類型化するための道具として，ヴェーバーと

表5-1 市民社会アクターの類型化

	NGO	ネットワーク	社会運動	プラトー(Plateau)
構造的特質	制度化され，合理化された組織	柔軟で，分権化された組織のシステム	制度以前の無定形な社会関係	地理的に固定され，一時的に分離した，反復的，根茎的なイベント
問題の定式化	専門的，技術的，インテリ，体系的言説	専門的，技術的，インテリ，多元的言説	直感的，共感的言葉，生活体験の共有，シンボルのカテクシス的潜在性	専門的，多元的言説と，生活世界の共感的言葉，シンボルのカテクシス的潜在性の結合
戦略と手法	モニタリング キャンペーン ロビイング プロジェクト	キャンペーン ロビイング	直接行動	プロジェクトの構築と再構想
緊張関係と問題点	ルーティーン化，システムとの共犯	ネットワークによる個人の疎外	分断，断片化，非継続性	分断，断片化，非中心化

出典：Mejido (2007:14) をもとに修正して作成。

ハーバーマスの分析概念を用いて，市民社会を類型化している。その分析概念とは，一方でヴェーバーの「選択的親和性」（"elective affinity"：社会的な活動は，規範，価値，宗教的信条のような世界観と物質的，心理的状態の相関関係の結果とする考え），「カリスマの日常化」（"routinization of charisma"：批判的な世界観が，合理化と制度化のプロセスを通じて，徐々に世界に対して力を失うダイナミズム），「鉄の檻」（"iron cage"：より影響力を得るために公式化，合理化，制度化するプロセスは，正当性や解放の潜在力を掘り崩す効果を持つこと）であり，他方でハーバーマスの「生活世界とシステム」（"life-world" vis-à-vis "system"）である。生活世界とは，解釈できる知識のコミュニカティブな合理性に基づき駆動する互いに向かい合った間主観的関係によって構成される社会領域であり，システムとは道具的知識の論理に根ざし，駆動する非人格的で制度化された関係によって構成される社会領域をいう（Mejido, 2007:7-10）。

メヒドは，これらの分析概念と各市民社会アクターの，①構造的特質，②問題の認識と定式化，③問題を解決するための戦略と手法，④存在する緊張関係と問題点を用いて，市民社会アクターを表5-1のように類型化している

（Mejido, 2007 : 14）。

　この類型をもとに，メヒドは以下の分析を行っている。まず，NGOは市民社会の中で，最も制度化され，階層的で，合理化された組織である。フォーマルな会計管理などを通じて国家の経済的・法的枠組に拘束される一方，理事会，総会，選挙，行動規範，年次報告書など，フォーマルな手続きを通じて社会の中で正当性を確保している。その戦略と手法は，モニタリング，キャンペーン，ロビイング，プロジェクトの実施である。基本的に知的合理性を持って問題を解釈し，解決策を模索するとともに，金や権力など「システム」を活用して，正当性や影響力を高めている。ただし，制度的枠組に近づけば近づくほど「システム」に取り込まれ，正当性や影響力が弱まる危険性もあると，メヒドは指摘している（Mejido, 2007 : 15-16）。

　次に，メヒドによれば，ネットワークとは，啓発キャンペーンを効果的にするとともに，官僚的合理性の限界を乗り越え，市民社会の射程を拡大し，ステークホルダーの代表性の問題を解決するために，市民社会アクター，とりわけNGOがネットワーク化したものをいう。したがって，ネットワークは，NGOの情報化時代の延長線上にあるものともいえ，したがってNGOの基本的な特徴はそのまま保持される。その基本戦略と手法はキャンペーンとロビイングであり，NGOの専門的，技術的，知的な言説の枠組で社会問題を理解すると分析している（Mejido, 2007 : 18-20）。

　第三に，社会運動は，生活世界の制度以前の無定形な社会関係で，直感と共有された生活体験の共感的な言葉とシンボルを通じて，社会問題を定式化している。その問題解決の方法は，直接行動であり，参加民主主義を通じて正当性を得ている。社会運動の多くは，「システム」から距離を置いているため，現状の世界を拒絶する理念，原則，目的を保持できているが，制度化されず，世界的な機関と距離がある分だけ，また，実際に変化を起こすための資金と権力を持っていないがゆえに，大きな影響力を持っていないことが多い（Mejido, 2007 : 16-18）。

　最後に，プラトー（Plateau）とは，根茎のように，多数の多様なもの（multiplicity）が，別の多数の多様なものに結びつけられることをいうが，基本的に

表5-2 NGOと社会運動の相違

	NGO	社会運動
制度化	制度化されている	制度化されていない
垂直的・水平的	垂直的	水平的
財政	定期的な収入，公式の会計管理	不定期な収入（寄付，会費），非公式な会計管理
「システム」か「生活世界」か	「システム」	「生活世界」
正当性	フォーマルなガヴァナンスを通して	総会や参加型アカウンタビリティを通して
強み	「システム」を活用して，正当性や影響力を高めている	現状の世界を拒絶する理念，原則，目的を保持
弱み	「システム」に取り込まれ，正当性や影響力が弱まる危険性	「システム」と距離がある分だけ，また資金と権力を持っていないがゆえに，大きな影響力を持っていない

出典：Mejido（2007）をもとに筆者作成。

社会運動の情報化時代の延長線上にあるもので，社会運動の基本的な特徴はそのまま保持しているとメヒドは論じる（Mejido, 2007：20-22）。

　メヒドの分析は，市民社会で活動しているアクターを分類，整理し，これらの特徴を描き出している点で有意義である。他方，第一にNGO内部（国際志向のNGOと国内志向のNPOなど），社会運動内部（「古い」社会運動と「新しい」社会運動）の多様性を捨象しているため，必ずしも現実にそぐわない点が見られること，第二にネットワークをNGOのネットワーク，プラトーを社会運動のネットワークと限定的に規定している点も，たとえばこれから検討する両者が入り混じったネットワークのネットワークである世界社会フォーラムを正確には捉えきれないなど，問題を抱えている。しかし，少なくともこれらの類型と分析から，グローバル市民社会の主要アクターであるNGOと社会運動の基本的な特徴と相違を浮き彫りにすることはできるだろう（表5-2）。

　これらの相違は，後に見るように世界社会フォーラムが抱える大きな課題とつながっていくだけに重要である。

　次に，カルドーは，グローバル市民社会を「個々人がグローバルなレベルで社会契約や政治取引を交渉し，再交渉するメカニズムを含んだ集団やネットワーク，運動からなる」と規定し，具体的にグローバル市民社会のアクターの

表5-3 グローバル市民社会アクターの類型

	「古い」社会運動	「新しい」社会運動	NGO, シンクタンク, 国際委員会*	トランスナショナル市民ネットワーク	「新しい」民族主義運動および原理主義運動	「新しい」反資本主義運動
時代	1970年代以前	1970年代～80年代	1980年代後半～90年代	1980年代後半～90年代	1990年代	1990年代後半～2000年代
問題群	◦再配分 ◦雇用・福祉 ◦自決・反植民地主義	◦人権 ◦平和 ◦女性 ◦環境 ◦第三世界の連帯	◦人権 ◦開発・貧困削減 ◦人道主義 ◦紛争解決	◦女性 ◦ダム ◦地雷 ◦国際刑事裁判所 ◦気候変動	◦アイデンティティ・ポリティクス	◦グローバリゼーションの犠牲者との連帯 ◦グローバルな制度の廃止もしくは改革
社会的構成	◦労働者 ◦知識人	◦学生 ◦新しい情報階級 ◦社会福祉の職業関係者	◦プロフェッショナル ◦専門家	◦プロフェッショナル ◦専門家 ◦活動家	◦労働者 ◦小規模企業家 ◦農民 ◦インフォーマル部門	◦学生 ◦労働者 ◦小農 ◦先住民 ◦「持たざる者」 ◦左翼の知識人
組織形態	◦垂直的 ◦階層的	◦緩慢 ◦水平的提携	◦官僚的, 団体的なものから小規模でインフォーマルなものまで	◦NGOネットワーク ◦社会運動 ◦認識共同体 ◦草の根集団	◦垂直的および水平的, カリスマ的リーダーシップ	◦NGO ◦社会運動 ◦市民運動 ◦平和運動 ◦草の根集団のネットワーク
行動形態	◦請願 ◦示威行動 ◦ストライキ ◦ロビイング	◦メディアの利用 ◦直接行動	◦サービスの提供 ◦アドヴォカシー ◦専門的知識 ◦メディアの利用	◦並行サミット ◦メディアの利用 ◦現地と専門知識の利用 ◦アドヴォカシー	◦メディア ◦大衆示威 ◦暴力	◦並行サミット ◦直接行動 ◦メディアの利用 ◦インターネットによる動員
資金	◦会費	◦個人の支援者 ◦コンサートのようなイベント	◦政府 ◦国際制度 ◦民間財団	◦個人の支援者 ◦民間財団 ◦国際NGO	◦離散民(ディアスポラ) ◦犯罪行為	◦個人の支援者 ◦教会 ◦民間財団
権力との関係	◦国家権力の奪取	◦国家／社会関係の変更	◦市民社会, 国家, 国際制度に影響を及ぼす	◦国家, 国際制度への圧力 ◦政策の変更 ◦監視	◦国家権力の奪取	◦国家, 国際制度, 多国籍企業との対決

注:ここでいう国際委員会とは,開発にかかわるブラント委員会,軍縮にかかわるパルメ委員会,持続可能な開発にかかわるブルントラント委員会などを指す(Kaldor, 2003:89-90)。
出典:Kaldor (2003:80-81) をもとに一部修正して作成。

分類を行っている（Kaldor, 2003 : 78-82, 表5 - 3参照）。カルドーは，具体的なアクターとして，「古い」社会運動，「新しい」社会運動，NGO，シンクタンク，国際委員会，トランスナショナル市民ネットワーク，「新しい」民族主義運動，原理主義運動，「新しい」反資本主義運動と多数のアクターを挙げ，これらアクターと時代，問題群，社会的構成，組織形態，行動形態，資金，権力との関係など，メヘドよりもより詳細で，正確な分類と分析を行っている（Kaldor, 2003 : 80-81）。

　この表でとりわけ着目したいのは，それぞれのアクターと権力との関係である。まず，グローバル市民社会の中には，活動の対象を主に国家権力としているもの（新旧の社会運動，「新しい」民族主義運動，原理主義運動）と，国際制度や多国籍企業にしているもの（NGO，シンクタンク，国際委員会，トランスナショナル市民ネットワーク，「新しい」反資本主義運動）があることがわかる。さらに，権力の奪取や変更，対決をめざすもの（新旧の社会運動，「新しい」民族主義運動，原理主義運動，「新しい」反資本主義運動）と，圧力，政策の変更，監視も含めて，権力に影響を及ぼすことをめざすもの（NGO，シンクタンク，国際委員会，トランスナショナル市民ネットワーク）があることも理解できる。

　したがって，グローバル市民社会は，①活動の対象を主に国家権力とし，国家権力の奪取をめざすアクター，②活動の対象をグローバルなレベルの権力とし，政策の変更や監視も含めて権力に影響を及ぼすアクター，③活動の対象をグローバルなレベルの権力とし，その権力との対決をめざすアクターの3つに分類することができよう。

　グローバル・ガヴァナンスとの関係でいえば，国家権力の奪取をめざす①や，権力との対決をめざす③は，たとえ国際秩序に影響を与えることがあるとしても，グローバルなレベルでの協調，協力，共治を基軸とするグローバル・ガヴァナンスとは相容れないことになる。実際にこれらのアクターは，権力とは一線を画し，グローバル・ガヴァナンスには直接入り込まず，「システム」の外側から圧力をかける対抗勢力と考えることができるだろう。したがって，明確な区分はできないとはいえ，概して新旧の社会運動，「新しい」民族主義運

動,原理主義運動,「新しい」反資本主義運動の多くは,協調,協力,共治という意味でのグローバル・ガヴァナンスに直接は関与せず,どちらかといえばその外側から変革を迫るグローバル市民社会グループと分類しておくこととする。

他方②は,権力とは一定の距離を保ちながらも,グローバル・ガヴァナンスの内側に入り,ロビイング,政策提言,アドヴォカシーなどを通じて,グローバルなレベルでの課題設定,規範や政策の形成,政策の実施などに積極的にかかわっていく勢力であるとみなすことができる。したがって,こちらもきっちりと境界線を引くことはできないだろうが,多くのNGO,シンクタンク,国際委員会,トランスナショナル市民ネットワークなどは,概してグローバル・ガヴァナンスに関与するグローバル市民社会グループと分類しておく。

そこで,本書では,前者を「対抗グループ」,後者を「ソフト・ガヴァナンス・グループ」として分類し,それぞれのダイナミズムとグローバル社会に与える影響を考察することにする。ただし,カルドーの分類では前者に当たる「新しい社会運動」の最新の動向は,後者の「ソフト・ガヴァナンス・グループ」にも分類しうることを付記しておきたい。

本章では,対抗グループの事例として,メヒドの分類では「プラトー」,カルドーの分類では「『新しい』反資本主義運動」にあたる世界社会フォーラム(WSF)を取り上げ,その理念と特徴,成果と影響,WSFが抱える課題を検討したい。後者の「ソフト・ガヴァナンス・グループ」は第9章で吟味することとする。

2　世界社会フォーラムの展開と課題

(1)　世界社会フォーラムとは何か

世界社会フォーラム(WSF)は,新自由主義的グローバリゼーションが世界を席巻し,特にその経済政策の実施により社会の底辺に位置する弱者に多大な悪影響が及ぶ中で,生成されてきた社会運動やNGOネットワークのメタ・ネットワークである。WSFは,世界の巨大企業のトップなど有力企業経営者

が年会費3万スイス・フラン（約270万円）を支払い，各国の政治家や著名な学者を招いて，国際経済・国際政治のあり方やめざすべき世界を議論し，ネットワーキングを推進している世界経済フォーラム（World Economic Forum：別名ダヴォス会議）に対抗する形で表出してきた（大屋，2004：407）。

WSFはダヴォス会議が象徴する世界の権力者が推し進める世界，すなわち新自由主義的グローバリゼーションやあらゆる形態の帝国主義に"No"を突きつけ，それとは異なる「もうひとつの世界」を希求して，世界中からNGO，社会運動，市民運動，労働運動，平和運動などが数万単位で結集し，情報や経験の共有，自由な議論・討論，縦横無尽のネットワーキングが行われる空間，「巨大な社会学習の場」となっている（毛利，2004b；上村，2007c：218）。

世界社会フォーラムの起源は2000年2月まで遡る。『ル・モンド・ディプロマティーク』の編集委員であり，ATTACの創設者の一人であるベルナール・カッセン（Bernard Cassen），ブラジルのNGOであるCIVES（Associação Brasileira de Empresássrios pela Cidadania：市民のためのブラジル人ビジネス協会）のオデッド・グラヒェウ（Oded Grajew）と，同じくブラジルのCBJP（Comissão Brasileira de Justiça e Paz：ブラジル正義と平和委員会）のフランシスコ・ウィタケル（Francisco Whitaker）が，世界経済フォーラムに対抗するグローバル・フォーラムの開催で一致し，世界社会フォーラム開催に向けての具体的な動きが始まった。

8つのブラジルのNGOが組織委員会を結成し，2000年3月に労働党政権下のポルト・アレグレ市とリオ・グランデ・デ・スル州の支持を得，2001年1月に第1回世界社会フォーラムがポルト・アレグレで開催されることとなった（Patomäki and Teivainen，2004：116-117）。原則として党派的政治とは距離を置こうとしている世界社会フォーラムであるが，その発足についてはNGOと地方政府，とりわけ労働党とのパートナーシップによって可能になったともいえる。

その後，2001年，2002年，2003年はポルト・アレグレで開催され，それぞれ20,000人，55,000人，100,000人の参加者を集めた。2004年の第4回大会は初めてポルト・アレグレを離れてインドのムンバイで開催され，80,000人の参加

者があった。2005年は再びポルト・アレグレで開催され、過去最大の155,000人の参加者で会場が埋め尽くされた（Ghimire, 2005：3）。2006年は初めて分散開催を試み、マリのバマコ、ヴェネズエラのカラカス、パキスタンのカラチで合計14万人の参加者を見た（毛利聡子, 2006：155）。そして、2007年、第7回フォーラムが統一開催としては初めてのアフリカとなるケニアのナイロビで開催され、約58,000人の参加者があった。第8回大会は参加人数が不明なものの、各地域で「同時多発的フォーラム」が開催され、第9回のブラジル・ベレン大会では、142ヶ国から約6,000団体（中南米：約4,000, 欧州およびアフリカ：各約500）、約133,000人が参加している[1]。

（2）　世界社会フォーラムの理念と特徴

　世界社会フォーラムの理念が最もよく見てとれるのは、2001年4月9日にサンパウロで世界社会フォーラム運営委員会を構成する諸組織によって承認・採択され、同年6月10日に世界社会フォーラム国際評議会によって修正承認された世界社会フォーラム原則憲章である（以下、フィッシャー・ポニア、2003：443-446より一部修正して引用）。

〈前文〉

　2001年1月25日から30日までポルト・アレグレで開催された、第1回世界社会フォーラムを発意し、組織したブラジルの諸団体の委員会は、フォーラムの結果と期待の高まりを見きわめたのちに、こうした動きを持続的に追求するために、原則を起草することが必要であり、妥当であると考えた。この憲章に含まれている諸原則は、世界社会フォーラムの新しい会合のプロセスや組織に参加することを望むすべての人びとによって尊重されるように、ポルト・アレグレのフォーラムで伝えられ、その成功を確かなものとした諸決定を具体化したものであり、さらに委員会が、これらの諸決定の範囲を拡大し、その論理から導かれる方針を、定義したものである。

①世界社会フォーラムは、新自由主義、資本主義やあらゆる形態の帝国主義

に反対し，人類の間の，ならびに人間と地球を豊かに結びつける，グローバル社会を建設するために行動する市民社会のグループや運動体による，思慮深い考察，思想の民主的な討議，さまざまな提案の作成，経験の自由な交換，ならびに効果的な活動を行うためにつながりあうための，開かれた集いの場である。

②ポルト・アレグレの世界社会フォーラムは，時間的にも場所的にも限定されたものだった。今後は，ポルト・アレグレの「もうひとつの世界は可能だ」という確かな宣言のもとに，フォーラムは，それを支えるさまざまなイベントに還元されることのない，オルタナティブを追求し建設する恒久的プロセスになる。

③世界社会フォーラムは，グローバルなプロセスである。このプロセスの一部として催されるすべての会合は，国際的な規模と重要性を持っている。

④世界社会フォーラムで提案されるオルタナティブは，巨大多国籍企業とその企業利益に奉仕する政府や国際機関が指揮するグローバル化のプロセスに，反対の立場をとる。フォーラムの諸提案の目的は，連帯のグローバル化を世界史における新しい段階として広げることを具体化することである。これは，すべての民族の普遍的な人権，男であれ女であれすべての市民の人権を保障し，環境を尊重する。そして，社会的正義，平等，民衆の主権のための民主的な国際システムや制度を支えるものである。

⑤世界社会フォーラムは，世界すべての国々の，市民社会の団体や運動が集い，つながり合うものだが，世界の市民社会を代表することは意図していない。

⑥世界社会フォーラムの諸会合が，世界社会フォーラム全体を代表して審議を行うことはない。したがって，何びとも，フォーラムのいかなる会合を代表する，またその参加者すべての要求であるかのように自らの立場を表明する権限を持っていない。フォーラムの参加者は，投票であれ拍手による承認であれ，すべてのあるいは大多数の参加者がかかわることになる行動について，ならびにフォーラム全体としての確立した立場であると認識させることを目的とした提起や宣言について，全体としての採決を求めて

はならない。したがって，本フォーラムは，会合の参加者によって争われる権力の場ではないし，また，それに参加する諸団体や運動による相互関係や行動についての唯一の方向性が設定されることはない。

⑦しかしながら，フォーラムの会合に参加する諸団体ないし諸団体のグループが，単独であれほかの参加団体との共同であれ，彼らが決定したい決議や行動についての審議をする権利は，保証されなければならない。世界社会フォーラムは，そのような決定の扱いを指導したり，序列化したり，検閲や制限を課すことなく，可能な方法で広範に回覧することを引き受ける。

⑧世界社会フォーラムは，分権的な方法にもとづく，多元的で多様な，非宗教的，非政府的，そして非党派的なものであり，もうひとつの世界をつくるために，ローカルから国際的なレベルまでの具体的な行動に従事する諸団体や運動を，相互に関係づけるものである。

⑨世界社会フォーラムは，ジェンダーや民族性，文化，世代や身体的能力の多様性と同じように，参加することを決めた諸団体や運動の活動やかかわり方の多元性と多様性に対して，つねに開かれたフォーラムであり，彼らが従うべきことは，この原則憲章に定められる。党派の代表や軍事組織は，このフォーラムに参加してはならない。この憲章の約束を受け入れた政府の指導者や立法府の議員は，個人の資格で招かれるだろう。

⑩世界社会フォーラムは，経済や開発，歴史についての，すべての全体主義的・還元主義的な考え方，そして国家による社会統制の手段としての暴力の使用に反対する。またフォーラムは，人権の尊重，真の民主主義の実践，参加民主主義，民衆・民族・ジェンダーや人びとの間での平等と連帯のなかでの平和的交流を支持し，あらゆるかたちの支配・統制，そしてある人間がそれ以外の人間に服従させられることのすべてを非難する。

⑪討議のためのフォーラムであるとともに，世界社会フォーラムは，資本による支配のメカニズムと手法について，またそのような支配に抵抗し克服するための手段と行動について，そして，国際的・一国的規模での人種差別，性差別，環境破壊をともないながら資本主義的グローバル化のプロセスにおいてつくりだされている排除や社会的不平等の問題を解決するため

のオルタナティブな提案について，熟慮を促し，その熟慮の成果をわかりやすく伝える，思想運動である。

⑫経験交流の枠組であるとともに，世界社会フォーラムは，参加している諸団体や運動間の理解や相互認識を奨励する。また，それらの運動間の交流，とりわけ現在と将来の世代のために，民衆の要求を満たし自然を尊重することを中心に据えた経済活動や政治行動のために社会がつくり上げているすべてのものを，重視する。

⑬相互が関係する状況をつくるために，世界社会フォーラムは，社会の諸団体や運動の，新しい一国的な，そして国際的なつながりを強化し，つくりだすことに努める。それは，公的また私的な生活において，世界が経験している人間性喪失のプロセスと国家により行使される暴力に対する，非暴力的抵抗の力を増大させ，こうした運動や諸団体の活動によってもたらされる人間らしい政策を，強化することになるからである。

⑭世界社会フォーラムは，参加団体や運動の行動が，自らの行動をローカルのレベルからナショナルのレベルに定め，地球市民権の問題として国際的文脈への積極的な参加に努めることを，また，彼らが連帯にもとづく新しい社会の建設において経験している変革を導く諸実践をグローバルな課題にしていくことを，促進するプロセスである。

この原則憲章からもわかるとおり，世界社会フォーラムの第一の特徴は，それがWSF全体として意思決定を行わないという点にある。すなわち，原則憲章第6条は「何びとも，フォーラムのいかなる会合を代表する，またその参加者すべての要求であるかのように自らの立場を表明する権限を持っていない。フォーラムの参加者は，投票であれ拍手による承認であれ，すべてのあるいは大多数の参加者がかかわることになる行動について，ならびにフォーラム全体としての確立した立場であると認識させることを目的とした提起や宣言について，全体としての採決を求めてはならない」と規定している。これは，全体で決議を行い，その結果を共同声明や最終文書という形で発表し，その存在や主張を社会にアピールするこれまでの組織のあり方とはきわめて異なる。

第5章　対抗するグローバル市民社会

　しかしながら他方で,「全体として合意しないこと」の合意は,WSFをして多様な団体,運動体,ネットワークが自由に交流し,討論し,ネットワークを行う「開かれた空間」になることを可能せしめている。この「開かれた空間」がWSFの第二の特徴である。

　これらの結果が,WSFの第三の特徴である多様なネットワークのひとつのネットワーク (a network of networks) であり,多様な運動体によるひとつの運動 (a movement of movements) であり,メヒドがプラトーと呼ぶ,中心も階層もない,水平的で分権化されたメタ・ネットワーク型構造の形成である。

　第四の特徴は従来の政治的文脈の排除である。原則憲章第8条にあるとおり,世界社会フォーラムは,政府機関や政党とはオフィシャルな関係を持たないことになっている。この「非党派性」は,イデオロギー論争や政党政治によってもたらされる争いが人々のエネルギーを分断し,共同行動を妨げるという理解に根差していると考えられる。この原則は,多種多様な人々,団体,NGO,社会運動に開かれ,これらが合流しメタ・ネットワークを形成しているWSFにとって必要な原則なのであろう。

　以上のWSFの4つの特徴——「全体として意思決定を行わないこと」,「あらゆる団体や運動体に開かれた空間であること」,「中心のない水平的なメタ・ネットワーク構造」,「党派的政治の排除」——が,世界中のNGO,NGOネットワーク,労働組合,社会運動,平和運動,周縁化された運動（農民運動,先住民運動,「持たざる者」の運動）の合流を可能にし,世界各国から多様なイシュー,価値観,アイデンティティを持つ,多彩なネットワークを包摂するメタ・ネットワークを構成することを可能にしたと考えられる。

　これらの特徴の背景には,1930年代に高揚した「古い社会運動」である労働運動と,1960年代以降高揚した環境・人権・人種・ジェンダー運動など「新しい社会運動」,そしてグローバル化とともに台頭してきたグローバルなNGOネットワークが,1999年11月30日から12月3日かけてシアトルで開催されたWTO第3回閣僚会議を契機に合流し,2001年9月11日のアメリカ同時多発テロ以降はそれに「平和運動」も加わり,さらに回数を重ねる中でこれまで「周縁化されていた運動」もこの流れに加わったという歴史的プロセスがある。

この合流のプロセスの中で,「古い社会運動」にありがちな特定の政党と結びついた垂直的・階層的・硬直的・権威主義的組織構造が,反権威主義と階級や政治的位置づけにとらわれない柔軟かつ水平的な組織構造を持つ「新しい社会運動」やNGOネットワークの洗礼を受け,世界的に社会主義が凋落していく中で,新たな組織構造を持つに至ったと思われる。従属論で有名なサミール・アミン（Samir Amin）の言葉を借りれば,「新しい勢力は,運動を展開するにあたって,民主的実践という根本原則を押し立て,実践した。縦の位階制を拒否し,行動における横の協力形態を推進した」のである（アミン,2007：45)。その結果,いまやWSFは,これらの言葉が適切であるかどうかの問題は別にして,「第2派世界革命運動」(武藤,2005：1-11),「第3波社会運動」(毛利,2004b：256-257),あるいは「第5インター」(アミン,in 勝俣ほか,2007：14) と言われるまでに成長した。

しかし,WSFを継続し,実際の運営を行うに当たって,何かしら取りまとめを行う機関は必要である。そこで,世界社会フォーラムは2001年6月に100近くの運動体から構成される国際評議会（International Council）を設置し,年に2回の会合を開いている。同時に,原則憲章に反して中央集権的・トップダウン式の組織構造になっているという印象を払拭するため,数々の工夫を凝らしている。たとえば,年に1回開催するフォーラムは各開催地で組織委員会を作り,そこが責任を持って運営すること,第5回WSFから国際評議会の主催企画を全廃し,すべて希望団体の応募からプログラムを作成することなどである（大屋,2004：419）。

(3) 世界社会フォーラムの成果と影響

以上のような理念と特徴を持つ世界社会フォーラムだが,そのグローバル・ガヴァナンスに及ぼす影響はいかなるものであろうか。都留康子は社会運動が影響力を持つ方法として,①抗議行動を通して世論を形成し,外的プレッシャーを政策決定過程に与えていくという方法と,②運動体の中の中心組織——場合によってはNGO——が,ロビー活動を通して直接政策決定過程に影響を行使する方法の2つを挙げている（都留,2006：104)。その上で,スミス,

第5章 対抗するグローバル市民社会

パグヌッコ，チャットフィールド論文を引用しながら（Smith et al., 1999：73-74），「反グローバリゼーション運動の場合は，政策決定過程に直接かかわることはむずかしく，①重要なグローバルな問題に対し，エリート層の注意を喚起し，市民の関心を向けさせること，②問題について，また失敗の政治的コストについて政府が学ぶことを手助けすること，③政府の説明責任を高めること，としての影響が考えられるであろう」と論じている（都留，2006：120）。

これらの諸点を念頭に，世界社会フォーラムの成果と影響を考えてみよう。まず，都留が「反グローバリゼーション運動の場合は，政策決定過程に直接かかわることはむずかしい」としている点である。確かにWSFとして直接政策決定過程にかかわることは困難である。なぜなら，そもそもWSF全体として統一した要求を出せないからであり，またもし将来そのような要求を出せるようになったとしても，それは政府や国際機関が受け入れるのが困難な「根本的かつラディカル」なものになるだろうからである。

しかしながら，ATTAC，タックス・ジャスティス・ネットワーク，コーディナシオン・シュド（Coordination Sud）など，後に検討する「革新的開発資金に関するリーディング・グループ」や航空券連帯税の実現に関与したNGOやNGOネットワークで，WSFに参加しているものもある。つまり，WSFに参加している団体，運動体，ネットワークによる政策決定過程への参加は現実に行われている点には留意すべきであろう。これらの団体やネットワークとWSFが有機的に結びつけば，WSFによるバックアップと政府やレジームへの外的プレッシャーによって，これらの団体によるロビー活動が強化され，政策決定過程により大きな影響を与えることができる可能性は排除できない（毛利，2004a：144-152）。[2]

次に，その外的プレッシャーであるが，2002年11月にイタリアで開催されたWSFの地域フォーラムであるヨーロッパ社会フォーラムにおいてイラク反戦デモが行われ，100万人を集めた（都留，2006：114）。これは分野を超えてあらゆる市民社会のメンバーを結集するWSFの成果であり，一つの外的プレッシャーと呼べるだろう。また，毎年数万規模で結集する世界社会フォーラムは，各国のメディア，特に開催地やブラジル，ヨーロッパのメディアに取り上げら

れていることから，新自由主義的グローバリゼーションの進展による諸問題を社会一般に知らしめる役割を果たしているように思われる。[3]

その影響を受けて，世界経済フォーラム（ダヴォス会議）が徐々に変質してきたという指摘もある（勝俣ほか，2007：16）。たとえば，新自由主義的グローバリゼーションに対して賞賛一辺倒だったダヴォスが，貧富の格差拡大などその負の側面を認め，是正策を議論するようになり，世界社会フォーラムと深くかかわってきたブラジルのルラ・ダ・シルヴァ（Lula da Silva）大統領をダヴォスに招いている。

ギミルは，世界社会フォーラムは，もはや「無責任な左翼たち」の集まりとはみなされなくなり，一定の政治的指導者，政党，政府に影響を与え，政策立案者が利用できるアイデアの宝庫であると見られるようになったと論じている。また，多くの政治家たちがダヴォスよりもポルト・アレグレに参加したがっており，「ポルト・アレグレはダヴォスを殺した」という見解も紹介している（Ghimire, 2005：3）。これらのことから，多少なりともWSFの影響を推測することは可能だろう。

しかし，上述の都留が挙げた点以外にも，WSFの成果と影響は考えられる。まずは何よりも，これまで個別に動いてきた多様な団体，運動体，ネットワークを，その価値観，流儀，方法論の相違を乗り越えてWSFという場に合流させたことは，国際NGO活動とグローバル社会運動，そしてグローバル市民社会の歴史的な転換ともいえるものであり，WSFの明確な成果である。しかも，中心のない，全体としての意思決定をしない，党派的政治にかかわらない，水平的なメタ・ネットワークという新しい参加型民主主義をめざす組織形態で，2001年の創設以降今日まで9年間存続し，第7回ケニア大会では参加人数が減少したものの，第9回ブラジル・ベレン大会では再び10万人を超える参加者を得るなど，毎年確実に数万単位で人々を結集させている事実はそれだけで重い。[4]

第二に，WSFが各地域に広がりを見せ始めたことである。WSFの世界的な統一大会に加えて，ヨーロッパ社会フォーラム，アジア社会フォーラム，ラテンアメリカ社会フォーラム，インド世界社会フォーラムなど，世界の至るところでWSFの地域版が開催されている。さらには2004年にムンバイで開催された

第4回世界社会フォーラムの前には，インド各地でフォーラムが開催されるなど，地域ごとに社会運動，NGO，その他の団体が議論をし，交流し，ネットワークを広げている。

　第三に，このWSFという開かれた空間が創設されたことで，これまでまったくその存在さえ知られることのなかった社会的弱者や被抑圧者，その団体が，集い，声を上げ，他の地域で同じ立場に置かれた人々と連携することが可能になったことである。特に「持たざる者」，「声なき者」と呼ばれる人々（たとえば，失業者，非正規労働者，スラム居住者，ホームレス，移民，不可触民など）とその運動が，WSFの中でセッションを開催し，政府や権力者を糾弾し，他国の「持たざる者」，「声なき者」とともに横断幕を掲げてデモを行うことができるようになったことも，WSFの成果である。

　この点に関連して，都留が「何よりも，社会運動は，問題を顕在化させ，政策決定への参加は言うに及ばず，問題の存在さえ認識する機会を得ないまま置き去りにされた市民を覚醒していくという役割を担って」おり，「このグローバルに広がる市民の覚醒，そして運動という循環こそが，『不断の歴史的形成過程』」であると論じていることに着目したい（都留，2006：118）。

　この「不断の歴史的形成過程」は世界の底辺を静かに流れる通奏低音のようなものであり，簡単に聞こえる類のものではない。しかも，WSFが扱っている課題が「根本的かつラディカルな変革」を求めるものであることを鑑みると，フォーラムや「持たざる者」・「声なき者」が奏でる「不断の歴史的形成過程」の成果は，すぐに具現化するものではないだろう。したがって重要なことは，世界の底辺では確実に一つのプロセスが始まっていることを認識するとともに，このプロセスが実を結ぶには相当な時間を要するということをWSFに参加する者や賛同者が認識することである。このような長期の視点から，WSFの影響を観察し続けることが肝要であろう。

（4）　世界社会フォーラムが抱える課題

　このように大きく発展しつつある世界社会フォーラムであるが，その分，多くの課題を抱えている。それは4つの対立と3つの課題として表現される。も

表5-4 WSF内の4つの対立

対立する分野	穏健派（主に国際NGO）	急進派（主に社会運動）
思想	資本主義の改良をめざす	資本主義の否定，帝国主義との闘争
空間か運動か	空間を維持	空間から運動へ
政治とのかかわり	ロビイングは行うが，非政治性を貫くべき	左翼政権（特にラテンアメリカ）との連携を検討すべき
ビジネスとのかかわり	より実務的，あまり厳格ではない	商業主義，営利団体の献金は一切反対

出典：筆者作成。

　ちろん，以下で述べているように，穏健派─急進派の対立という具合に明確に二分することはできないかもしれないが，一つの分析手法として二分法でWSFの課題を浮かび上がらせてみよう（表5-4）。

　第一の対立は，WSF内の思想的対立である。WSFには「マルクス主義者やアナキストの左翼からロビーイング，アドボカシーに力を注ぐ国際NGO，コミュニティやマイノリティグループの日常生活に根ざす草の根の運動まで」多様な団体が参加している（小倉，2007：55）。したがって，これらの団体の思想も多様である。しかし，あえて彼らの思想を大きく2つに分けるならば，それは穏健派と急進派に分けられるだろう。急進派の多くは社会運動にかかわる人々，団体であり，資本主義そのもの，帝国主義そのものを批判し，これらを根源的に変革しようとする一方で，一般にNGOを中心とする穏健派は，新自由主義的グローバリゼーションやそれを促進しているIMF，世界銀行，WTOなどに反対し，これらの改革を主張するが，資本主義そのものの否定はしない場合が多い。

　これに対し，急進派からは，「WSFは反グローバリズム運動が目指すオルタナティブの社会を実現するための会合から，企業や業界の国際的なビジネス・コンファレンスとなんら変わるところのない資本主義制度を不問に付すNGOの影響力が目立って大きくなっているようにみえる」（小倉，2007：57）との批判がなされている。さらに，マイケル・ハート（Michael Hardt）とアントニオ・ネグリ（Antonio Negri）にいたっては，「多様な運動体によるひとつの運動は，こうした社会民主主義勢力とは，共通の基盤を見いだすことはできない

し，ネットワークの中で，つながりあうこともできない。……（中略）……ポルトアレグレは，社会民主主義の墓場となるであろう」とまで論じ，社会民主主義勢力との連携も完全に否定している（ハート＆ネグリ，2003：9）。

　この思想的な対立は，「空間派」と「運動派」の対立に結びつく。すなわち，穏健派は，あくまでもWSFを多様な人々，団体，運動が自由に参加，議論，交流できる「開かれた空間」として維持しようとする傾向があるのに対し，急進派は，単なる空間を越えて，WSFを政治的運動体にしようとする。

　WSFの創設者の一人であり，「空間派」の代表的な一人であるウィタケルは，もしWSFが運動になった場合，「決定の内部過程や，さまざまなレベルの管理をつかさどる人々の選出方法がどれだけ民主的であっても，その組織構造は必然的にピラミッド型になるだろう」と指摘し，「どんな犠牲を払っても空間としてのフォーラムの継続性を確実にすることと，現在あるいは将来においてさえ，フォーラムを運動へ移行させる誘惑を生み出さないことが肝要である」と強調している。そして，「私たちが運動への移行を選択するなら，フォーラムは不可避的に空間であることを止め，空間に固有の可能性は失われるだろう。さらに，もし私たちがフォーラムを運動に移行させるなら，私たちは私たちの強力な闘争の装置，すなわちオープンで自由かつ水平的な構造の権力という，近年，最も重要な政治的発展を描くことによって生み出された闘争の装置を―私たちが闘っている相手からのどんな介添えもなしに―投げ捨てていくことになるだろう」と論じている（ウィタケル，2004：155-156）。

　他方，小倉は，「空間はそれ自体が運動である。……（中略）……空間を運動と区別すること自体が間違った方法なのである」と断言し，「素朴な空間論が空間に内在する権力関係を隠微するイデオロギーとして機能しかねない」との危惧を表明している。その上で，WSFが「対抗的な社会的空間をその地理的物理的空間を超越して拡張しうる可能性を戦略的に構築する」必要性を指摘しながら，それは「運動に深く依存している」と主張し，空間から運動への転換を論じている（小倉，2007：38-39）。このような議論と並行して，急進派はこれまでWSFの大会の最終日に，毎回「社会運動総会」や「活動家会議」を開催し，共同声明を出し，WSFの中で運動的側面を前面に打ち出している。

この空間―運動論の対立は，非政治派と政治派の対立とも関連する。すなわち，WSFが開かれた空間に留まる以上，理論的に特定の政党や国々とは直接的なかかわりを持たないはずである。しかし，急進派の一人であるアミンは，「ブラジル，アルゼンチン，ヴェネズエラ，ボリビア，エクアドルで達成されたこうした前進と近く予想されるもっと多くの国―メキシコ，ペルー，ニカラグアなど―での成功は，まさに運動の全国化が臨界量に達し，政治的合流を成し遂げたことの成果なのである」と述べた上で，「『南の国々と民衆の戦線』を再建することは，帝国主義の支配に基づかない『もう一つの世界』の出現のための基本的条件のひとつである」と主張し，ラテンアメリカの左派政権とWSFの政治的連携の必要性を示唆している（アミン，2007 : 49-52）。[5]

第四の対立は，ビジネスとのかかわりをめぐるものである。基本的にWSFは商業主義や営利団体の献金には反対の立場をとるが，穏健派と急進派で少しその色合いが異なる。穏健派は現実的，実務的な側面から，大きな財団からの寄付などについてあまり厳格でないのに対し，急進派はきわめて厳格で，商業主義や営利団体の献金には一切反対している。特に，ケニアで開催された第7回フォーラムでは，急進派から，WSFの場における商業主義は，連帯経済システムや原則憲章からの逸脱であるとの批判がなされた（大屋，2007 : 38）。

これらの対立に加えて，WSFは以下の3つの課題を抱えている。一つ目はいかにして民主主義を確保しながら，実務体制を整えていくかという課題である。長年にわたってWSFをつぶさに観察してきたギミルは，「WSF国際評議会は常に民主主義を強調するが，評議会の創設の時から現在に至るまで選挙で選ばれたわけでもないNGOや社会運動の代表者たちが，今も同じ顔ぶれで評議会の指定席に座っている」と指摘し，WSF「執行部」の民主政の欠如を批判している。[6]

二つ目は，いかにして多様な人々，特に貧しい社会的弱者の参加を保障するかという課題である。第7回フォーラムの参加費は，先進国からの参加者が110ドル（11,000円），アフリカ以外の途上国の参加者が28ドル（2,800円），そしてアフリカ諸国からの参加者が7ドル（700円）であった。このような傾斜配分を伴うすべての人々からの参加費の徴収は合理的であると思われるが，そ

れでも7ドルという額は開催地であったナイロビのスラムに住む人々や貧しい人々にとっては大変高額であり、到底払える額ではなかった。その結果、社会の底辺に位置する貧しい社会的弱者が主役であるはずのフォーラムに、その多くが参加できないという事態に陥ったのである。これに対して、地元の社会運動とフォーラム参加者が連携して、WSFケニア組織委員会に対してデモを行い、地元の人々の参加費を無料にせよとの要求を行った。その結果、彼らの要求が受け入れられ、大会の途中から地元の人々の参加費は無料になった。

今回のフォーラムは開催地の社会運動とWSF参加者によるデモによって問題の解決が図られたが、今後この問題にどう対処するのかが問われている。最初から地元の人々の参加費を無料にするのかしないのか、もし無料にするのならば、運営の財源をどこから賄うのかという問題は残されたままである。[7]

最後に、国際的な「イベント」から、世界各地で絶えず営まれる「プロセス」へのWSFの転化という課題である。WSF国際評議会のメンバーであるラファエラ・ボリニ（Raffaella Bolini）は「7年経った今、WSFはもはやイベントではなく、ローカル、グローバル、そしてテーマごとのレベルでプロセスになった」と述べているが[8]、それは本当だろうか。確かに、前述のとおり、WSFから派生して各地域、各国、各都市の社会フォーラムや課題別のフォーラムは次々と立ち上がっている（小倉、2007：54）。しかし、それが確たるプロセスとして確立し、拡大していくかどうかは現時点では定かではない。実際に日本ではそのようなプロセスは微々たるものである。

いかにしてWSFは、「イベントに還元されることのない、オルタナティブを追求し建設する恒久的プロセス（原則憲章第2条）」になりうるのか。それは今後開催されるフォーラムのゆくえにかかっていると思われるが、残念ながらそれがどのようなものになるのかということについては現時点では予測不可能である。ただし、WSFが今後めざすべき方向性や戦略については提言可能である。それを次節で考察しよう。

第Ⅰ部　グローバル社会の課題とガヴァナンスの実際

3　世界社会フォーラムとグローバル・ガヴァナンス

　WSFはグローバル市民社会内部の緊張関係と可能性をともに内包している。すなわち，既述のとおり，WSFは大きくいって，一方でグローバル・ガヴァナンスの外側に立ち，拡大するグローバル市場，特に巨大化するグローバル金融やアメリカの帝国主義的行動に対する対抗勢力として存在する急進派グループ（「対抗グループ」）と，他方でグローバル・ガヴァナンスの内側に入り，各国政府に対するロビイングや政策提言などを通じて，グローバルな規範や政策の形成に積極的にかかわる穏健派グループ（「ソフト・ガヴァナンス・グループ」）から構成されるが，両者の間には深い亀裂と先鋭な対立がある。

　これは，潜在的にグローバル市民社会の分裂を招く可能性のみならず，グローバル市民社会がグローバル・ガヴァナンスの変容に与える力の低下をもたらすことになりかねない。WSFの事例は，グローバル市民社会が，この亀裂と対立をいかに乗り越え，相互のアイデンティティを尊重しつつ，それぞれの役割を十全に果たすことができるかという課題を提示しているように思われる。

　この危機を乗り越えるために，今後WSFは明確な戦略を持つことが必要となろう。まず，WSFの短期的戦略として，後述する航空券連帯税の事例で明らかになるとおり，グローバル市民社会ネットワークと政府や国連とのパートナーシップの有効性を積極的に認めることが要請される。そして，「より根本的でラディカルな変革」を求めるものでなく，政府とのロビイングが可能と判断されるイシュー（たとえば，世界的にCO_2排出を50％削減するキャンペーンなど）については，政府や国連などとのパートナーシップを粛々と進めるグループを支援し，目に見える果実を勝ち取る道を模索してもよいのではないだろうか。これは，WSFがグローバル・ガヴァナンスにかかわるグローバル市民社会勢力を積極的に認めることを意味する。

　他方で，「より根本的でラディカル」なイシューについては，ウィタケルの説くように，「開かれた空間」としてのWSFを維持し続け，未だ世に出ていない「持たざる者」や「声なき者」の声を徹底的に炙り出しながら，長期的な視

野で持って空間の熟成を図り続けるのである。そして，WSFとしての戦略を徹底的に練り，世界各地域への浸透を図り，地域プロセスを強めつつ，「不断の歴史的形成過程」としての通奏低音を奏で続けるのである。その上で，今後地球規模問題の悪化が進むことで世界的に危機感が高まり，地域フォーラムなどWSFのプロセスが大幅に拡大し，「持たざる者」や「声なき者」の参加と意思表示が増大し，あらゆる方面で機運が最頂点に高まる中で，内発的に力強い運動が立ち現れてくる可能性を待つ。現在の閉塞状況を打ち破るために，WSFはこのような長期的な戦略を持つ必要に迫られている。

　これは一方では，大規模なデモのようなグローバル抗議運動の展開かもしれないし，他方では既存の国際機関を刷新し，地球議会の創設も含むグローバルな参加と民主主義を基調とした新たなグローバル・ガヴァナンスを構築する方向にエネルギーが向いていくことかもしれない。

　これらの戦略は矛盾するようにも思えるが，WSFの中で徹底的に議論することを通じて，短期的戦略と長期的戦略の目標と違いを明確に理解し，特に戦略は異なっていても最終目標は同じであることを確認しながら両者を共存させつつ，それぞれの戦略を粛々と進める英知が求められている。

　もしこれに成功できなければ，ギミルが指摘するように，彼らがめざすもうひとつの世界に向けての改革は進まず，参加者の間でフラストレーションは高まり，一部の参加者は運動から離脱し，別の参加者は運動をさらに急進化させる可能性がある（Ghimire, 2005：17）。

　他方，成功すれば，グローバル市民社会によってもたらされる対抗のエネルギーを背景に，NGOやNGOネットワークの力が相対的に高まり，異なるアクター間との交渉において十分な力を発揮し，実施可能な政策が次々と遂行されるようになる一方（「ソフト・ガヴァナンス」の熟成），「より根本的でラディカル」なイシューに取り組むために，メタ・ネットワークのさらなる拡充と拡散が図られるだろう（グローバル市民社会の熟成）。これら「上から」の「ソフト・ガヴァナンス」と，「下から」のグローバル市民社会の熟成が進展していく中で，国際レジームに与える影響力が増し，持続可能なグローバル福祉社会の実現に近づく展望が開けるだろう。いまWSFのみならず，グローバル市

民社会に求められているのは，このようなイメージと方向性を考究することではないだろうか。

　これらグローバル市民社会のさまざまなアクターが奏でる「不断の歴史的形成過程」の成果は，まさに「歴史的過程」であり，ここ数年という単位で日の目を見るものではない。すなわち，世界社会フォーラムがここ数年，数十年のうちにグローバル・ガヴァナンスを劇的に変容させることはおそらくないだろう。そこに，グローバル・ガヴァナンスに直接関わらないグローバル市民社会の限界がある。しかしながら，世界の底辺で確かに起こっているプロセスを確実に進めることと同時に，そのプロセスを促進させるためにも，この「不断の歴史的形成過程」についての不断の研究と建設的提言が欠かせないことも間違いないだろう。

　第I部では，グローバル社会が直面している厳しい諸問題を概観し，グローバル社会が持続不可能な世界に突入していることが明らかになった。これらを克服して持続可能なグローバル福祉社会を構築するためには，効果的なグローバル・ガヴァナンスが必要であることを確認し，グローバル・ガヴァナンスを分析するための枠組を議論した。

　とりわけ，グローバル社会におけるグローバル・ガヴァナンスを浮き彫りにするために，本書はグローバル政府，グローバル市場，グローバル市民社会を3つの極とし，それらのアクター間の相互作用としてのグローバル・ガヴァナンスから構成されるグローバル三項分析モデルを分析枠組として提示した。

　この枠組を用いることで，グローバル市場の失敗が詳細に分析される一方，それに対応するグローバル・ガヴァナンスの不十分な現状が浮き彫りになるとともに，グローバル市場に対抗するグローバル市民社会の成果と限界が明確になった。

　すなわち，グローバル市場とグローバル・ガヴァナンスとの相互関係の考察から明らかになったとおり，これら2つのセクター間の相互作用では，グローバル市場の失敗を是正できる有効な処方箋は見当たらず，ガヴァナンスも効果的に働いていないことが明らかになった。とはいえ，グローバル・ガヴァナン

第5章　対抗するグローバル市民社会

スの外側に位置するグローバル市民社会の対抗運動の影響は長期の時間を有するものであり，現在のところ，その影響は限定的であることも確認したとおりである。

したがって，続いて必要なアプローチは，グローバル市民社会とグローバル・ガヴァナンスの相互作用のさらなる詳細な考察であり，これらの相互作用を通じてグローバル市場の失敗を是正する可能性の考究である。そのための分析枠組として，第Ⅰ部ではグローバル・ガヴァナンスを「ソフト・ガヴァナンス」，「ミドル・ガヴァナンス」，「ハード・ガヴァナンス」に分類し，三層のガヴァナンスから構成される分析モデルを提示した。

第Ⅱ部では，この三層ガヴァナンス分析枠組を用い，グローバル・タックスという独立変数を媒介にして分析を進めていく。この分析を通じて，グローバル・タックスの意義と課題が明らかになるとともに，グローバル・タックスの導入のプロセスとその影響により，透明で，民主的で，アカウンタブルなグローバル・ガヴァナンスが構築される可能性を検討する。

注
（1）「サヨナラ新自由主義　つくりだそう『もう一つの世界』を──WSF2009 in TOKYO」，http://wsf2009tokyo.blog6.fc2.com/blog-entry-9.html（2009年6月7日閲覧）。
（2）毛利はこの観点から世界社会フォーラムの可能性を探っている（毛利，2004a）。
（3）もっとも，日本の場合は，WSFは『赤旗』やインターネット上のメディアなど，一部のメディアでしか取り上げられず，その認知度は低い。
（4）しかも，ベレン大会では，南米の5ヶ国（ブラジル，ヴェネズエラ，エクアドル，ボリビア，パラグアイ）の大統領が参加するなど，政治的にもインパクトのある大会となった（世界社会フォーラム2009〔ベレン〕速報，http://blog.social-forum.jp/ 2009年6月7日閲覧）。
（5）実際，ブラジル，ヴェネズエラ，エクアドル，ボリビア，パラグアイの大統領が第9回ブラジル・ベレン大会に参加し，演説を行ったことで，アミンの示唆はある程度現実味を帯びるものとなっているようにも見受けられる。
（6）国連社会開発研究所（UNRISD : United Nations Research Institute for Social Development）リサーチ・コーディネーター（当時）で，現グルノーブル大学上級准教授のクレベール・ギミル（Klebér Ghimire）氏へのインタヴュー（2007年9月19日，於：国連社会開発研究所）。

（7） ギミルによると，世界社会フォーラムは増大する支出に直面して，財政的に困難な状態に陥っており，この問題は大きな課題となっている（Ghimire, 2005：18）。
（8） 日本平和学会2007年度春季大会における毛利聡子の報告「オルタ・グローバリゼーション運動の行方——世界社会フォーラムはどこへ向うのか」による（2007年6月10日，於：早稲田大学）。

第Ⅱ部

グローバル・タックスが切り開くグローバル・ガヴァナンス

第6章
グローバル・タックスとは何か

　これまで考察してきたグローバル市場が生み出す諸問題は，いずれもあまりにも頑強で，根深く，容易に解決しがたいように見える。このような問題に効果的に対処できる処方箋（政策）はあるのだろうか。あるとすれば，どのような処方箋が提示できるだろうか。本来であれば，多様な領域から導き出される多彩な処方箋を，さまざまなレベルで検討すべきであるが（たとえば表6-1），ここではグローバル・タックスに絞って検討を行いたい。⁽¹⁾

　その理由は，後に詳しく見るとおり，グローバル・タックスという処方箋が，政策手段としてグローバルな富の偏在を是正するなど地球規模問題の解決に貢献し，これらの問題を解決するための財源を生み出すのみならず，グローバル・ガヴァナンスの透明化，民主化，アカウンタビリティの向上を促進し，持続可能なグローバル福祉社会に向けて効果的なグローバル・ガヴァナンスを構築する可能性を持っているからである。

　本章は2つの柱から構成される。最初の柱は，処方箋としてのグローバル・タックスである。具体的には，租税の政策手段としての有効性とそれが生み出す税収を確認するために，ヨーロッパ各国で実施されているエコロジカル税制改革の考察を行う。第二の柱は，グローバル・タックスの定義とグローバル・タックスをめぐる3つの議論である。とりわけ本章では，最初の議論と位置づける「漏れを防ぐ」こと（タックス・ヘイブンと資本逃避対策）にかかわる議論を詳しく検討する。

　その後，次章でグローバル・タックスにかかわる二つ目の議論であるグローバル・タックスの実施（特に地球炭素税，通貨取引税，通貨取引開発税）について論じ，グローバル・タックスの課題と可能性を考察する。最後に，三つ目

第Ⅱ部 グローバル・タックスが切り開くグローバル・ガヴァナンス

表6-1 地球規模問題解決のための処方箋の例

	先進国	途上国
個人レベル	持続可能な開発のための教育など	土着の伝統・文化・価値観に基づいた初等教育，中等教育の拡充など
地域レベル	エコヴィレッジ コミュニティ・ファンドなど	内発的発展論など
国レベル	エコロジカル税制改革など	キャパシティ・ビルディングなど
国際レベル	グローバル・タックス，タックス・ヘイブンの撤廃，CSR・SRIの推進，債務帳消し，輸出補助金の削減，IMF・WB・WTO改革，新国際機関創設，フェアトレードなど	

出典：上村（2005b：117）に加筆。

の議論であるグローバル・タックスのためのグローバル・ガヴァナンス，すなわちグローバル・タックスがグローバル・ガヴァナンスの透明化，民主化，アカウンタビリティの確立に資する可能性については第8章で検討し，「ソフト」，「ミドル」，「ハード」という三層ガヴァナンス分析枠組を用いて各々のガヴァナンスの具体的な事例を分析する章（第9章，第10章，第11章）につないでいきたい。

1　租税政策の有効性とグローバル・タックス

　本章はグローバル・タックスの政策手段ならびに財源を生み出す手段としての有効性を確認する第一段階として，まず一国レベルでの租税政策，とりわけ「エコロジカル税制改革」を中心に検討し，税制の有効性について確認しておきたい。その上で，グローバル・タックスの定義，それをめぐる議論を考察し，グローバル・タックスの意義を考究することとする。

（1）　税制の有効性
　世界各国で実施されている税制は，外部不経済の是正を通じて多様な問題の解決に貢献しつつ，その税収で国内の福祉を充実させてきた。特に多くの先進国（福祉国家）の歴史を辿ってみると，各国政府は国民の所得に応じて累進的に課税・徴税を行う所得税のほか，国民の消費に応じて課税・徴税する消費税や企業への課税である法人税を実施するなど，さまざまな税制を構築してきた。

第6章 グローバル・タックスとは何か

　そして，これらの税収を原資に，政府は教育，医療，福祉など諸々の公共サービスを提供し，低所得者層に所得の再分配を行ってきた。民主主義など政治制度の発展とともに，この課税，徴税，再分配の仕組みがあったからこそ，先進国では公共サービスや福祉の拡充を図ることができ，貧富の格差が縮小し，社会が安定してきたといえる。

　また，外部不経済を是正することで，「市場の失敗」の問題を解決するのにも，税制は大きな役割を果たしてきた。とりわけ，1990年代に入って，フィンランド，オランダ，デンマーク，スウェーデン，ノルウェー，スイス，ドイツ，イギリスにおいて実施されている炭素税は，化石燃料の使用に応じて課税し，その使用を抑制することによって二酸化炭素の排出を削減させ，地球温暖化の防止を図っている。

　税制を通じて二酸化炭素の排出削減をめざすこのアプローチは，二酸化炭素を排出している主体がその削減を自主的に行うことを主眼とする「ソフト」なアプローチでもなく，排出削減を法律の力で強制的に実施する「ハード」なアプローチでもない。すなわち，このアプローチは，法律で規制を強要する訳ではないが，関係主体が自主的に削減を行う強い誘因を与え，結果として二酸化炭素の排出規制と同様の機能が働き，所期の目的が達成されうるという意味で，有力なアプローチといえるだろう。

　さらに，このアプローチは，税の実施により環境問題など外部不経済の問題を是正しながら，その税収でさらに別の問題を解決するという「二重の配当 (double divident)」を現実化させる可能性も秘めている。実際に，ドイツ，オランダ，イギリス，スウェーデンなどでは，環境税によって環境負荷を下げながら，その税収を社会保障の財源として活用し，特に企業の社会保険料の負担を軽減するのに使うことで，社会保障を充実させ，企業の活力も維持し，人を雇いやすくしながら，二酸化炭素を削減させる，一石四鳥の効果を持つ「エコロジカル税制改革（Ecological Tax Reform）」，あるいは"Green Tax Shift"と呼ばれる革新的な税制が実施されている（広井，2001：94-97；上村，2008：110-112）。

　このエコロジカル税制改革の実際の効果について，ドイツを事例に検証してみよう。1999年にエコロジカル税制改革を開始したドイツは，石油・天然ガス

表6-2　ドイツの環境税制改革の結果（ドイツ経済研究所, 2005年6月）

	1999年	2000年	2001年	2002年	2003年	2004年
二酸化炭素	−0.55	−1.33	−1.75	−1.29	−2.39	−2.47
雇用数	0.64	0.76	0.67	0.41	0.76	0.63
GDP	0.37	0.47	0.44	0.29	0.45	0.38
民間消費	0.47	0.42	0.52	0.48	0.58	0.50
政府消費	−0.07	0.51	0.76	0.84	0.63	0.89
設備投資	1.46	2.21	1.31	−0.03	−0.51	−0.32
輸　出	−0.20	−0.39	−0.42	−0.29	−0.20	−0.11
輸　入	0.49	0.65	0.44	0.17	0.18	−0.04

注：各年の数字は，エコロジカル税制改革がなかった場合と比較した増減の値（単位：％）。
出典：竹内（2007：31）。

への税と新たに導入された電気税を2000年から2003年まで毎年引き上げる一方，年金保険料率を毎年引き下げた。そして，エコロジー税負担の方が年金保険料を上回る製造業などには超過分の95％を還付し，再生可能エネルギー，公共輸送機関などには減免措置を採った（竹内，2007：30）。

その結果，2003年には環境税の税収のおよそ9割にあたる186億ユーロ（2兆4,180億円）が社会保障費支払いの削減に充てられ，25万人の雇用が生み出され，ヤミ雇用が1.6％削減され，現実に企業の業績も伸びている。他方，二酸化炭素排出量は2005年には2～3％削減されると推測された（倉阪，2005：10-12）。

実際に2005年10月に公表されたドイツ連邦環境庁の実績評価では，

①二酸化炭素の削減：2003年だけで年間2,000万トンの二酸化炭素が削減され（−2.39％），2010年までには年間2,400万トンの二酸化炭素が削減される見込みである。
②雇用の増加：2003年までに25万人の雇用増があった。
③GDPの増加：エコロジカル税制改革を実施しなかった場合と比較して，開始以来すべての年で増加している。

との積極的な評価がなされ，「1999年にエコロジカル税制改革を導入したのは正しかったことがわかった」と結論づけている（竹内，2007：30-31，表6-2参照）。

第**6**章　グローバル・タックスとは何か

このように，税制の政策効果はきわめて大きいといえる。特にこのエコロジカル税制改革の核になっている「グッズ減税，バッズ課税」の考え方は特筆に値する。すなわち，現在の税制や社会保険料は，人件費（特に雇用に伴う社会保険負担）を高くし（＝グッズ課税），資源やエネルギー費用を安価に留めるため（＝バッズ減税），「自然資源を使いすぎ，人間の労働力を十分使わない」という方向を誘導する。結果として失業率を上げ，エネルギー消費を促進することになる。しかし，このパラダイム転換によって，課税が労働（＝グッズ課税）からエネルギー・資源（バッズ課税）へとシフトし，企業行動を「労働生産性重視から資源効率性重視」へと誘導・転換させることが可能になる（広井，2001：97-99）。もちろん税率の程度と分配の割合によって効果は異なるであろうが，環境負荷を下げるだけでなく，失業率も下げ，社会保障を充実させる効果が見込まれる点で，エコロジカル税制改革の意義は大きい。ここに，税制の有効性をはっきりと見てとることができる。

（2）　グローバル・タックスの定義

　従来は一国内でのみ実施されてきた租税制度，特に「グッズ減税・バッズ課税」の理念を持った税制を，グローバルなレベルで実施しようとする構想がグローバル・タックスの定義の一要素をなす。グローバル・タックスには狭義の定義と広義の定義がある。

　狭義には「グローバルなモノや活動にグローバルに課税し，グローバルな活動の負の影響を抑制しつつ税収を上げ，それをグローバル公共財の供給やグローバル公共善の実現のために，グローバルに再分配する税のシステムのこと」をグローバル・タックスと呼ぶことができるだろう（Uemura, 2007a：114；Uemura, 2007b：15；上村，2007c：225）。ここでいうグローバルな「モノ」とは，グローバル富裕税の場合のようにグローバルな金融資産や，地球炭素税や天然資源税のケースように，二酸化炭素や天然資源を指す。また，グローバルな「活動」とは，通貨取引税の場合ように国際通貨取引や，航空券連帯税のように飛行機のグローバルな運航を指す。

　この定義には，①グローバルに課税する，②グローバルな活動の負の影響を

抑制する，③グローバルに税収を上げる，④その税収をグローバルに再分配するという4つの要素が入り込んでいる。この①〜④すべての要素を満たすものを「完全な (full)」グローバル・タックス，これらを部分的に満たすものを「部分的な (partial)」グローバル・タックスと呼ぶことができるだろう (Uemura, 2007b : 15)。「完全な」グローバル・タックスとは，グローバル政府がグローバル社会に対して一元的に課税，徴税，分配を行うイメージである。

「部分的な」グローバル・タックスには，後述する航空券連帯税のように，①各国ごとに課税し，②各国ごとに徴税するが，③税収は超国家機関に納め，関係各国間の議論を経てその税収をグローバル公共財のために使用するという「国際課税」が相当する。この国際課税は，上記の定義の③，④を部分的に満たすと考えられるので，本書ではこれも含めてグローバル・タックスの狭義の定義としておく。

さらに，グローバル・タックスを広義に捉えた時，その議論は以下の3つの流れを包摂する。すなわち，①課税以前に資金の流れを透明にして「漏れを防ぐ (Plugging the leaks)」，すなわちタックス・ヘイブンや資本逃避を解決するための議論，②通貨取引税，地球炭素税，武器売上税，航空券連帯税など，実際に課税を行う議論，③税の仕組みを創出・管理・運営するためのグローバル・ガヴァナンスを構想する議論の3つである (Uemura, 2007b : 15 ; 上村, 2007c : 225-226)。したがって，本書では以上にかかわる議論や政策もグローバル・タックスのそれと理解し，以下，①については本章で，②は第7章で，③については第8章以降で，詳細に検討したい。

2　租税回避と資本逃避の解決に向けて

課税・徴税を正当化し，かつ税制を有効に機能させるためには，脱税や租税回避があってはならない。同様に，グローバルに課税・徴税を実施しようと思えば，グローバルに脱税や租税回避ができないようにしなければならない。そうでなければ，グローバル・タックスの効果は著しく低減するのみならず，その正当性が揺らぐことになる。また，第3章第3節で述べたように，グローバ

第**6**章　グローバル・タックスとは何か

ルな脱税，租税回避額，資本逃避の規模は絶望的なほど大きい。これらの理由から，グローバル・タックスの実施を議論する以前に，「漏れを防ぐ」こと自体により大きな意義と効果を見るのが，「漏れを防ぐ」議論の核心にある。

　第3章では，タックス・ヘイブン，多国籍企業の移転価格などの「利潤洗浄活動」，何十もの先進国の銀行，弁護士，会計事務所，タックス・ヘイブンがネットワークを作り，途上国政府と手を組んで，途上国の資金を先進国の銀行に送金して隠匿するなどして，途上国から先進国に流出している資金が年間5,000億ドル，オフショアの銀行に隠匿されている総額が11.5兆ドル，もしこれらが適切に課税されれば年間2,550億ドルの税収になることなどを見た。換言すれば，この漏れを防がない限り，途上国の発展の展望も，格差の是正も望めない。

(1)　タックス・ジャスティス・ネットワークの提案

　しかし，OECD, FSF, FATFによるブラックリスト政策も，国連租税委員会も，これまでのところこれらの問題に効果的に対応できていない。そのような中で，タックス・ヘイブンと資本逃避の問題を専門的に扱う国際NGOネットワーク，タックス・ジャスティス・ネットワーク（TJN）が2002年に設立された。その国際事務局長であり，もともとタックス・ヘイブンである英領ジャージー島の政府顧問を務めていたジョン・クリステンセンは，タックス・ヘイブンと資本逃避をすぐに解決できる「特効薬」はないことを認めつつも，3つのポイントを提示している。

　それは，まずタックス・ヘイブンが提供するオフショア制度を利用できる機会を，個人や企業から奪うこと，次にグローバル金融市場の透明化，最後にこれらの問題の深刻さを多くの人々に知らせること，とりわけ「脱税は汚職であり，犯罪である」との認識を広めることである。これらのポイントを念頭に置きつつ，TJNは以下のような提案を行っている（Christensen, 2007b；Murphy, ed., 2007）。

　まず，国境を越えた資金のやり取りにかかわる情報はほぼ把握可能であるにもかかわらず，現状の協定ではそれらの情報を「任意に」公開することしか定

めていないという事実に鑑み，各国租税当局間が効果的な租税情報の交換を行うために，国際租税情報を「自動的に」公開・交換する協定を締結することである。次に，あまりにも多くの銀行家，弁護士，会計士が脱税や資本逃避を支え，あるいは見て見ぬ振りをしているという事実に鑑み，各金融機関が不信行為の報告手続きの対象に脱税を含むことを義務づけることである。第三に，移転価格が問題の核心の一つになっていることに鑑み，各多国籍企業が企業会計を含む彼らの活動を国別に報告することを義務づけることである。第四に，同じく銀行秘密が問題の中核になっていることに鑑み，銀行秘密無効条項を情報交換協定に挿入することである。第五に，一般市民がこれらの問題の重要性を認識する必要性に鑑み，また資金洗浄に反対する観点から，脱税は完全に犯罪であると定義づけることである。第六に，タックス・ヘイブンに対しては，企業とオフショア・トラストの受益者・所有者を完全に公開することである（協力しない場合は，国際的な制裁措置をとる）。

また，第七に国際機関に対する提案として，まずIMFがこれらの問題に対して大きな役割を果たすべきであることに鑑み，資本逃避の問題に積極的に取り込むことを挙げている。たとえば，資本逃避に対する措置を支持しない，ないし措置の実施に失敗した国や地域についての報告を，「基準と規範に関する遵守報告書（ROSCs : Reports on Observance of Standards and Codes)」に加えることである。最後に，国連租税委員会に対しては，議論と政策の焦点をタックス・ヘイブンと資本逃避に移すことを提案している（Christensen, 2007b : 7-9)。

TJN自身は，今後もこの分野の調査，研究，アドヴォカシー活動を継続しながら，トランスペアレンシー・インターナショナル（TI : Transparency International）という国際NGOが毎年公表している「腐敗認識指標（CPI : Corruption Perceptions Index)」に代わり，「金融透明化指標（Financial Transparency Index)」を作成・公表することを明言している。なぜなら，TIが公表しているCPIリストの中で，最も腐敗の少ない国々の53%がタックス・ヘイブンで占められ，リストのベスト20のうち，実に11ヶ国がタックス・ヘイブンだからである（Christensen, 2007a : 3-6)。

さらに，TJNは以上の調査，研究，議論，政策形成，政策の実施，監視，評

価などを整合的かつ効果的に行うために，世界租税庁（World Tax Authority）の創設を検討することも提言している（Murphy ed., 2007 : 113）。すなわち，グローバル・タックスの一つの対応すべき要素であるタックス・ヘイブンと資本逃避への効果的対処のためには，グローバルな機関の創設が必要となるということであろう。このグローバル・タックスがグローバル・ガヴァナンスを要請するという議論は，第8章で詳しく検討することとしたい。

タックス・ヘイブンと資本逃避の解決にかかわる議論に関連して，いま一つ注目されるのは，「違法な金融フローが開発に与える影響に関するタスクフォース（The Task Force on the Development Impact of Illicit Financial Flows）」の創設である。これは主としてタックス・ヘイブンと資本逃避対策を議論する作業部会である。この作業部会は，後述する「革新的開発資金に関するリーディング・グループ」という2006年3月に創設された政府間会合に対して，TJNを初めとするNGOがこのタスクフォースの設立を提案し続けた結果，2007年9月にノルウェー政府を議長国に，フランス，チリ，スペインなどから構成されるタスクフォースとして日の目を見たものである。この作業部会は，2007年12月と2008年4月に，すでに2回の会合を開いていたが，2008年11月にギニアで開催された第5回リーディング・グループ総会に先駆けて，3回目の会合を開催し，第5回総会で最終報告書を提出し，リーディング・グループ全体で議論が行われた（The Task Force on the Development Impact of Illicit Financial Flows, 2008）。

この事実は，タックス・ヘイブンと資本逃避というグローバル・タックスにかかわる問題に対して，NGOが「外野から叫ぶだけに終わる」のではなく，上記の政府がNGOと協力しながら，「フォーマルに」問題解決に当たっていく意思表示と関与を意味する。ここに，グローバル・タックスが一つの切り口になって，グローバルなレベルで新たな政府間協力，さらには政府－NGO間協力が促進されるという一例を見てとることができる[3]。

（2）移転価格税制

また，タックス・ヘイブンと資本逃避に対処する別の方法として，税制を用

いることも考えられる。実際に税制を実施する段階の議論は次節で行うので，ここでは，一つだけ例を挙げるに留めておこう。それは，タックス・ヘイブンや資本逃避の問題を引き起こす一要素である移転価格に対して，移転価格税制を実施することにより，移転価格を抑制する試みである。

　移転価格税制とは，国内企業が課税逃れのために利益を国外のグループ企業に付け替える会計操作を防ぐことを目的とした法人税制のことである。日本の場合，この税は1987年から実施されており，2005年6月末までの1年間に税務調査を実施し，申告税額を移転価格税制によって増額して訂正させた件数は119件，金額にして2,836億円に上っている（遠藤, 2007:70）。

　2006年6月には，武田薬品工業，三菱商事，三井物産，ソニーが，2007年6月には，再び三菱商事と三井物産が移転価格税制による追徴課税を受けたことが公表されている。その税額は，武田薬品工業が590億円，ソニーが279億円，三菱商事が2006年に22億円，2007年に89億円，三井物産が2006年に29億円，2007年に82億円となっている（遠藤, 2007:70）。

　移転価格税制の国際的な展開は，1979年にOECD財務委員会が『多国籍企業のための移転価格ガイドライン（Transfer Pricing Guidelines for Multinational Enterprises）』を策定したことから始まっている。日本の移転価格税制も，この1979年に策定されたOECDガイドラインに則して1986年に制定されたものであり，OECD諸国のほか，中国等でもその制度が導入されている。

　その後，OECDは，1995年7月に，ますます進展する経済の国際化に対処するため，1979年OECDガイドラインを全面改定し，『多国籍企業及び税務当局のための移転価格ガイドライン（Transfer Pricing Guidelines for Multinational Enterprises and Tax Administrations）』を策定している（別所, 1997:429）。

　しかしながら，OECD移転価格ガイドラインを通じた移転価格税制の実施の効果に関しては，大きな課題がある。それはまず第一に，このガイドラインの主目的が，各国の課税権を適切に配分し，二重課税を回避することにある。すなわち，OECDガイドラインは，移転価格の算定方法および移転価格課税問題の解決方法を示し，税務当局間または税務当局と多国籍企業との間の紛争を最小化し，企業活動の円滑化に資することを意図しているため，多国籍企業によ

る「犯罪的」な移転価格行為自体の根絶には直接つながらない。次に，日本のような税制の整備された国は移転価格税制を実効力を持って実施できるかもしれないが，人材も，財政も，技術も，制度も欠く多くの途上国にとっては，移転価格税制の効果的な実施は困難であると考えられる。第三に，グローバルに移転価格を規制するためには，途上国における税務のキャパシティ・ビルディングに加えて，グローバルに整合性のある税制を構築する必要がある。換言すれば，各国が一方的に施行する移転価格税制から，各国が参加し，国際的に協調性のある形で実施されるグローバル・タックスに移行しなければならない。

　以上のことから，移転価格税制を有効なものにするためには，まずOECDが移転価格行為を禁止し，移転価格に伴う資本逃避を阻止する意図を明確にし，国連租税委員会など他の関連国際機関と協力して，ガイドラインを強化することが望まれる。そして，その効果的な実施のためには，おそらくグローバルな実施機関が必要となるが，既存の国際機関の中にその役割を果たしうる機関があるかどうかを吟味することが不可欠であり，もし適切な機関が存在しない場合には，新たな機関の設立を検討することが必要となるだろう。つまり，これも第8章の議論とつながるが，グローバル・タックスを実施しようとすれば，グローバルなガヴァナンスを再構築することが不可欠となるのである。

注
（1）　本来であれば，広井のいうところの「小地域自給モデル」（グローバル市場に関与せず，自給自足的な農業社会にとどまることを積極的に認めるモデル）のような，ある意味グローバル・ガヴァナンスから意図的に距離を置いて発展を模索する試みも含めて，ローカル，ナショナル，リージョナル，グローバル，それぞれのレベルで処方箋を全体的に論じる必要があるが，ここでは広井のいう「世界市場プラス再分配モデル」に焦点を当て，グローバル・レベルに絞ったガヴァナンスの議論を展開する（広井, 2006b ; 2009）。
（2）　IMFは，財政の透明性など重要領域でどの国がどの程度，基準や規範の要求を満たしているかを明らかにするため，「Reports on Observance of Standards and Codes（ROSCs）」と呼ばれる基準と規範の年次の遵守測定基準を開発している。ROSCは，記入された質問用紙をもとにIMFスタッフがまとめたその国の慣行概要およびスタッフのコメントから構成されるほか，適切と思われる場合には，これに改善のための提言が加わる場合もある。ROSCは，当該国当局の同意を得た上で「Standards and Codes」と題したIMFのウェブページに掲載される。

（3） 2009年4月に開催された第2回G20金融サミットで，これまでほとんど顧みられなかったタックス・ヘイブンの規制が議論されたのも，世界金融危機の深化に加えて，リーディング・グループで創設されたタスクフォースで議論が行われ，報告が出されたことが，その一つの流れを形成したと思われる。
（4） 外務省，http://www.mof.go.jp/jouhou/syuzei/siryou/177.htmを参照（2007年11月19日閲覧）。

第7章
グローバル・タックスの導入へ向けて

　続いて，前章で論じたグローバル・タックスをめぐる議論の2点目である実際に課税を行う議論を考察しよう。現在多種多様なグローバル・タックスが構想されている。たとえば，環境関係では，地球炭素税，天然資源税，航空燃料税，船舶税，排出権取引税，海峡使用税などがあり，経済関係では，先に見た移転価格税，通貨取引税，通貨取引開発税，金融取引税，多国籍企業付加税，タックス・ヘイブン税，外国直接投資税，富裕税などが構想されている。その他にも，平和と関連するグローバル・タックスとして武器売上税や武器取引税，税収の使途が保健・衛生と関連するものとして航空券連帯税などがある。

　本章では，まずグローバル・タックス構想の歴史を概観した上で，これら多様なグローバル・タックス構想の中から，地球炭素税と通貨取引税，さらに通貨取引税と強く関連する通貨取引開発税について考察を行う。航空券連帯税については現実に実施されているグローバル・タックスの事例として第10章で詳しく検討することにする。

1　グローバル・タックス構想の歴史

　ルーベン・メンデス（Ruben P. Mendez）によると，国連においてグローバル・タックスが初めて構想されたのは，1970年代に遡る。1970年に開発計画委員会は，高い生活水準がなければ購入できないような消費耐久財に課税するという提案を検討した。徴税は各国の租税当局が行い，税収は国際開発のための資金に使われるという構想であった。

　後に検討するジェームズ・トービンがトービン税を提唱した3年後の1975年

と1976年には，サウジアラビア大使が国連総会の経済財政委員会に，すべての石油生産国が「1バレルごとに1％の付加価値税」をかけ，税収は環境保全を目的として，国連環境計画（UNEP : United Nations Environment Programme）の特別会計に納める提案をしている（Mendez, 2002 : 4）。

1977年にナイロビで開催された国連砂漠会議で事務局長を務め，同時にUNEP事務局長であったモスタファ・トルバ（Mostafa K. Tolba）は，国連砂漠会議の総会で「会議室ペーパー（Conference room paper）」を発表し，国際課税とその「自動性（automaticity）」を提言した。この自動性という用語は，政府開発援助の「自発性」に対する概念である。すなわち，政府開発援助の「自発性」ゆえに，国連や関連機関，これらが創設した基金などに安定した十分な資金が回らず，実効性のあるプログラムを実施できていないという隘路を打開し，必要なところに「自動的に」資金が流れる仕組みの構築を示唆している。租税は「自発的に」支払うのではなく，「自動的に」支払われるものであり，代表的な「自動性」を表している。

このトルバの提案を研究し，正当性を与えるために，「ハイレベル専門家グループ」が創設され，1978年3月に会合を開催し，「追加性（additionality）」と「自動性」の必要を強調する報告書が作成された。報告書はグローバル・コモンズの使用，貿易フロー，軍事費と武器移転への課税，軍縮が生み出す余剰資金，特別引出権（SDRs : Special Drawing Rights）と開発のリンクから得られる税収を追加的資金源とすることを提案していた。

この報告書を受けて，国連総会は1979年に国連事務総長に対し，UNEPと協議の上で，自動性を内在化した資金メカニズムについて，「国連に提出されるべき妥当な構想と提案を示した完全なリスト」の作成を含めて，より包括的な研究を進めるよう要求した。その中には，一般貿易税，特定貿易商品への課税，サービス取引への課税，技術の逆移転（途上国から先進国への頭脳流出など）への課税，貿易収支における余剰への課税，消費税などの国際課税，深海資源，国際航空空間，月，南極と南大洋，周波数を含むグローバル・コモンズの使用への課税，静止軌道上にある人工衛星への「駐車料金」，海洋汚染への課税，海洋漁業料，オフショア資源使用料，軍事税と軍縮が生み出す余剰，途上国で

操業している多国籍企業による特別貢献の導入などが含まれていた（Mendez, 2002：6-7）。

1980年に出版された国際開発イシューに関する独立委員会（ブラント委員会）報告書は，国際貿易，海洋漁業，軍事費に対する課税を提言し，1987年に出版された環境開発世界委員会（ブルントラント委員会）報告書『われら共通の未来』も，国際コモンズからの税収や貿易税を含む自動性を持つ資金源を提案している（World Commission on Environment and Development, 1987）。グローバル・ガヴァナンス委員会は1995年の報告書で，トービン税のような国際通貨取引の課税，多国籍企業への課税，さらには国際航空券，海洋船舶，南極，人工衛星への課税などグローバル・コモンズの使用からの税収を勧告し，「私たちは，長年にわたって議論され，次第に妥当性が高まっているグローバル・タックスという概念の実現に向けて，コンセンサスの形成を強く訴える」と主張している（Commission on Global Governance, 1995：217-221）。

同じく1995年にコペンハーゲンで開催された国連社会開発サミット（The World Summit for Social Development）では，最後は先進国の強い反対によって決議から取り消されたものの，トービン税導入が決議の草案に盛り込まれた。さらに，ブトロス・ブトロス・ガリ国連事務総長（当時）は，1996年1月に行われたオックスフォード大学の演説で国際航空券への課税を提案している（Mendez, 2002：6-7）。

これらの議論の蓄積の上に，国連ミレニアム開発目標を達成するための資金源を議論するための国際開発資金会議（International Conference on Financing for Development）が，2002年にメキシコのモンテレー（Monterrey）で開催され，グローバル・タックスを含む革新的資金メカニズムが大きく議論されるようになった。これが後に見るフランス前大統領ジャック・シラク（Jacques Chirac）によって創設されたランドー・グループ（groupe de travail sur les nouvelles contributions financières internationales）や，航空券連帯税とUNITAID（国際医薬品購入ファシリティ）を生み出した「連帯とグローバリゼーション―革新的開発資金メカニズムに関するパリ会議（Solidarity and Globalization：The Paris Conference on Innovative Development Financing Mechanisms）」の開催につながっ

ていく。

このように，グローバル・タックスの構想は，すでに1970年から国連を中心に考案され，検討され，提案されていた。以下では，グローバル・タックスの具体的な中身について，詳しく吟味していくことにしよう。

2　地球炭素税

まず，第3章第2節で指摘した多国籍企業を支え，グローバル市場を拡大する一要素である大量消費・大量廃棄に対する処方箋，とりわけ化石燃料の大量消費・大量廃棄を抑制し，温暖化を防止するための解決策の一つとして地球炭素税（Global Carbon Tax）が考えられる。炭素税とは，さまざまな生産・消費活動に際して大気中に二酸化炭素が放出されるが，その排出に対して，その中に含まれている炭素の量に応じて，1トンいくらという形で税として徴収する仕組みのことをいう。

炭素税の有効性については，前章の第1節で述べたところであるが，この税制を地球規模で実施しようとする構想が地球炭素税である。炭素税を地球規模で実施することは大変な困難を伴うが，それでも必要不可欠であろう。なぜなら，地球温暖化を引き起こす温室効果ガスは，国境を越えて排出されているので，すべての国が削減するべきであるのみならず，各国が炭素税を一斉に実施しなければ，モラルハザードが発生して，実施している国々が不利益を被るからである。また，この税スキームは，化石燃料の使用量（二酸化炭素排出量，特に含有炭素量）が多いほど税金を高く支払う仕組みであるので（汚染者負担原則），参加国に二酸化炭素排出を削減する強い誘因が働き，化石燃料の消費を削減する技術やライフスタイルへの転換が促されるなど，効果的に二酸化炭素の排出削減が行われ，長期的に低炭素社会への移行が期待できる。

（1）　地球炭素税の種類

地球炭素税にはさまざまな構想がある。一方で世界各国が共通の税率を一律にかける「世界共通炭素税」（ないし「国際協調炭素税」）構想や，各国が協定

第7章　グローバル・タックスの導入へ向けて

を結んで参加国の間で炭素税を一斉に実施することには同意しながらも，税のかけ方，税率，税収の使途など実施の内容については各国に委ねる「国際炭素税」構想がある。他方，「グローバル租税機関」のような国際機関を創設し，それが直接，間接に課税，徴税を行い，税収の使途を決定する構想がある一方，課税，徴税はあくまでも各国政府が行い，税収も各国政府が自主的に一部を超国家機関に納めるにとどめる，最大限に国家主権を尊重するタイプの構想もある。

したがって，地球炭素税によって世界的にどの程度のコストで，どの程度の二酸化炭素を削減できるかについては，一方ではどのタイプの構想を採用するかによって異なり，他方では税の適用範囲，税率，税収の使途など実施の内容によって大きく異なる。たとえば，エコロジカル税制改革のように，炭素税で得た税収を社会保障関係費などにまわし，税制中立を意図した炭素税の場合，日本において2010年時点でのCO_2排出量を1990年比で2％削減するためには，炭素1トン当たり約13,000〜35,000円（ガソリン約8〜22円/L，原油約9〜25円/L）の炭素税の導入が必要である。それに対して，税収を自然エネルギーの普及，環境技術の開発など地球温暖化防止対策費に使えば，1トン当たり3,000円で，同様の成果を得ることができるという計算がなされている（中央環境審議会地球環境部会，2001：23）。

（2）　宇沢の比例的炭素税構想

このように，地球炭素税には多様なタイプがあるが，ここでは，「グッズ減税・バッズ課税」の観点から，最も理想的と思われる宇沢弘文の比例的炭素税構想を詳しく見てみよう（宇沢，1995；2004a；2004b）。著名な経済学者である宇沢は，「地球温暖化を制止するのに最も効果的な手段は，いうまでもなく炭素税の制度」であり，「炭素税の制度が，現実に実行可能な唯一の大気安定化政策である」と述べ，炭素税の有効性を説いている（宇沢，2004b：17）。
[1]

宇沢は一般に構想されている炭素税に，さらに次の3つの要素を組み込み，ユニークな提案を行っている。一つはこの税のスキームを森林についても適用していることである。すなわち，地球温暖化は化石燃料燃焼による温室効果ガ

スの大気中濃度の増加だけでなく，森林伐採によっても起こっていることから，「森林を伐採したときに，二酸化炭素の放出の増加に見合う炭素税をかけるとともに，森林を育てたときには，大気中への二酸化炭素の排出量の減少に応じて，補助金を出す」という提案である。

二つ目は，「比例的」炭素税という構想である。宇沢は，多くの炭素税構想（特に「世界共通炭素税」）が，大気中への二酸化炭素の排出が，どの国でなされていても，同じ率の炭素税をかける点に欠陥を見出している。たとえば，含有炭素1トン当たり100ドルの炭素税をかけた場合，一人当たりの年間炭素税支払い額は，日本は250ドル，アメリカは340ドル，インドネシアでは30ドル，フィリピンでは60ドルになる。一人当たりの国民所得（GNI）が38,950ドルの日本や43,560ドルのアメリカにとって，[2] 250ドルや340ドル程度の支払いは，支払い可能な範囲に入るだろう。他方，一人当たりの国民所得が1,280ドルのインドネシアや1,320ドルのフィリピンにとって，[3] 30ドルや60ドルの支払いは非常に厳しい。

したがって，宇沢が提案する炭素税は，税率をその国の一人当たりの国民所得に比例させるという制度である。たとえば，日本で含有炭素1トン当たり390ドルの炭素税をかけるとき，アメリカでは1トン当たり436ドルとなり，インドネシアでは12.8ドル，フィリピンでは13.2ドルとなる。この制度について宇沢は「炭素税率を，一人当たりの国民所得に比例させる比例的炭素税の制度は地球大気の安定化に役立つだけでなく，先進工業諸国と発展途上諸国との間の不公平を緩和するという点で効果的である」と主張している（宇沢，2004b：18）。

宇沢が構想する炭素税のユニークな要素の三点目として，「大気安定化国際基金」創設の提案がある。それは，各国政府が比例的炭素税の税収から育林に対する補助金を差し引いた額のある一定割合（たとえば5％）を大気安定化国際基金に供託し，基金はそれを途上国に分配し，途上国は税収を熱帯雨林の保全，農村の維持，代替エネルギーの開発などに使うという提案である（宇沢，2004b：18）。

宇沢の提案する比例的炭素税の効果は，どの程度のコストで，どの程度の二

酸化炭素削減が可能になるのかについての試算がなされていないため不明であるが，理念的にいうならば，この税制度は，温暖化を引き起こす化石燃料や森林伐採への課税（バッズ課税）を通じて温暖化の防止を図り，その税収を大気安定化国際基金のような超国家メカニズムを通じて途上国へ再分配し，特に地球環境の保全と再生に使用することで（グッズ減税），温暖化の防止と先進国と途上国の格差を縮小するという「二重の配当」をねらった典型的な「グッズ減税・バッズ課税」型グローバル・タックスであるといえよう。

また，地球炭素税というグローバル・タックスを実施するためには，大気安定化国際基金のようなグローバル・ガヴァナンスが要請されることもここで明らかになっていることが理解できる。

（3） 地球炭素税に対する批判——排出量取引か炭素税か？

もちろん炭素税は「万能薬」であるわけではない。この炭素税に対し，特に世界共通炭素税について，山口光恒と関根豪政は，以下の批判を加えている。

まず第一に，環境効果の不確実性である。つまり，経済成長率が高い場合には同じ税率でも排出絶対量は目標を超過してしまう点を指摘している。次に，単一の協調炭素税を導入することが可能かどうかという実現可能性の問題である。特に各国の税に対する抵抗感がある中で，一定の主権を放棄してまで炭素税に関する権限を国際条約や超国家組織に委譲するかどうかという点について，山口と関根は疑問を呈している。第三に，たとえ合意が成立したとしても，税率の水準で合意が可能どうかという問題が発生する。すでに宇沢が指摘しているとおり，先進国と途上国の差異を考えた場合，同一の税率の設定は困難であろうことが容易に想像できる。第四に，では宇沢が主張しているように先進国と途上国で異なる税率を採用した場合はどうなるのか。その場合，全体として二酸化炭素削減費用の効率性が落ちるばかりでなく，低率の炭素税を求めて先進国の企業が途上国に移転することによる途上国での排出増という「漏れ」の問題が生ずる。最後に，ある国が炭素税の効果を軽減するような補助金を導入したり，エネルギー集約産業に減税・免税処置を講じれば，税の効果が相殺されてしまう点を指摘している（山口・関根，2005：12）。

地球炭素税が抱えるこれらの問題点を勘案すると，二酸化炭素排出を削減し，温暖化を防止しうるその他の経済的手法も検討する必要があるだろう。特に京都議定書がその柱としている二酸化炭素の排出削減目標を定め，その枠組で排出量取引を推進する「キャップ・アンド・トレード（Cap and trade）」アプローチは有力な処方箋となりうる。

このアプローチについて，山口と関根は「京都議定書体制は温室効果ガス排出絶対量の削減・抑制を確実に実行できる点で環境効果に優れ，且つ，国際排出権取引を通して初期の目標を最小費用で達成可能とする点で効率的でもある。また国内政策も各国の裁量に任される」として，一定の評価を与えているが，同時に批判も投げかけている。それは第一に，排出上限量の初期配分を行う（キャップをかける）ためには衡平性（納得感）および配分基準の透明性が欠かせないが，その確保が困難なことである。次に，排出権取引に伴う資金の国家間移動である。これは緩やかな初期割り当てを受けた国が合理的な理由なしに膨大な資産の配分を受けたことを意味する。したがって，この体制の下では，ホットエアー（特段の削減努力をしなくても経済停滞などによって生じる余剰排出枠）が生じやすく，売り手国政府は棚からボタ餅的な収入を自由に使えることになりうる（山口・関根，2005：8-10）。

さらに，ノードハウスは，排出量取引と世界共通炭素税を比較し，以下のような排出量取引の問題点を指摘している（Nordhaus, 2005：12-23）。

① 排出量取引の場合，取引価格の変動性がきわめて大きい。すでにSO_2で排出量取引を行っているアメリカでは，その価格が1996年の1トン当たり70ドルが，2005年に同1,500ドルに上昇している。月ごとの変動性は平均10％，年では過去10年で43％に達する。
② 排出量取引では，詐欺（financial finagling）が起こりうる。すなわち，ある企業A社（あるいはA国）が一定の排出削減目標を達成したと宣言し，それを排出権としてB社（あるいはB国）に売却した場合，A社（A国）が本当に排出権価格に見合う削減を達成したのかどうかを正確に監視できなければ，全体としての排出量は増加する。実際にイギリスでは，政府が主

催した炭素オークションにおいて，少なくとも排出削減目標の達成を主張した半数の企業が目標値を達成していなかったことを環境データサービス (Environmental Data Services) の調査が明らかにしている。
③山口と関根が指摘した二つ目の問題点とも関連するが，排出量取引は，排出許可証を発行し，コントロールする主体（たとえば独裁的な政府）が恣意的に許可証を増刷，売却益を着服するなどして私腹を肥やす誘因を与える。

さらに，①でノードハウスが指摘したように，排出権取引価格の変動性が大きいことを利用して，投機マネーが流入し，排出量取引が投機の場に変わりうる可能性も考えなければならない。

ここまで論じてきた地球炭素税構想とキャップ・アンド・トレード制（特に排出量取引）の長所と短所を比較した場合，どちらにも一長一短があることがわかる。しかも，どちらか一つの政策措置だけでは，2050年までに1990年レベルに比して，二酸化炭素排出量を半減するという目標は達成できないだろう。したがって，唯一絶対の処方箋というものはなく，これらを組み合わせたポリシー・ミックス，さらに再生可能エネルギーや省エネ技術など環境技術の開発と普及が求められる。

しかし，このことを前提としながらも，ここではあえて地球炭素税の有効性を強調しておきたい。それは一つには，このアプローチではホットエアーが発生しないからである。また，ノードハウスによれば，現在の京都議定書では2015年時点で2％程度，2075年でも3.5％程度しか世界規模での二酸化炭素の削減ができないのに対し，世界共通炭素税を1トン当たり10〜20ドルで実施した場合，2015年で13％程度，2075年では40％以上削減できるとの試算を行っていることも無視できない (Nordhaus, 2005：27；Shapiro, 2007：24-25)。そして，これは次章で検討するが，世界共通炭素税にせよ，比例的炭素税にせよ，グローバル・タックスを導入することによって，グローバル・ガヴァナンスが変容する可能性，とりわけその透明化と民主化が促進されうることからも，地球炭素税は有益な処方箋となろう。

（4） 地球炭素税は実現可能か？

ノードハウスは，排出量取引よりも炭素税の方がすぐれた政策であり，諸政策を調整し，温暖化を緩和させる強力な処方箋であると論じているが（Nordhaus, 2005 : 23），最大の問題は，山口と関根が指摘しているように，実現可能性の問題だろう。ここでは，この問題についてEU共通炭素税と，スイスの地球炭素税の提案を事例に検討してみたい。

1991年10月14日にEU委員会はEU共通炭素税（European Union Carbon Tax）を提案した。バーナード・ハーバー（Bernard Herber）とホセ・ラガ（Jose Raga）によると，この税は次のような特徴を持っている（Herber & Raga, 1995 : 260-262）。

①この税は炭素税とエネルギー税からなり，その割合は半々である。
②1993年から2000年にかけて，税率を毎年上げる。1993年は石油に対して1バレルにつき3ドルを，2000年には同10ドルにする。
③加盟国は独自に炭素税を実施するが，EU共通の枠組と同じ税率を採用する。税収は各国の自由裁量に任せられる。
④税制中立である。
⑤もしアメリカや日本などの主要な国々が同様の二酸化炭素排出削減策をとらない場合，セメント，化学，ガラス，非鉄金属，パルプ，製紙，鉄鋼など大規模なエネルギー集約型産業に対して免税を行う可能性を残す。

ハーバーとラガは，EU共通炭素税について，①エネルギー税を含めた炭素税なので，純粋に化石燃料に課税する「純粋」炭素税に比べて二酸化炭素排出削減効果が減少する点，②各国の二酸化炭素吸収能力（特に森林保全）を考慮していない点，③この税はあくまでもEU内で実施が検討されているので，地球規模での効果が限られると同時に，EU以外の国々に「ただ乗り」を許してしまう点，④そのためエネルギー集約産業への免税を認めている点，⑤低所得者層に対する税の逆進性がある点を批判している。しかし同時に，この税制度はピグー税（外部不経済の内部化）と「汚染者負担の原則」を体現するもので

第7章 グローバル・タックスの導入へ向けて

あり、地球温暖化に対処する上で、大きなインパクトを与えうると指摘している（Herber & Raga, 1995：262）。

EU共通炭素税は、1992年に開催された国連環境開発会議（リオ・サミット）に先駆けて、EUが二酸化炭素の排出を2000年までに1990年レベルに安定させることを宣言した際の有力な政策と見なされており、採択される機運はきわめて高かった。しかし、リオ・サミットの場で採択された国連気候変動枠組条約に関し、アメリカが削減目標を設定することを拒否したため、EU委員会はアメリカと日本が同様の税制度を制定しない限り、EU共通炭素税を棚上げせざるを得なくなった。またEU内部でも、長らく抜け出せない不況の折、環境よりも短期的な経済問題の解決への要請が強まっていたのみならず、東欧や旧ソ連諸国の加盟が環境問題への意識を逸らせていった（Herber & Raga, 1995：264-265）。

これらの要因で、EUはいまだにEU共通炭素税を実施できず、そのかわりに2005年1月にEU排出量取引制度（EU's Emissions Trading Scheme）を発足させた。しかし、先に見たように排出量取引制度は炭素税と比べて問題が多く、これがうまく機能するかどうかは定かではない。それ以上に問題なのは、EUが共通炭素税の導入を踏みとどまったのは、アメリカ、日本などの経済大国が炭素税制度を実施しなかった面が大きい。すなわち、地球炭素税実現は政治問題であり、特に地球規模問題の解決のためにグローバルなガヴァナンスをどう構築するかという問題につながるのである。

その意味で、『スターン・レヴュー』を執筆した元世界銀行のエコノミストであるニコラス・スターン（Nicholas Stern）やノーベル経済学賞受賞者のジョセフ・スティグリッツ（Joseph Stiglitz）、ハーバード大学のリチャード・クーパー（Richard Cooper）やジョン・ホールドレン（John Holdren）などが地球炭素税の有効性や必要性について強く主張し、コフィー・アナン前国連事務総長の諮問機関であった「開発資金に関するハイレベル・パネル」やフランスの前大統領ジャック・シラクによって創設されたランドー・グループ、国連大学世界開発経済研究所（United Nations University-World Institute for Development Economics Research）の報告書でも、地球炭素税が推奨されているのは、特筆

に値する (High-Level Panel on Financing for Development, 2001 ; Landau Group, 2004 ; Atkinson, 2004)。

　このような流れの中で，後述するリーディング・グループが，2006年2月28日〜3月1日に開催された「連帯とグローバリゼーション――革新的開発資金メカニズムに関するパリ会議」の場で創設され，グローバル・タックスに加えて，「革新的資金と環境 (Innovative Financing and Environemnt)」というテーマを設定し，議論を続けている点は注目される。ここでは，航空燃料税や船舶税など，グローバルな交通手段に課税し，その税収を温暖化対策に充てていくという構想に加えて，排出量取引の排出権に課税をするという構想をドイツ政府は提案している。[4] これらは上述の地球炭素税とは少し性質が異なるかもしれないが，温暖化対策のためにはグローバルな課税が必要であり，その税収を温暖化が引き起こす悪影響に対処するための費用として充当していくことができるという認識を高め，その具体案を提示しているという意味で，今後の動向が注目される。

　さらに注視すべき動向は，2008年8月21日，ガーナの首都アクラで開催された「国連気候変動枠組条約下での長期的協力の行動のための特別作業部会 (Ad hoc Working Group on Long-term Cooperative Action under the Convention)」において，スイス政府が提案した「地球（二酸化）炭素税 (Global CO_2 Levy)」構想である（以下，The Government of Swiss, 2008）。スイスはすでに2006年にナイロビで開催された第12回気候変動枠組条約締約国会議，そして2007年にバリで開催された第13回気候変動枠組条約締約国会議において，気候変動の適応資金のための地球炭素税を提案していたが，今回の構想は税収とその分配にかかわる部分をさらに発展させ，再提案されたものである。

　スイスの地球炭素税の目的は，締約国が気候変動政策やプログラムを実施する資金，とりわけ途上国の適応策資金を捻出することであり，基本原則は「共通だが差異ある責任」である。この構想は世界で統一的な炭素税の導入を謳っており（世界共通炭素税タイプ），具体的には，すべての化石燃料を対象に，二酸化炭素1トン当たり2ドルの税率で課税する。ただし，基本原則に基づいて一人当たり二酸化炭素排出量が1.5トン以下の低所得国は課税を免除される。

第7章 グローバル・タックスの導入へ向けて

表7-1 地球炭素税の税収, MAF, NCCFへの拠出

	一人当たり年間所得／ 一人当たり二酸化炭素排出量	税収	MAFへの 拠出	NCCFとMAFから 得られる総額
高所得国	20,000ドル以上	234億ドル	140億ドル	94億ドル （NCCFのみ）
中所得国	15,000ドル以上20,000ドル以下	251億ドル	44億ドル	391億ドル（NCCFと MAFの合計額）
低所得国①	15,000ドル以下で,1.5トン以上			
低所得国②	15,000ドル以下で,1.5トン以下	免税	ゼロ	

出典：The Government of Swiss (2008): Table S-1をもとに筆者作成。

　税収はトータルで485億ドル（4兆8,500億円）と試算されているが，これらは2つの基金に振り分けられる。一つは低・中所得国における適応策支援のための多国間適応基金（MAF：Multilateral Adaptation Fund）であり，いま一つは国内の温暖化対策のための国別気候変動基金（NCCF：National Climate Change Funds）である。

　「共通だが差異ある責任」に基づいて，高所得国（一人当たり年間所得が20,000ドル以上）は税収の60％（140億ドル）をMAF，40％（94億ドル）をNCCFへ納める。他方中所得国（一人当たり年間所得が15,000ドル以上20,000ドル以下）は税収の30％をMAF，70％をNCCFに納税する。そして，一人当たり年間所得が15,000ドル以下で，一人当たり二酸化炭素排出量が1.5トン以上の低所得国は15％をMAF，85％をNCCFに納税する。

　その結果，MAFは年間およそ184億ドル（うち，高所得国が140億ドルを支出）の財源を得，低・中所得国はMAFとNCCFを通じて，年間約391億ドルの適応対策のための資金を得ることになる（表7-1参照）。

　このスイスの地球炭素税構想は，二酸化炭素1トン当たり2ドルという低率で課税するため，それによる二酸化炭素削減効果については大きな期待はできないかもしれないが，年間485億ドルという大きな税収を生み出すのみならず，高所得国から低・中所得国へ年間およそ140億ドルの富の再分配を促す点で，宇沢の提唱する比例的炭素税のようにグッズ減税・バッズ課税的要素はある程度満たしている。さらに，この地球炭素税構想は，高所得国，中所得国，2種類の低所得国とカテゴリーを細かく分類し，とりわけ最貧国の税を免除したこ

とで，世界共通炭素税でありながら，途上国に対してより公正で，受け入れやすい制度設計になっている。

この構想では，MAFやNCCFがどのような機構を持ち，どのように運営されるのかについての記載，すなわちガヴァナンスについての詳細が不明という問題はあるが，きわめて優れた構想であると考えられる。

先に見たように，フィンランド，オランダ，デンマーク，スウェーデン，ノルウェー，スイス，ドイツ，イギリス，イタリアなど一国レベルでの炭素税の導入は成功している。さらに，スイスが優れた地球炭素税の提案をしている。したがって，地球炭素税の実現可能性については，IPCC第4次報告書が世界に与えたインパクトの中で，いかに各国レベルで炭素税導入の機運が高まるか，そして，ポスト京都議定書の議論にいかにリーディング・グループの議論やスイスの提案が影響を与えることができるかがポイントとなるだろう。また，リーディング・グループで議論されている国際連帯税と気候変動枠組条約で議論されている途上国支援という2つのフレームワークをいかに正の相乗効果が生まれるような形で融合させていくかということが今後の動向を決めていくといえるだろう。その意味で，スイス政府の地球炭素税が「適応資金におけるグローバルな連帯のためのスイスの提案 (A Swiss Proposal for *global solidarity* in financing adaptation)」という名で提案されていることに注目しておきたい。なお，この点において，実は日本が鍵を握りつつあるという議論については後述する。

3　通貨取引税

次に，第3章第4節で論じた巨大化するグローバル金融に対応する一つの処方箋として，通貨取引税（CTT：Currency Transaction Tax）を取り上げ，その起源と進化，批判と実現可能性について考察する。その後，通貨取引税の「亜種」である通貨取引開発税（CTDL：Currency Trasaction Development Levy）を紹介し，通貨取引開発税の実現に向けての最新の動向を検討したい。

第 7 章 グローバル・タックスの導入へ向けて

（1） 通貨取引税の起源と進化

　通貨取引税の起源は，ノーベル経済学賞受賞者であるジェームズ・トービン（James Tobin）が考案したトービン税（Tobin Tax）にある。1971年8月のニクソン・ショックによってブレトンウッズ体制が終焉し，1973年に国際通貨システムが変動相場制へ移行した。トービンは，変動相場制がもたらす外国為替市場の急激な変動性（Volatility）と，その影響で各国の経済政策の自律性が失われることを懸念し，外国為替市場の安定と各国の経済政策の自律性を確保する目的で，1972年にトービン税を提案した。これは，すべての外国為替取引に低率（0.5～1%）の課税を行い，短期の投機的取引を抑制するという構想であった（Patomäki, 2001：110 ; 諸富, 2002：144-145 ; Jetin, 2002：7-13 ; 北沢, 2003：170-171 ; 金子, 2006：240-241）。

　トービン税構想は，金融業界からの強い反対のみならず，市場を重視する主流派経済学からの忌避，課税の技術的困難さのため，20年以上にわたってほとんど放置されたままであった。しかし，1987年10月の「ブラック・マンデー」と呼ばれるニューヨーク株式市場の大暴落，1992年の欧州通貨制度危機，1994年のメキシコのペソ危機など，度重なる通貨・金融危機は，市場への何らかの規制が必要であることを広く世に示した。他方，1982年8月のメキシコ債務危機の表面化や，すでに1970年代から始まっていたサブ・サハラ以南アフリカの飢餓問題に対して，世界のミュージシャンが立ち上がってチャリティーコンサートを企画し，1985年7月に「ライブ・エイド」が開催されたことなどは，多くの途上国が抱えている累積債務問題や貧困問題の深刻さを白日の下にさらすこととなった。

　この通貨危機の対応策として，そして貧困問題解決のための財源として，長らく放置されていたトービン税が再び脚光を浴びるようになったのである。1994年に国連開発計画（UNDP：United Nations Development Programme）が出版した『人間開発報告（*Human Development Report*）』の中で，途上国の貧困問題を解決する財源としてトービン税による税収が提案され，1995年3月に開催された国連社会開発サミットでは，前述のとおり，最後は先進国の強い反対によって決議から取り消されたものの，トービン税導入が決議の草案に盛り込ま

れた。さらに，1997年7月にタイで始まったアジア通貨危機は，トービン税の導入を求めるNGOや社会運動によるグローバル・キャンペーンを拡大する契機となった（北沢，2003：170-175；金子，2006：241-246）。

このような展開の中で，トービン税自身も進化を遂げていく。まず，税収とその使途の見直しである。トービン自身は，トービン税の目的はあくまでも為替市場を安定させ，各国の経済政策の自律性を確保することであり，税収は「副産物」にすぎず，IMFや世界銀行が管理すればよいと考えていた（Jetin, 2002：14；諸富，2002：143）。しかし，その後，トービン税が生み出すであろう税収はトービン税の新たな支柱となり，使途をめぐる議論はそれを管理・運営するためのグローバル・ガヴァナンスのあり方を模索する発端となった（諸富，2002：161-162）。

また，税率と課税方法にも進化が見られた。トービンは，すべての為替取引に一律0.5～1％程度の課税を行うことを提案していた。しかし，これに対して2つの批判が加えられた。一つはこの程度の税率では大規模な投機を抑えきれないというものであり（Jetin, 2002：64），いま一つは逆にこの程度の税率でも市場を歪め，為替取引に大きな影響を与え，流動性が著しく低下し，その目的とは逆に市場が不安定になるという批判である（Atkinson, 2004：14）。

このジレンマに明快な解決策を与えたのが，ドイツのフランクフルト大学教授で，IMFのアドバイザーであったパウル・シュパーン（Paul Bernd Spahn）であった。彼はトービン税を再定式化し，通常の為替取引に対しては低い税率（0.005～0.01％）をかける一方（1階部分），設定した変動幅を越える取引に対しては高率の税（たとえば80％）をかけ（2階部分），投機を抑え込みつつ，一定の税収を確保する二層課税である「通貨取引税」を提案したのである（Spahn, 1995；諸富，2002：157-160；Jetin, 2002：59-68；北沢，2003：176；金子，2006：247）。

この2階部分への課税によって，通貨取引税は投機的取引を減少させ，トービンのいう国際金融市場の「油が十分に差された車輪に砂を噛ませる」ことを可能にし，外国為替市場を安定化させる装置（サーキット・ブレーカー）となりうる。同時に，1階部分の課税によって安定的な税収を上げることができ，

グローバル公共財の供給に使うことが可能になるというわけである（フィッシャー＆ポニア，2003：66-67）。

通貨取引税の実施により，実際にどの程度の税収を得ることができるのかということについてブリュノ・ジュタン（Bruno Jetin）は，税率0.1％の通貨取引税を実施した場合，それによる通貨取引の減少や租税回避を考慮したとしても，2001年度で年間800億ドル，2004年度で1,250億ドルと試算し，およそ1,000億ドルの税収が見込まれることを明らかにしている（Jetin, 2006；Jetin, 2007：106-108）。

つまり，通貨取引税は，投機的取引に課税することで（バッズ課税）金融資本の暴走的動きを抑制し，外国為替市場を安定させ（バッズ課税による正の効果），その税収をグローバル公共財の供給にまわすことでグローバル公共善の実現に貢献できる（グッズ減税）という意味で，二重の効果が期待できる優れた処方箋であるといえよう。

（2）　通貨取引税に対する批判

しかしながら，通貨取引税に対しては多方面から批判が投げかけられている。先述の市場を歪めるという批判とともに，おそらく最も頻繁に投げかけられる批判の一つは，世界の資本は課税を嫌って通貨取引税が実施されている国，地域，市場から，実施されていない所へ逃避するから，通貨取引税はすべての国が一斉に実施しないと成立しない。そしてそれは不可能であるというものである。この批判に対してジュタンなどは，確かにすべての国が参加する方が望ましいが，近年の技術的進歩により通貨取引税は各国ベースで実施が可能になったこと，そして，ある一定の国々が実施に合意すれば，十分に実施可能であると反論している。この「ある一定の国々」の規模について，ヘイッキ・パトマキ（Heikki Patomäki）は「最低30ヶ国，国際金融市場での占有率20％以上」と主張している（Patomäki, 2001：164）。

その根拠として，ジュタンは世界の為替取引の割合を上げている。2001年時点で，アメリカが15.7％，日本が9.1％であるのに対し，ユーロ・ゾーンが14.8％，イギリスが31.2％，スイスが4.4％を占めている。したがって，もし

アメリカが通貨取引税を実施しなくても、世界の通貨取引の50％以上に課税できる。その後EUは2001年の15ヶ国から、2007年1月には27ヶ国に拡大しているので、仮にイギリスが参加しなくても、EUとスイスさえ合意すれば実施できる可能性もある（Atkinson, 2004：14）。しかも、通貨取引税を交渉地ではなく、支払地において課税すれば、イギリスも含めて通貨取引税に参加していない国々にディーリングルームを移転したとしても課税は免れ得ない（Jetin, 2002：199-213）。また、アンソニー・アトキンソン（Anthony B. Atokinson）が議論しているとおり、通貨取引税が為替市場を安定させるという本来の役割を果たせば、ユーロはより価値が上がり、逆に資金が流入する可能性があることも指摘しておく必要があるだろう（Atkinson, 2004：14）。

それでも、通貨取引税を実施した国、地域、市場から完全に資金の流出を止めることは不可能だろうし、税のかからない別の金融取引に資金を移してしまうことも考えられる。それを防ぐためにはあらゆる形態の金融取引に対して課税していくことが必要になる（諸富, 2002：156-157）。この点については、現在イギリスが株式の購買に対して0.5％の印紙税をかけ、毎年70億ドルの税収を上げているほか、ブラジル、コロンビア、ペルー、ヴェネズエラ、アルゼンチン、エクアドル、インド、ギリシャ、フィンランドなど世界の32ヶ国が現実に金融取引税を実施していることは記されておかねばならない（Hillman et al., 2006：13, 15, 43）。

最後に、そもそも通貨取引税は技術的に実施が不可能なのではないかという批判に対して、ジュタンらは、現在通貨取引はほぼ電算化されており、税のほとんどを捕捉し、正確に計算できることを明らかにしている。特にSWIFT (Society for Worldwide Interbank Financial Telecommunications、国際銀行間金融通信協会）というメッセージング・システムにより為替取引の特定と課税に必要なすべての情報を得ることが技術的に可能になり、クリアリングハウスという銀行間、金融機関間でのネットの差額を計算し、決済を執り行う仕組みと、RTGS（Real-Time Gross Settlement、即時グロス決済。取引毎にそのつど一件ずつ個別に決済を行う方法）という先進各国の中央銀行が主導する国内支払決済システム、さらにはCLSB（Continuos Linked Settlement Bank、多通貨同時決済銀行）

第7章　グローバル・タックスの導入へ向けて

という世界の主要銀行間の国際的クリアリングハウスの創設によって，為替取引を含む金融取引のほとんどが各国の中央銀行で捕捉，徴税可能になっていると論じている（Jetin, 2002 : 137-183 ; Hillman et al., 2006 : 13, 18-23）。

これに対し，後述の地球環境税等研究会の中で，以下のような技術的困難が示されている。それはまず，徴税システムの組み合わせ自体が複雑であり，かつ，複数取引のネットアウト（相殺取引を行うことで，グロス（正味）の取引を捕捉できなくなるようにすること）はどんな方法を用いても捕捉できないという困難であり，次に，CLSB等現行の制度では一部の取引は捕捉がむずかしく（バイラテラル・ネッティング等），公平性の確保には技術的な課題が大きいというものである（地球環境税等研究会, 2009）。[5]

これは一つには，たとえ低率であっても通貨取引税が実施されれば，SWIFTやCLSBを経由しない取引を行う主体が出てくるのみならず，一部の取引はノンデリバラブル・フォーワード（NDF : non-deliberable forwards. 元本の資金を受け渡ししない先物取引。つまり，通貨の交換をしない取引）に移り，グロスの取引は捕捉できず，ネッティング（相殺取引）されたものにしか課税できなくなるということだと考えられる。[6]

これらの批判に対し，元リーマン・ブラザーズのトレーダーであったカプールは，NDFのような取引は以下の2つの理由で経済的ではないと主張している。それはまず，これらの取引は原となる通貨を正確に反映した取引とならない根本的なリスクがある（価格差リスク）。次に，これらの取引を行うほとんどの主体は，ヘッジすることなしに，契約したものを売ることはない（価格変動リスク）。すなわち，ヘッジをした時点で，結局は課税されるというものである（Kapoor, 2007b : 4）。

また，日本銀行調査局，金融研究所，考査局，国際局を経て，現在明治大学で金融機関論を担当する折谷吉治教授は，「基本的に，CLSBですべての為替取引は捕捉できる」と論じるとともに，「確かにネッティング（相殺取引）による租税回避は避けられないが，それは規制をすればよいだけのこと」と主張している（上村, 2009c : 28）。[7]

このように，通貨取引税が技術的に実施可能であるかどうかは現在のところ

意見が割れているが，前述のランドー・グループや国連大学世界開発経済研究所の研究でその実施可能性が確認されていること（Landau Group, 2004 ; Atkinson, 2004)，また，技術的可能性についてさらに詳しく検討するための作業グループの創設が，2009年5月28日，29日にパリで開催された第6回リーディング・グループ総会で合意されていることは注目に値する。この総会については後述することとしたい。

（3） 通貨取引税実現に向けての各国の動向

この理論的には大きな可能性を持った通貨取引税であるが，現実化する見込みはあるのだろうか？ 残念ながら，炭素税のように，一国レベルにおいてさえ，現実化している事例はない。しかし，1999年3月にカナダ議会は，「下院の意見として，カナダ政府は国際社会と協調して，金融取引に課税する税を制定すべきである」というローン・ニストロム（Lorne Nystrom）議員の動議を採択している（Patomäki, 2001 : 121)。また，アメリカでも，2000年4月に，ピーター・デファジオ（Peter DeFazio）下院議員とポール・ウェルストーン（Paul Wellstone）上院議員により，以下の決議案が議会に提出されている。それは，「アメリカは国際社会と協調して，投機を抑制するために短期の国境を越える外国為替取引に課税する取引税を制定することにより，リーダーシップを示すべきであるというのが上院・下院の意見である。そのようなトービン税に類する税の適用は，世界の大多数の国々との協調の下，完全に透明でアカウンタブルな方法でなされるべきである。税収は緊急のグローバルなニーズに使われる」というものであった。ラテンアメリカでは，アルゼンチンが2001年5月に，15人の国会議員が通貨取引税の創設を求める決議案を提出している（Jetin, 2002 : 191-199)。

しかし，最も通貨取引税の現実化に近づいたのは，ヨーロッパ諸国であった。2001年11月にフランス下院は，0.01〜0.1％という単一税率（1段階）の通貨取引税を創設する法案を，他のEU諸国が同様の税制を導入することを前提に可決した（Jetin, 2002 : 194-195)。ベルギーでは，2002年3月に二段階通貨取引税法案（1階部分が0.02％，2階部分が80％）が議会に提出され，実施はEU各

第7章　グローバル・タックスの導入へ向けて

国の導入に合わせることを条件に，同法案は2004年7月に議会で採択された（Jetin, 2002：194-195；Wahlberg, 2005：2；金子，2006：252-253）。

　一番最近の事例はイタリアである。イタリア外務省経済金融多国間協力部長のジョルジオ・ノヴェッロ（Giorgio Novello）によると，イタリアでは，通貨取引税に関して次の6段階の進展を経てきた。まず2001年から2006年の間に5本の通貨取引税法案が議会に提出された。5本中4本は議員立法であったが，1本は2002年7月に市民社会から提案された法案であり，「ヨーロッパ通貨取引税について調査し，具体的な案を作成する委員会を首相府の下に創設すること」を要求していた。その後，2004年12月に前述のパウル・シュパーンと，当時フランス会計検査院院長であったジャン・ピエール・ランドー（Jean Pierre Landau）が参加して大規模な調査と公聴会が開催され，通貨取引税実現に向けての機運が高まったのが第二段階であった。

　第三段階では，政権交代に伴い，5つの法案が廃案となったため，2006年9月，10月に，新たに2本の通貨取引税に関する法案が上院と下院に提出された。その法案は，為替市場の安定と税収をODAに使うという2つの目的を明確に謳っていたが，これらの法案がユニークなのは，イタリア単独でも実施を開始するという内容であった。ただし，少なくとも6ヶ国のEU諸国，もしくはユーロ・ゾーンが実施を始めるまでは税率は0％に据え置き，どちらかが満たされた場合に0.1％に引き上げるとしていたことである。つまり，たとえ税率が0％であっても（つまり実質的な効果はなくても），一旦通貨取引税の制度を導入しておけば，後は政府レベルで税率が決定できる，という意図を持っていたのである。しかし，のちにこの法案は廃案となった。

　その後，第四，第五の進展として，通貨取引税に関する省庁間委員会が創設され，2007年3月に「経済と労働に関する国家審議会」が国際セミナーを開催し，通貨取引税について議論が交わされた。そして，最新の進展として，2007年7月31日に，2002年7月に提出された市民案と同じく，ヨーロッパ通貨取引税について調査し，報告書を作成する委員会を首相府の下に創設することを政府に要請する動議が可決し，政府，学識者，NGOなど多様なアクターから構成される委員会が設立されることとなった。[11]

このように，各国議会で通貨取引税法案が提出され，一部では可決を見たものの，EU各国の法案は「他のEU諸国が同様の措置を採用した場合に」という前提条件がついている。すなわち，他国が通貨取引税を実施しなければ，少なくともEU諸国が実施しなければ，通貨取引税は日の目を見ないという結果になっている。その意味で，通貨取引税の実現可能性は現在のところ高いとはいえない。

4 通貨取引開発税

そこで注目されるのが，これまで何度か触れてきた革新的開発資金に関するリーディング・グループの動向である。このグループは2006年3月にパリ会議で創設されて以来，同年7月にブラジル，2007年2月にノルウェー，2007年9月に韓国，2008年4月にセネガル，2008年11月にギニア，2009年5月にフランスで6回の総会を開催しているが，その中で浮上してきている革新的資金メカニズムの構想の一つが「通貨取引開発税（CTDL：Currency Transaction Development Levy）」である。以下では，CTDLが出現した背景，定義，トービン税との違い，税収，実現に向けての動きを検討する。

(1) 通貨取引開発税出現の背景

第2回リーディング・グループ総会（オスロ会議）にあたり，議長国のノルウェー政府は，通貨取引税の実現を活動の一つの柱に掲げるイギリスのNGOネットワーク，スタンプ・アウト・ポヴァティ（SOP：Stamp Out Poverty）に，参加国が通貨取引税を議論できる叩き台を作成するよう要請した。その要請に従って，デイヴィッド・ヒルマン（David Hillman），ソニー・カプール（Sony Kapoor），ステファン・スプラット（Stephen Spratt）は，『次のステップに向けて――通貨取引開発税を実施する（*Taking the Next Step : Implementing a Currency Transaction Developent Levy*)』と題する報告書を執筆し，オスロ会議の正式な文書として参加者全員に配布され，会議でも報告された（Hillman, et al., 2006）。

第7章　グローバル・タックスの導入へ向けて

　この報告書の源は，㈱インテリジェンス・キャピタル調査部長のステファン・スプラットが2005年に執筆し，スタンプ・アウト・ポヴァティから刊行された『スターリング・ソリューション――国際開発資金のためにポンド印紙税を実施する（*A Sterling Solution : Implementing a stamp duty on sterling to finance international development*）』にある（Spratt, 2005）。この報告書が提案しているポンド印紙税は，国連ミレニアム開発目標達成に際し，不足する資金ギャップを埋める革新的資金源の一つとして提示されたものである。

　このポンド印紙税の最大のポイントは，ある一定の国々の共時的な実施を要請するトービン税や通貨取引税とは異なり，一つの国が単独かつ一方的に実施できる点にある。『スターリング・ソリューション』は，デリバティブも含めて世界中で展開されているポンド取引に対して，市場に負の影響を与えることも，租税の回避が行われることもなく，イギリスが単独で印紙税を課すことができ，しかも大きな税収を得ることができるということに焦点をおいて議論を展開している。同時に，ポンド以外の通貨であっても，電算化された取引が行われている通貨であれば，同じような印紙税を一方的に実施できることも明らかにしている（Spratt, 2005）。

　翌年の2006年に刊行された『次のステップに向けて』は，この『スターリング・ソリューション』をベースにしながら，従来のトービン税や通貨取引税に対する根強い反対や批判をいかに乗り越え，通貨取引に対する課税を実現するかという筆者たちの苦悩と工夫の数々が行間から読み取れる。以下では，『次のステップに向けて』を中心に，CTDLの詳細について考察しよう。

（2）　トービン税との3つの違い

　通貨取引開発税（CTDL）とは，「ある特定の通貨にかかわるすべての外国為替取引に，それが世界のどこで行われていようとも，0.005％の税を課す仕組み」である（Hillman, et al., 2006 : 17）。このCTDLについて，まず彼らが強調しているのは，それが「トービン税ではない」ということである。すなわち，報告書はCTDLについて，「それは（トービン税とは）異なった時代に生まれ，異なった税率で提案され，異なった目的で設計されており，トービン税とは根

本的に異なる」とはっきりと述べている（Hillman, et al., 2006：14,括弧内は筆者が挿入）。

　それでは，CTDLはトービン税とどう異なるのだろうか？　まず第一にCTDLがトービン税とは「異なった時代に生まれ」ていることである。ジェームズ・トービンがトービン税を提案した1970年代の外国為替市場の規模は1973年時点で4兆ドルであった。当時は電算化もネットワーク化も金融のグローバル化も進んでおらず，課税対象となる取引の捕捉は大変困難であった。

　その後，金融のグローバリゼーションが進展し，31年を経た2004年時点での外国為替市場の規模は450兆ドルで100倍以上に拡大した。株式市場の出来高は51兆ドル，債券市場に投入されている富は60兆ドルに上り，金融業界は莫大な利潤を計上している（Hillman, et al., 2006：11；Kapoor, 2007b：2）。その結果が，ニューヨークとロンドンの2,000～3,000人の銀行員が毎年受け取る400億ドルのボーナスであり，上位20人の金融市場のプロ（ヘッジ・ファンドや債券のファンド・マネージャー）が毎年獲得する120億ドルの年収，2006年に銀行業界全体で上げた7,500億ドルの利潤である（Kapoor, 2007b：1）。つまり，グローバリゼーション，とりわけ金融の自由化とグローバル化が進む中で，トービン税が提案された30年前とは比較にならないほどの利益を金融業界は得ている。この金融業界に課税し，その税収をグローバリゼーションが深化する中でより困難な状況に陥っている貧しい人々に再分配するという考えは，十分正当性があるのではないかというのが彼らの議論である。

　また技術の進展に目を向けると，これも前述のとおり30年前とは異なり，ITを始めとする驚異的な技術の進展と各国の金融機関の協力によりグローバルな金融ネットワークが形成され，いまや通貨取引も含めてあらゆる金融取引を捕捉することが可能になっている。徴税コストも格段に下がっている。イギリスを例にとると，通貨取引開発税の徴税コストは，所得税の徴税コストの100分の1のコストで済むという。

　さらに，『スターリング・ソリューション』でも強調されている点であるが，技術の進展は，ある1つの国が一方的に自国の通貨取引に課税することも可能にした。この点はその実現性を考察する上で重要なポイントとなる。なぜなら，

第7章 グローバル・タックスの導入へ向けて

トービン税はすべての主要通貨取引に課税することを想定しているがゆえに実現が困難であるという批判を招いていたのに対し，CTDLは１つの国が自国の通貨取引だけに課税することを想定している。もちろん，最終的には世界の多くの国々がCTDLを実施することが望まれるが，理論的にはすべての国の同意や参加どころか，アメリカや日本はもちろんのこと，EUやユーロ圏の参加さえなくても，たとえばポンドだけでCTDLを開始できることになる。この理論的可能性は，通貨取引への課税の実現を大いに高める結果になるだろう。

しかも，その取引がたとえ異なったタックス・ヘイブンに置かれた２つの銀行間の取引でも捕捉ができるようになったとカプールらは主張している（Hillman, et al., 2006：28；Kapoor, 2007b：3）。この点は前章第２節で検討したタックス・ヘイブン対策に重要な示唆を与えるとともに，CTDLが「トービン税が提案された時代とは異なる時代に構想された」という彼らの主張を強く裏付けているといえるだろう。

トービン税との相違の二点目は，これも『スターリング・ソリューション』でも提案されていることだが，CTDLがトービン税とは「異なる税率」を主張していることである。トービン税の目的は，外国為替市場の変動を抑え，各国の経済政策の自律性を回復することであったので，税率も0.5％～１％と高めに設定されていたのに対し，CTDLはその100～200分の１の0.005％しか課税しない。ここまで税率が低いと，市場を歪めるという議論は成り立たなくなる。カプールらはその根拠として，イギリスがポンドにCTDLを一方的に実施した場合，２億ドル規模の取引に対して117ドルのコストしかかからないこと，2003年にペルー政府が0.1％の一般金融取引税を開始したとき，大方の金融機関の予測を裏切って，銀行預金もクレジットも増加していることなどを挙げている（Hillman, et al., 2006：15-16, 25-26）。

また，CTDLを回避するために，他の金融取引に乗り換えるのではないかという批判に対して，カプールはトレーダーとしての自らの経験を振り返りながら，「わずかな取引のコスト（すなわち0.005％の税）を回避するためだけに，追加的なベイシスを取ったり，リスクをヘッジすることなど考えたことさえなかった。もし実際にそんなことをしていたら，私はクビになっていただろう」

と回想している（Kapoor, 2007b：4, 括弧内は筆者挿入）。

なぜならば，CTDLがまったくかからないような金融取引をするためには，究極的にはSWIFT，RTGS，CLSBといった国際為替取引の中核をなすシステムを回避しなければならないからであり，それははるかにコストがかかるからである（Spratt, 2005：5）。したがって，CTDLの実施に伴う資金逃避はほとんど起こらないと論じている。これらの理由から，ヒルマンらは，『スターリング・ソリューション』と同様に，たとえCTDLを1ヶ国で一方的に導入しても，市場へのネガティブな影響も，資金逃避も起こらないであろうと結論づけている（Spratt, 2005：35-44；Hillman, et al., 2006：28-29；Kapoor, 2007b：4）。ただし，ロドニー・シュミット（Rodney Schmidt）が，0.005％のCTDLを円に課した場合，円の為替取引量が14％低下するとの試算を行っていることは銘記しておくべきであろう（Schmidt, 2007：7, 14）。[12]

CTDLがトービン税とは異なるという第三の理由は，それが「異なった目的で設計されて」いるからである。外国為替市場の安定を目的とするトービン税とは異なり，CTDLの目的は，グローバリゼーションの勝者であり，莫大な利益を得ている金融業界の富のほんの一部を，グローバリゼーションから取り残され，あるいはその悪影響で貧しいままの人たちに再分配し，彼らの発展に資することである（Hillman, et al., 2006；Kapoor, 2007b：3）。だからこそ，彼らはきわめて低い税率を提案し，少しでも実現可能性を高めようとしているのである。

これらの「工夫」の結果，イギリス財務省をして，「技術的にいって，CLSBや15の通貨のCLSB決済を通じて，一方的にポンド通貨取引税を行うことは可能である」と言わしめ，ノーベル経済学賞受賞者であるジョセフ・スティグリッツをして，「0.005％レベルの通貨取引開発税は技術的に可能である」と言わしめている（Kapoor, 2007b：4-5）。

（3）　通貨取引開発税の税収

それでは，CTDLではどの程度の税収を上げることができるのだろうか。もちろん税率によって税収は異なるが，『次のステップに向けて』はイギリスが

第7章 グローバル・タックスの導入へ向けて

表7-2 CTDLの潜在的な年間税収

SSD rate	イギリス・ポンド市場	ノルウェー・クローネ市場	ユーロ市場
1%	4,154億8,000万ドル	342億2,000万ドル	9,091億7,000万ドル
0.1%	415億5,000万ドル	34億2,000万ドル	909億2,000万ドル
0.01%	41億5,000万ドル	3億4,000万ドル	90億9,000万ドル
0.005%	20億8,000万ドル	1億7,000万ドル	45億5,000万ドル

出典：Hillman, et al.（2006：24）．

ポンドで，ノルウェーがノルウェー・クローネで，そしてユーロ圏がユーロでCTDLを一方的に実施した場合，以下のような税収が見込まれると試算している（表7-2参照）。

イギリス・ポンド，ノルウェー・クローネ，ユーロの3通貨が，0.005％の税率で一方的にCTDLを実施した場合の税収の合計である68億ドル（6,800億円）は，通貨取引税が0.1％の税率で世界的に実施された場合の税収であるおよそ1,000億ドル（10兆円）にはまったく及ばないが，もし将来的に他国がCTDLに参加したり，税率を上げることができた場合は，当然のことながら税収も増加する。たとえば，スタンプ・アウト・ポヴァティが試算した12ヶ国・地域（アメリカ，ユーロ圏，日本，オーストラリア，スイス，カナダ，香港，スウェーデン，ノルウェー，デンマーク，シンガポール，ニュージーランド）で0.005％の通貨取引開発税を実施した場合の税収は，5％の取引高の減少を加味しても，350億7,000万ドル（3兆5,070億円）となる（Stamp Out Poverty, 2006）。

他方，通貨取引開発税の税率を0.01％まで上げることができた場合，イギリス・ポンド，ノルウェー・クローネ，ユーロの3市場の合計税収は135億8,000万ドル（1兆3,580億円）になる。この額は，国連ミレニアム開発目標達成のための必要な年間追加予算の500億ドルのおよそ27％にあたり，大きな貢献となりうる。もし仮に0.1％まで税率を上げることが可能になった場合は，3通貨の合計だけで1,359億ドル（13兆5,900億円）となり，0.1％の通貨取引税の税収見込みを上回るのみならず，ドルや円がこれに参加した場合は，通貨取引税よりも多くの税収を得ることができる。

シュミットは，既述のとおり，円に対するCTDLの実施により円の取引量が

14％低下すると論じているが，この取引量の低下を念頭に置きながら，税収の試算を行っている。それによると，ドルに0.005％のCTDLをかけた場合は283億8,000万ドル，ユーロの場合は122億9,000万ドル，円の場合は55億9,000万ドル，ポンドの場合は49億8,000万ドル，そして，主要な通貨にCTDLを実施した場合は，334億1,000万ドル（3兆3,410億円）の税収となる（Schmidt, 2007：9-10）。

これらの試算から，CTDLの税収は通貨取引税に比べると低いものの，それでも比較的大きな資金が生み出されること，特に将来実施国が増えたり，税率を上げることができた場合は，通貨取引税以上の税収が上がることが理解できる。

そして，たとえ0.005％の税収でも，①清潔な水の供給と衛生状態の改善，②保健分野の人材育成，③国連緊急対応中央基金（United Nation Central Emergency Response Fund）への支援を実施することができると報告書は論じている（Hillman, et al., 2006；34；Kapoor, 2007a：4）。

このように，CTDLは，一方で金融市場を安定化させるという「バッズ課税」の側面は非常に弱まり，税率も低いために通貨取引税のような税収を上げることはできない。しかし他方で，「グローバリゼーションの勝者から敗者への富のグローバルな再分配」という重要な目的を現実化させることができるのみならず，通貨取引税よりも格段と実現可能性が高いという意味で，有益な処方箋といえるだろう。

しかも，CTDLの税収（の一部）を超国家機関が効果的に管理する制度設計ができれば，それが生み出す資金は，各国の政治的・経済的状況に供給量も供給期間も規定される予測不可能で，不安定な政府開発援助と異なり，予測可能かつ安定的であるので，長期的な支援が必要とされる分野への援助資金として最適なものとなろう。

さらに，CTDLは通貨取引税を実現するための大きな布石となりうることも付言しておきたい。もちろん，そのためには明確な戦略を持つことが必要となる。まず一番実現が容易で，抵抗感の少ないCTDLの実現に全力を尽くし，実現できた暁には参加国を増やすことに力を注ぐ。続いて，CTDLの導入が市場

を歪めるような影響を与えていないことが確認できた時点で，今度は各通貨で変動幅の上限・下限を議論，設定し，その変動幅を超えた場合にサーキット・ブレーカーの役割を果たす通貨取引税の2階部分の高率の税を導入し，投機的取引を抑え込み，市場の安定化を図る。そして，課税から確実に上がってくる税収の有効利用と，市場の安定化作用の実績を持って，さらに参加国を増やしながら，税率も少しずつ上げていく。このような戦略をとることで，CTDLからCTTへの移行の展望が開かれると思われる。

以上の意味で，CTDLが実現するかどうかはまさに通貨取引税実現の生命線であろう。そこで，この章の最後に，イギリスと日本を事例にCTDLの実現に向けての動きを見ておこう。

（4） CTDLの実現に向けて──イギリスの動向

通貨取引開発税の実現に関連して，2007年11月6日，イギリス議会で大きな出来事があった。イギリス議会において最も活動的かつ最大級の議員連盟の一つで，およそ200人の下院議員と上院議員から構成される「債務，援助，貿易に関する超党派議員連盟（APPG：The All Party Parliamentary Group for Debt, Aid and Trade）」が，『ミレニアム公約を達成する（Meeting the Millennium Promise）』と題する革新的開発資金源に関する報告書を発表し，国連ミレニアム開発目標の達成に必要な資金源として，0.005％の税をポンド取引（通貨取引）に課すポンド印紙税（SSD：The Sterling Stamp Duty）を導入するよう，イギリス政府に強く求めたのである。[13]

同連盟の議長であるアン・マッケチン（Ann McKechin）下院議員は，「報告書の目的は，ポンド印紙税に関して，学界，NGO，金融の専門家，イギリス政府，諸外国政府の意見を，文書と口頭で収集し，ポンド印紙税に対する見解を探ることであった」と述べた上で，「ポンド印紙税が効果的であるためには，同税が容易，安価に実施でき，世界中のポンド取引の大部分に課税できなければならない。また，同税の回避を招いたり，イギリスの貿易やロンドン金融市場に悪影響を与えたりしない程度の税率に設定しなければならない」との鍵となるポイントを紹介している。そして，結論として，「この調査のために収集

したあらゆる証拠や証言をくまなく勘案したが，提案された税はこれらの諸テストに合格しており，イギリス政府はこの税を積極的に考慮すべきだと考える」との報告を行っている（Thornton, 2007 : 9）。

その上で報告書は，イギリス政府に対し以下の6つの勧告を行っている（Thornton, 2007 : 48）。

①国連ミレニアム開発目標の達成に必要な資金の大幅な不足を埋める追加的収入を得るために，すべてのポンド外国為替取引に0.005％のポンド印紙税を実施するための強力な調査を，オープンで透明性のある形で行うこと。
②国連ミレニアム開発目標の達成に資する新しく，予測可能で，長期の資金の流れを創出する努力を増強かつ国際化する目的で，他のOECD諸国，とりわけヨーロッパ諸国が自国の通貨に同様の課税を実施することを強く考慮するように働きかけること。
③その他の新たな開発資金を研究し，開発し，緊急に実施するために，他の志を同じくする国々と協働すること。
④通貨取引開発税の税収は，ODAをGNI比で0.7％まで上げるというすでに確約した援助に対して追加的であるという原則で，イギリスと他の諸国がCTDLを実施するのを確かなものにすること。
⑤「開発資金のための連帯税に関するリーディング・グループ」オスロ会議，ならびにソウル会議で合意された通貨開発取引税調査のための国際タスクフォースに参加すること。
⑥「開発資金のための連帯税に関するリーディング・グループ」でより活発な役割を演じ，リーディング・グループの総会をイギリスで開催することを真剣に検討すること。[14]

報告書はこれら6つの勧告を並べた上で，最後に「私たちは財務省がポンド印紙税を真剣に検討するよう働きかけることを大臣たちに要望する。なぜなら，現在ポンド印紙税は完全に実施可能なものとして金融の専門家たちに広く認められているからである」と論じ，報告書を締めくくっている（Thornton, 2007 : 48）。

第7章　グローバル・タックスの導入へ向けて

　イギリス議会の大会議室で発表された『ミレニアム公約を達成する』の影響はそれなりの大きさを持つと考えられる。ここにはマッケチン下院議員と同報告書の著者であるフィル・ソーントン（Phil Thornton）に加えて，世界でも有数の社会開発NGOであるセーブ・ザ・チルドレンの事務局長を務めるジャスミン・ウィットブレッド（Jasmine Whitbread）や，世界で初めてポンド印紙税を試験的に実施した会社，INTLグローバルカレンシー（INTL Global Currencies）の部長であるフィリップ・スミス（Philip Smith）も報告書の発表者として出席していた。

　さらには，NGOコミュニティ，ジャーナリスト，学生，開発研究所の代表，議員補佐官に加えて，貴族であり，上院議員でもあるジョエル・ジョフ（Joel Joffe）やシャーリー・ウィリアムズ（Shirley Williams）らも報告会に参加していたことは，ポンド印紙税（イギリスにおけるCTDL）の実現にプラスに作用するだろう。

　これに関連して，SOPは，「外国為替市場が年々成長する中，ポンド取引に対する非常に少額の印紙税から創出される税収は，2006年に実施されていたとすれば約24億ポンドに上り，政府にとって巨額の税収を生み出す可能性を持つ。ミレニアム開発目標を達成するためにイギリス政府が表明したコミットメントは，新しい追加的な資金源なしに果たすことはできない。また，この圧倒的な不足額の問題に取り組む方法として，超党派で議員がポンド印紙税を明確に支持していることから，政府がこの提案を真剣に考慮しない理由はほとんど残されていない」とのコメントを出している。[15]

　『ミレニアム公約を達成する』が公表されてから2年近く経った2009年8月27日に，イギリス金融規制当局のトップであるアデール・ターナー（Adair Turner）イギリス金融サービス庁（The Financial Services Authority）長官は，シティにおける金融業界は肥大化しすぎたばかりでなく，「社会的に無益だ」と評し，過度の暴利行為を防止するためにシティに対する課税を支持すると表明した。とりわけ「もし自己資本比率の引き上げで不十分であれば，私は金融取引に対する課税――トービン税――を喜んで考慮する」と言明している。[16]

　これに対して，イギリスのゴードン・ブラウン（Gordon Brown）首相は，

2009年9月に行われた国連総会とG20金融サミットへの出発前の記者会見で，各国の緊密な協力とタックス・ヘイブン対策の成功が前提と強調しつつ，金融取引税は「検討の価値がある」との発言をしている[17]。

金融取引税については，紙幅の都合上，ほとんど取り上げられなかったが，これは通貨のみならず，株式，債券，デリバティブなど，すべての金融取引に課税を行う構想であり，通貨取引税よりも包括的かつ急進的である。それにもかかわらず，世界の金融センターの中心であるイギリス政府の首脳たちがここまで踏み込んだ発言をしているという事実は，これらの税制の実現がまったくの夢物語ではないということを示しているといえるだろう。

（5） 注目される日本の動向

さらに注目される動きが日本でも始まった。これまで国際連帯税を含むグローバル・タックスに消極的で，リーディング・グループにもオブザーバーとしてしか参加してこなかった日本であったが，2008年2月28日に「国際連帯税創設を求める議員連盟（以降，国際連帯税議員連盟）」が超党派で設立されたのである[18]。

会長には，自由民主党税制調査会長を務める津島雄二衆議院議員が就き，会長代理には広中和歌子参議院議員（民主党），副会長に峰崎直樹参議院財政金融委員長（民主党），加藤修一参議院議員（公明党），川口順子元外務大臣，元環境大臣，小池百合子元防衛大臣，元環境大臣，顧問として，谷垣禎一自由民主党元政調会長，元財務大臣，福島みずほ社会民主党党首らが名を連ね，自民党の林芳正・元防衛大臣，前内閣府特命担当大臣（経済財政政策担当）が幹事長，民主党の犬塚直史・参議院議員が事務局長を務めている（肩書は当時）。

国際連帯税議員連盟の目的は，①制度の研究のため勉強会等を開催し，国会の場において議論を深める。②我が国の「連帯税に関するリーディング・グループ」加盟を目指す。③同グループ提唱の「CTDLタスクフォース」リード・ネーション引受けの提言である（「国際連帯税創設を求める議員連盟」, 2008a）。

2008年4月24日に議員連盟の第1回勉強会が開催され，筆者が講師を務めた。第2回勉強会は，グローバル・タックスの実現と投機の規制を求めるNGOで

第7章　グローバル・タックスの導入へ向けて

あるオルタモンドの田中徹二事務局長を迎えて同年5月19日に，第3回勉強会はフランス大使館のエマニュエル・ベスニエール（Emmanuel Besnier）政務担当一等書記官を講師に同年6月2日に開催され，国際連帯税についてさまざまな角度から検討がなされた。

その結果，国際連帯税議員連盟は，①日本がリーディング・グループの正式メンバーになるよう政府に働きかけること，②週1回程度のペースで定例勉強会を開催することを決定し[19]，その後，③リーディング・グループのもうひとつのタスクフォースである「違法な金融フローが開発に与える影響に関するタスクフォース」に日本が入るよう政府に働きかけること，④日本が率先してCTDLを実施するよう努力する旨が議論され，概ね合意に至った[20]。そして，2008年6月3日に国際連帯税議員連盟会長の津島雄二氏らは，高村正彦外務大臣（当時）に対して以下の申し入れを行った[21]。

《「開発資金のための連帯税に関するリーディング・グループ」へ我国の参加を求める申し入れ》

　世界的に気候変動，貧困，疫病など「パスポートのない問題」が深刻になっているなか，国際社会に課せられたODA拠出目標が達成される見込みは未だ立っていない。こうした事態への対策として，ドイツではCO_2排出権取引対策に炭素税の導入を提唱，フランスは感染症対策として航空券連帯税を導入し，既に27ヶ国が参加する仕組みになっている。

　これら国際的な動きは，「開発資金のための連帯税に関するリーディング・グループ」での議論を経て誕生しており，同グループ内は革新的かつ実効的な構想を生み出す新たな土壌となっている。しかし，我国は同グループには正式加盟しておらず，発足以来オブザーバー参加にとどまっている。

　国際連帯税創設を求める議員連盟では，国内外の専門家や政府関係者を招いた勉強会を開催し一党一派にとらわれない議論を続けてきた。G8サミット等で世界の注目を集める本年だからこそ「パスポートのない解決」を我国から主導するため，我国が「開発資金のための連帯税に関するリーディング・グループ」に加盟するよう申し入れる（「国際連帯税創設を求める議員連

盟」，2008b）。

　さらに，筆者は2008年6月2日に開催された自由民主党政務調査会地球温暖化対策推進本部第15回会議に招かれ，「国際連帯税とは何か？——日本が世界をリードするために」というテーマで講義を行ったが，6月11日に同本部が作成した中間報告「最先端の低炭素社会構築に向けて——来たるべき世代と地球のために」に以下の記述が掲載された。

　（ニ）国際連帯税の検討
　　途上国における地球温暖化対策（排出削減，適応）を推進させるためには，相当な規模の公的な資金が必要とされるが，先進国のODAなど従来の財源をベースとした対応には限界がある。こうした地球規模の問題解決に必要な資金を確保する新たな仕組みとして，国際連帯税構想が注目される。具体的には，国際的な資金移動などに対して課税を行い，その税収を一定のルールの下に必要な対策の経費に充てるというものである。もとより，課税対象が国境を頻繁にまたがる取引であり，課税をどの時点でどこの国で行うのかなど課題は多く，国際的な連携による対応が不可欠である。世界経済の拡大と表裏の関係にある温暖化問題に必要な経費をグローバリゼーションによる果実の再分配により賄おうとする仕組みとして十分な検討が必要である（自由民主党，2008a：31）。

　これら国際連帯税議員連盟の提言や自由民主党の中間報告，さらには総理大臣が有識者を集めて議論を行う「地球温暖化問題に関する懇談会」での提言などを受けて，2008年6月9日に発表された福田ビジョンでは，「先進国が中心となって，革新技術の開発や途上国の支援を共同して行うための財源として，国際社会が連携して地球環境税のあり方についても研究していく」という文言が盛り込まれた。また，同年7月29日に閣議決定された「低炭素社会づくり行動計画」では，「先進国が中心となり，革新技術の開発や途上国の支援を共同して実施するための財源として，国際社会が連携した地球環境税の在り方につ

いても，これまでの国際機関等での議論や様々な課題を含め研究し，2008年度末を目途に一定の研究の成果を公表する」と明記されている（内閣官房，2008：14）。

これを受けて，環境省が所管官庁となって「地球環境税等研究会」（座長：植田和弘・京都大学大学院経済学研究科教授，所属は当時，以下同様）が設置された。この研究会の委員は，植田座長の下，小川英治（一橋大学大学院商学研究科教授），亀山康子（〔独〕国立環境研究所地球環境研究センター主任研究員），佐々木俊二（〔株〕三井物産戦略研究所企画推進部総務管理室長），高村ゆかり（龍谷大学法学部教授），渕圭吾（学習院大学法学部准教授），毛利勝彦（国際基督教大学教養学部教授），和気洋子（慶應義塾大学商学部教授），そして筆者から構成されたが，その他にも環境省，外務省，財務省，国土交通省の担当者（局長・審議官クラスから課長補佐まで），事務局を務める地球環境戦略研究機構のメンバーが参加した。

この研究会は，地球環境税等のあり方に関して，たとえば以下のような事項の検討を行うとされた（環境省地球環境局，2008）。

①国内外で議論されている各種の類似資金調達制度の調査，及び課題等の整理（特に，気候変動対策分野への使途が想定されている制度）。
②気候変動対策等の使途に充てる国際的な資金の調達の合理性の整理（例えば税制度であれば，適切な課税理由等の整理）。
③地球環境税等のあり方に関する基本的な考え方の整理。

第1回目の研究会は2008年9月5日に開催され，筆者が「地球環境税と国際連帯税——日本発国際連帯税の実現に向けて」というタイトルで報告を行い，委員の間で活発な討論が行われた。とりわけ，グローバル金融，特に投機マネーやタックス・ヘイブンの問題，CTDL実現に伴う障害と実施に伴う弊害，税収の管理と分配，とりわけ誰がどこで課税し，税収をどのように使うかについて誰がどのように決定するのかという問題，税の正当性，地球環境税と排出量取引との整合性などについて意見が交わされた。

第Ⅱ部　グローバル・タックスが切り開くグローバル・ガヴァナンス

　その後は情報収集ならびに専門家ヒアリングを実施しながら，①地球環境税に類すると思われる構想や政策を抽出してグルーピングを行い，②これらを評価するための評価軸を設定し，③その評価軸に基づいて，グループごとの評価が行われ，2009年3月に地球環境税等研究会報告書が出された（地球環境税等研究会，2009）。

　報告書では通貨取引税に対して批判的な論調が基調となったが，それでも日本の政府機関が通貨取引税を含むグローバル・タックスについて研究，検討，評価を行うなど，数年前まではまったく考えられなかった事態であり，そのこと自体が大きな価値を示すこととなったといえるだろう。

　政府や国会議員，審議会レベルでの動きと並行して，市民社会の動きも活発になってきている。特に，通貨取引税など国際連帯税の実施やグローバル金融の規制を求めるNGOであるオルタモンド，ならびに千葉大学地球福祉研究センターなど大学関係者が中心となって2006年9月23日に設立したグローバル・タックス研究会などが，グローバル・タックスについての調査・研究活動，一般市民に対する啓発活動，政府や国会議員に対するロビー活動などを積極的に行っている（上村，2009a：29；2009b：175-177）[22]。

　これまでグローバル・タックス研究会は10回の研究会と，地球福祉研究センターとの共同研究セミナーを3回開催してきたが，これらの成果を踏まえて2008年11月22日に，国際連帯税に関する専門家会合，翌23日には一般向けのシンポジウムが開催された。専門家会合は，外務省，財務省，環境省，研究者，NGO，マスメディアなど多様なステークホルダーが参加し，国際連帯税について初めて専門的な議論を行ったもので，「日本版ランドー委員会」創設の布石となった。翌日には「国際連帯税東京シンポジウム2008」が開催され，日本総合研究所会長であり三井物産戦略研究所所長であった寺島実郎氏の基調講演，国際連帯税議員連盟幹事長の林芳正参議院議員，同事務局長の犬塚直史参議院議員を迎えてのパネルディスカッションが行われた（上村，2009a：29）。

　このシンポジウムには，前日の「専門家会合」と併せ，NGO・市民，研究者・専門家，学生，政府関係者，国会議員など190人ほどが参加し，活発な議論が行われた。その結果，具体的提案として，①途上国の地球温暖化対策を支

援するための国際連帯税が提起され，②国民世論を高めるために，「国際連帯税推進市民委員会（仮称）」を創設することなどが提唱された。

　これらの流れを受けて，2008年12月12日には，自民党が公表した『平成21年度税制改正大綱』において，「金融危機の中，世界的に開発資金の確保が一層困難になることが予想される一方，途上国支援のための資金の需要は依然として大きい。こうした状況を踏まえ，また地球温暖化対策の一環として，国際社会が共同して途上国を支援するための税制のあり方について，国際的な議論の動向，経済や金融に与える影響，目的税としての妥当性，実務上の執行可能性等に考慮を払いながら，納税者の理解と協力を得つつ，総合的に検討する」との文言が盛り込まれた（自由民主党，2008b：64）。

　さらに，2008年12月15日に開催された国際連帯税議員連盟の勉強会で，「日本版ランドー委員会」を議員連盟との密接な協力の下に創設する提案が出され，了承された。その後市民社会サイドでは，2009年4月4日に「国際連帯税を推進する市民の会（ACIST：Association of Citizens for International Solidarity Tax）」が設立され，「日本版ランドー委員会」も寺島実郎・現多摩大学学長を座長に，「国際連帯税推進協議会（通称：寺島委員会）」として，同年4月20日に設立された。

　寺島委員会のメンバーは，研究者から，植田和弘（京都大学大学院経済学研究科教授），金子文夫（横浜市立大学国際総合科学部教授），三木義一（立命館大学法科大学院教授），諸富徹（京都大学大学院経済学研究科准教授），そして筆者，NGOから，浅岡美恵（気候ネットワーク代表），小西雅子（WWFジャパン気候変動担当オフィサー），田中徹二（オルタモンド事務局長），稲場雅紀（アフリカ日本協議会／国際保健分野プログラム・ディレクター），白須紀子（日本リザルツ事務局長），国際連帯税議員連盟から，犬塚直史（参議院議員／国際連帯税創設を求める議員連盟事務局長）が参加している。そして，オブザーバーとして，国際機関から，谷口和繁（世界銀行駐日特別代表）、外務省，財務省，環境省も出席しており，マルチ・ステークホルダーで議論を進めている。[23]

　寺島委員会の目的は，①国際連帯税，とりわけ通貨取引開発税（CTDL）の

実現方法，税収の具体的使途，ガヴァナンスを検討すること，②そして，その立法化をめざすことである。委員会は今後，2009年12月に開催される国連気候変動枠組条約第15回締約国会議（COP15）において，日本が資金メカニズムで革新的な提案を行うことを射程に議論を行い，秋までに中間報告を作成し，2010年に最終報告書を提出する予定である。

　これらの動きが，日本がCTDLタスクフォースの議長国になることやCTDLそのものを実施することにすぐにつながるかどうかは現時点では明らかではない。財務省など関係各省，金融業界との交渉や他国との調整など，まだ経なければならない困難な道程があるからである。また，リーディング・グループと気候変動枠組条約締約国会議との有機的な連携が必要であるのと同様に，どちらかというと開発・貧困を主眼とした国際連帯税グループと，気候変動対策を中心とする地球環境税等研究会や環境NGOの密な連携がここ日本においても求められている。[24]

　日本政府は2008年9月26日に，リーディング・グループの事務局を務めるフランス政府にグループへの加盟を要請し，[25]同年11月にギニアで開催された第5回リーディング・グループ総会には，植野篤志外務省国際協力局多国間協力課（現・地球規模課題総括課）課長が参加し，この場で同グループへの加盟が正式に承認された。そして，第6回リーディング・グループ総会には，御法川信英外務大臣政務官（当時）が出席して，全体会合の場で寺島委員会も含めて国際連帯税にかかわる日本の取り組みを紹介するなど，[26]これまでグローバル・タックスにまったく消極的であった日本が，気候変動問題との絡みも含めて新たな方向に動き始めていることは特筆に値するだろう（上村，2009a：29）。

　以上，イギリスにおけるポンド印紙税，日本における円取引開発税実現への動向を吟味してきたが，もし世界の為替取引の34.1%を占めるロンドン市場を抱え，世界で4番目に強い通貨ポンドを持つイギリスと，世界の為替取引の6%を占める東京市場を抱え，世界で3番目に強い通貨円を持つ日本の双方でこの税が実現すれば，間違いなくグローバル金融市場に大きな影響を与えるだろう。[27]その結果，連鎖的にユーロ，ドルなども通貨取引開発税を実施することになる展望もあながち夢想ではなくなるかもしれない。[28]

第7章　グローバル・タックスの導入へ向けて

注

（1）　宇沢弘文（2004a）「【比例的炭素税，最も有効】世代間分配に配慮――途上国との調整が必要」http://www.recycle-solution.jp/keizai20040215/keizai01.html（2007年8月27日閲覧）。
（2）　世界銀行の統計による（2005年）。http://web.worldbank.org/WBSITE/EXTERNAL/DATASTATISTICS/0,,contentMDK:20535285~menuPK:1192694~pagePK:64133150~piPK:64133175~theSitePK:239419,00.html（2007年8月28日閲覧）。
（3）　同上。
（4）　第3回リーディング・グループ総会におけるドイツ政府代表の発言（2007年9月4日，於：ソウル）。
（5）　筆者もこの研究会の委員として研究会に参加していたが，これらの批判は主に財務省からなされたものである。
（6）　ノンデリバラブル・フォーワードについては，後述する寺島委員会でヒアリングを行った大久保勉参議院議員（元東京銀行，モルガン・スタンレー証券勤務）から指摘を受けた（2009年5月28日，於：参議院議員会館大久保議員室）。
（7）　明治大学商学部の折谷吉治教授へのインタヴュー（2009年6月29日，於：明治大学折谷研究室）。なお，このインタヴューも，寺島委員会によるヒアリングの一環として行われたものである。
（8）　日本においても，後述する国際連帯税推進協議会（通称：寺島委員会）が，通貨取引税の技術的可能性を検討している。
（9）　Tobin Tax Initiative（http://www.ceedweb.org/iirp/ushouseres.htm，2008年1月21日閲覧）。
（10）　ただし，その後この法案は上院で否決されている（Waters, 2004 : 868）。
（11）　第3回リーディング・グループ総会におけるイタリア外務省経済金融多国間協力部長のジョルジオ・ノヴェッロ（Giorgio Novello）による報告，ならびに筆者とのインタヴュー（2007年9月3日，於：ソウル）。
（12）　しかし，これも，いまや外国為替取引の大半を占めると言われている投機的取引が，課税によって旨味がなくなり，取引量が減少したということを意味するのであれば，必ずしもネガティブなことではないと言えるだろう。
（13）　Stamp Out Poverty http://www.stampoutpoverty.org/?lid=10627を参照（2007年11月23日閲覧）。
（14）　序章注（5）で指摘したように，「開発資金のための連帯税に関するリーディング・グループ」は，2009年5月に開催された第6回リーディング・グループ総会において，「革新的開発資金に関するリーディング・グループ」に名称を変更している点に注意されたい。
（15）　Stamp Out Poverty http://www.stampoutpoverty.org/?lid=10627（2007年11月23日閲覧）。日本語訳はオルタモンドのブログ，http://blog.goo.ne.jp/alter-monde/e/7b3e0010f6b5825b985f63d4ca959e63を参照。

(16) *The Guardian* on 27 August 2009.
(17) http://news.yahoo.com/s/afp/20090921/wl_uk_afp/britainfinanceeconomyg20tobin（2009年9月25日閲覧）。
(18) この議員連盟の創設は，民主党の峰崎直樹参議院議員がフランスを訪問した際に航空券連帯税の存在を知り，まず同党の広中和歌子参議院議員，犬塚直史参議院議員に声を掛け，続いて自民党の津島雄二衆議院議員に相談したことが契機となっている（峰崎直樹議員へのインタヴュー，2008年7月23日，於：東京）。
(19) 「国際連帯税の創設を求める議員連盟」第1回勉強会において（2008年4月24日，於：参議院会館第6会議室）。
(20) 国際連帯税議員連盟の事務局長を務める犬塚直史参議院議員への電話インタヴュー（2008年4月25日）。
(21) 参議院議員犬塚直史公式サイト：http://tadashi-inuzuka.jp/politicactivity/archives（2008年7月7日閲覧）。
(22) 詳細は，オルタモンド，http://altermonde.jp/，千葉大学地球福祉研究センター，http://globalwelfare.jp/，グローバル・タックス研究会，http://blog.goo.ne.jp/global-taxを参照（2008年9月15日閲覧）。
(23) ちなみに委員会の事務局は，金子，田中，犬塚事務所，筆者が務めている。
(24) 寺島委員会の委員構成は，まさにこの点を念頭においてなされたものである。
(25) 外務省，http://www.mofa.go.jp:80/mofaj/press/release/h20/9/1183470_915.html（2008年9月29日閲覧）。
(26) 外務省，http://www.mofa.go.jp/MOFAJ/press/enzetsu/21/emnr_0528.htmlを参照（2009年6月6日閲覧）。
(27) 為替取引のシェアについては，日本銀行，http://www.boj.or.jp/type/stat/boj_stat/deri/deri0704.htmを参照（2008年9月14日閲覧）。
(28) さらに，第10章で触れるとおり，2008年12月に入り，フランス政府は世界的金融危機の深まりを捉えて，志を同じくする国々と通貨取引税を実施する構想を真剣に検討し始め，2009年5月に開催された第6回リーディング・グループ総会で，「金融取引にかかわる革新的資金調達に関する作業グループ」の設置を決定した。本作業グループは2009年9月15日に会合を行い，同年10月22日に「開発のための国際金融取引に関するハイレベル・タスクフォース」を創設することを決定した。これまでのところ，ブラジル，チリ，スペイン，フランス，ノルウェーがこのタスクフォースへの参加を表明している（Leading Group, 2009b）。

第8章
グローバル・タックスの課題と意義

さて,ここまで地球炭素税,通貨取引税,そして通貨取引開発税を中心に,グローバル・タックスの具体的な構想と実現の可能性を考察してきた。これまでの考察から,グローバル・タックスの意義と可能性がある程度浮かび上がってきたと思われるが,同時に課題もある。本章では,あらためてその課題とともに,それが内包する可能性を確認したい。その上で,グローバル・タックスの導入が,グローバル・ガヴァナンスに与える影響を考察しよう。

1　グローバル・タックスの課題

　グローバル・タックスの最初の課題は,これまで議論してきた技術的問題,特に通貨取引(開発)税のそれをいかに解決するかという課題である。これに関してはすでに前章で触れたところであるが,上述の地球環境税等研究会が詳細かつ包括的な検討を行っているので,ここであらためて確認しておきたい。
　2008年9月に設置された地球環境税等研究会は,2009年3月までに合計4回の会合を持ち,その間情報収集ならびに専門家ヒアリングを実施しながら,①地球環境税に類すると思われる構想や政策を抽出してグルーピングを行い,②これらを評価するための評価軸を設定し,③その評価軸に基づいて,グループごとの評価を行った。その詳細は以下のとおりである。
　まず,①のグルーピングとして,A)炭素税型,B)排出量取引制度からの調達型,C)通貨取引課税型,D)輸送課税・負担金賦課型,E)国家予算による資金拠出(又は信用創出)型,F)炭素クレジット付与による資金誘導型,G)その他の7つが抽出され,次に②の評価軸として,公平性,中立性及び副次的効

果，簡素性，汚染者負担原則，親和性・整合性，追加性・持続性・予測可能性，法的な実行可能性・国際的な合意の可能性，技術的な問題点が設定され，最後にグループごとの評価が行われた（地球環境税等研究会，2009）。

研究会では，とりわけC）通貨取引課税型の評価をめぐって議論が紛糾したが，2009年3月末に出された報告書には，以下のような整理がなされた（地球環境税等研究会，2009：10-11）。

グループC）：通貨取引課税型
《既存の提案等の概況》
①グローバルな通貨取引に課税するもの。元々は金融の安定化の為に提案されたものだが，現在では，開発支援の文脈でも議論されており，税収の用途も開発目的を想定しているものが多い。
②1提案（ベルギー「トービン・シュパーン税」）を除き，「研究段階」に留まる。ベルギー案も，法案は採択されたが，ユーロ通貨圏全域での施行までは発効しない。なお，通貨取引への課税に当たっては，租税回避地を含む全世界における全通貨への課税が前提条件であるが，過去に提案されたトービン税は，この前提条件のクリアが不可能であるという理由から，検討が断念された経緯がある。トービン税以降も，より低い税率を想定した通貨取引課税について国際的な議論が続けられている。

《概括的評価》
①公平性：通貨取引額や取引頻度が多い主体が主たる課税客体であるが，常にその担税力（経済力）が高いとは言えない（例：個人）。特に発展途上国においては，海外労働者による本国送金が相当額に達するケースも見られ，通貨取引への課税は経済力の低い海外労働者に負担をかけるとの意見がある一方，そうした労働者は頻繁に通貨取引を行うわけではなく，負担は大きくないとする意見もある。また，課税客体間の公平性担保には，技術的課題を伴う（たとえば捕捉可能性）。全ての通貨に係る取引に対して全ての国で課税しないと公平性が確保できない（特定国における特定通貨に係る取引に対

してのみ課税する場合，当該特定通貨に係る取引が当該特定国から流出してしまう）。
②中立性及び副次的効果：財源確保を主目的とした低税率（0.005％）のタイプと，投機過熱の抑制を目的とした政策課税のタイプがある。前者が特定の経済活動に与える影響については，議論が分かれ，中立性の判断にはさらなるデータ整備・分析が求められる。一方で，政策目的に沿ったインセンティブを与えるのであれば，中立性の原則は，その逸脱を積極的に認めるべきとの意見もある。なお，いずれのタイプでも気候変動に関するインセンティブ効果はない。
③簡素性：一方では，CLSB（Continuous Linked Settlement Bank）やSWIFT（Society for Worldwide Interbank Financial Telecommunication）等の複数の既存システムを組み合わせれば徴収が可能な仕組みを作ることができる，という意見がある。他方，それは事実ではなく，複数のシステムの組合せ自体が既に複雑である上に，これら既存システムでは当該システム外で行われる取引との関係で公平・中立な課税が確保できないだけでなく，既存システムに持ち込まれる取引自体についても複数の取引をまとめて決済する租税回避行動が多くなり，複数取引のネットアウトはどんなシステムを組んでも捕捉できない，という実務面からの指摘がある。
④汚染者負担原則：課税対象と気候変動分野における汚染者（排出者）との直接的関連性はない。
⑤親和性・整合性：通貨取引の両当事者間で重複課税となる懸念がある。課税対象と気候変動との関連性はなく，税収を気候変動のみに使うことには理解が得られにくい。ただし，環境目標を包含するMDGsとの整合性は高いとの意見もある。
⑥追加性，持続性，予測可能性：現行の資金制度への追加性が高い，という意見がある。通貨取引額はこれまで増加してきたものの，景気動向等により変動するとの見方もあるほか，本方式が通貨取引の投機抑制につながれば税収が落ちると想定され，財源の持続性，予測可能性には疑問，との見方がある一方，グローバリゼーションの進展・BRICsの発展に伴い通貨取引量は安

⑦法的な実行可能性・国際的な合意の可能性：国家以外の主体が徴税することを想定する場合には，国家主権の侵害に該当する可能性がある。殆どの国において，予算や税制に関する決定（徴収面，資金拠出・配分面含め）は議会で行われる必要がある（租税法律主義及び財政民主主義）。また，国際的な統一税制度について，国家間での合意は容易ではないと想定される。一方，各国が独自に制度を導入・実施するという，緩やかな仕組みであれば実現可能という意見もあるが，租税回避を防止するためには，タックス・ヘブンを含む全て国において，全ての通貨が課税されることが必要であり，この点において，かつて通貨取引に課税をする，いわゆる「トービン税」の実現可能性は低いとされた。

⑧技術的な問題点：英国議員連盟の報告書によると英国がポンドを対象に課金することは可能，との意見がある。その一方，CLSB等既存システムを用いない取引等については，そもそも捕捉が困難，また，公平性担保のためには個々の取引を捕捉する必要があるが，複数の取引をまとめて決済するなどの課税回避行動が想定され，その捕捉は一層困難となる，とする意見がある。なお，このようにCLSBの利用が抑制される結果，CLSBが担っている機能（ヘルシュタットリスクの低減）が弱まり，通貨取引市場のリスクを増嵩させるおそれがあるとの意見もある。

地球環境税等研究会は，主として気候変動問題に対していかに資金を捻出するかという観点から議論を行っているので，純粋な通貨取引（開発）税の評価とは多少乖離があるかもしれないが，あらためて技術的・法的課題の広がりと深まり，そして専門家の間で相当意見が分かれていることが確認できる。

これらの評価に対する応答（反論）は，前章でかなりの程度論じているので繰り返さない。むしろ，ここで問題にしたいのは，いったい誰が何をどうすればこの課題を越える道筋を示すことができるのかという論点である。

このような通貨取引（開発）税の技術的・法的実施可能性については，すでに寺島委員会が専門家ヒアリングに取り組んでいる。また時を同じくして，第

第8章 グローバル・タックスの課題と意義

6回リーディング・グループ総会の場で，フランス政府が「金融取引にかかわる革新的資金調達に関する作業グループ」を立ち上げて，有志国政府でこの課題を検討することを決定し，2009年9月15日に開催された作業グループで，「開発のための国際金融取引に関するハイレベル・タスクフォース (The High Level Taskforce on International Financial Transactions for Development)」を創設するための会合を2009年10月22日に開催することに合意している。ちなみに，このタスクフォースにはフランスに加えて，ブラジル，チリ，スペイン，ノルウェーが参加を表明している (Leading Group on Innovative Financing for Development, 2009a : 4)。

　したがって，今後日本の寺島委員会とリーディング・グループのハイレベル・タスクフォースがうまく協働を進めることができるかどうかが重要になると考えられるが，その際鍵になるのが，日本政府がこのタスクフォースに参加するかどうかである。それは，国際連帯税に前向きな国際連帯税議員連盟，NGO，そして外務省が，いかにして財務省を説得することができるかという問題に転化する。

　また，この技術的課題は文字通り「技術的」であるので，実際に現場で通貨取引を行っている機関投資家や中央銀行関係者など，実務家の協力が欠かせない。寺島委員会，ならびにリーディング・グループのタスクフォースが実務家の協力を首尾よく得て，技術的課題を乗り越える鍵を得ることができるかどうかがいま問われているのである。この2つの「壁」を超えることができて初めて，すなわち，財務省を説得し，実務家の協力を得ることができて初めて，グローバル・タックス，とりわけ通貨取引（開発）税の実現可能性は高まるといえるだろう。

　第二の課題は，上述の通貨取引税と通貨取引開発税の本質的な違いと運動論にかかわるものである。すなわち，通貨取引開発税は，ある一つの国が一方的に自国の通貨取引に超低率の課税をする構想なので，通貨取引税より実現性が高いが，その実施によって，通貨取引税の政策手段としての効果，特に投機を抑制し，金融市場を安定させ，各国の経済政策の自律性を高めるという機能を「切り捨てる」可能性も生まれる。さらに，通貨取引開発税は，通貨取引税が

第Ⅱ部　グローバル・タックスが切り開くグローバル・ガヴァナンス

内在させている新たなグローバル・ガヴァナンスを創出する可能性やグローバル・ガヴァナンスを透明化，民主化する可能性を除外することにもなりかねない。

パトマキはこれらの点を憂慮し，カプールなどが提唱する通貨取引開発税を「新自由主義的トービン税」と呼び，痛烈に批判している（Patmäki, 2007：13-20）。ここに，グローバル・タックスを推進するグローバル市民社会グループの分断が見られる。すなわち，投機の抑制による金融市場の安定，各国の経済政策の自律性の確保，グローバル公共財のために再分配される税収，より透明で，民主的なグローバル・ガヴァナンスの創出など包括的な目的を前面に打ち出す通貨取引税推進グループと，実現性を優先し，通貨取引が生み出す税収に焦点を絞った通貨取引開発税グループとに二分されつつある。

この分断は，グローバル三項分析モデルでいうところのグローバル市民社会と「ソフト・ガヴァナンス」の緊張関係であり，世界社会フォーラムの分析でも見られたグローバル市民社会の内部の対立関係でもある。この課題を乗り越えるためには，既述のとおり，短期的には実現可能性の高い通貨取引開発税の現実化に力を注ぎ，長期的にはその実現を梃子にして，より包括的な通貨取引税の現実化をめざす戦略を，関連するNGO，NGOネットワーク，社会運動のメンバーが議論し，合意し，役割分担を明確にし，相互に協働することが必要となろう。しかしながら，現実にそれが可能かどうかはまさにグローバル・タックスの実現をめざすグローバル市民社会の課題として横たわったままである。

グローバル・タックスの三つ目の課題は，途上国への経済的影響である。地球炭素税については，ある程度の比例的炭素税の要素，ないしスイス提案のように「共通だが差異ある責任」原則を明確に取り入れることで，途上国経済への悪影響を最小化することができると考えられる。しかし，たとえばイギリスがポンド印紙税を実施した場合，それが途上国経済にどのような影響を与えるかは未知数である。通貨取引開発税の提唱者たちが主張するように，たとえロンドン市場に影響がなかったとしても，それが途上国経済への影響がないこととは同義ではないかもしれない。したがって，重要なのは税収を確実に途上国

が必要とする分野に分配するガヴァナンスの構築である。そのようなガヴァナンスの構築をいかに確保するかという課題は十分に研究され，確実に実施されなければならない。

さらに大きな課題は，伝統論者がグローバル・ガヴァナンスの中心に位置づけるアメリカである。すなわち，アメリカ，とりわけ共和党はグローバル・タックスの実施に強硬に反対している。すでに1996年1月に当時上院院内総務であったボブ・ドール（Bob Dole），ジェス・ヘルムズ（Jesse Helms）上院議員，ジュド・グレッグ（Judd Gregg）上院議員は，「国連がグローバル・タックスを推進するのであれば，アメリカが国連に支払うべきすべての分担金支払いを停止する法案を提出する」という脅しをかけている。下院では，5人の下院議員が，国連がアメリカ市民に対してグローバル・タックスを課税する試みを公然と非難し，グローバル・ガヴァナンス委員会の事務局長を務め，グローバル・タックスの推進にかかわった国連事務次長（人道問題担当）であったピーター・ハンセン（Peter Hansen）氏の辞任を要求するよう，当時のビル・クリントン（Bill Clinton）大統領に対して呼びかけた。

さらに，「国連がアメリカ国民に対して課税を実施，強要するならば，アメリカ議会は国連への自主的財政貢献に対して制限を設ける」いう事項が，1997年度歳出法案の中に含められた。そしてこのことは国連への滞納金の支払いに関する国連との協定の中にも組み込まれることとなった。このような状況下で，ハンセン氏はニューヨークの国連本部から，パレスチナにある国連難民救済事業機関（UNRWA : United Nations Relief and Works Agency）の代表へと追いやられた（Mendez, 2002 : 9-10）。このようなアメリカのグローバル・タックスに対する強い反発は現在でも続いており，その実現に向けての最大の課題といえよう。[1]

2　グローバル・タックスの意義と可能性

（1）　グローバルな活動の負の影響の抑制

このような課題を抱えながらも，グローバル・タックスには大きな意義があ

る。第一の意義として，グローバルな活動の負の影響を効果的に抑制することができるという政策的な意義が指摘できる。第6章で検討したグローバル・タックスの「漏れを防ぐ」議論では，租税に関するさまざまな情報を各国の租税機関や専門機関が把握し，自動的に交換し合う協定を締結することや，関係主体に各種情報の報告を義務づけること，専門機関の主要な焦点をタックス・ヘイブンと資本逃避に移すこと，「金融透明化指標」を作成すること，移転価格税をグローバルに実施すること，さらにはこれらの問題の深刻さを多くの人々に知らせること，とりわけ「脱税は汚職であり，犯罪である」との認識を広めることなどを通じて，グローバル金融市場の資金の流れをより透明にしうることを見た。

　この国際金融の透明化と意識改革，さらには効果的な情報交換や規制のためのグローバルな制度構築を通じて，「汚濁の最深部」とも呼ばれるタックス・ヘイブンが提供するオフショア制度を利用できる機会を徐々に個人や企業から奪い，多国籍企業の価格操作を抑制し，長期的には途上国から先進国に逃避している資本を途上国内に留める度合いが高まると考えることができるだろう。すなわち，これはグローバル化した金融資本の闇に光を当て，その中で行われている汚濁を浮かび上がらせ，具体的な対策を講じていくことがグローバル・タックスの一つの側面であり，その対策がとりわけ途上国にもたらしている多大な負の影響を抑え込む効果がありうることを「漏れを防ぐ」議論は示唆している。

　次に，グローバル・タックスの実施にかかわる議論からは，通貨取引税の実施によって，投機的取引が減少し，グローバル金融の暴走や通貨危機の発生が抑制され，為替市場が安定化することになりうるのみならず，各国の経済政策の自律性が高められる効果が浮かび上がる。これは，とりわけ無規制なグローバル金融の拡大が，ついにはそれを推し進めてきた当事者さえコントロールできなくなり，大きな危機に陥っている現在の状況を考えた場合，金融の法的規制とともに税を通じてのコントロールという重要な手段を提供できることを意味する。[2]

　また，地球炭素税が実施されれば，効率的に二酸化炭素の排出量が削減され

第8章 グローバル・タックスの課題と意義

るだろう。特に，地球炭素税が「共通だが差異ある責任」原則の下に実施され，排出量取引や技術革新など他の処方箋と整合的に実施されれば，グローバルに温暖化を防止しながら，先進国と途上国の格差を縮小するのに有効な処方箋となるだろう。

　その他，ここでは議論できなかったが，武器売上税や武器取引税の実施によって武器の取引量を低減させる可能性や，天然資源税によって天然資源の過剰な搾取が減少する可能性など，グローバルなバッズ課税を通じてグローバルな活動による諸々の負の影響を抑制することができる可能性が拓かれている。

（2）予測可能で，安定した多額の税収

　グローバル・タックスの第二の意義は，予測可能で，規模の大きい税収を，安定して確保できることである。税率0.1％の通貨取引税の実施によって，年間1,000億ドルの税収が，イギリス，ノルウェー，ユーロ圏が通貨取引開発税を実施し，それぞれの通貨に一方的に0.005％の課税を行った場合は68億ドル，税率を0.01％まであげることができた場合は，135億8,000万ドル（1兆3,580億円）の税収が上がることを見てきた。また，0.005％の通貨取引開発税を12ヶ国・地域（アメリカ，ユーロ圏，日本，オーストラリア，スイス，カナダ，香港，スウェーデン，ノルウェー，デンマーク，シンガポール，ニュージーランド）で実施した場合の税収は，5％の取引高の減少を加味しても，350億7,000万ドル（3兆5,070億円）となることもすでに検討したとおりである。

　その他のグローバル・タックスによる税収として，スイス提案の地球炭素税が年間485億ドルのほか，武器輸出に10％の課税で50億ドル，武器購入に10％の課税で200億ドル，多国籍企業所得税が年間1兆1,619億ドルと試算されているが（Landau Group, 2004 : 69-72），さらにATTACフランスの幹部で，ランドー・グループのメンバーでもあったジャック・コサール（Jacques Cossart）はランドー・レポートの中で，以下の試算リストを作成している（表8-1参照）。

　もちろん，これらはあくまでも試算の域を出ないが，ここに記した試算を合計すると2兆1,429億ドル，さらに第3章で考察したタックス・ヘイブンなど

233

表8-1　グローバル・タックスによる税収の試算

租税名	仮定	税収（年間）
外国為替取引税	税率0.1％，課税ベースの50％に課税	1,100億ドル
ポートフォリオ投資税	税率平均25％，投資量が33％減少	1,900億ドル
外国直接投資税	税率平均15％，平均8,000億ドルに課税	1,200億ドル
多国籍企業利潤税	トップ1,000の多国籍企業の利潤に25％を課税	2,000億ドル
富裕税	5兆ドルに1％の固定税	500億ドル
炭素排出税	炭素1トン当たり21ドルの課徴金	1,250億ドル
プルトニウム・放射能生産税	1トン当たり2,400億ドルの課徴金	150億ドル
航空税	チケットと積み荷に1％の課税	20億ドル
	燃料1トン当たり3.65ドルの課税	740億ドル
ビット税	1,000キロバイト当たり1セントの課税	700億ドル
合計		9,560億ドル

出典：Landau Group（2004: 112）．

　オフショア経済に隠匿された11.5兆ドルへの課税からもたらされる税収（2,550億ドル）を加えると，合計で2兆3,979億ドル（239兆7,900億円）の税収を理論上得ることができる。
　これは国連ミレニアム開発目標を達成するのに必要な年間必要追加資金である500億ドルのおよそ4,800倍の規模である。この事実は，グローバルレベルで資金の流れを透明にして漏れを防ぎ，必要なグローバル・タックスを実施することができれば，世界中のあらゆる問題を解決するのに必要十分以上の資金を得ることができることを示している。ここに，グローバルな活動による負の影響の抑制に加えて，グローバル・タックスの大きな可能性が示唆されている。
　しかし，グローバル・タックスはさらに大きな意義と可能性を秘めている。それは，グローバル・タックスがグローバル・ガヴァナンスの透明化と民主化をもたらし，アカウンタビリティを確立するという可能性である。なぜならこれらの意義と可能性を現実化させるためには，課税・徴税を適切に行い，税収を公正に管理，運用，分配できるグローバルな仕組み，すなわちグローバル・タックスを実施するためのグローバルなガヴァナンスが要請されるからであり，課税・徴税を行う以上，原理的にガヴァナンスは透明で，民主的で，説明責任を果たせるものでなければならないからである。

3 グローバル・タックスとグローバル・ガヴァナンス

　そこで，本節ではこのグローバル・タックスとグローバル・ガヴァナンスの関係について，さらに考察を深めてみよう。具体的には，グローバル・ガヴァナンス形成の必要条件と「革新性」の観点から両者の関係を明らかにした上で，グローバル・タックスのためのグローバル・ガヴァナンスを分析するために，第2章で提示した三層ガヴァナンス分析枠組を用いて，具体的な事例に基づく考察のための分析枠組を構築したい。

(1) グローバル・ガヴァナンス形成の必要条件と「革新性」
　第3章第1節のIMF，世界銀行，WTOのガヴァナンスで検討したように，規範概念としてのグローバル・ガヴァナンス，つまり透明で，民主的で，アカウンダブルなグローバル・ガヴァナンスは自動的に形成されるものではない。その形成のためには，いくつかの条件が必要と考えられる。

　その第一はグローバルな危機意識である。そもそもグローバル・ガヴァナンスやその財源の必要性は，世界の人々，とりわけ各国政府の指導的立場にある人々が，地球規模で生起している諸問題の実態，特にその深刻さを認識し，「現在の危機的な状況を打開するためには，狭隘な国益も私的な利益も超えて，グローバルに対応していかなければならない」というグローバルな危機意識を持って初めて真剣に検討されるだろう。なぜなら，各国指導者は自らの権力を維持するために，まずは国益を優先する傾向があるからである。つまり，もし彼らがグローバルな危機意識を持っていなければ，専ら国内問題と国益に直結する外交に専念する結果，地球規模問題を解決するためのグローバル・ガヴァナンスの形成には積極的にかかわらないと考えられる。指導者がそのような危機意識を持つためには，各国のあらゆる団体や人々も同様の危機意識を持ち，政府に圧力をかけることが求められるだろう。
(3)

　今回，国際連帯税を始めとするグローバル・タックスの議論が持ち上がり，航空券連帯税などが実現した背景には，2000年の国連総会でミレニアム開発宣

言が打ち出され，国連ミレニアム開発目標が設定されたことがあるが，これは宣言に署名した国家元首のグローバルな危機意識の現われだとみなすことができるだろう。

次に，その危機意識に具体的にアピールでき，しかも国境を越えた協力なしには成り立ち得ない「革新的（innovative）」な構想や政策が必要だと考えられる。その一つがこれまで論じてきたグローバル・タックスである。前章で検討した地球炭素税も，通貨取引税も，通貨取引開発税も，従来の各国政府によるODAや国連や国際機関による開発援助を超えた革新的な構想・政策であり，かつグローバルレベルでの高度な協力なしには実施できない性質のものである。[4]「革新的開発資金リーディング・グループ」は，その名のとおり革新性とボーダレスを基軸とした国際協力の新たな形態といえるが，それは後ほど考察する。

第三に，革新的な構想や政策を核に，グローバル社会の多様なアクターが公平に協力し合える「空間」と，その「空間」を作り出すリーダーシップが欠かせない。「空間」については，リーディング・グループがその好事例になると考えられるが，このグループをリードしている国々が，アメリカではなく，フランス，ブラジル，チリ，ノルウェーであることは，グローバル・ガヴァナンスの民主化を考える上できわめて示唆的である。このあたりの論点については，第10章で詳しく検討する。

これらの3つの条件がグローバル・ガヴァナンスを形成するための最低限必要な条件だと考えられるが，とりわけその透明化，民主化，アカウンタビリティの向上の鍵と考えられるのが「革新的」という概念である。

一般に「革新」とは，従来の枠組を超えて，新しい構想，政策，制度，メカニズムを生み出すというニュアンスがあるが，そもそも一体何をもって「革新的」と呼ぶことができるのだろうか。たとえば，京都議定書の柱である二酸化炭素排出の総量規制は「革新的」といえるだろう。

1990年代に入り，気候変動に対するグローバルな危機意識が徐々に醸成される中，二酸化炭素排出総量規制という革新的な構想が議論され，実施されるようになったが，二酸化炭素の排出量はほぼ各国の経済発展の度合いと比例している。その排出を法的拘束力を持って規制するということは，各国の経済発展

を間接的に規制することにもなる。このような法的規制は人類史上かつてなかった性質を持つものである。この国際的な規制は各国国民のライフスタイルに大きな影響を与えるだけに，そしてその実施のためには国際的な協力が不可欠なゆえに，その政策形成や意思決定においては透明性，民主性，アカウンタビリティが要請される。

　国連気候変動枠組条約締約国は，年に一度の締約国会議を開いて議論を行い，交渉を進展させているが，締約国会議のみならず，ワークショップを含めてほとんどの関連会合は，各国政府，国際機関，気候変動問題の専門家，NGO，企業など多様なアクターに開かれた「空間」になっており，締約国政府が主体とはいえ，これらの多様なアクターが議論を深め，政策を形成している。また，これらの議論の結果は，国連気候変動枠組条約事務局のホームページに滞りなく公開されており，透明性，民主性，アカウンタビリティの高い気候変動レジーム（ないしガヴァナンス）というものが形成されている。[5]

　このように，従来になかった新しい構想や政策を核に，多様なアクターが参加して民主的に政策形成を行い，リアルタイムで情報を公開して透明性とアカウンタビリティを確保しているところに，「二酸化炭素排出総量規制」という革新性によって作られた気候変動レジームというグローバル・ガヴァナンスの一つの姿を見ることができるのではないだろうか。

　他方，京都議定書を通じて推進されている排出量取引，クリーン開発メカニズム（CDM：Clean Development Mechanism），植林による二酸化炭素吸収など（これらは「京都メカニズム」と呼ばれている）を「革新的」と呼べるかどうかは疑問の余地がある。これはグローバル・タックスとの以下の違いを比較すればより明らかになるだろう。一つは，グローバル・タックスの実施が幅広い国際協力を促進しうる（逆から言うと，それなしには実施ができない）のに対して，京都メカニズムは二国間でも実施が可能であり，多国間の協力を促進する強い誘因とはならない可能性がある。次に，グローバル・タックスの実施が多額の税収を生み出すのに対して，京都メカニズムの諸政策は（スイスの地球炭素税構想を除いて）グローバル公共財を供給するための資金を十分に作り出さない。第三に，グローバル・タックスが税に関係するあらゆる主体から徴税

を行う以上，そのガヴァナンスの透明化・民主化の促進やアカウンタビリティの確立を伴わざるを得ないのに対し，京都メカニズムの実施とグローバル・ガヴァナンスの透明化・民主化・アカウンタビリティの確立とは直接の因果関係を持たない。

対照的に，グローバル・タックスは基本的に多国間の協力なしには実施ができないので，(6)多国間協力を促進する強い誘因を与え，グローバル公共財の供給を可能にするだけの税収を上げ，その税を各国政府，各国国民や企業などが負担しているがゆえに，ガヴァナンスの透明化・民主化の推進，アカウンタビリティの向上は避けられない。

グローバル・タックスはこれらの性質を内在しているがゆえに，革新的な構想・政策と呼べるとともに，その実施は，グローバル・ガヴァナンスの創造，ならびにその透明化，民主化，アカウンタビリティの確立に大いに寄与しうると考えられる。

（2） グローバル・タックスを軸とした分析枠組

ここまで，グローバル・タックスの定義と主要な議論，課題と意義について検討を行ってきたが，持続可能なグローバル福祉社会の構築に向けた処方箋の一つとして，グローバル・タックスの有効性と可能性が明らかになったと思われる。ただし，グローバル・タックスがグローバル・ガヴァナンスの透明化，民主化，アカウンタビリティの向上に資するかどうかは，まだ原理レベルで吟味した段階に留まっている。

したがって，次章以降では第2章第5節で提示したグローバル・ガヴァナンスの分析枠組（三層ガヴァナンス分析枠組）を用いながら，このテーマについて深く掘り下げていくこととしたい。そこで，グローバル・タックスと「ソフト・ガヴァナンス」，「ミドル・ガヴァナンス」，「ハード・ガヴァナンス」の関係を分析するために，グローバル・タックスとグローバル・ガヴァナンスの関係を示す見取り図を明示しておこう（図8-1）。

これは，両極にグローバル市民社会とグローバル政府を置き，グローバル市民社会に近づけば近づくほど「ソフト・ガヴァナンス」になり，グローバル政

第 8 章　グローバル・タックスの課題と意義

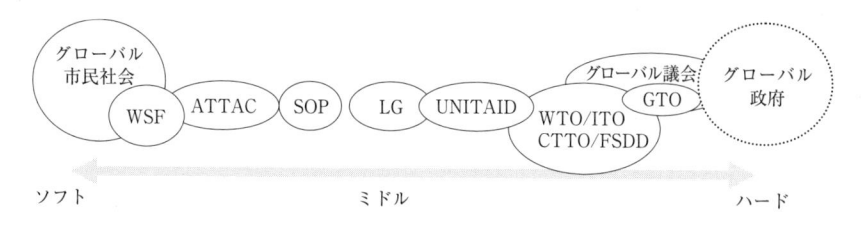

図 8-1　ハード，ミドル，ソフト・ガヴァナンスの事例

注：WSF：世界社会フォーラム，ATTAC：市民を支援するために金融取引への課税を求めるアソシエーション，SOP：スタンプ・アウト・ポヴァティ（貧困を撲滅せよ），LG：リーディング・グループ，UNITAID：国際医薬品購入ファシリティ，WTO：世界租税機関，ITO：国際租税機関，CTTO：通貨取引税機関，FSDD：持続可能な開発連帯基金，GTO：グローバル租税機関。
出典：筆者作成。

府に近づけば近づくほど「ハード・ガヴァナンス」になるというものである。この枠組の中で，具体的な事例や構想がどこに位置づけられるかを示した上で，詳細な検討に入っていくことを想定している。

具体的には，グローバル・タックスに向けた「ソフト・ガヴァナンス」の事例としては，第 5 章で検討した世界社会フォーラムの創設に中心的な役割を果たしたフランスのNGOネットワークであり，社会運動であるATTACとイギリスのNGOネットワーク，スタンプ・アウト・ポヴァティ（SOP）が考えられる（第 9 章）。

グローバル・タックスのための「ハード・ガヴァナンス」については，既存の国際機関の改革とともに，世界租税機関（WTO：World Tax Organization）構想，国際租税機関（ITO：International Tax Organization）構想，通貨取引税機関（CTTO：Currency Transaction Tax Organization）構想，「持続可能な開発のための連帯基金」（FSDD：Fonds de solidarité pour le développement durable）構想などがこれに関連するだろう。そして，これらの国際機関よりもさらに包括的な機関の創設，たとえばグローバル議会や世界議会の創設を提言する議論もグローバル・タックスと「ハード・ガヴァナンス」の構築の議論にかかわるだろう（第11章）。

グローバル・タックスのための「ミドル・ガヴァナンス」の事例としては，

第Ⅱ部 グローバル・タックスが切り開くグローバル・ガヴァナンス

これまで何度も登場している「革新的開発資金に関するリーディング・グループ (LG)」とUNITAID (国際医薬品購入ファシリティ) が考えられる (第10章)。第10章の議論は，グローバル・タックスと「ミドル・ガヴァナンス」の関係を論じるのみならず，実際に導入されているグローバル・タックスの事例研究でもある。

これらの議論を通じて，グローバル・タックスが切り開くであろう今後のグローバル・ガヴァナンスのあり方を展望する。

注
（1） ただし，リーディング・グループに対しては，アメリカは現在のところ沈黙を保ったままである（ノルウェー外務省事務次官補のビューロン・ブレデ・ハンセン (Bjorn Brede Hansen) 氏へのインタヴュー，2008年3月26日，於：ノルウェー外務省）。また，2009年1月にブッシュ政権からオバマ政権に代わったことで，これまでとは異なる状況が生まれる可能性もわずかに残っていると思われる。
（2） ただし，投機マネー増大の根本原因には，アメリカ金融当局がドルを発行しすぎたことがあるので，まずはアメリカ政府が財政を均衡させなければならないとの指摘は銘記されねばならない（多摩大学リスクマネジメント研究所シニアフェロー小林健氏へのインタヴュー，2009年8月5日，於同研究所）。ちなみに，このインタヴューも寺島委員会のヒアリングの一環として実施されたものである。
（3） もちろん，このようなグローバルな危機意識は簡単にははに醸成されないので，ここでの議論は長期的なタイムスパンを前提にしている。
（4） 確かにグローバル・ガヴァナンスは革新的な構想や政策がなくても醸成される場合もある。しかしながら，まったく何の構想も政策案もなしに，あらゆる方面のアクターが集って議論を行い，レジームを形成していくことは稀で，ある程度の議題案や構想は主要なアクターの間で事前に検討されていると考えられる。たとえば，国連は当該分野の著名な人材を集め「ハイレベル・パネル」を形成し，ある課題について専門的な見地からの議論を要請し，議論に基づいた報告書を提出させることがよくある。その際，現状を打開するための何かしら「革新性」備えた案を事前に用意し，それを議論の中心におく場合が多い。当時国連環境計画事務局長であったモスタファ・トルバが1978年3月に組織したハイレベル・パネルも，彼が提案した国際課税をさらに議論し，専門家の検討を通じて国際課税の正当化を図るためのプロセスであった (Mendez, 2002 : 5-7)。
（5） 国連気候変動枠組条約事務局, http://unfccc.int/2860.php (2008年9月18日閲覧)。
（6） 通貨取引開発税は1ヶ国でも実施が可能である点でグローバル・ガヴァナンス形成への強い促進要因にはならないかもしれない。ただし，たとえばポンド印紙

第**8**章　グローバル・タックスの課題と意義

税を契機に，世界の主要な通貨が通貨取引開発税を実施することになれば，それはグローバル・ガヴァナンス形成への強い促進要因となるだろう。

第9章
「ソフト・ガヴァナンス」の可能性
――通貨取引税を求める市民社会アクターとネットワーク――

　第5章では，グローバル市民社会をグローバル・ガヴァナンスに関与しないグループと，それに関与するグループの2つに分類した。前者は権力とは一線を画し，グローバル・ガヴァナンスには直接入り込まず，外側から圧力をかける対抗勢力で，世界社会フォーラムを事例として考察を行った。

　本章で検討するのは後者のグループである。すなわち，グローバル市民社会のアクターの中で，権力とは一定の距離を保ちながらも，グローバル・ガヴァナンスの内側に入り，ロビイング，政策提言，アドヴォカシーなどを通じて，グローバルなレベルでの課題設定，規範や政策の形成，政策の実施などに積極的にかかわっていく勢力で，これを「ソフト・ガヴァナンス」グループと規定した。たとえば，NGO，シンクタンク，国際委員会，トランスナショナル市民ネットワーク，新しい「新しい社会運動」の中の一部などがこれに含まれる。

　本章では，この「ソフト・ガヴァナンス」の基本的な行動原理としてのネットワークの類型を概観し，その成功事例を吟味し，成功の要素を抽出した上で，グローバル・タックスにかかわる「ソフト・ガヴァナンス」の事例の比較研究を行う。一つはフランスの市民社会ネットワークであり，新「新しい社会運動」とも呼べるATTAC (Association pour une Taxe sur les Transactions Financières pour l'Aide aux Citoyens：市民を支援するために金融取引への課税を求めるアソシエーション)であり，いま一つはイギリスのNGOネットワークであり，通貨取引税キャンペーンであるスタンプ・アウト・ポヴァティ（SOP：Stamp Out Poverty）である。これらの事例を比較検討することで，「ソフト・ガヴァナンス」の可能性と限界を浮き彫りにすることを本章の目的とする。

1　行動原理としてのネットワーク

「ソフト・ガヴァナンス」の基本的な行動原理はネットワークである。既述のとおり，メヒドはネットワークを，「啓発キャンペーンを効果的にするとともに，官僚的合理性の限界を乗り越え，市民社会の射程を拡大し，ステークホルダーの代表性の問題を解決するために，市民社会アクター，とりわけNGOがネットワーク化したもの」と定義していた (Mejido, 2007：18-20)。

ネットワークはNGOに限らないので，ここではネットワークをもう少し緩やかに定義して，共通の理念や目標を共有する団体や個人の緩やかな水平的なつながりをネットワークと呼ぶこととしたいが，一口にネットワークといっても，さまざまな類型があるので，本節ではまずその類型を整理する[1]。その上で，成功事例として，1997年にノーベル平和賞を受賞した地雷禁止国際キャンペーン（ICBL：International Campaign to Ban Landmines）を取り上げ，その成功の要因を抽出する。

（1）　ネットワークの類型と成功事例

世界には無数のネットワークやメタ・ネットワークが存在する。一方では，気候変動，エコヴィレッジ，水問題，森林問題など地球環境関係，貧困問題，債務帳消し，児童労働，フェアトレード，AIDS/HIVなど地球福祉関係，地雷，小型武器，武器貿易条約，核兵器廃絶，子ども兵など地球平和関係，その他にも世界議会の実現など特定のイシューに限定したネットワークやメタ・ネットワークがあり，他方ではさまざまなイシューを超えたネットワークやメタ・ネットワークが存在する。さらに，ネットワークは国内レベルのものと国際レベルのそれにも分けて考えられるので，ネットワークやメタ・ネットワークは少なくとも4つに分類できるだろう（表9-1）[2]。

さらに，国内，国際のレベル別，イシュー限定，分野超えるにかかわらず，NGOや社会運動など，いわゆる市民社会だけからなるネットワークやメタ・ネットワーク（「ソフト・ガヴァナンス」）と，国連，政府，企業など異なるア

表9-1 ネットワーク，メタ・ネットワークの類型

	イシュー限定	分野を超える
国内レベル	類型①	類型②
国際レベル	類型③	類型④

出典：上村（2004: 106）。

クターとパートナーシップ組むネットワークやメタ・ネットワーク（「ミドル・ガヴァナンス」）が存在するので，分類はさらに細分化される。

　周知のとおり，地雷禁止国際キャンペーン（ICBL）は，対人地雷の全面禁止という特定のイシューを掲げるNGOの国際ネットワークである（類型③）。1992年に欧米の6団体によって設立され，2003年の時点で90ヶ国以上の国々から1,300団体が加盟している（目加田，2003：81-83）。

　ICBL誕生の契機は，二人のNGOメンバーの発案であった。その二人とは，車椅子や義肢の援助活動を行う米国ベトナム退役軍人財団（VVAF：Vietnam Veterans of American Foundation）の創設者であるボビー・ミュラー（Bobby Muller）と，ビアフラ救済運動から誕生したドイツのメディコ・インターナショナル（medico：medico international）のトーマス・ゲバウアー（Thomas Gebauer）であった（目加田，2003，82）。

　その後，1992年10月に，VVAF，medicoに加え，フランスのハンディキャップ・インターナショナル（HI：Handicap International），アメリカのヒューマン・ライツ・ウォッチ（HRW：Human Rights Watch），イギリスの地雷アドバイザリー・グループ（MAG：Mines Advisory Group），アメリカの人権のための医師たち（PHR：Physicians for Human Rights）の6団体が正式にICBLを旗揚げし，以下の点を目標に活動していくことで合意した。

①対人地雷の使用，生産，備蓄，売買，委譲または輸出の国際的禁止。
②世界的地雷被害者の救済プロジェクト，地雷回避教育および地雷除去と根絶プログラムを助成するための国連管轄下における国際基金の設立。
③対人地雷生産国および普及に責任を負う国による国際基金への拠出（目加田，2003：81-83）。

第Ⅱ部　グローバル・タックスが切り開くグローバル・ガヴァナンス

　1993年5月にICBLが開催した初の国際会議で，上記の6団体が意思決定機関である運営委員会に選出され，ジョディ・ウイリアムズ（Jody Williams）がコーディネーターに任命された。しかし，ICBLは事務所を設置することもなく，ウィリアムズも当時所属していたNGOや自宅を拠点に活動していた。そのかわり，各国内における個別の団体やNGOの意向を最大限尊重する方針を取り，実際に重大な決断は各国キャンペーンが参加する「拡大運営委員会」で下された（目加田，2003：82）。つまり，ICBLは垂直的階層組織ではなく，まさに各国のNGOが主体となった水平的な緩やかなネットワークを形成したのである。

　ICBLは，当初は通称「特定通常兵器使用禁止・制限条約（CCW：Convention on Conventional Weapons）」という国連の枠組の中で対人地雷の全面禁止をめざしたが，会議が難航した上，全面禁止には至らないことが明らかになったため，ICBLを中心とするNGOと中核国と呼ばれる対人地雷全面禁止推進派諸国（カナダ，ノルウェー，オーストリア，ベルギー，メキシコ，南アフリカなど）がパートナーシップを組み，「オタワ・プロセス」という新たな交渉の場を誕生させることになった（長，2007：98-99）。この1996年10月に始まったカナダ政府主導の対人地雷全面禁止条約成立過程は，ICBLというNGOネットワークと中核国との連携と協働（パートナーシップ）によって成し遂げられた地球規模問題の解決に向けての好事例となっている。

　ICBLは表9-1の分類でいうところのNGOネットワークの類型③（イシュー限定の国際ネットワーク）であり，このネットワークを母体にしてロビイング，アドヴォカシーなどを行い，対人地雷禁止レジームの形成に積極的に関与した（「ソフト・ガヴァナンス」）。しかしながら，「ソフト・ガヴァナンス」だけでは目的を達成することができず，対人地雷全面禁止推進派諸国とパートナーシップを築き上げ，対人地雷禁止条約を締結させるに至った（「ミドル・ガヴァナンス」）。

　このことが示しているのは，「ソフト・ガヴァナンス」の限界とともに，対人地雷禁止レジームに積極的に関わるグローバルなNGOネットワークという「ソフト・ガヴァナンス」が形成されていなければ，対人地雷全面禁止推進派

第9章 「ソフト・ガヴァナンス」の可能性

諸国とのパートナーシップという「ミドル・ガヴァナンス」の形成もなかった，すなわち対人地雷全面禁止条約の締結という成果も得られなかっただろうということである。ここに，「ミドル・ガヴァナンス」形成の大前提となる「ソフト・ガヴァナンス」の存在意義が確認できる。

目加田説子はICBLの成功の理由として，以下の点を挙げている（目加田，2003：84-91）[4]。まず，地雷問題を限定的に捉えず，人権，開発，紛争後の平和構築などを多面的に訴えることで，多様な分野のNGOを傘下に収め，より広範な普遍的価値を追求する存在として認識されるようになったことである。次に，多くの国に拠点を築くことによって，その国の政策を監視し，キャンペーンを効果的に展開できる体制を構築できるよう，各国のNGO間の連携を戦略的に強化していったことである。そして，専門家との協力を進め，キャンペーンに権威づけを与えながら，巧みにメディアを使って，世界的に広範な支持を得たこと，さらに，ICBLは国連児童基金と世界各地で国際会議を共催するなど国連との連携を深め，その活動の正当性を高め，対人地雷全面禁止条約成立への国際的機運を盛り上げたことを挙げている。

最後の国連との連携は，「ミドル・ガヴァナンス」の範疇に入ると思われるが，それ以外は，一般に「ソフト・ガヴァナンス」が成功するための要因と考えられる。そこで，グローバル・ガヴァナンスに積極的に関与するNGO，NGOネットワーク，市民社会アクターなどによって形成される「ソフト・ガヴァナンス」の成功要因を抽出するために，さらに目加田の議論を検討してみよう。

（2）「ソフト・ガヴァナンス」の成功要因

目加田は，ICBLに加えて，気候変動にかかわるNGOのグローバル・ネットワークである「気候行動ネットワーク（CAN：Climate Action Network）」，ならびに国際刑事裁判所の設立を希求するNGOが国際的なネットワークを形成した「国際刑事裁判所を求めるNGO連合（CICC：NGO Coalition for the International Criminal Court）」を比較分析し，これらに共通した6つの特徴を挙げている。それは，

①国境を超えたネットワークを形成していること。
②地球規模の問題意識(グローバル・コンシャスネス)に立脚していること。
③グローバルな課題設定を行っていること。
④独自の情報収集・提供機能を発揮していること。
⑤アカウンタビリティ(説明責任)を追求していること。
⑥アドヴォカシー(政策提言)を推進していること。

という特徴である(目加田, 2003:153-154)。

　最初の点について,目加田は,「TCS (Transnational Civil Society, トランスナショナル・シビル・ソサエティ)の活動は有機的な連携なしには成り立たないのが実態であり,それがゆえに幅広いネットワークを通じて,NGOの総合力を最大化させることが不可欠である(括弧内は筆者が挿入)」と論じ,IT革命の進歩が,NGOのネットワーク化に大きく貢献したことを指摘している[5]。

　次の地球規模の問題意識については,「TCSが形成されて行動していく動機づけは,その普遍的価値の追求にある」とし,「TCSはゆるやかなネットワークであるがゆえに,その求心力となる活動目的は具体的でありつつも,普遍性を備えたものでなければならなかった」と分析している。そのために,グローバルな問題意識は不可欠な要素となる。

　第三に,目加田は「国家を主体とした枠組だけでは対応しきれないところにグローバルな課題の特徴があり,そこにTCSが埋めるべきニッチ(隙間=活動空間)が存在している」と論じ,彼女が分析したいずれの事例も,そのニッチを埋める形でグローバルな課題を設定,ないし再設定したと述べている。

　第四の情報収集・提供機能について,目加田は,「TCSが収集・分配する情報は,TCS内においてかかる問題の共通理解・認識を深める作用を果たしたのみならず,政府代表団や国際機関関係者,民間企業,プレスにとっても有益な情報リソースとな」り,「異なる主体間に議論の場を提供する作用をもたらした」と分析している。さらに,「密室に閉じこもりがちな交渉過程にTCSが介在していくことによって,交渉に関する情報提供量を飛躍的に拡大させるとともに,民意を交渉過程に反映させるチャンネルを大幅に増やした」と論じ,情

第9章 「ソフト・ガヴァナンス」の可能性

報収集・提供機能を通じたグローバル市民社会のアクターの重要性を浮き彫りにしている。

　第五のアカウンタビリティに関して，目加田は，これが多国間条約交渉過程をいかに民主化するかということと密接に関連していることを指摘している。CANの場合は，会議期間中，毎日発行・配布するニューズレターを通じて，ICBLの場合は，ICBL傘下の各国キャンペーンが展開している国々における政治家との積極的な対話を通じて，CICCは会議に参加している政府代表団との対話を通じて，それぞれアカウンタビリティを求めていったことを，目加田は明らかにしている。

　最後に，アドヴォカシーに関して，目加田は，「現場からの情報収集および専門的知識の蓄積が，問題解決に向けてTCSが政策提言能力を高めていく結果につながる。それは，問題の所在地でサービスを提供するだけでは問題が解決しないというNGOの苛立ちと不満が，代替案を提示するという行為によって政府に対応を迫る行為に転化していくことに直結するからである」と論じている。そして，「TCSは，専門家や専門機関と協働することにより，政策提言能力を向上させただけでなく，時と場合によっては政府代表団にとっても事実上の政策アドバイザーの機能を果たしていたといっても過言ではない」とまで論及し，グローバル市民社会のアクターの政策提言能力を高く評価している（目加田，2003：154-169）。

　以上の①国境を超えたネットワークの形成，②地球規模の問題意識への立脚，③グローバルな課題設定，④独自の情報収集・提供機能，⑤アカウンタビリティの追求，⑥アドヴォカシーの推進は，グローバル市民社会ネットワークの特徴のみならず，「ソフト・ガヴァナンス」の成功要因と理解することもできるだろう。

　そこで，以下ではこれらの成功要因を意識しながら，グローバル・タックスを推進しているグローバル市民社会のアクターに焦点を当て，具体的な事例分析に移りたい。

第Ⅱ部　グローバル・タックスが切り開くグローバル・ガヴァナンス

2　通貨取引税を求める市民社会ネットワーク

　グローバル・タックスの実現をめざす市民社会のアクターは，フランスのATTAC，イギリスのSOP以外にも，カナダのハリファックス・イニシャティブ（Halifax Initiative），フィンランドのグローバル民主化ネットワーク研究所（NIGD：Network Institute for Global Democratisation），アメリカのグローバル金融のための新しいルール（NRGF：New Rules for Global Finance），ドイツのWEED（World Economy, Ecology and Development，世界経済，エコロジー，開発），マレーシアの第三世界ネットワーク（TWN：Third World Network），日本のアシスト（ACIST：Association of Citizens for International Solidarity Tax）などがある。

　ここでは，まずグローバル・タックスの実現をめざすグローバル市民社会のアクターと，「ソフト・ガヴァナンス」の成功要因との関係について簡単に触れた後に，国内レベルでグローバル・タックスの実現という特定のイシューを追及するNGOや市民社会のアクターが国内でネットワークを形成し（類型①），その後国境を超えてネットワークを拡大し（類型③），さらには分野を超えて世界中の市民社会組織とメタ・ネットワーク（世界社会フォーラム）を展開しつつ（類型④），国内においてはさまざまなイシューを扱う新「新しい社会運動」に変化していった事例（類型②）としてATTACを吟味する。続いて，通貨取引開発税の実現をめざして主としてイギリス国内で活動しながら（類型①），国際会議への参加，インターネットを通じての情報発信などを土台にインフォーマルなグローバル・ネットワークを形成し（類型③），最後には国際レジームとのパートナーシップ（「ミドル・ガヴァナンス」）に移行していったSOPを考察し，これらの事例の比較分析から導き出される論点を整理してみたい。

（1）　グローバル・タックスと市民社会ネットワーク

　グローバル・タックスのような国益を超えた地球公共財の供給や地球公共善の実現は，世界政府が存在しない以上，まずは各国政府の意思と対応に委ねら

第9章　「ソフト・ガヴァナンス」の可能性

れる。税を創設し，課税を行い，徴税できる唯一の主体は現在のところ各国政府であるから，グローバル・タックスの実現には各国政府の同意が欠かせない。しかし，一般的に政府は産業界や市民の反発を恐れて，新たな税の創設に対して慎重である。たとえ，税を実施したとしても，せっかく得た税収をわざわざ進んで超国家組織に上納しようとは思わないだろう。また，課税されるのを喜んで受け入れる企業の存在も考えづらい。そこで浮かび上がってくるのが，市民社会の役割である。NGOなど多くの市民社会のアクターは，国益や企業益という小さな枠を超えた，より大きな地球公共益の実現をめざしていることから，地球公共益実現に向けての「エンジン」となりうる (Uemura, 2007a : 121)。

　第7章で概観したとおり，カナダでは，ハリファックス・イニシャティブというNGOネットワークに率いられたキャンペーンにより，1999年3月に「カナダ政府は国際社会と協調して金融取引税にかかわる法律を制定すべきである」という動議が下院で可決され (Patomäki, 2001 : 183-184)，フランスでは，ATTACなどの活動によって2001年11月に0.01-0.1％の通貨取引税を実施する法案が下院で可決している (Jetin ; 2002 : 194)。また，ベルギーでは，金融投機に反対するベルギーNGOネットワークと緑の党など一部の国会議員の協力により，2002年3月に通貨取引税法案が国会に提出され，2004年7月に国会を通過している (Jetin, 2002 : 194-195 ; Wahlberg, 2005 : 2)。

　一番近年の例はイタリアで，2007年7月31日に，2002年7月に提出された通貨取引税の市民案と同じく，ヨーロッパ通貨取引税について調査し，報告書を作成する委員会を首相府の下に創設することを政府に要請する動議が可決し，政府，学識者，NGOなど多様なアクターから構成される委員会が設立されたのもすでに見たとおりである。(6) いずれの事例も，通貨取引税を実現するという特定の目的を持ったNGO，社会運動，そしてこれらのネットワークが，法案可決に大きな役割を果たしたといえる（表9-1でいう類型①）。

　ただし，これらの税の実現のためには，カナダの場合は「国際社会と協調して」という条件が，フランスとベルギーは「他のEU諸国が同様の税スキームを実施すれば」という条件が付されている。その条件をクリアするためには，他の国々も通貨取引税を実施することに賛同しなければならない。この事実は，

必然的に国境を超えて活動するネットワークを要請する（類型③）。

ここで，通貨取引税を求める市民社会ネットワーク（「ソフト・ガヴァナンス」グループ）と，目加田のいう6つの成功要因（①国境を超えたネットワークの形成，②地球規模の問題意識への立脚，③グローバルな課題設定，④独自の情報収集・提供機能，⑤アカウンタビリティの追求，⑥アドヴォカシーの推進）を照らし合わせてみよう。

最初の「国境を超えたネットワークの形成」の必要性は先ほど見たとおりであるが，グローバル・タックスを基軸としたグローバル市民社会ネットワークは，拡大するグローバル市場，とりわけグローバル金融のアカウンタビリティを問うものであり，その負の影響の抑制や税収を途上国の貧困問題の解決のために利用することを提唱するなど，明らかに「地球規模の問題意識に立脚」しているといえるだろう。また，通貨取引税の実現というのはまさに「グローバルな課題設定」そのものであり，その実現のためには高度な情報収集と提供機能，「アドヴォカシーの推進」が欠かせない。これらはすべてこれから検討するATTACとSOPの事例から明らかになるだろう。

しかしながら，グローバル・タックスの実現をめざすグローバル市民社会ネットワーク，すなわち「ソフト・ガヴァナンス」だけでは，現時点ではいかなるグローバル・タックスも現実化していないのが現状である。そこで，以下では，フランスで開始されたATTACと，SOPを中心にイギリスでキャンペーンを展開しているネットワークの比較分析を行うことでその理由を探り，「ソフト・ガヴァナンス」の問題点と可能性を考察したい。

（2） フランスの市民社会ネットワーク——ATTACを事例に
① その誕生と基本理念

ATTAC創設の契機は，1997年12月に『ル・モンド・ディプロマティーク（*Le Monde Diplomatique*）』の編集総長であるイニャシオ・ラモネ（Ignacio Ramonet）が同誌に掲載した社説「市場を非武装化する（Disarming the markets）」であった。ラモネは，1997年のアジア通貨危機を目の当たりにして，民主的なコントロールの効かないグローバル金融の危険性を訴え，「21世紀の

第9章 「ソフト・ガヴァナンス」の可能性

世界が略奪者の掟のまかり通るジャングルと化す事態を避けたいならば，金融権力の非武装化を，市民として重要課題に据える必要がある」として，具体的に，タックス・ヘイブンの撤廃，資本所得課税の引き上げ，金融取引への課税を提案した。

中でも，「資本の無規制な流れは民主制を揺るがす。だからこそ抑止的なメカニズムの導入が重要だ」と主張し，具体的なメカニズムとして税率0.1％のトービン税を提唱し，論説の結びで，「市民を支援するためにトービン税を求める団体（ATTAC）という名のNGOを，地球規模で作り出そうではないか。このNGOは，労働組合や文化団体，社会団体，エコロジー団体と連携することで，政府に働きかける市民のすばらしい圧力団体となることができるだろう。諸国の政府に行動を迫り，世界的な連帯税を実現させるのだ」とATTACの創設を呼びかけている（Ramonet, 1997）。

このラモネの呼びかけに応えて，1998年3月16日に関心を持つ諸団体による最初の会合が開かれ，同年6月3日に開催された結成総会でATTACが設立された。そして，ATTAC評議会のメンバーが選出され，その中から『ル・モンド・ディプロマティーク』の編集委員であるベルナール・カッセン（Bernard Cassen）が初代の代表として選び出された（ATTAC編, 2001：27-28；Waters, 2004：859）。

同日の結成総会で採択されたATTACの基本綱領は，「金融のグローバル化は経済的不安定や社会的不平等を悪化させる。また，人々の選択，あるいは全体の利益をはかる任務をおびた民主主義的諸機関や主権国家といったものの脇をすり抜け，そういったものの地位を低下させる。そして，それに取って代えて，多国籍企業や金融市場の利益だけを代弁する投機的論理を持ち込む」という文章で始まっている（ATTAC編, 2001：39）。

続けて綱領は，「世界の変化は宿命であるという錦の御旗のもとに，市民とその代表はみずからの運命をみずからの手で決める権利を奪われようとしている。……（中略）……南北間の不平等ならびに先進諸国内部の不平等を生み出すこうした機構のメカニズムを食い止めることはまだ可能である。……（中略）……トービン税は0.05％という低率であっても，年間1千億ドル近くの収

入をもたらす。……（中略）……この課税はまた，抵抗の論理を育て，市民や国家に行動の余地を与えるものであり，しかも，政治の復権を可能にするものでもある」と述べている（ATTAC編，2001：39-42）。

そして，最後に，「国際投機を阻止すること，資本所得に課税すること，税金天国を制裁すること，年金ファンドの一般化を食い止めること，そして，おおづかみにいうなら，金融界の利益のために民主主義が失った活動空間を奪回し，投資家や商売人の〈権利〉を口実にして国家主権が放棄されることに反対すること。要するに，われわれの世界の未来をみんなでいっしょに取り戻そうということである」という文書で締めくくっている（ATTAC編，2001：42）。

ラモネの社説と以上の基本綱領から，ATTACは金融のグローバル化とそれが引き起こす諸問題というグローバルな問題意識に立脚し，それを解決するためにトービン税の実現を中心にグローバルな課題設定とアドヴォカシーを行い，金融界のアカウンタビリティを追求するためのグローバルな市民社会ネットワークの創設をめざすもので，理念的には概ね「ソフト・ガヴァナンス」の成功要因を備えているといえるだろう。

ATTACの基本理念は，フランスにおいて多くの賛同を集め，市民社会の諸団体，諸運動のみならず，政治家やフランス政府をも惹きつけることとなった。その理由について，エドアル・モレナ（Edouard Morena）は現在フランスが置かれている国内的，国際的状況を吟味し，ATTACが資本主義そのものではなく，金融のグローバリゼーションを非難するとともに，主権国家の復権を主張し，トービン税がもたらす税収の可能性に言及したところにあったと論じている（Morena, 2007）。

すなわち，金融のグローバリゼーションを非難することで，同様の思いを持つ多様な市民社会のアクターを引き寄せ，主権国家の復権を訴えることで政治家や政府にアピールし，トービン税がもたらしうる税収の可能性が開発NGOを魅了したのである。さらにいうならば，グローバリゼーションの非難によって，グローバリゼーションにより侵食されかけているフランスの伝統・文化の価値を再認識させ，主権国家復権の主張によって社会の守護者としての政府の正当性を認識させ，多額の税収の可能性への言及によってフランスがより大き

第9章 「ソフト・ガヴァナンス」の可能性

な国際貢献ができる期待を高め，これらが総じてフランスの国力を向上させ，現在のアングロ・アメリカン中心の世界秩序を突き崩しうるということをATTACの主張は示唆したのである。したがって，ATTACの主張はフランス政府にとっても魅力的であった。

さらに，基本綱領の「民主主義が失った活動空間を奪回し」，「われわれの世界の未来をみんなでいっしょに取り戻そう」という基本理念は，個人，団体を問わず，あらゆる思想，立場，年齢層の人々・団体が議論できる「空間」となって結実し，多様な人々・団体・運動体をATTACに引き入れることに成功し，通貨取引税の実現を核にした大きな社会運動となった。

サラ・ウォーターズ（Sarah Waters）は，ATTACが多くの政治家やフランス政府を惹きつけることに成功した要因として，多くの（左翼系の）知識人がATTACに加わったのみならず，組織の中で中核的な役割を果たし，大きな影響を与えていたことを挙げている（Waters, 2004 : 855-856）。ATTACのすべてのリーダーたちは，以前に主要な政治や社会問題に関する著書を出版しているし，実際大学で教えている人物たちであった。たとえば，ATTACの第2代代表のジャック・ニコノフ（Jacques Nikonoff）は何年にもわたって溶接工として働きながら，共産党系の労働組合の中心人物になり，その後パリ第8大学の教授として3冊の本を出版している（Waters, 2004 : 861）。

このように知識人がATTACの中心メンバーになった結果，ATTACは社会変革の手段として，敵に直接対峙するデモなどの直接行動ではなく，新自由主義グローバリゼーションを知的に批判し，オルタナティブを学術的に提示する論評，論文，解説書，小冊子，言説などの知的な生産物（intellectual production），あるいはピエール・ブルデュー（Pierre Bourdieu）のいう「社会変革に連動する知識（engaged knowledge）」，ならびに議論を重視するようになった。

この知識人による知的な反新自由主義グローバリゼーション運動というATTACの特質は，多くの知識人はもちろんのこと，知識人を重要視するフランスの政治文化も相俟って，ATTACが批判している政治的支配者層からも支持を獲得し，左翼から右翼までの政治家を惹きつけ，自身の要求を通すだけの影響力を持つようになったのである（Waters, 2004 : 855-862）。

② ATTACの国内的・国際的展開

　このような理念を持つATTACは多方面からさまざまなアクターを結集させ，フランス国内で急激にネットワークを拡大した。そして，多数の開発NGO，チャリティ団体，労働組合，キャンペーンの自律的・水平的なネットワークとして構成されるイギリスのSOPに対して，ATTACはフランスの通貨取引税キャンペーンを一元的に取り仕切る唯一のネットワークとなった（Morena, 2007：3）。

　しかも，1999年7月には，フランス下院の5人の国会議員が下院内にATTAC委員会を創設し，60名の国会議員が参加した。その後フランス上院にも，欧州議会にもATTAC委員会は設立された。これによってATTACは政府に対して直接ロビイングを行い，トービン税の導入に向けての具体的な提案をする手段を得た。

　2001年7月の時点で，ATTACはフランス国内で180のローカル委員会，24,000人の会員，1,000団体を包摂するネットワークになり（類型①, Patomäki, 2001：181），2003年には会員が30,000人を突破した（Morena, 2007：33）。

　多方面から共鳴を呼び起こすATTACの基本理念，多くの市民社会団体のATTACへの参加，会員の急激な増加，上院・下院でのATTAC委員会の設立を通じた政治的影響力の増大を背景に，2001年9月13日にフランスの財務大臣であったロラン・ファビウス（Laurent Fabius）は，ATTACの代表者たちと会い，国際通貨取引課税の導入の実現可能性を議論し，政府の立場を変えトービン税に好意的であること，ならびにATTACの目的への明確な支持を言明した（Waters, 2004：868；Morena, 2007：21）。

　この支持は，2001年10月18日にリオネル・ジョスパン（Lionel Jospin）がATTACのリーダーたちに送った手紙の中で確認された。その手紙には「あなた方の運動が指摘している問題は，フランス政府が国際的な議論の中で強調し，ほとんどのケースで成功を収めている懸念と近いものです」とあり，「もちろん私の内閣のメンバーはあなた方と議論する用意はできています」と言及し，ATTACと緊密に協働する意思を示していた（Waters, 2004：868）。

第9章 「ソフト・ガヴァナンス」の可能性

　その1ヶ月後の2001年11月19日に，フランス下院は他のヨーロッパ諸国も同様の法的関与を行うという条件で，トービン税を導入する法案を可決した。フランス社会に親和的な理念と市民社会の強力なバックアップ，さらに政治的サポートを得たATTACのロビー活動が，その一番の目的とする通貨取引に課税する法案を見事に通過させたのである(7)。

　ATTACの活動はそこに留まらなかった。その後ATTACは，理念どおりに国境を超えたネットワークを世界各国に形成し，通貨取引税の実現と「もうひとつの」グローバリゼーションをめざすグローバル・ネットワーク（類型③）に成長した。ヨーロッパ（オーストリア，ベルギー，デンマーク，フィンランド，ドイツ，アイルランド，ルクセンブルグ，オランダ，ノルウェー，ポーランド，ポルトガル，スペイン，スウェーデン，スイス），ラテンアメリカ（アルゼンチン，ボリビア，ブラジル，チリ，コロンビア，コスタリカ，エクアドル，パラグアイ，ペルー，ウルグアイ，ヴェネズエラ），北米（ブリティシュ・コロンビア州，ケベック州），北アフリカ（モロッコ，チュニジア），サハラ以南アフリカ（ブルキナ・ファソ，カメルーン，コートジボワール，マリ，セネガル，トーゴ），アジア‐オセアニア（オーストラリア，日本）にネットワークを拡大し（類型③），グローバル社会運動の中核を占めるようになった。

　さらに，ネットワークを世界に拡大したATTACはブラジルのNGOと一緒に，多様なネットワークのひとつのネットワーク（a network of networks），あるいは多様な運動のひとつの運動（a movement of movements）とも呼ばれる世界社会フォーラムを創設し，グローバルなレベルで影響を与えていった（類型④）ことは，すでに第5章で吟味したとおりである。

　このように彗星のように現れ，急激に勢力を拡大し，華々しく活動を展開したATTAC，特にその中核をなしたATTACフランスは，その後その性質の変貌とともに，徐々に衰えていくことになる。ピーク時に3万人を超えたメンバーも，2006年には21,600人に減少するなど(8)，目に見えて影響力は低下していった。ATTACフランスの活動力の低下とともに，他国のいくつかのATTACもトービン税のキャンペーンを停止するなど，全体としての活動が停滞しているように見える（Morena, 2007：35）。なぜ華々しく活動を展開してい

257

たATTACフランスが衰退することとなったのか。以下では，その理由をその組織構造と政治への関与という側面から探求する。

③ ATTACの組織構造と政治への関与

ATTACフランスの組織は，大きくナショナルレベルとローカルレベルに分けられる。まずナショナルレベルは，評議会（Bureau，代表，副代表，財務官，事務官），総会によって選出される運営委員会（CA : Conseil d'Administration），運営委員会によって任命される学術委員会（CS : Conseil Scientifique），運営委員会に代表権を持つ創設者集団（CF : Collège des Fondateurs）から構成されている。中でも，学術委員会は金融のグローバリゼーション推進論者や通貨取引税批判論者に対して，ATTACが理論武装をし，その正当性を客観的かつ学術的に主張できるようにする役割を果たしている（Waters, 2004 : 859 ; Morena, 2007 : 29）。

モレナによると，ATTACは政党政治に従属することを拒絶しつつ，「政治を異なったやり方でやる」と謳っている。この政党政治を拒絶しながらも，政治にかかわることを理念とした結果，ナショナルレベルのメンバーは，①伝統的な政党組織から追いやられた元左翼の反体制政治家，②トロツキスト，社会主義者，エコロジスト，共産主義者，リバタリアン，国際主義者などの政治的信念を持ち，時には政党と密なつながりを持つ人々，③大学，メディア界などの知識人という多様な人々から構成されるようになった（Morena, 2007 : 29）。

次に，ローカルレベルに目を転じてみると，2006年末の時点でフランス全土に215のローカル委員会が展開している(9)。ローカル委員会はそれぞれの地域のATTACのメンバーによって自由に創設されたが，伝統的な政党政治に失望し，それとのつながりを断つために参加した人々が多く存在した。同時に，ローカル委員会のメンバーの41.8%は労働組合に所属しており，ATTACに対抗的な性質を付与している（Morena, 2007 : 28）。実際，ローカル委員会を構成するメンバーたちは，過去か現在に，それが労働組合であれ，政党であれ，NGOであれ，対抗的な活動に従事していた諸個人たちである。

ローカル委員会の立場や議論の焦点は，メンバーたちの過去の政治的活動に

第9章　「ソフト・ガヴァナンス」の可能性

よって培われた慣習と思想の残滓，少数ではあるがローカル委員会に参加している政党に属するメンバーたちの影響により，通貨取引税などの国際的なイシューよりも，国内的なイシューに向くようになっていった（Morena, 2007 : 28）。

　ここで問題となるのは，ナショナルレベルとローカルレベルの緊張関係である。どちらかといえば基本綱領に沿ってトービン税を実現させるロビー活動を重視するナショナルレベルに対し，ローカル委員会は国内の事柄に関心を向け，トービン税以外の幅広いイシューを議論し，活動しており，両者の間に対立が生じている。この点について，カッセンは，「フランス全土に拡大したローカル委員会は，国際金融のイシューを超えることを望んだ。なぜなら，ローカル委員会のメンバーの多くは，ATTACの中に左翼の同志や労働組合の闘士に代わるものを見つけたからである。彼らはトービン税以外の活動もしたいのだ」と述べている（in Morena, 2007 : 27）。このような状況下で，ローカル委員会とそのメンバーの拡大は，ATTACフランスが扱うイシューを広げ，通貨取引税実現を促進する障害となった。

　その結果，ATTACは，通貨取引税を実現するために政府に対してロビイング，政策提言などを行う市民の圧力団体（「ソフト・ガヴァナンス」）から，フランスの伝統的な民衆教育運動とともに活動し，幅広いイシューを扱う「多様な運動のひとつの運動」に変貌したのである（類型②，ATTAC編，2001 : 54-58）。

　2002年1月12日のATTAC運営委員会の議事録の中で，数人のメンバーはトービン税とタックス・ヘイブンの問題は，過去に先進国で起こった世論の変化と同様の変化が再び認められない限り，これ以上発展が望めないことを公然と認めている[10]。その後，2002年5月17日に開催されたATTACのセミナー「トービン税，グローバル・タックス，再分配」で，今後ATTACは広くグローバル・タックスを扱い，トービン税は数あるグローバル・タックスの一つに過ぎないとの言明がなされている。また，同年の総会でATTACはもはや名前と活動が一致していないことを捉えて，ATTACが幅広いイシューを扱うことを明言した定款に改めるべきであるとの提案がなされた。この提案は否決されたものの，これらの状況を鑑みて，モレナは，トービン税と金融のグローバ

リゼーションは，もはやATTACの中核とはみなされなくなったと分析している（Morena, 2007 : 31）。

ATTAC第2代代表のジャック・ニコノフは，「ATTACのメンバーの一部は，ATTACは『原点』（トービン税と金融のグローバリゼーション）に再び戻るべきであると信じている。逆に，ATTACはグローバルなアプローチが必要な人間解放に向けての新しい運動の台頭に貢献すべきであると考えているメンバーもいる」ことを認めているが，モレナによると，このような対立的状況に対し，ATTACの代表ならびに運営委員会は，組織内の課題をコントロールする意図は持っていないようである（Morena, 2007 : 32）。

これまでATTACはトービン税を梃子にして，フランスの政治論議の課題設定の役割を担ってきたが，メンバーから突き上げられる課題をコントロールできなくなったATTACは，いまやメンバーから課題を設定される存在となってしまった。

さらに，ATTACの停滞を招く大きな原因となったのが，どこまで政治に関与するかをめぐる内部の対立である。前述のように，ATTACは設立から時間を置かずして，政治的支配者層を魅了し，自らの影響力を高めてきた。しかし，まさにそのこと自体が，ATTACに参加している多くの活動家たちの批判を浴びるようになる。ATTACは特に社会党との結びつきを強めていたが，「ATTACのアジェンダは政党にハイジャックされ，短期的な選挙目的に利用されている」として，多くの活動家たちが強硬に反対した。彼らは，「政治家を信用しないのがATTACの発展のまさに原点だった。選挙で選ばれた議員たちがATTACに入って来れば来るほど，私たち自身が信用されなくなる危険が高まる」として，どんな犠牲を払ってでも，ATTACの自治と自由を守ると主張した。

これらの批判に応えて，2000年7月にATTACの運営委員会はすべての政党のメンバーシップを凍結する決定をした。そして，ATTACのリーダーたちは，それが地方であれ，国政であれ，今後選挙に出馬することは禁止された（Waters, 2004 : 869-870）。

しかし，当時ATTACの代表であったベルナール・カッセンが，2003年1月

第9章 「ソフト・ガヴァナンス」の可能性

14日にフランス政府に対して，同年パリで開催されるヨーロッパ社会フォーラムに資金の提供をするよう要求したことが明らかになると，ATTACの一部の活動家とマスコミは再び強烈な非難を浴びせかけるなど，ATTAC内部での対立と亀裂が深まった（Waters, 2004 : 868）。そのような状況下で，ATTACがEU憲法の国民投票に反対するキャンペーンを開始すると，EU憲法に賛成する当時政権与党の社会党に所属するATTACのメンバーがごっそりATTACを去った。その数は4000人にも上る。[11]

これらのナショナルレベル−ローカルレベルの対立，政治的関与をめぐる対立の結果，現在ATTACに所属するメンバーより，元ATTACのメンバーの方が多いという状況になっている。さらに，2006年にはATTACの政治的関与をめぐって評議会と運営委員会の間で対立が起こり，ATTACは危機的な状況に陥った（Morena, 2007 : 36）。この対立は政治的関与を進め，政治的目的を達成するためにメンバーを統制しようとするカッセン，ニコノフらと，政治には深入りせず，あくまでも多様な人々，団体が自由に議論できる「空間」に留まることを主張するスーザン・ジョージらの対立であった。この対立は，選挙でニコノフが再選されたことにより，政治関与派が勝利したかに見えたが，その後選挙の不正が発覚し，2006年12月の再選挙で「空間派」の勝利に終わり，先鋭な対立は終結した。[12]

この対立は，ATTACが市民社会の領域に留まって，多様なイシューを扱い，外側からガヴァナンスに対抗する社会運動的な役割を担うのか，あるいは論点を絞って政府にロビイングや政策提言を行い，積極的に政策形成にかかわっていく「ソフト・ガヴァナンス」の役割を担うのかの根源的な対立でもある。ここにも，世界社会フォーラムと同様の，市民社会ないし社会運動と「ソフト・ガヴァナンス」の緊張関係を如実に見てとることができるだろう。

その意味で，今後ATTACが両者の対立を氷解させ，プラスの相乗効果を持った強力な勢力として復活するのか，どちらか一方の路線を選択して選んだ路線（現在は「空間路線」）を突き進むのか，あるいはどちらでもない方向に進んでいくのか，それともこのまま衰退していくのかなど，今後の動向を注意深く見守り，研究していく必要があるだろう。なぜなら，そこにグローバル市

民社会と「ソフト・ガヴァナンス」の緊張関係をプラスの相乗効果に変えうるヒントが見つかるかもしれないからである。

（3） イギリスのNGOネットワーク——Stamp Out Povertyを中心に

次に，イギリスにおいて通貨取引開発税，ならびに革新的資金メカニズムに関するキャンペーンを展開しているNGOネットワークであるスタンプ・アウト・ポヴァティ（SOP）を中心に，イギリスのグローバル・タックス関連のネットワーク／キャンペーンを検討してみよう。

① SOPの成立過程と基本理念

SOPの母体は，1951年に創設された開発NGOのWar on Want（貧困との闘い）である。このNGOは多数のキリスト教系の団体，宗教団体，慈善団体と連携し，これらの団体から多額の資金を得ているのみならず，労働党やガーディアン紙（Guardian）とも密接な関係を保持している。War on Wantが扱う課題は，人権の推進，貿易や税の公正性，多国籍企業，開発など幅広いが，一貫して貧困をメインテーマとして設定している（Brassett, 2007：22）。

War on Wantは1998年にトービン税のキャンペーンを開始したが，2002年にトービン税ネットワークを設立し，より包括的な活動を行うこととなった。このネットワークは，キャンペーン団体，慈善団体，宗教団体，労働組合，オックスファム，クリスチャン・エイド，セイブ・ザ・チルドレンを始めとする開発NGOなど，50以上の団体から構成されている。その後，トービン税ネットワークは，一般にホワイトバンド・キャンペーンとして知られる"Make Poverty History"キャンペーンと連携し，"Stamp Out Poverty"という名前で活動を行うこととなった（Brassett, 2007：22）。

SOPの基本理念は，以下のStamp Out Poverty宣言に示されている（括弧内は筆者が挿入）。[13]

　　私たちは，署名して以下のことを宣言する。
　　私たちは，長期的な持続可能な発展に資する資金の流れを創出するために，

追加的開発資金の実施，特に税の実施にコミットする。そして，途上国に対する経済的，環境的危害など関連する貧困の原因と闘うことを誓う。

　2015年までに世界の貧困を半減するために，すべての国連加盟国によって約束された2000年の歴史的な協約である国連ミレニアム開発目標に鑑みて，現在確かな国際的な合意が存在している。それは，清潔な水，保健医療，義務教育などの基本的なアメニティの供給を通じて世界の（貧しい）人々の状況を改善することである。

　伝統的な海外援助，債務の軽減，貿易条件の改善など現在の開発援助手法は，予防可能な病気や死を食い止めるために迅速かつ十分な対応となっていないばかりか，ミレニアム開発目標を達成し，多くの人々が貧困から脱出するために必要な資金も生み出していない。

　2006年に合意をみた最初の「開発税」は，その税収がHIV/AIDS，マラリア，結核の治療に充てられる航空券税である。これは，この分野でさらに進歩を進めるための重要な先例を築き上げている。

　私たちは，イギリスの，そして世界の政策決定者に，その税収で持続可能な国際開発の諸目的を確かなものにするポンド印紙税のような新たな追加的資金イニシャティブの早急な導入に必要なすべての手段をとるように強く主張する。

　さらに，私たちは，政策立案者に，国際援助を増額するという合意された約束に鑑みて，その税収が既存の国際援助支出や，途上国の債務帳消しの提供に取って代わるものではないということを確実にするよう強く要請する。

　SOP宣言に示されている以上の基本理念は，きわめて「穏健」である。金融のグローバリゼーションに対するあからさまな非難も，国家主権の復権も宣言には見られない。さらに，宣言はトービン税という言葉も用いていない。むしろ，国連ミレニアム開発目標を前面に出し，グローバル・タックスがもたらしうる税収など，追加的開発資金を創出することに力点が置かれている。

　このSOPの基本理念は，金融のグローバリゼーションを正面から非難し，主権国家の復権を強調し，トービン税の実現をストレートに訴えるATTACの基

本理念とはきわめて対照的であることがわかる。

② SOPの組織構造，実践とその評価

SOPの組織構造も，ATTACとは異なったものとなっている。すなわち，ATTACフランスが，元左翼政党の党員，労働組合員，大学やメディア界からの知識人，社会運動のメンバーなど，多様なメンバーを内側に抱え，ナショナルレベルとローカルレベルでそれぞれ独自の組織，とりわけ自律性の強いローカル委員会を持っているのに対し，SOPはそこまで組織化されておらず，あくまでもさまざまなNGOや慈善団体の水平的なネットワークであり，そのネットワークによるキャンペーン活動に留まっている。

また，その戦略・実践を見てみると，SOPは，ATTACのように多くの社会運動を傘下に持つ政治色の強い対抗運動ではなく，世界的な貧富の格差の拡大などグローバリゼーションの負の影響を訴えながらも（グローバルな問題意識への立脚），ポンド印紙税の実現や追加的開発資金の創出（グローバルな課題設定）に焦点を絞ったキャンペーン活動，ロビイング，政策提言（独自の情報収集・提供機能とアドヴォカシーの推進）を行うネットワークとして存在している。したがって，ATTACとは性格を異にし，アカウンタビリティ追及の側面は弱いものの，SOPは概ね「ソフト・ガヴァナンス」の成功要因を備えた市民社会ネットワークとみなすことができるだろう。

このSOPを始めとするイギリスのグローバル・タックスにかかわるキャンペーンの影響について，ジェームズ・ブラセット（James Brassett）は，ヤン・ショルテ（Jan Sholte）の議論を敷衍しながら，大衆教育やグローバル・ガヴァナンスにかかわる議論の盛り上げに積極的な役割を果たしているとの分析を行っている（Brassett, 2007 : 32-35）。

最初の大衆教育について，ブラセットは，SOPを始めとするグローバル・タックスに関するキャンペーンは，南北の不平等・格差問題とそのギャップを埋めうる通貨取引税の税収の創出面に焦点を置いた議論をわかりやすく整理し，それをホームページに掲載しているほか，容易な要約を記した数多くの専門的な報告書も刊行し，ビデオや報告も，グローバリゼーションの犠牲となってい

第９章 「ソフト・ガヴァナンス」の可能性

る貧しい人々の映像を使うなど，人々の心に訴え，惹きつける工夫がなされていると分析している。またキャンペーナーは，"Make Poverty History"キャンペーン，世界社会フォーラム，音楽祭にまで出向いて，広く大衆にメッセージを伝えていることを指摘し，キャンペーンが大衆教育に果たしている役割について前向きな評価を与えている。

次に，グローバル・ガヴァナンスにかかわる議論の盛り上げであるが，ブラセットは「イギリスのグローバル・タックス・キャンペーンは，金融市場に課税することをグローバル・ガヴァナンスのアジェンダに乗せた」と論じ，特に以下の３点を指摘している。第一に，これらのキャンペーンによって，トービン税と現在行われている革新的開発資金源の議論を結びつける試みが効果的に行われ，第二に，ヨーロッパレベルでのロビー活動が，社会的な再分配をヨーロッパレベルのガヴァナンスの議論のテーブルに載せるのに一役買い，第三に，イギリスのキャンペーンは，ヨーロッパ社会フォーラムならびに世界社会フォーラムにおけるグローバル・タックスの議論に貢献した点を挙げ，積極的な評価を与えている。

逆に，キャンペーンの否定的な側面について，ブラセットはキャンペーンの内容に目を向け，「トービン税を求めるイギリスのキャンペーンは，よく練られた戦略を持って，明確な目的を提示する点において，非常に首尾一貫している。しかし，この一貫性は包括性の犠牲のもとに成り立っている。トービン税の最小ヴァージョンに焦点を当てるということは，（トービン税が内在させている）市場をコントロールするという機能を犠牲にして，税収創出機能のみを強調することになる。さらに，パトマキが強く主張しているように，これはグローバル・ガヴァナンスを民主化することをめざした幅広いプログラムを犠牲にすることにもなる」と批判している（Brassett, 2007 : 36, 括弧内は筆者が加筆）。

続けて，ブラセットは，人々の声を政府やステークホルダーに届けるという市民社会グループの重要な役割について，「War on WantやSOPのアジェンダは，事実上エリートによって決められ，方向づけられている開発キャンペーンである」と分析し，途上国の貧しい人々の声はキャンペーンの報告書やエリートレベルの会合で稀にしか取り上げられていないと否定的に論じている

(Brassett, 2007 : 33)。

　すなわち，通貨取引税にかかわるイギリスの市民社会キャンペーンやネットワークは，確かに大衆教育に貢献はしているものの，「開発分野のエリート，そして問題なことに，金融セクターのエリートをターゲットにしようとしている。これは，戦略としてはもちろん価値のあることだが，その実践においては，あからさまに『ミドルクラス』，『大卒』，『金融に関心のある者』，『男性』の色彩を帯びてきた」と述べ，その戦略の否定的な側面を浮き彫りにしている (Brassett, 2007 : 38)。このことは，ATTACのように知識人が中心でありながらも，広範な団体や人々を巻き込んだ運動に比して，SOPの民主性，ならびに正当性が低いことも示している。

③　SOPを特徴づける要因と「ソフト・ガヴァナンス」の評価

　なぜSOPのようなイギリスの通貨取引開発税キャンペーンないしネットワークは，上述したような性質を内包するようになったのだろうか。その理由について，ブラセットは，2つの理由を挙げている (Brassett, 2007 : 25-29)。

　一つ目は，イギリス政治経済の長期的な衰退とそれに伴う政策の転換である。かつて「陽の沈まない帝国」，「パックス・ブリタニカ」と呼ばれ，世界的な覇権を誇った大英帝国は，20世紀に入り，長期にわたって衰退過程を辿り，政治的経済的危機に直面した。この衰退局面を「ソフト・ランディング」させるために，イギリス政府がとった政策は，政治面におけるアメリカとの緊密な関係の創出と，経済面における製造業から金融業への転換であった。

　アメリカとの緊密な関係は，新自由主義的政策推進のバックボーンとなり，それに伴う規制緩和は金融業界の力を増大させたのみならず，イギリス社会の「金融化」をもたらすこととなった。したがって，イギリスにおいて，金融のグローバリゼーションを公然と非難することや，市場に規制をかけるトービン税のような議論は，きわめて受け入れづらいソーシャル・ミリュー（社会状況）が醸成された。

　二つ目は，まったく別の観点からの分析であるが，それはイギリスにおける慈善団体の法的地位と関連する。すなわち，イギリスの法律では，慈善団体は

第9章 「ソフト・ガヴァナンス」の可能性

免税の対象となる。しかし、その対象となるためには、これらの団体は活動を通して公共の利益を提供していることを示さなければならない。それが意味するところは、公然とした政治的キャンペーンも、政治団体との提携も禁止されるということである（Brassett, 2007：28-29）。多くの慈善団体から資金を得ているSOPや関連するネットワーク／キャンペーンは、当然のことながらこの法律の制約を受けることになる。

これらの理由から、SOPの理念から政治色が抜け落ち、その提案も穏健なものになり、実践面でも、ATTACのように多くの社会運動を傘下に持つ対抗運動ではなく、ポンド印紙税や追加的開発資金の創出に焦点を絞ったロビー活動や政策提言を行う「ソフト・ガヴァナンス」を推進するネットワークとなったと考えられる。

しかしながら、SOPを始めとするイギリスにおけるグローバル・タックスにかかわるネットワークとキャンペーンが形成する「ソフト・ガヴァナンス」は次の2つの貢献から、あらためて高く評価できるだろう。

その一つは、前章で議論した「債務、援助、貿易に関する超党派議員連盟（APPG）」がポンド印紙税を導入するよう、イギリス政府に強く求めたことである。これには、SOPが大きく関与している。まず、APPGがイギリス政府に提出した報告書は、SOPが2005年に刊行した『スターリング・ソリューション——国際開発資金のためにポンド印紙税を実施する』（Spratt, 2005）と、2006年に刊行した『次のステップに向けて——通貨取引開発税を実施する』（Hillman, et al., 2006）がベースとなっているのみならず、報告書の編集にはSOPのコーディネーターであるデイヴィッド・ヒルマンがかかわっている。

また、SOPは「世界の貧困を救済する資金を創出するために、イギリス政府が早急にポンド通貨取引にポンド印紙税を課税するように説得する」ポンド印紙税キャンペーンを展開し、多くの著名人の賛同を得ている。

AGGPの報告書と政府への提案、そして多数の著名人の賛同は、SOPを始めとするイギリスにおけるグローバル・タックスを求める市民社会アクターの影響力と、「ソフト・ガヴァナンス」の重要性を浮き彫りにしているように思われる。

SOPの二つ目の貢献は,「革新的開発資金に関するリーディング・グループ」における貢献である。第7章で考察したとおり,SOPは第2回リーディング・グループ総会の開催にあたり,議長国のノルウェー政府から通貨取引税に関する報告書を作成することを要請され,『次のステップに向けて——通貨取引開発税を実施する』は会議の正式な文書として報告された(Hillman, et al., 2006)。

このことは,SOPがイギリス国内において,グローバル・タックス実現に向けての「ソフト・ガヴァナンス」に従事するのみならず,国際連帯税の国際レジームにかかわり,各国政府をパートナーとして協働する「ミドル・ガヴァナンス」へ移行したことを意味している。そして,国際レベルでの議論を受けて,それを国内にフィードバックする役割をも担っている。それは,AGGP報告書の最後に記されている「イギリス政府への勧告」の中の以下の項目に明確に現れている(Thornton, 2007 : 48)。

③その他の新たな開発資金を研究し,開発し,緊急に実施するために,他の志を同じくする国々と協働すること。
⑤「開発資金のための連帯税に関するリーディング・グループ」オスロ会議,ならびにソウル会議で合意された通貨開発取引税調査のための国際タスクフォースに参加すること。
⑥「開発資金のための連帯税に関するリーディング・グループ」でより活発な役割を演じ,リーディング・グループの総会をイギリスで開催することを真剣に検討すること。

これらのSOPを中心とするイギリスにおけるグローバル・タックスを推進する市民社会ネットワークの活動は,穏健な提案,エリート志向なども問題を抱えるが,総合的に勘案すると,特に政策を現実化させるという観点からは,積極的に評価できると考えられる。

3 「ソフト・ガヴァナンス」の課題と可能性

　本章では，グローバル・タックスにかかわるグローバル市民社会グループの事例として，フランスのATTAC，ならびにSOPを中心とするイギリスの通貨取引税キャンペーンを吟味してきた。これらの2つの事例から，いくつかの重要な論点が浮かび上がってくる（表9-2）。

　ATTACは，その活動の中核は知識人が担いながらも，フランスが置かれた文脈に親和的な基本綱領を掲げたことや，誰をも受け入れ，自由に議論ができる空間を築き上げたことにより，多様な団体の多数の人々を惹きつけ，フランスにおいて新しい「新しい社会運動」を創出した。ATTACにはさまざまな市民社会グループがローカル委員会に参加して議論を行い，意思決定に関与することで，民主性と正当性を確立してきたとも言える。その力と政治的サポートをバックにロビー活動を行い，フランス下院で通貨取引税法案が国会を通過するのに大きな影響力を持った。

　しかしながら，まさにこの成果と，多様な団体の多数の人々のATTACへの参加，そしてその組織構造が，ATTACが扱うイシューを拡大させ，とりわけそれを国内問題にシフトさせ，国際的に通貨取引税の実現をめざしたロビー団体としての性格を変質させた。すなわち，グローバル・タックスの実現をめざす「ソフト・ガヴァナンス」から，世界社会フォーラムと並行して，多様な問題を表出させ，議論し，政府に対抗していく市民社会の対抗運動に変化した。

　他方，SOPは，トービン税が持つ包括性を主として税収面に縮小させ，一般の人々の意識向上活動も行っているが，それ以上に，金融界，政府，政治家などエリートをターゲットにロビイング，政策提言，アドヴォカシーを行うことに重点をおいた活動を続けた。その分人々やさまざまな団体の参加は限定され，民主性と正当性を低下させることになったが，国会議員連盟を動かし，通貨取引開発税の実現に向けて重要な役割を果たすこととなった。

　また，SOPは国際連帯税レジームにも大きく関与していき，加盟国との協働を展開する国際レベルの「ミドル・ガヴァナンス」に移行することで，航空券

表9-2 ATTACとSOPの比較

	ATTAC	SOP
国内的・国際的文脈	・反グローバリゼーション ・国家主権の復権 ・フランスの伝統 ・文化の再構築	・イギリスの長期的衰退とアメリカへの接近という認識 ・製造業から金融業へのシフト ・新自由主義へのシフト
基本理念	〈急進的〉 ・金融のグローバリゼーションの非難 ・国家主権の復権 ・トービン税の実現 ・民主主義の回復	〈穏健的〉 ・MDGsに必要な資金の創出 ・そのために革新的資金メカニズムの創出 ・特にポンド印紙税の実現
組織形態	ナショナルレベル、ローカルレベルともに組織化、自律性の強いローカル委員会	参加団体による緩やかなネットワーク
活動	・初期はトービン税実現のためのロビー活動、政策提言 ・現在は、幅広いイシューを議論する空間、新しい「新しい社会運動」	通貨取引開発税を実現するためのロビー活動、政策提言、アドヴォカシー、大衆教育
成果	・多方面から多様な人々・団体・運動体を結集 ・フランスにおいて通貨取引税法案が成立するのに寄与	・国会議員連盟が政府にポンド印紙税を提案するのに寄与 ・リーディング・グループに貢献
正当性	高い	低い
民主性	高い	低い
政策実現性	・初期ATTAC：高い ・現在のATTAC：低い	高い

出典：筆者作成。

連帯税とUNITAIDの実現や通貨取引開発税タスクフォースの設置に向けた合意に大きく寄与した。

　これらの比較からいえることは、「トレードオフ」ないし緊張関係であろう。この関係をグローバル・タックスの「実現性」を軸に考えると、通貨取引税と通貨取引開発税の関係のように、実現性を高めれば高めるほど、その提案は穏健なものになる。この点で、通貨取引税を主張する市民社会グループと通貨取引開発税を提唱する市民社会グループ間に緊張関係が生じている。

　また、グローバル・タックスのような構想を現実化させるためには、政府とのパートナーシップが欠かせない。その意味では、ロビイングや政策提言の内容が穏健であればあるほど、「ミドル・ガヴァナンス」への移行が容易になり、実現性が高まるだろう。ただし、一般に少しでも現実的な政策を志向する傾向

第9章 「ソフト・ガヴァナンス」の可能性

にある政府と，政府より急進的な主張をするNGOとの間に緊張関係が生じやすい。

さらに，ATTACの拡大とその変質に見られるように，多様な団体，多数の人々を取り込めば取り込むほど民主性や正当性は高まりやすいが，他方扱うイシューは増え，コントロールが効かなくなり，政策実現性が低下する。このトレードオフは，ATTAC内部で原点回帰派と，イシュー拡大派の間で緊張関係が生まれていることに表れている。

しかし，フランス，イギリスの国内的・国際的文脈の議論からもわかるとおり，通貨取引税のような「急進的」な構想を実現させるためには，ソーシャル・ミリューとしてその実現が望まれる文脈を作り出す必要があり，そのためには多様な団体，多数の人々のサポートが不可欠となる。もちろん，それには長い時間を要するだろう。

したがって，この「トレードオフ」を「ウィン・ウィン」の関係に変えるためには，時間的な戦略が必要となろう。第5章の世界社会フォーラムの考察でも類似の議論を行ったが，実現可能性が高い構想については，短期のスパンで的を絞ったロビー活動，政策提言など「ソフト・ガヴァナンス」的活動を活発に行い，それを「ミドル・ガヴァナンス」につなげて，次々と実現に持ち込むことが肝要である。他方，急進的な構想やそのための文脈の醸成のためには，じっくりと腰を据えて長期のスパンで考え，市民社会の熟成を待つこと，そしてそれを「ソフト・ガヴァナンス」につなげることが必要となろう。

以上，本章では，三層ガヴァナンス分析枠組の最初の分析として，「ソフト・ガヴァナンス」の考察を行った。とりわけ，フランスのATTACとイギリスのSOPを比較分析することで，グローバル・ガヴァナンスに対抗する勢力としてのグローバル市民社会と，グローバル・ガヴァナンスに積極的にかかわっていく「ソフト・ガヴァナンス」の緊張関係が浮き彫りになった。

また，グローバル市民社会にとって重要なことは，グローバル・タックスの実現をめざすそれぞれのアクターが自らの立ち位置と役割をよく認識し，互いに承認しあい，時間的な戦略を持って協働できる関係を築き上げることであることが確認された。このような関係を築き上げることで，通貨取引税を含めた

第Ⅱ部　グローバル・タックスが切り開くグローバル・ガヴァナンス

　グローバル・タックスを求める「ソフト・ガヴァナンス」の熟成が促され，スムースに「ミドル・ガヴァナンス」に接続していき，これらの政策の実現，そして長期的にはグローバル・ガヴァナンスの透明化，民主化，アカウンタビリティの向上につながっていくと考えられるのではないだろうか。

　そこで，次に，「ソフト・ガヴァナンス」から「ミドル・ガヴァナンス」の考察に移り，史上初めてのグローバル・タックスを生み出したパリ会議と，その税収を管理，運営するガヴァナンス機構であるUNITAID，パリ会議以降国際連帯税ガヴァナンスの中心的位置を占めるようになった「革新的開発資金に関するリーディング・グループ」の分析を通じて，「ミドル・ガヴァナンス」の可能性と課題に迫っていきたい。

注
（１）　本書ではネットワークの定義についてこれ以上深入りしないが，たとえば朴はネットワークを「自律的な部分が網状でつながり，全体のアイデンティティを保ちながら相互作用している一つの統一体」と定義している。詳細は，朴（2003：第1章）を参照。
（２）　ネットワークとメタ・ネットワークを厳密に区別することは容易ではない。なぜなら，ネットワークは変化するからである。たとえば，共通の目標やヴィジョンを共有する個々の団体や個人の緩やかな水平的なつながりをネットワークと定義しても，場合によっては，一つのネットワークの中に複数のネットワークが形成されることがある一方，一つのネットワークに後から別のネットワークが加わる場合があり，きわめて可変的であるからである。
（３）　つまり，対人地雷全面禁止条約締結に向けての討議は，国連の枠外で行われることになったのである。ここに，現状の国連の限界が如実に表れている。
（４）　目加田はこの点について，ICBLの「特徴」として整理しているが，筆者は「成功の理由」と読み替えても差し支えないと考える。
（５）　目加田のいうTCSは，グローバル・ガヴァナンスに積極的にかかわるグローバル市民社会のアクターとそのネットワーク，すなわち「ソフト・ガヴァナンス」グループと理解することができる。
（６）　第3回リーディング・グループ総会におけるイタリア外務省経済金融多国間協力部長のジョルジオ・ノヴェッロ（Giorgio Novello）による報告，ならびに筆者のインタヴュー（2007年9月3日，於：ソウル）。
（７）　ただし，この法案はその後上院で否決された（Waters, 2004：868）。
（８）　ATTAC France, http://www.france.attac.org/spip.php？rubrique1（2008年1月27日閲覧）。

第9章 「ソフト・ガヴァナンス」の可能性

（9） 同上。
（10） ATTAC France, http://france.attac.org/spip.php？article420（2008年1月26日閲覧）。
（11） ロンドン大学博士課程のエドアル・モレナ（Edouard Morena）氏に対するインタヴュー（2008年3月15日，於：パリ）。
（12） 同上。
（13） スタンプ・アウト・ポヴァティ，http://www.stampoutpoverty.org/？lid=1452（2008年1月27日閲覧）。

第10章
「ミドル・ガヴァナンス」の展開
—— 航空券連帯税とUNITAIDを事例に ——

　第6章から第8章では，グローバル・タックスの構想，可能性，課題などが議論されたが，本章では現実に実施されているグローバル・タックスと，それに伴って形成されたグローバル・ガヴァナンスについて論じる。すなわち，グローバル・タックスの事例として航空券連帯税を，グローバル・ガヴァナンスの「ミドル・ガヴァナンス」の事例として，「革新的開発資金に関するリーディング・グループ（Leading Group on Innovative Financing for Development）」，[1]「ミドル・ガヴァナンス」の要素を兼ね備えた「ハード・ガヴァナンス」の事例としてUNITAID（国際医薬品購入ファシリティ）を取り上げ，これらが誕生した歴史的経緯から，その実態と可能性，そして課題について，関係者に対するインタヴューから得た情報を交えながら検討する。これらの考察を通して，「ミドル・ガヴァナンス」の実態に迫りたい。

1　航空券連帯税の実現過程とその後の展開

　航空券連帯税（Air-Ticket Solidarity Levy）とは，グローバル化の恩恵を最も受けている産業の一つである航空業界と，同じくその恩恵を受けている飛行機を利用する人々に課税し，グローバル化の恩恵から取り残された，あるいは負の影響を被っている貧しい人々に税収を再分配するグローバル・タックスの一形態である。

　航空券連帯税は，実施国の空港から離陸するすべての航空会社に課税され，航空会社は当該国によって定められた税を政府に支払う。税額は事前に明らかになっているので，航空会社はその税額を乗客が購入する航空券代に含めてお

第Ⅱ部　グローバル・タックスが切り開くグローバル・ガヴァナンス

く。税収を得た政府は，それを新たに創設された国際機関であるUNITAIDに拠出するが，その割合は各国に委ねられている。その割合は，90％拠出するフランスから，50％しか拠出しない韓国まで多様である。

　航空券連帯税の課税の中身は国によって異なるが，その実現に最も大きな役割を果たしてきたフランスの場合，ファースト・ビジネスクラスの乗客からEU内であれば10ユーロ（1,300円），国際線には40ユーロ（5,200円），エコノミークラスからはEU内は1ユーロ，国際線は4ユーロの連帯税を累進的に徴税している。他方，チリは国内線には課税しない一方，国際線への課税はクラスにかかわらず一律2ドルに設定しており，累進性の程度は弱い（Masset, 2007；表10-1参照）。

　このように税率や課税の仕方，さらにはどの程度の税収を納税するのかは各国に委ねられているが，飛行機の利用客に課税し，その税収をHIV/AIDS，マラリア，結核という三大感染症に苦しんでいる貧しい人々の治療へのアクセスを向上させるために創設された国際機関（UNITAID）の資金源にするというグローバル・タックスが航空券連帯税である（Mabillais & d'Orfeuil, 2006：1；Masset, 2007；Uemura, 2007a：66）。

　航空券連帯税は，2006年7月1日にフランスで実施が開始され，ここに人類史上初のグローバル・タックスが誕生することとなった。その後，2009年9月までに，フランス以外にも，チリ，コートジボワール，モーリシャス，ガボン，韓国，マダガスカル，ニジェール，マリ，ナミビア，ブルキナ・ファソ，ブルンジ，モロッコの合計13ヶ国が実施を開始したほか，さらに15ヶ国が実施のための国内法を整備しているところである[2]（Leading Group on Innovative Financing for Development, 2009：3）。

　ちなみに，ノルウェーの実施している「航空燃料税」は，飛行機の燃料に課税しているので航空券連帯税とは仕組みが異なるが，燃料税の税収をUNITAIDにまわしているという意味で，「亜種」の航空券連帯税とみなすこともできる[3]。

第 10 章 「ミドル・ガヴァナンス」の展開

表10-1　各国による航空券連帯税の税率の例

国	国内・地域便の税率 エコノミー/ビジネス/ファーストクラス	国際便の税率 エコノミー/ビジネス/ファーストクラス	税収見込み
ブラジル*	0/0/0ドル	2/2/2ドル	1,000万～1,200万ドル
チリ	0/0/0ドル	2/2/2ドル	500万ドル
キプロス	1/1/1ユーロ	1/1/1ユーロ	100万ユーロ
韓国	0/0/0ドル	1/1/1ドル	1,500万ドル
コートジボワール	0/0/0ユーロ	3/7/14ユーロ	150万ユーロ
フランス	1/10/10ユーロ	4/40/40ユーロ	1億6,000万～8,000万ユーロ
ガボン	0/2/2ユーロ	0/2/2ユーロ	
ヨルダン*	1.1/1.1/1.1ドル	1.1/1.1/1.1ドル	100万ドル
マダガスカル	0/0/0ユーロ	1/2/2ユーロ	
モーリシャス	0/0/0ユーロ	1/2/2ユーロ	100万ユーロ
ニジェール	0.76/3/3ユーロ	3.8/15/15ユーロ	

注：ブラジル，ヨルダンはまだ予算が承認されておらず，航空券連帯税の実施に至っていない。
出典：Masset（2007）。

（1）航空券連帯税の誕生

　国際航空券税はすでに1979年の国連総会の提言，1995年のグローバル・ガヴァナンス委員会の報告，1996年のブトロス・ブトロス・ガリ国連事務総長（当時）のオックスフォード大学での演説の中で提唱されていたが，航空券連帯税の実現への実質的淵源は，2000年に定められた国連ミレニアム開発目標（MDGs）にあるといえる。繰り返し触れているように，MDGsを達成するためには，少なくとも年間500億ドルの追加資金が必要である。その資金源を模索するための国連会議が，2002年3月にメキシコのモンテレーで開催された国際開発資金会議（International Conference on Financing for Development，モンテレー会議）であった。モンテレー会議では，MDGsを達成するために30年以上前に先進国が公約した政府開発援助の対GDP比0.7％への引き上げを再度求めつつ，先進国の経済停滞や援助疲れによる引き上げペースの緩慢さに鑑み，政府開発援助以外の革新的開発資金源を探求することが提言された（High-Level Panel on Financing for Development, 2001）。

　2003年11月に当時のフランス大統領のジャック・シラクが，会計検査院院長

第Ⅱ部　グローバル・タックスが切り開くグローバル・ガヴァナンス

(当時) のジャン・ピエール・ランドーを委員長とする「国際資金の新しい貢献に関する作業グループ (Landau Group : groupe de travail sur les nouvelles contributions financières internationales, 通称ランドー・グループ)」を創設したのは，まさにこの課題を検討するためであった。ランドー・グループは，フランス国内の研究者，政府，国際機関，NGO，企業，それぞれのセクターから合計15名のメンバーで構成され，うちNGOのメンバーとして，ATTAC，オックスファム (Oxfam)，コーディナシオン・シュド (Coordination Sud) から合計3名のメンバーが選出された (Landau group, 2004 ; 上村, 2006b : 283-284 ; Uemura, 2007a : 124)。このランドー・グループでの議論と報告書こそが，航空券連帯税を含む国際連帯税という構想を誕生させる直接の契機となった。

ランドー・グループが設立された経緯について，このグループのメンバーで，フランス開発NGO協議会であるコーディナシオン・シュドの会長を務めるアンリ・ルイーユ・ドルフィーユ (Henri Rouillé d'Orfeuil) は，グローバル・タックスを求めるNGOとシラク大統領の間で何度も会合を重ねた結果グループが創設されたこと，その経緯もあって，15名中3名がNGOのメンバーで占められたことを明らかにしている (上村, 2006b : 283-284 ; Uemura, 2007a : 124)[4]。

ランドー・グループは通貨取引税，地球炭素税，武器売上税，航空税，船舶税，海峡使用税など，さまざまなグローバル・タックスの長所と短所，可能性を議論した。その中で，グローバル・タックスの狙いとして税収を上げることのみならず，国境を越えた資本フローを抑制することなど，グローバルな活動の負の影響を低減させること，すなわち「二重の配当」を主張したのはNGOのメンバーのみであった。その結果，グループはあくまでもMDGsを達成するための税収を捻出するということに主眼を置くことに決め，最終的に航空券連帯税の議論に焦点を絞っていくことになった。なぜなら，この税は非常に低コストで，市場を歪めることなく課税ができ，多くの国々に受け入れられるメカニズムとして高く評価されたからである。2004年12月に，ランドー・グループはこれらの議論の成果を報告書として出し (Landau Group, 2004)，その後フランス，ブラジル，チリ，スペインをメンバーとする「4ヶ国グループ ("Quadripartite Group"for Action Against Hunger and Poverty)」に引き継がれ，

第 10 章 「ミドル・ガヴァナンス」の展開

航空券連帯税の実現に向けての大きな布石となった。

（2） 航空券連帯税の実現をめぐる国際的な動向

「4ヶ国グループ」は，2004年1月にブラジル，チリ，フランス，スペインの大統領と首相がアナン国連事務総長（当時）の支持を受けて結成し，革新的な開発資金メカニズム，とりわけグローバル・タックスについての国際作業グループを設立するとの宣言を出した（Wahlberg, 2005：2-3；Mabillais & d'Orfeuil, 2006：1）。このグループは，ブラジル大統領のルラ・ダ・シルヴァの名をとって，ルラ・グループとして知られている。ルラ・グループの目的は，実行可能な革新的メカニズムを見出すだけでなく，この課題を国際的なアジェンダのテーブルにのせることでもあった（Mabillais & d'Orfeuil, 2006：1）。ルラ・グループはランドー・グループの議論をベースにして，2004年9月に報告書を発表し，金融取引や武器取引に課税するグローバル・タックスは，効率的かつ予測可能な援助資金フローを提供し，「よりバランスが取れ，落ちこぼれの少ない（inclusive）グローバリゼーション」を可能にすると論じた（in Wahlberg, 2005：2-3）。

同時にルラ・グループは積極的な外交交渉を展開し，多数の国々の支持の獲得に乗り出した。2004年9月の国連総会の際に「飢餓と貧困に対する行動ニューヨーク声明」を出し，110カ国の賛同を得，翌年9月の国連総会の際にも「革新的開発資金源声明」を発表して，79ヶ国の賛同を獲得し，これらの国々がパイロットプロジェクトとして，航空券への課税を開始することに対して支持を得ることに成功した（Mabillais & d'Orfeuil, 2006：1）。

これら一連の流れを受けて，2006年2月28日から3月1日にかけて「連帯とグローバリゼーション――革新的開発資金メカニズムに関するパリ会議」がフランス政府によって開催された。革新的資金メカニズム，特にグローバル・タックスの実現を議論する初めての国際会議には，93の政府，18の国際機関，60のNGOが参加した。そこでは，航空券連帯税の詳細，その税収を運用・管理するメカニズムである国際医薬品購入ファシリティ（IDPF：International Drug Purchase Facility。のちにUNITAIDと呼称を変更）のみならず，イギリスが

提唱する「予防接種のための国際金融ファシリティ（IFFIm：International Finance Facility for Immunisation Company)」[5]，金融取引税，資本逃避やタックス・ヘイブン対策などのテーマも議論された。

この2日間の議論の結果，13ヶ国が航空券連帯税を開始する意志を表明し，38ヶ国が「国際的連帯貢献に関するリーディング・グループ（その後「開発資金のための連帯税に関するリーディング・グループ」，そして2009年5月以降は「革新的開発資金に関するリーディング・グループ」に名称を変更)」を結成した。このグループは，①航空券連帯税の実施，ならびにいかにして他国にこの税スキームを拡大するかを議論し，②国際医薬品購入ファシリティの詳細について最終的な詰めを行い，③IFFIm，通貨取引税なども含めてその他の革新的資金メカニズムを調査，議論，実施を促進することを目的としている。

13ヶ国がこの税を実施することによって，年間3億ユーロ（390億円）の税収が見込まれたが（Mabillais & d'Orfeuil, 2006：3)，2007年には2億6,714万ドルがこれから検討するUNITAIDに投入された。ちなみに，UNITAIDは航空券連帯税以外の歳入も得ており，全体では2007年予算で3億1,802万ドルとなっている（UNITAID, 2007b)。このパリ会議は，完全な形ではないものの，史上初めてグローバル・タックスの実施が国際的に決定された歴史的な瞬間になった（Uemura, 2007a：125)。

その後，フランス以外の国々でも航空券連帯税が開始され，リーディング・グループも，パリ会議以降，ブラジル，ノルウェー，韓国，セネガル，ギニア，パリで6回の総会を重ね，参加国が56ヶ国（欧州委員会を含む)，オブザーバーが4ヶ国に拡大している[6]。

（3） 航空券連帯税から次のステップへ
① タスクフォースの検討と作業グループの結成

このように，リーディング・グループは少しずつではあるが，確実に参加国を拡大しながら，航空券連帯税など，革新的資金メカニズムを現実のものにしている。しかし，さらに注目すべきは，すでに述べたとおり，韓国での第3回総会において，リーディング・グループの中に「違法な金融フローが開発に与

第10章 「ミドル・ガヴァナンス」の展開

える影響に関するタスクフォース」が結成され，「通貨取引開発税」タスクフォースの設立に向けての合意がなされたことである。

　さらに，2009年5月28～29日に開催された第6回総会では，フランス政府が呼びかけ，金融取引にかかわる革新的資金調達に関する作業グループが設置され，2009年9月15日に開催された作業グループの会合で，「開発のための国際金融取引に関するハイレベル・タスクフォース」を創設するための閣僚級会議を同年10月22日に開催することを決定している（Leading Group on Innovative Financing for Development, 2009：4；2009b）。これらのタスクフォースは，第6章，第7章で論じたCTDLや「漏れを防ぐ」ことの重要性に鑑みて，きわめて注目される進展である。

　タスクフォース設置の検討は，2007年2月6～7日にかけて行われた第2回リーディング・グループ総会（オスロ会議）が発端となっている。オスロ会議終了後，議長を務めたノルウェー外務省事務次官補（Deputy Secretary General）のアトゥレ・レイキヴォル（Atle Leikvoll）と上級顧問（Senior Advisor）のビューロン・ブレデ・ハンセン（Bjorn Brede Hansen，肩書はいずれも当時）は，参加国に連名で以下のフォローアップ・レターを送っている。

　彼らはまず，「議長としての権限において，私はリーディング・グループによる積極的なフォローアップを求める声が特に大きかった2つのテーマに注目いたしました。一つは『通貨取引開発税（CTDL）』，そしてもう一つは『タックス・ヘイブンと資本逃避の克服』です」と記し，「前者に関しては，何人かの発言者，特にNGOグループからの発言者が，広範な参加に基づくタスクフォースの設立を提案しました。同様の方法を後者のテーマに関しても用いることができるのではないかと思います」との認識を示し，さらに次のようなフォローアップの方針を列挙している。

①各テーマに関して有効な結果を出すために，少なくとも2，3ヶ国が（できればうち1ヶ国が主導しつつ）自主的に一連の小規模専門家会議またはセミナーを一定の期間内に主催する。これらは任意の資金供与者によって助成される。

②このようなプロセスは，現在委任中または今後委任予定のあるシンクタンクや質の高い研究機関による分析作業と連携することも可能である。これらシンクタンクや研究機関には，このプロセスの中核的組織として参加してもらってもよい。
③各タスクフォースの主導国は，すべての主要な利害関係者が参加できるよう招待する。これら利害関係者には，金融市場参加者，中央銀行，財務担当省，NGO，途上国，独立研究機関を含む。
④オスロ会議の総括で述べられた「政策立案者のために提案された次のステップ（Suggested next steps for policy-makers）」をできる限り実務的な形で追及することが主目的である。
⑤この2つのテーマが引き続きリーディング・グループのアジェンダとして取り上げられることを見込み，リーディング・グループの今後の総会において各タスクフォースからの経過報告が行われる。

その上で，「CTDLまたはタックス・ヘイブンと資本逃避（もしくは両方）に関するフォローアップ作業に，可能であれば上記の方針に沿って共催国としてかかわる，参加する，または貢献することを希望される国は，ノルウェーの議長国期間中（つまり2007年2月28日まで）にご連絡いただけると幸いです」と各国に参加を求めている（Royal Ministry of Foreign Affairs, 2007）[7]。

以上の経緯を受けて，2007年9月3～4日に第3回リーディング・グループ総会がソウルで開催された。この会議の場で，正式に「違法な金融フローが開発に与える影響に関するタスクフォース」がノルウェーを議長国とし，フランス，チリ，スペインの4ヶ国で結成され，「通貨取引開発税タスクフォース」も，ノルウェー，フランス，イタリア，チリの4ヶ国が形成に向けて動き出すこととなった。すなわち，通貨取引開発税の方は，ソウル会議では議長国が決められず，正式な議長国が決まるまでノルウェーが暫定的に議長国を探す役割を担うという形で決着した。

その後，2008年4月22～23日にかけてセネガルで開催された第4回リーディング・グループ総会では，CTDLタスクフォースに上記の国々に加えて，オー

第 **10** 章　「ミドル・ガヴァナンス」の展開

ストリア，ブラジル，ベルギーが関心を示した。とりわけオーストリアはこのタスクフォースの議長国になることも念頭に報告を行った[8]。さらに，2008年12月に入り，フランス政府は世界的金融危機の深まりを捉えて，志を同じくする国々と通貨取引税を実施する構想を真剣に検討し始め，2009年2月にそのための準備会合を開催すると伝えられていたが[9]，何度も言及しているとおり，2009年5月28〜29日にパリで開催された第6回総会で，金融取引にかかわる革新的資金調達に関する作業グループが創設され，ついに同年10月に「開発のための国際金融取引タスクフォース」が立ち上がる見込みである。

このタスクフォースが，CTDLタスクフォースと同じものなのかどうかということについては，現時点では定かではないが，おそらく同様の性質を持つものと推測される。

② 「ミドル・ガヴァナンス」としてのリーディング・グループ

リーディング・グループは，志を同じくする諸国家から成るレジームであり，フランス，ノルウェー，ブラジル，チリが中心的な役割を果たしている。それ自体は組織でもなく，加盟国や参加団体に対して法的拘束力を持つものでもない。同時に，オスロ会議後のフォローアップ・レターやこれまでの考察からもわかるとおり，このレジームには，国連，世界銀行など国際機関に加えて，スタンプ・アウト・ポヴァティやタックス・ジャスティス・ネットワークなどこの分野を専門とするNGOやNGOネットワークが加わり，非常に大きな影響力を与えている。その意味で，リーディング・グループは，「国際レジーム」と「トランスナショナル・レジーム」が融合したレジームであり，「ミドル・ガヴァナンス」の一形態だとみなすことができる。

これまで開催された6回のリーディング・グループの総会にこれらのNGOはセッションの基調講演者やパネリストとして招聘され，参加国政府代表に情報を提供し，革新的資金メカニズム実施への意識を高める役割を担っている。また，総会においても，NGOとしてフロアからの発言を求められ，会議の前後や休憩時間においても活発な情報交換やロビー活動を行っている。

リーディング・グループにおけるNGOの占める位置について，ソウル会議

の通貨取引開発税のセッション，ならびにタックス・ヘイブンと資本逃避のセッションにおいて議長を務めたノルウェー外務省のハラルド・トラン (Harald Tollan) 氏は，ソウル会議の全体会合で「NGOの役割と影響力は本当に大きい。NGOは私たち政府代表ではできない仕事を果たしている。特に革新的資金メカニズムの啓発活動では，政府以上の働きをしている」と述べ，NGOの存在の大きさとともに，政府のパートナーとして欠かせない存在であることを明言している[10]。

また，リーディング・グループは別の特徴も有している。それは，国際連帯税を通じての貢献というすべての国がドナー国になれる仕組みである。無論，連帯税の税収ならびにその受け取りを比較すると，依然として先進国の方が多くの資金を提供し，途上国が受益者であるのは変わらない。しかし，たとえそうであったとしても，先進国・途上国にかかわりなく税を徴収でき，それをUNITAIDに拠出するという新たな枠組は，従来の「援助する先進国」と「援助される途上国」という構図を打ち破り，ドナー国と受益国の壁を超越する革新性を表わしている。このような革新性を持つため，リーディング・グループは先進国と途上国の間に水平的なパートナーシップ関係を築き上げ，とりわけ途上国の自尊心を高めることに貢献していると思われる。

このように，グローバル・タックスを含む革新的資金メカニズムの実現をめざす政府，NGO，国際機関，ならびに先進国と途上国のパートナーシップで議論を進めるリーディング・グループは「ミドル・ガヴァナンス」の好事例であるといえよう。「違法な金融フローが開発に与える影響に関するタスクフォース」や「金融取引にかかわる革新的資金調達に関する作業グループ」の創設など，2003年のランドー・グループから開始された国際連帯税レジーム形成のプロセスをこのグループは着実に進めている。その結果，航空券連帯税という現実の税スキームが結実しただけでなく，さらに本格的なグローバル・タックス実現に向けてのステップを踏み出だした段階に到達したといえるだろう。もちろん，グローバル・タックスが容易に実現していくとは考えられないが，短期間でここまでの成果をあげたこの「ミドル・ガヴァナンス」は大いに注目されてもよいだろう。

2　航空券連帯税の共治メカニズムとしてのUNITAID

　UNITAID（国際医薬品購入ファシリティ）は，航空券連帯税の税収の受け皿であり，航空券連帯税と車の両輪をなすものである。UNITAIDは航空券連帯税の税収を主財源に，HIV/AIDS，マラリア，結核の医薬品や診断薬を大量かつ長期に発注・購入することでこれらの価格を大きく下げ，貧しい人々の治療へのアクセスを大幅に向上させることを目的としている。以下では，UNITAIDの誕生の経緯と基本理念，これまでの実績，そのガヴァナンスについて考察を行う。

（1）　UNITAIDの誕生と基本理念
①　UNITAIDの誕生

　航空券連帯税の税収を運用，管理するUNITAIDの創設は，パリ会議の主要テーマの一つであったが，そこでは細部に至るまでは決められず，会議終了後もブラジル，チリ，フランス，ノルウェーによって協議が続けられた。そして，これらの国々によって詳細が決定され，2006年6月2日に国連本部でUNITAID共同声明が発表された。さらに，前述の4ヶ国にイギリスが加わり，これら5ヶ国がUNITAIDの創設国となった。創設5ヶ国はHIV/AIDS，マラリア，結核それぞれの疾病分野で優先されるべき活動分野を同定し，基本原則としてパートナー組織と協働して活動を行うことを定めた。また，世界保健機関（WHO : World Health Orgzanization）と協定を結び，設立初期においてはUNITAIDの信託基金と事務局をWHOの中に置くことを決定した（UNITAID, 2006 : 2-3）。

　このような経過を経て，2006年9月19日の国連総会開会式の場で，シラク・フランス大統領（当時），ルラ・ブラジル大統領，ストルテンベルグ（Jens Stoltenberg）ノルウェー首相，リオセコ（Alejandro Foxley Rioseco）チリ外務大臣，トーマス（Gareth Thomas）イギリス国際開発庁副大臣，アナン国連事務総長（当時），サッソウンゲッソ（Denis Sassou-Nguesso）コンゴ共和国大統領，

クリントン (Bill Clinton) 元アメリカ大統領によって，UNITAIDは正式に設立された。その後，UNITAIDへの参加国・団体は2009年8月現在で29ヶ国にビル＆メリンダ・ゲイツ財団が加わり，さらに6ヶ国がUNITAIDへの参加の意思を示している（表10-2）。

UNITAIDの組織は，意思決定機関である理事会 (Executive Board) と，理事会を支え，決定事項を実施する事務局から構成されている。また歳入を管理する信託基金がWHOに置かれている。その後，2007年5月に多様なアクターが参加して，情報を交換し，議論を行い，理事会に助言を与える諮問フォーラム (Consultative Forum) が創設され，現在に至っている (UNITAID, 2007d：3)。

② UNITAIDの基本理念

2006年9月からの8ヶ月にわたる暫定期間を経て，理事会は2007年5月9日にUNITAID憲章と定款を決定し，事務局を創設した。[11] UNITAID憲章によると，UNITAIDの使命は「多くの途上国が購入できない質の高い医薬品や診断薬の価格を低下させることで，途上国の人々のHIV/AIDS，マラリア，結核の治療へのアクセスを高め，これらの医薬品が入手できるペースを加速するのに資すること」である。そのために「UNITAIDは医薬品や診断薬に対する堅実な需要を喚起し，これらの価格を低下させ，入手可能性と供給を増加させるよう市場のダイナミクスに大きな影響を与えるために，持続可能で，予測可能で，追加的な資金を用いる」としている (UNITAID, 2007a：1)。ここに，航空券連帯税の税収を財源とする重要性が浮かび上がる。なぜなら，連帯税の税収は，政治的・経済的思惑に左右される傾向にあるODAに比して，持続可能性，予測可能性，安定性すべてにおいて優っていると考えられるからである。

また，憲章は，「UNITAIDはこれまでの国内的・国際的取り組みを支援すること，すなわち，既存の機関，制度，メカニズムにとって代わることや重複することではなく，補完することが目的である」と強調し，「不必要な国際機関が創設された」との批判を回避している。しかし，これはただの批判の回避ではなく，一つには医薬品・診断薬の価格の低下というニッチに特化し，いま一つは自らを「協働イニシャティブ (collaborative initiative)」と位置づけ，

第 10 章 「ミドル・ガヴァナンス」の展開

表10-2　UNITAIDのメンバー国・団体

国	参加開始日	資金供与の方法
ブラジル	2006年9月19日	複数年予算供与
チリ	同上	航空券連帯税
フランス	同上	航空券連帯税
ノルウェー	同上	航空券連帯税
イギリス	同上	20年予算供与
南アフリカ	2007年2月16日	長期予算供与
ベニン	同上	航空券連帯税
ブルキナ・ファソ	同上	航空券連帯税
カメルーン	同上	航空券連帯税
コンゴ	同上	航空券連帯税
コートジボワール	同上	航空券連帯税
ガボン	同上	航空券連帯税
リベリア	同上	航空券連帯税
マダガスカル	同上	航空券連帯税
マリ	同上	航空券連帯税
モロッコ	同上	航空券連帯税
モーリシャス	同上	航空券連帯税
ナミビア	同上	航空券連帯税
ニジェール	同上	航空券連帯税
中央アフリカ	同上	航空券連帯税
セネガル	同上	航空券連帯税
サントメ=プリンシペ	同上	航空券連帯税
トーゴ	同上	航空券連帯税
韓国	2006年11月29日	航空券連帯税
スペイン	2007年3月8日	長期予算供与
ギニア[1]	2007年7月	航空券連帯税
キプロス[2]	2008年9月15日	航空券連帯税
ルクセンブルグ[3]	2008年末	長期予算供与
ヨルダン[4]	2008年末	航空券連帯税
ゲイツ財団	2007年5月9日	長期予算供与

注：(1) UNITAID (2008: 15).
　　(2)(3)(4) UNITAID URL: http://www.unitaid.eu/　(2009年9月4日閲覧)
　　カンボジア，ケニア，モーリタニア，ニカラグア，アルジェリア，ポーランドは参加の意思を表明。
出典：UNITAID (2007c).

パートナー機関との協働を実施していることから，文字通り補完的役割を果たしているといえるだろう。

　すなわち，UNITAIDの役割は，まず航空券連帯税の税収を効果的・効率的に管理・運用することである。そのために，UNITAIDは自らがプロジェクト

を実施するのではなく，パートナー組織を選定し，彼らから上がってくるプロジェクトの企画書を精査・選択し，選んだプロジェクトに資金を投入するというアプローチを進めている。このようなきわめて明確な役割分担とパートナーとの協働がUNITAIDの一つの中核理念になっている。その意味で，UNITAIDはそれが組織であるという意味では「ハード・ガヴァナンス」に分類されうるが，国際機関，NGO，財団などのパートナーとの協働というUNITAIDの活動を全体的に捉えたとき，それは「ミドル・ガヴァナンス」にも分類することができるだろう。

さらに，憲章は「UNITAIDはステークホルダーや社会に対して，説明責任を果たすのみならず，透明性を確保する。透明性はUNITAIDがパートナー組織と締結するすべての契約においても要求される」と謳っている（UNITAID, 2007a：1）。第8章で，税収を財源とする新たなグローバル・ガヴァナンスは，アカウンタビリティと透明性が非常に厳しく求められることになると主張したが，実際にUNITAIDはそれを憲章として定めている。第8章で触れたもう一つの論点，すなわち新たなガヴァナンスにおける民主的運営の実態については後述する。

（2） 具体的な活動とこれまでの成果
① UNITAIDの予算

UNITAIDは，航空券連帯税の税収という安定した資金をベースに複数年度制の予算を組み，大量かつ長期的に医薬品と診断薬を購入してこれらの価格を低下させることを通じて，途上国の貧しい人々のエイズ，マラリア，結核の治療へのアクセスを向上させることを目的としていることはすでに見たが（UNITAID, 2006：2），まずはその予算，特に歳入から検討してみよう（表10-3参照）。

ブラジル，スペイン，南アフリカ，ルクセンブルグは現在のところ航空券連帯税を実施していないので，政府予算から支出している点，またイギリスの場合はIFFImの一部をUNITAIDに投入している点，ノルウェーが航空燃料税を財源にしている点を除けば，あとはすべて航空券連帯税の税収がUNITAIDの

第 10 章 「ミドル・ガヴァナンス」の展開

表10-3　UNITAIDの歳入見込（2007-2009）

国	2007	2008	2009
ブラジル	1,000万ドル	1,000万ドル	1,000万ドル
チリ	605万ドル	350万ドル	350万ドル
フランス	2億1,256万ドル	2億1,505万ドル	2億1,505万ドル
ノルウェー	2,163万ドル	2,200万ドル	2,200万ドル
イギリス	2,649万ドル	4,032万ドル	6,989万ドル
スペイン	2,016万ドル	2,000万ドル	2,000万ドル
新たな資金供与国*	1,000万ドル	8,000万ドル	1億5,000万ドル
合計	3億1,802万ドル	3億9,088万ドル	4億9,045万ドル
航空券連帯税の割合	84%	90%	90%

注：新たな資金供与国とは、韓国、コートジボワール、コンゴ、マダガスカル、モーリシャス、ギニア、ニジェールというすでに連帯税が実施されている国々と、連帯税をこれから実施する予定の17ヶ国を指している。
出典：UNITAID（2007b）.

財源になっている。また、歳入も安定した伸びが期待されており、「予測可能で、安定した財源」が確保される見込みであることも確認できる。

　航空券連帯税の税収という「予測可能で、安定した財源」の他に、UNITAIDには単独ですべてを実施するのではなく、関連組織とパートナーシップを組み、協働で事業を行うというもう一つの柱がある。すなわち、既述したようにUNITAIDはHIV/AIDS、マラリア、結核という疾病の分野で、その目的に沿う活動を行っている団体に資金を提供し、事業を完遂するという「役割分担」と協働を行う国際機関である。

　具体的なパートナー組織には、現在のところ、WHO、UNICEF、UNAIDS（The Joint United Nations Programme on HIV/AIDS）という国連機関のほか、世界エイズ・結核・マラリア対策基金（The Global Fund to Fight AIDS, Tuberculosis and Malaria, 通称グローバル・ファンド）、クリントン財団HIV/AIDSイニシャティブ（Clinton HIV/AIDS Initiative）、ストップ結核パートナーシップ（Stop TB Partnership）、グローバル・ドラッグ・ファシリティ（Global Drug Facility）、そしてロールバック・マラリア（RBM：Roll Back Malaria）がある。[12]

② UNITAIDの活動と成果

　UNITAIDは，これらのパートナー組織と協働して世界各国で事業を展開している。まず，HIV/AIDSの分野では，世界では210万人の子どもたちがHIVに感染し，66万人が抗レトロウイルス剤（Anti-retroviral）を必要としながら，4万人分しか行き渡っていないこと，妊婦のわずか8％しか抗レトロウイルス剤を手に入れることができておらず，HIVが母子感染していることに焦点に当てた事業を，クリントン財団，WHO，UNICEFをパートナーにして実施している。

　クリントン財団との協働プログラムで，UNITAIDは40ヶ国で新たに10万人の子どもたちの抗レトロウイルス治療を可能にし，7つの第2線抗レトロウイルス剤（Second-line anti-retroviral）の価格を低下させ，新たに27ヶ国で6万人の患者に治療を提供しつつある[13]。また，HIVの母子感染防止については，WHOとUNICEFとの協働で，HIV診断薬の価格を下げ，8ヶ国で120万人の妊婦の診断を可能にし，34万人が抗レトロウイルス治療を受けることができるようになった（UNITAID, 2007b）。

　次に，マラリアの分野では，治療可能な疾病の中で子どもの最大の死亡要因になっていること，薬剤への耐性が強まっている中で，ACT（artemisinin-based combination therapy：アルテミシニン・ベース混合マラリア治療）が最も有効な治療法であることに鑑み，グローバル・ファンドとUNICEFとの協働で，11ヶ国においてACT治療を拡大している。UNITAIDはACTの価格を下げるために，2010年までに550万人のACT治療を行う予定である。また，WHOとUNICEFとの協働で，UNITAIDはリベリアとブルンジにおいてACT治療プログラムを展開し，130万人近くに治療を施している。全体ではUNITAIDの資金を受けた事業が22ヶ国で展開されている（UNITAID, 2007b）。

　最後に結核である。年間200万人がこの病気で死亡しているだけでなく，結核はAIDS患者の最大の死亡原因でもある。薬剤への耐性が増していることを勘案すると，多剤耐性治療（Multi-drug resistant treatments）が最も効果的ではあるが，年間4,000ドルという高額の費用がかかる。これらの事実に鑑みて，UNITAIDはまずグローバル・ドラッグ・ファシリティをパートナーにして，

第 10 章　「ミドル・ガヴァナンス」の展開

2007年から2008年にかけて18ヶ国で74万人の治療を支援し，WHOとUNICEFとの協働で，2007年末までに15万人の子どもたちが治療を受けることを可能にし，グローバル・ドラッグ・ファシリティとグローバル・ファンドをパートナーにして，2007年に17ヶ国で4,700人が多剤耐性治療用の薬を購入できるように支援を行っている。全体では58ヶ国でUNITAIDの資金を受けた事業が展開されている（UNITAID, 2007b）。

　これらの成果を可能にしたのは，UNITAIDの大量発注・大量長期購入を通じて医薬品の価格を低下させるという中核理念の現実化が大きい。たとえば，HIVに感染した子どもたちに処方される抗レトロウイルス剤である，ABACAVIR 300mg，TENOFOVIR 300mg，LAMIVUDINE 300mgの価格は，それぞれ27％，23％，32％下がっている。また，第2線抗レトロウイルス剤であるTDF，TDF＋3TC，TDF＋FTC，ddl，ABC，LPV/rの価格は，それぞれ29％，33％，29％，26％，57％，39％低下している。これらはすべてクリントン財団との協働作業で行われている（UNITAID, 2007b）。

　また，UNITAIDは薬剤の価格だけでなく，患者に優しい薬剤の開発にも資金を投入している。たとえば，HIV/AIDSの場合，いくつもの種類の錠剤を飲まなければならないことがほとんどであるが，それを1つの錠剤だけで事足りるようにする薬剤開発，冷蔵庫の必要のない高温に強い薬剤の開発，水に溶かす必要のない薬剤の開発など，特に途上国の貧困層を意識した薬剤の開発を促進している（UNITAID, 2007b）。

　これらの成果をその他の情報も含めて整理すると，表10-5のようになる。UNITAIDの受益国は，80ヶ国以上にのぼり，資金の85％は低所得国に分配されていること（UNITAID, 2007d：1），これらの受益者を単純に足すだけでも268万7,700人が利益を受けていること，医薬品の価格低下の正の影響を受けている受益者も存在することも考え合わせると，UNITAIDの成果は前向きに評価できるだろう。

　これらのUNITAIDの成果は，さらにマクロの観点から見ると，航空券連帯税の効果を概ね表しているともいえる。すなわち，UNITAIDに投入されている航空券連帯税の税収は年間およそ3億ドルであるが，課税対象となる世界の

第Ⅱ部　グローバル・タックスが切り開くグローバル・ガヴァナンス

表10-4　UNITAIDの成果（2007年度）

	HIV/AIDS	マラリア	結核
パートナー	クリントン財団 WHO UNICEF グローバル・ファンド	グローバル・ファンド WHO UNICEF	ストップ結核パートナーシップ，グローバル・ドラッグ・ファシリティ，グローバル・ファンド
受益国数	53ヶ国	22ヶ国	58ヶ国
受益者	100,000人の子どものARV治療 65,000人の第2線ARV治療 122,000人の妊婦のARV治療	135万人のACT治療	866,000人の第1線治療 180,000人の子どもの治療 4,700人の多剤耐性治療
医薬品 価格の低下	40%（小児用ARV） 25～50%（第2線ARV）	29%（ACT）*	20～30%（MDR-TB）*

注：*はUNITAID（2007e）より。
出典：UNITAID（2007d: 1）をもとに筆者作成。

　航空業界の総売り上げは約3兆ドルである（ANA, 2007: 77）。そうすると，マクロで見ると航空券連帯税の税率は0.1%となる（3億ドル÷3兆ドル×100）。その税は飛行機の乗客が負担するわけだが，乗客を世界平均から見て富裕層であると仮定するならば，世界の富裕層に年間0.1%のグローバル・タックスをかけ，それを再分配すれば，以上のような成果がもたらされるとも言い換えることができよう。また，数値化はできないが，UNITAIDの活動によって，HIV/AIDS，マラリア，結核の予防と治療にかかる社会的費用を回避していることも考慮に入れると，その効果はさらに大きなものとなっているといえるだろう。

　UNITAIDの成果については今後も注視していく必要があるが，正式に発足してからわずか1年余りでここまでの成果を上げていること，とりわけ「予測可能で，安定した財源」とパートナーシップをベースに事業を展開するUNITAID独自の方策は，これまでのところかなり有効に機能してきたとみなすことができるだろう。

　そして，このことは，国民全体の「血税」として所得の差に関係なく徴税した資金を財源とするODAによる「援助」ではなく，航空券連帯税という，世界の「富裕層」からわずかな税を徴収し，それを世界の「貧困層」に再分配するという「グローバル・タックス」という新たなメカニズムが，実際に地球福

社の創造に貢献しているということを表しており，従来の援助のあり方に一石を投じているといえるだろう。

(3) UNITAIDのガヴァナンス

UNITAIDの成果以上に注視する必要があるのが，そのガヴァナンスの実態である。繰り返し論じているとおり，税を財源にしている以上，UNITAIDは既存の国際機関に比して，より透明で，アカウンタブルで，民主的な運営がなされていなければならないし，憲章に従った運営が行われているのであれば，現実になされているはずである。以下，UNITAIDのガヴァナンスの実態を吟味したい。

① UNITAIDの組織構成

まずは，UNITAIDを機構面から検討してみよう。先に触れたように，UNITAIDは理事会，諮問フォーラム，事務局から構成されている。その中で最も重要な機関は理事会である。理事会は意思決定機関であり，諸目的を定め，活動計画を立て，パートナーシップを推進することに責任を負っている。理事会は，創設国から5名，アフリカ連合（AU：African Union），アジアから各1名ずつ，市民社会（NGO，患者コミュニティ）から2名，財団から1名，WHOから1名の合計11名の理事で構成されている。ただし，WHOの理事は，協定上表決には参加できない。それぞれの理事の下には理事代理が各1名置かれているが，市民社会はさらに理事会には出席できないが助言を与えることができる3名の非公式メンバーを市民社会代表団に加えている。[14]

創設国代表はフランス，ブラジル，ノルウェー，チリ，イギリスからそれぞれ1名ずつ，AUからはコンゴ，アジアからは韓国が選出されている。そして，NGOの代表として，フランスのHIV/AIDSのアドヴォカシーNGOであるAct-up Parisのハリル・エルアルディギ氏（Khalil Elouardighi）が理事，理事代理としてオックスファムのモーガ・カマル・ヤニ氏（Mohga Kamal Yanni），患者コミュニティ代表理事としてケニアのHIV感染者コミュニティサービス連合（CHIACSOK : Coalition of HIV Infected and Affected Community Service Organizations）のジョー・ムリウキ氏（Joe Muriuki），理事代理としてザンビアのキャロル・ヌウィレンダ氏（Carol Nwirenda）が選出されている。また，財団代表理事は，ゲイツ財団からジョー・セレル氏（Joe Cerrell）が選出された。理事会の初代理事長はフランス前外務大臣のフィリップ・ドストブラジ氏（Philippe Douste-Blazy）が務めている(15)。

　理事会を支え，事業を実施する事務局，ならびにUNITAIDの資金を調達するための信託基金は，創設国とWHOの協定に基づき，WHO内に設置されている。これは新たな官僚機関の創設を避けるためとされている。事務局は事務局長のほか，30名の少人数のスタッフで構成されている（UNITAID, 2009：65）。UNITAIDの予算の規模を考えると，スタッフの数はあまりにも少ないように思われるが，官僚主義に陥らないためにあえて少人数にするようUNITAID憲章によって定められている（UNITAID, 2007a：3）。この事務局がUNITAIDの活動を実施し，パートナー機関と推進する活動の調整を行っている。

　UNITAIDはまだ活動を開始したばかりであり，ガヴァナンスも形成途上なので，その評価はきわめてむずかしい。たとえば，UNITAIDは2007年5月に諮問フォーラムを創設したものの，これが将来的に，後述するパトマキやジュタンのいう民主議会に相当するものに発展するのかどうかは定かではない。

　しかしながら，UNITAIDの中核である理事会のメンバーに，政府代表以外のステークホルダーが加わっていること，とりわけ南北のNGOが入っていることは特筆に値する。これまで，NGOは国連の諮問資格の取得，政府間会議へのオブザーバー参加などを通じて，周縁部分で間接的に意思決定に影響を及ぼしてきたが，今回は国際機関の最も重要な理事会の中に直接NGOのメンバーが入り，意思決定の中核部分で影響力を行使できる立場になっている。また，UNITAID憲章によると，理事会は基本的にコンセンサスで物事を決定するように定められている（UNITAID, 2007a：4）。

　つまり，組織上は意思決定の中心部に市民社会の声，草の根の現場の思いが届けられることを保障するものとなっている。その意味で，UNITAIDのガヴァナンスは既存の国際機関と比較してより民主的であると見ることができるが，その実態がどのようなものであるのかについては，さらに詳細な検討がな

されなければならない。

　たとえば，①理事会の理事，特に市民社会の理事はそもそもどのようにして選出されたのか，また事務局長はどのようにして選ばれたのかという民主的選出の問題，②市民社会のメンバーは理事になってはいるが，彼らの意見は理事会でどの程度尊重され，実際の決定にどの程度影響を与えているのかという政府と市民社会の力関係を含む民主的決定の問題，③UNITAIDへの参加国が増えている中で，彼らの意見をどのようにすくい上げていくかという理事会に参加している国や団体とそうでない国や団体の関係の問題，そして諮問フォーラムがその答えになりうるのかどうかという民主的参加の問題，そして，④UNITAIDが出資した事業が予定通りの効果を上げているかどうかをどのようにして確認しているのかという事業評価の問題は，アカウンタビリティの観点からも明らかにされる必要があるだろう。

　しかしながら，活動を始めて間もないUNITAIDの内部の詳細について書かれたものは，ほとんど存在しない。そこで，筆者はUNITAID暫定事務局長を務め，事務局長顧問を経て現在事務局次長を務めるフィリップ・ドゥネトン氏（Philippe Duneton），NGOから理事に選出されたAct-up Parisのハリル・エルアルディギ氏，事務局で戦略担当官を務めるフィリップ・アラン氏（Philippe Harant，肩書は当時）に直接インタヴューを行い，UNITAID内部から実情を探った。

② 事務局次長の見解

　フィリップ・ドゥネトン氏は，まずUNITAIDに市民社会が十全に参加することの重要性を強調した上で，UNITAIDはその創設プロセスの段階から，すべての非公式ミーティングにNGOや患者コミュニティを招待してきたことを明らかにした。そして，市民社会代表理事の選出については，彼らの手で理事を選出できるよう，完全にNGOと患者コミュニティに任せたと述べている。また，事務局長の選出については，国際公務員公募要領に則って公募が行われ，100名ほどの応募があったこと，最後は候補者を5名ほどに絞り，理事会で面接を行って最終決定したことを明らかにしている。

次に，市民社会代表理事の意見が理事会でどの程度尊重され，実際の決定に影響を与えているのかという点については，「一般に市民社会以外の理事はNGOや患者コミュニティの意見に批判的ではない。むしろ市民社会サイドに引っ張られている面もある。NGOはさまざまな分野からの専門性を理事会にもたらすアドバイザーだ」との答えを得た。

第三に，諮問フォーラムについて，ドゥネトン氏は，「2007年5月にフォーラムが開かれたが，そこにはすべてのドナー，受益国，パートナー団体，専門家や技術的組織が参加し，すべての参加者は互いに意見を出し合った。特に，各受益国からの視点はその後理事会でも報告され，さながら『UNITAID総会』のようなものであった」と述べ，フォーラムの意義を強調した。

最後に，UNITAIDの事業評価とモニタリングについては，パートナー団体にガイドラインの遵守を常にお願いしていること，とりわけプロジェクトの市場への影響（関連医薬品の利用可能性，品質，価格の低下，迅速な供給）が指標になっているが，パートナーや受益国に過度の負担をかけたくないとの旨も表明された。今後は，第一段階としてUNITAIDからの警告，第二段階としてパートナー団体によるモニタリングに加えて，第三段階としてWHO，UNICEF，研究者など第三者による独立した評価の実施も検討しているとの説明も受けた。[16]

ドゥネトン氏のインタヴューから明らかになったことは，まず事務局長の選出が国際公務員公募に則って透明，公正，民主的に行われたこと，市民社会代表理事も，その選出を市民社会に委ねることにより，正当性を確保したことがわかる（市民社会代表理事の選出方法が正当性を持ったものかどうかは次に検討する）。他方，諮問フォーラムの意義については積極的な評価を与えているが，そこへの参加の基準など詳細は明らかにされなかった。また，事業評価とモニタリングについても，「パートナーや受益国に過度の負担をかけたくない」，「パートナー団体にガイドラインの遵守をお願いしている」など，十分に実施も，制度化もできていないことが明らかになった。

第 **10** 章　「ミドル・ガヴァナンス」の展開

③　NGO代表理事の見解

　まず，エルアルディギ氏は，自身がUNITAIDの理事に選出された経過について，以下のように説明している。2006年3月にUNITAID創設国は交渉グループを設置し，同年8月にトロントで開催された世界HIV会議の場で，「UNITAIDの理事会はNGOと患者コミュニティのために2つの席を用意しています。ただし，2006年9月の第1回理事会までに選出を願います」との提案を行った。期限までに6週間しかないことに鑑み，NGOグループは以前にグローバル・ファンドの創設の際にNGO代表の選出を担ったエイズサーヴィス組織国際評議会（ICASO：International Council of AIDS Service Organization）に理事選出のアレンジを依頼し，ICASOは関連すると思われるすべてのNGOや団体に公募要項を送った。

　同時にICASOは3名からなる審査パネルを設置した。パネルは，グローバル・ファンドの理事を務める患者コミュニティ代表，先進国NGO代表，途上国NGO代表からなり，このパネルが最終的に候補者を選定した。

　このICASOにUNITAID理事会の患者コミュニティとNGO代表を選出する正当性はどの程度あるのかという質問に対して，エルアルディギ氏は，「確かにICASOに正当性があるかどうかは断言できない面もあるが，グローバル・ファンドの理事の選出過程にかかわった経験があること，そのほかに同様の経験と能力を持つ団体が見当たらないこと，そしてもし期限内に選出ができなければ，創設国がNGOと患者コミュニティからの理事を一方的に選出する可能性が考えられたことを考慮すると，ICASOは唯一の選択肢であった」と述べている。

　それでは，次回の理事の選出はどうするのかという質問に対しては，「理事を務める期限も，新しい理事を選出・決定する方法も，現在のところ定まっていない。しかし，市民社会理事の選出方法については，現在非公式の市民社会代表メンバーを務めるTBTVのカセ・ゴードン（Kase Gordon），世界保健アドヴォケートのルイス・ダガマ（Louis Dagama），国際HIVアライアンスのアントン・ケール（Anton Kerr）が提案書を作成中である」との答えを得た。

第Ⅱ部　グローバル・タックスが切り開くグローバル・ガヴァナンス

　次に，理事会の中でどの程度市民社会代表理事の意見が尊重され，意思決定に影響を与えているかということについて，エルアルディギ氏は，「第1回理事会の時は，すでに政府代表理事のメンバーはお互いによく知っているようで少し疎外感を味わったし，UNITAID憲章作成に当たっては，彼らとかなりやりあわなければならなかった」と述懐しつつ，「しかし，時間が経つにつれて，多くの課題について市民社会代表理事の方が政府代表理事よりも熟知していることが明らかになり，また政府としても市民社会サイドとは対立を避けなければならないという認識があったので，徐々に私たちの意見は尊重されるようになり，決定にも反映するようになった」と答えている。

　ただし，事務局の対応について，これまで事務局スタッフが創設国政府からの出向者で占められてきたことを明らかにした上で，「事務局の一番の優先順位はあくまでも創設国，特にフランスの意向であり，市民社会は二の次だ」と指摘し，事務局に対して不満を述べている。ただし，事務局スタッフは，現在国連の採用様式（国際公務員公募様式）に則って公募にかけられ，すでに採用も始まりつつあるので，事務局の状況が変わりつつあることも付言している。

　第三に，UNITAIDの事業の効果にかかわる評価については，実際の事業を実施しているパートナー組織が理事会において事業報告をすることによって確認をしているとのことであった。したがって，彼らの報告をそのまま受け入れているというのが現状である。UNITAID憲章の中では，独立評価組織の設立が記されているが（UNITAID, 2007a：3），非常に人的・財政的コストがかかることから，今のところ実現していないとの説明を受けた[17]。

　エルアルディギ氏へのインタヴューを通じて確認できたことは，市民社会代表理事の選出が，当時の状況下ではおそらく最も民主的手続きを踏んだものであったということ，市民社会代表理事の意見は，事務局との関係では問題があるものの，理事会内では概ね尊重され，意思決定に影響を与えているということである。他方，「理事を務める期限も，新しい理事を選出・決定する方法も，現在のところ定まっていない」のは問題であり，これらについては早急かつ民主的に議論を行い，制度化する必要がある。また，UNITAIDの事業評価に関しても不十分であることも確認された。

④ 事務局スタッフの見解

　事務局の中核的役割を担う戦略担当官を務めるフィリップ・アラン氏はフランス保健省からの出向者であり，戦略担当官の職務の他に，現在新たに赴任してくる事務局スタッフにこれまでの事務局の仕事を引き継ぐ役割を担っている。

　アラン氏は，まず事務局の状況について，UNITAIDには2007年9月現在，15名の事務局スタッフが在籍しているが，政府からの出向者はほとんどいなくなり，WHOや国際公務員公募を通じての採用者が多数になっていることを明らかにしている。

　次に，UNITAIDのガヴァナンス，とりわけ市民社会代表理事の扱われ方と影響力について，特に決定がコンセンサスで行われていることを強調した上で，彼らは理事会の中で平等に扱われていると主張している。また，市民社会理事の影響力について，アラン氏は「彼らは患者コミュニティや受益国の状況など，他の理事が知りえない貴重な情報を持っており，その分大きな影響を与えている」と述べ，エルアルディギ氏の疑問に対しても，「それゆえに，事務局としてNGOよりも創設国の意向を第一に考えているということも，実際にそのようなことをしているということもない」と答えている。

　第三に，諮問フォーラムの詳細について，2007年5月に初めての諮問フォーラムが2日間にわたって開催され，受益国，NGO，製薬会社などから40〜50名の参加があったこと，すべての理事会メンバーも参加していたこと，そこではUNITAIDの情報が直接参加者に伝えられる一方，受益国からのフィードバックなど活発な情報・意見交換が行われたこと，しかし，たとえば参加人数や参加基準など詳細についてはまだ定まっていないことが明らかにされた。したがって，理事会に参加していない国や団体の意見は諮問フォーラムを通じてある程度は吸い上げられるが，正式なメカニズムの構築には至っていないことも浮き彫りになった。その解決策として，理事会のメンバーを増やすことも考えられるが，メンバーが多くなると迅速な意思決定に支障をきたすことから，世界をいくつかの地域に分け，その地域から代表を選出するという方策も模索されていることが明らかになった。

　第四に，事業評価の問題について，アラン氏はUNITAID事務局にはモニタ

リング担当官が1名いるがそれで十分というわけではなく，今後いかにパートナー組織の企画書ならびに実際のプロジェクトを評価するかということが議論されていること，その解決策として専門家パネルの設置を検討していることを明らかにした。(18)

アラン氏に対するインタヴューからは，事務局スタッフが政府からの出向者でなくなりつつあること，市民社会理事は対等に扱われ，その意見は尊重され，政策形成や意思決定にも影響を及ぼしていることが確認できる。他方，諮問フォーラムの詳細はまだ固まっていないこと，したがって理事会に属していない国や団体の意見をどのように取り込むかは今後の課題であること，そして事業評価については，まだ専門家パネルの設置を検討している段階で，その実施も制度化も不十分であることも確認された。

⑤ UNITAIDのガヴァナンスの評価と今後の課題

UNITAIDのガヴァナンスはどの程度透明性，民主性を持ち，アカウンタビリティを果たしているのだろうか？　これまでの考察と3人のUNITAID関係者に対するインタヴューからその答えを探りたいが，ここではUNITAIDのガヴァナンスを2つの側面から考えてみたい。一つは組織内部のガヴァナンス，いま一つはパートナー組織を含む外部とのガヴァナンスである。もちろん，両者は密接に関連しており，明確に切り分けることは困難であるが，さしあたりこの分類にしたがって考察を進めることにする。

まず，組織内部のガヴァナンスであるが，これは「ハード・ガヴァナンス」の議論に関連する。上述のとおり，UNITAIDは機構的に，理事会，諮問フォーラム，事務局から構成されている。意思決定の中核となる理事会における民主的運営は，これまでの考察やインタヴューから十分果たされているといえるだろうし，この点は高い評価に値する。透明化についてもUNITAID憲章で透明性原則を掲げ，実際に理事会の議事録，決議，予算（2008年度）について，随時ホームページで詳細が掲載されていることから，透明性はかなり実現しているといえるだろう。

諮問フォーラムはまだ二度しか開催されていないので，確固たる評価はでき

ないが，このフォーラムが理事会とのチェック・アンド・バランス的機能を果たし，理事会に参加できないメンバーの声を確実に拾い上げることができるかどうかは今後の課題であろう。他方，事務局については，近い将来創設国からの出向者はいなくなり，100％純粋な国際公務員となる予定なので，その意味では特に大きな問題はないといえるだろう。ただし，3億から5億ドルという大きな予算を，30名の事務局スタッフで扱いきれるのかどうかということについては検討の余地がある。今後UNITAIDの参加国が増え，予算が増額した場合は，事務局の規模について見直す必要が出てくるかもしれない。

　次に，外部とのガヴァナンスであるが，UNITAIDは組織でありながら，基本理念としてパートナー団体との協働を掲げているので，その総体を捉えた時，UNITAIDは「ミドル・ガヴァナンス」を体現しているともいえる。UNITAIDとパートナー団体の関係を見てみると，数多くの協働プロジェクトが実現し，実績を上げていることから，今のところ良好に見える。ただし，パートナー団体も含めたUNITAIDスキームがどれほど透明で，アカウンタブルで，民主的であるかは，その外部評価にかかっている部分が大きい。

　この事業評価については，インタヴューを行った3人とも不十分さを認識していた。事業評価はコスト面のみならず，パートナー組織との信頼関係にもかかわる事柄なので容易ではないことは理解できるが，連帯税の税収を財源とする国際機関として，正確な評価を行うことは必要不可欠である。さもなければ，いずれタックスペイヤーから非難され，その信用を落とすことになるだろう。この点についてはUNITAIDの今後の課題として，引き続き注視していきたい。

3　国際連帯税レジームの政治的含意と今後の課題

　本章では，史上初のグローバル・タックスとしての航空券連帯税を吟味し，その税収を財源とする新たな「ハード・ガヴァナンス」でもあり，「ミドル・ガヴァナンス」でもあるUNITAID，ならびにこれらを生み出し，推進してきた「ミドル・ガヴァナンス」としての「革新的開発資金に関するリーディング・グループ」を考察してきた。

航空券連帯税は地球規模問題の解決に資する革新的な処方箋であり，UNITAIDもリーディング・グループも，新たなグローバル・ガヴァナンスの姿を提示しているが，課題も抱えている。

　まず，航空券連帯税は，第3章で指摘したグローバル市場の諸々の問題，特にグローバル金融や国際資本移動の拡大に伴う問題を解決するものではない。また，この税制を実施している国は現在13ヶ国，今後実施予定の国も15ヶ国と，グローバル・タックスと呼ぶにはまだまだ広がりが弱い。UNITAIDも，多国籍企業やグローバル金融を直接規制，統治するものでもないし，加盟国も29ヶ国と1財団で，グローバルな広がりに欠ける。したがって，これらの処方箋だけで，持続可能なグローバル福祉社会を築き上げることはできない。

　そして，リーディング・グループはあくまでも志を同じくする国々が自主的・非公式に設立したもので，ここで決定したことが世界のすべての国々に対して法的拘束力をもって機能するわけでもない。

（1）　国際連帯税レジームの政治的含意

　しかしながら，航空券連帯税ならびにUNITAIDの参加国を見たとき，きわめてユニークな政治的インプリケーション（含意）が浮かび上がる。航空券連帯税の参加国は2008年7月10日現在28ヶ国で，ベニン，ブラジル，ブルキナ・ファソ，カンボジア，カメルーン，中央アフリカ，チリ，コートジボワール，コンゴ，キプロス，フランス，ガボン，ギニア，ヨルダン，リベリア，ルクセンブルグ，マダガスカル，マリ，モロッコ，モーリシャス，モーリタニア，ナミビア，ニカラグア，ニジェール，セネガル，サントメ＝プリンシペ，韓国，トーゴが参加している。そして，航空燃料税を財源とする亜種の航空券連帯税を実施している国としてノルウェーがある。

　他方，UNITAIDは創設国のフランス，ブラジル，ノルウェー，チリ，イギリスに加えて，南アフリカ，ベニン，ブルキナ・ファソ，カメルーン，コンゴ，コートジボワール，ガボン，リベリア，マダガスカル，マリ，モロッコ，モーリシャス，ナミビア，ニジェール，中央アフリカ，セネガル，サントメ＝プリンシペ，トーゴ，韓国，スペイン，キプロス，ギニア，ヨルダン，ルクセンブ

第10章 「ミドル・ガヴァナンス」の展開

ルグの29ヶ国に，ゲイツ財団が参加している。

　これらの加盟国の構成から見てわかることは，この国際連帯税レジームを創設し，リードしているのは，アメリカではないということである。すなわち，これは明らかに伝統論者が主張するようなアメリカを中心とする強国による「ヘゲモニー型ガヴァナンス」ではない。それどころか，フランスを別にすれば，ブラジル，チリといういわゆる途上国とノルウェーという小国がその中核にいる。[19] 1970年代中葉に，新国際経済秩序の樹立を求めて，非同盟諸国を中心に途上国が一致団結し，先進国と対峙した時代があったが，この新たなレジームは「先進国―途上国」，「援助供与国―援助受益国」という伝統的な政治的経済的分断を乗り越えようとしている。

　さらにいうならば，イギリスの立場を別にすれば，大雑把にいって国際連帯税レジームは，「反米＋旧フランス植民地」連合とみなすことができるかもしれない。実際に，アメリカ，日本，カナダ，オーストラリアなどアメリカとの関係が強い同盟国は，航空券連帯税にもUNITAIDにも参加も支持もしていない。

　このことは，アメリカが中軸にある現在の国際政治経済レジームを維持しようとする勢力と，「反米＋旧フランス植民地」連合に率いられた新たなグローバル・ガヴァナンスを模索する勢力との国際的な権力闘争とみなすこともできよう。しかし，そのことは，航空券連帯税・UNITAIDの試みが，アメリカ中心のアングロ・アメリカン世界秩序への一つの挑戦であるがゆえに強国の反対に直面しており，前途は多難であるということも意味している。

　この点について，フランス外務省で当時，リーディング・グループの事務局を担当していたヴェロニーク・オラニョン（Veronique Aulagnon）氏は，「リーディング・グループは『反米＋旧フランス植民地連合』ではない」との見方を示している。彼女によると，まずアメリカについて，「フランスを始め，リーディング・グループの中核国は会議の進捗状況を逐一アメリカに報告し，グループへの参加を呼びかけている」と答え，リーディング・グループのアメリカに対するポジティブな姿勢を明らかにしている。

　次に，旧フランス植民地について，「グループ参加国には確かに旧フランス

領が多いが，彼らはフランスに強制されて参加しているわけではない。そんなことをしても，フランスにとっても彼らにとって何も得るところはない」と述べるとともに，「同じアフリカでも，たとえばナミビアは旧フランス領ではないがリーディング・グループに参加している」と主張し，「反米＋旧フランス植民地連合」論に反論している[20]。

　実際，2009年9月4日現在で56ヶ国まで拡大した「革新的開発資金に関するリーディング・グループ」のメンバーを見てみると，南アフリカ，アルジェリア，ドイツ，サウジアラビア，バングラデシュ，ベルギー，ベニン，ブルンジ，ブラジル，ブルキナ・ファソ，カンボジア，カメルーン，ケープ・ヴェルデ，チリ，キプロス，コンゴ，コートジボワール，韓国，ジブチ，スペイン，エチオピア，フィンランド，フランス，ガボン，グアテマラ，ギニア，ギニア・ビソウ，ハイチ，インド，イタリア，ヨルダン，レバノン，リベリア，ルクセンブルグ，マダガスカル，マリ，モロッコ，モーリシャス，モーリタニア，メキシコ，モザンビーク，ナミビア，ニカラグア，ニジェール，ナイジェリア，ノルウェー，ポーランド，中央アフリカ，イギリス，セネガル，サントメ＝プリンシペ，トーゴ，ウルグアイ，日本という国々，そして欧州委員会が名を連ねている。また，オブザーバーとして中国，エジプト，オーストリア，ルーマニアが加わっている。

　つまり，少なくとも下線を引いた国々は，確かに必ずしも「反米」というわけではない。しかも，その中にはドイツ，イタリア，インド，南アフリカ，そして日本などかなりの国力を持っている国々も含まれる。もし，中国も含めて，これらの国々が航空券連帯税の実施やUNITAIDへの参加を決定すれば，国際政治の権力関係に一定のインパクトを与えるだろう。したがって，このレジームの今後を考えるに当たっては，これらの国々の動向から目が離せない。

　このような状況下で，日本で「国際連帯税議員連盟」が創設され，リーディング・グループの正式メンバーになったこと，また議員連盟が「通貨取引開発税タスクフォース」の議長国となることなどをめざして活動を続けていること，地球環境税等研究会でグローバル・タックスが議論されたこと，国際連帯税を推進する市民の会が創設され，市民社会の活動が活発化していること，そして，

研究者，NGO，国会議員，国際機関，政府（ただし，後者2つはオブザーバー）から構成される寺島委員会が，日本発国際連帯税の実現に向けて，具体的なプランを検討していることなど，日本の最近の動向は特筆に値する。もし明らかに親米の日本が国際金融取引タスクフォースの議長国になるなど，積極的な役割を果たし，COP15あるいはそれ以降の気候変動枠組条約締約国会議において通貨取引税など国際連帯税を提案し，実際にこのような税を実施するようなことになれば，リーディング・グループに活力を与えるばかりでなく，「反米＋旧フランス植民地連合」を超えた新たなダイナミズムを生み出すことになるだろう。

これらの動向を勘案した時，航空券連帯税とUNITAIDを生み出した「ミドル・ガヴァナンス」である国際連帯税レジームは，長期的に見れば，国際政治の観点からアングロ・アメリカン世界秩序を突き崩し，より民主的な新たなグローバル・ガヴァナンスを開拓していく可能性を秘めているように思われるのである。

（2）今後の課題

最初の課題は，「ソフト・ガヴァナンス」と「ミドル・ガヴァナンス」の緊張関係にかかわるものである。すなわち，国際連帯税レジームの中でNGOサイドが推進する通貨取引開発税は，対抗勢力としてのグローバル市民社会からは「ネオリベラル」と形容されるほど「穏健」な提案であるが，「ミドル・ガヴァナンス」を構成するリーディング・グループにとって，それはいまだ「急進的」であり，今後「開発のための国際金融取引に関するハイレベル・タスクフォース」のゆくえがどうなるかは予断を許さない。

この課題と関連して，第二の課題は，リーディング・グループが参加国を増やすために，各国から出されるさまざまな提案，特に「連帯税」から逸脱されると思われる提案も議論し，一部は受け入れられているという点である。イギリスが推進する「予防接種のための国際金融ファシリティ（IFFIm）」，イタリアなどが提唱する「事前市場コミットメント（AMC：Advanced Market Commitments）」などがそれである。

AMCとは，途上国が必要とするワクチンで，将来開発されうるものに対して，事前に合意した価格で将来の購入を約束する財政的コミットメントのことをいう。このようなコミットメントによって，これまで利潤の見込みが少ないため，手をつけてこなかったワクチンを開発する誘因を製薬会社に与えることができるようになる。また，ワクチンの開発に成功した場合にのみ，補助金を受け取る仕組みなので，薬品の購入に保障を与えるものでもない。したがって，AMCは「革新的開発資金源」の一つとして議論されている。しかし，AMCは，「連帯税」を基本とするリーディング・グループの元来の理念からは逸脱しており，その意味で「革新的」と呼べるかは疑問である。

　リーディング・グループに参加しているNGOグループは，AMCに対して，それは「必然的に主要な製薬会社に補助金を与える一つの方途となる」と批判し，IFFImに対しても「リーディング・グループの中核である連帯税の理想から完全に逸脱する欠点のあるアプローチである」と主張している。その上で，このグループの理念にそぐわない多数の提案は，リーディング・グループの焦点をぼやけさせ，勢いを失わせることになると懸念を表明している（Altermonde et al., 2007）。

　この状況はATTACフランスの「原点回帰派」と「イシュー拡大派」の対立に通じるものがある。すなわち，対抗勢力としてのグローバル市民社会グループと「ソフト・ガヴァナンス」に関わる市民社会グループの間に存在するような対立が，「ソフト・ガヴァナンス」と「ミドル・ガヴァナンス」の間にも存在していると見ることができる。それは，実現性やグループの拡大を優先するリーディング・グループと，実現する政策の中身を問うNGOグループとの緊張関係であり，実現性を高めれば高めるほど，「ソフト・ガヴァナンス」グループやグローバル市民社会が要求するような根源的な処方箋からは遠ざかるというトレードオフである。この緊張関係をいかに止揚し，効果的かつ実現性のある政策を生み出すことができるかが，リーディング・グループ，そして「ミドル・ガヴァナンス」に問われていると思われる。

　そこで注目すべきなのが，2009年5月に開催された第6回リーディング・グループ総会の後，出された議長総括である。議長総括では，次のような方向性

が示された。

　まず，リーディング・グループは革新的開発資金として，以下の4つを主柱とすると謳われた。それは，

① ほとんど，あるいはまったく課税されていないグローバルな活動に対する課税（航空券連帯税，あるいは国際金融取引税）
② 公的に保障された金融市場に基づいた事前資金メカニズム（IFFIm），あるいは各国政府に依拠した事前市場コミットメント（AMC）
③ 市場メカニズム（CO_2排出枠の競売）
④ 公的機関が促進または媒介する民間セクターによる自発的貢献（海外移民の送金，自発的な連帯貢献）

である（Leading Group on Innovative Financing for Development, 2009a : 2）。

　すなわち，リーディング・グループは，「連帯税」だけでなく，「連帯税以外」の資金メカニズムを正式に扱うことを宣言したのである。したがって，第6回総会議長総括で，「歩調の変化に合わせて，リーディング・グループは今後『革新的開発資金に関するリーディング・グループ』と呼ばれることになる」と名称の変更を決定したのである（Leading Group on Innovative Financing for Development, 2009a : 5）。

　これは，NGOグループ，すなわち「ソフト・ガヴァナンス」グループの懸念が現実化したことを意味する。ただし，以下の3点は，NGOグループ（「ソフト・ガヴァナンス」グループ）と政府グループ（「ミドル・ガヴァナンス」グループ）の「落としどころ」，あるいはリーディング・グループの「進歩」として，明記されてもよいであろう。

　それは，まずリーディング・グループの最初の柱として，「ほとんど，あるいはまったく課税されていないグローバルな活動に対する課税」，すなわちグローバル・タックスないし国際連帯税が議長総括で掲げられたことである。「たかが順番」という見方もあろうが，議長総括の革新的開発資金メカニズムの第一の柱に掲げられた意味はそれなりに大きい。

第Ⅱ部　グローバル・タックスが切り開くグローバル・ガヴァナンス

　次に，同じく議長総括の中で，「革新的資金や手段は，市場やグローバル経済をより良く規制するのに役立つ（医薬品へのアクセスのために市場の不完全性を是正し，グローバルレベルで『汚染者負担』原則を適用し，金融市場の安定化を助け，国家間での再分配メカニズムを推進する）」と明記されていることは特筆に値する（Leading Group on Innovative Financing for Development, 2009a : 2）。さらに，この規制的な機能として，気候変動，国際金融フローの一部を開発に配分すること，グローバルな金融の流動性を規制すること，非協力的なタックス・ヘイブンによって促進されている租税回避に取り組むことなどが挙げられていることも大いに注目される。

　最後に，既述のとおり，「開発のための国際金融取引に関するハイレベル・タスクフォース」の設置が決定されたことは，リーディング・グループの連帯税，とりわけ通貨取引（開発）税へのコミットメントの表れとして，積極的に評価できるだろう。

　したがって，リーディング・グループは「連帯税以外」の多様なメカニズムを包摂することで，多様なかつ多数のアクターを巻き込みつつ，「連帯税」を主柱に置き，グローバル市場の規制もその正式な取り組みに包含することで，奇しくもNGOグループ（「ソフト・ガヴァナンス」グループ）と政府グループ（「ミドル・ガヴァナンス」グループ）のバランスを取る結果となったといえるかもしれない。

　しかし，ここから先，誰が，何を，どのようにすれば，航空券連帯税のような初期段階のグローバル・タックスを拡大しつつ，次第に通貨取引税など本格的グローバル・タックスに結実させることができるかという課題は残ったままである。これが第三の課題であるが，この点で注視する必要があるのが，ある意味皮肉なことに，アメリカの2人の"Bill"である。一人は元アメリカ合衆国大統領のビル・クリントン（Bill Clinton）であり，もう一人はマイクロ・ソフト会長のビル・ゲイツ（Bill Gates）である。

　彼らは政治的にも大きな力を持つアメリカ人でありながら，前述のとおりUNITAIDに多大な貢献を行っている。特にクリントン元大統領は「アメリカが航空券連帯税に反対する理由はない。アメリカがいつか航空券連帯税を実施

する日は来るかもしれない」と述べていたと，UNITAID事務局長顧問（当時）のフィリップ・ドゥネトン氏は筆者のインタヴューに対して答えていたことは注目される。[22] ヒラリー・クリントン（Hillary Rodham Clinton）が国務大臣に任命された今，今後彼らがどのような活動を行い，連帯税やUNITAIDにどのようなスタンスでかかわっていくのかということについて，注意深く見守っていく必要がある。

　また，どうすれば本格的なグローバル・タックスを導入できるかという点に関しては，国際連帯税レジームが他のレジーム，とりわけ認知度も高く活発な議論が行われている気候変動レジームとどの程度の連携を深めることができるかにもかかわっている。この他のレジームとの連携が第四の課題である。すでに，気候変動枠組条約締約国会議でスイスが地球炭素税を提案していることを見たが，リーディング・グループが温暖化をはじめとする環境問題を解決するためのグローバル・タックスとして地球炭素税の具体的検討まで踏み込めるかどうかが問われている。他方，気候変動グループが国際連帯税との共有点を見出し，連帯税の概念をレジームの中に入れていくことができるかどうかが，両者の連携の鍵になるだろう。

　この点に関して，ノルウェー外務省事務次官補のビューロン・ブレデ・ハンセン（Bjorn Brede Hansen）氏が，「航空券連帯税と気候変動を結びつけるべきだと考えている」と証言していたことは傾聴に値する。ただし，同氏によると，「航空券連帯税と気候変動を結びつけるという構想にはフランスとブラジルが反対するだろうから，困難だろう」とのことであった。[23] そこで，航空券連帯税と気候変動を結びつける代わりに，スイスが提案しているような地球炭素税をリーディング・グループの中で詳細に議論し，それを気候変動対策の財源にするという棲み分けを行うことが一つの方向性となるだろう。あるいは通貨取引開発税の議論を進めながら，税収を開発のみならず，気候変動などに使う通貨取引「環境」税を検討する方向性もありうるのではないだろうか？[24] このような工夫により，フランスとブラジルの反対を克服できるのみならず，両レジームの有機的連携への扉が開かれると思われる。

　第五の課題は，「ミドル・ガヴァナンス」と「ハード・ガヴァナンス」の間

に生じている緊張関係である。「ハード・ガヴァナンス」（具体的な機関や機構，この事例ではUNITAID）を創造する際に，「ミドル・ガヴァナンス」（この事例では，リーディング・グループ）で主導権を握った国々が，創設された機関の理事国になるなど，「ハード・ガヴァナンス」の中核を占めるようになっている。これはきわめて自然な成り行きではあるが，ここでの問題は，創設された機関の中で，中核国がいかにして政策形成過程や決定過程を他の参加国やアクターに開かれたものにし，これらの国々を平等に扱い，民主的な運営を行えるかというものである。

UNITAIDは，その理事会の中にアフリカ連合代表，アジア代表，市民社会代表，財団代表，そして国際機関代表を入れることを通じて，また諮問フォーラムを設けることによって，この課題を克服しようとしているが，その道がまだ途上であることは本章で考察したとおりである。

最後に，航空券連帯税・UNITAIDを含む国際連帯税レジームを拡大するに当たっては，効果的な広報戦略が欠かせない。地雷禁止国際キャンペーン（ICBL）が成功した大きな理由は，その広範なNGOネットワークと志を同じくする国々とのパートナーシップにあったと考えられるが，同時に優れた広報戦略があったことも忘れてはならない。特に故ダイアナ妃（Diana Frances Spencer）がアフリカの地雷源に立ち，実際に地雷撤去を行う模様が全世界に報道されたことは世界中の人々の目に焼きつき，広く地雷問題の重要性が認識され，1997年の対人地雷全面禁止条約の締結にも結びついた。

現在航空券連帯税はエール・フランスの，UNITAIDはFIFA（Fédération Internationale de Football Association）の支援を得て，ワールドカップの舞台などで広報活動が行われているが，ICBLに比べて認知度は低いと思われる。

今後この認知度をいかに高められるかが，国際連帯税スキームの拡大のみならず，本格的グローバル・タックスへの展開に向けてのステップになりうると思われる。この広報戦略を通じて，航空券連帯税というグローバル・タックスが，途上国において病気に苦しんでいる貧しい人々に貢献しているということを遍く伝え，納税者がグローバルな問題の解決に少しでも役に立っているという感覚を持たせ，グローバルなアイデンティティを醸成しうることも考え合わ

第10章 「ミドル・ガヴァナンス」の展開

せると，広報戦略はますます重要となるだろう。したがって，航空券を購入した時に，それによる国際貢献が一目でわかるような文言をチケットに記載したり，冊子を配布するといった工夫が求められる。
(25)

　このように，航空券連帯税とUNITAID，そしてリーディング・グループは，乗り越えるべき多くの課題を抱えている。しかしながら，昨今の世界情勢の変化は国際連帯税グループにとって，プラスに作用するように思われる。すなわち，サブプライムローン問題などを契機として停滞し始めたアメリカ経済，そして「100年に一度」とも形容される世界金融危機という新たな状況を鑑みると，基軸通貨としてのドルの信認は揺らぎ，世界の消費市場としての役割も縮小して，アメリカの時代は「終焉」に向かいつつあるのかもしれない。そのような状況下で登場した国際連帯税レジームによるグローバル・ガヴァナンス創造の試みは，国際政治に新たなダイナミズムを与えつつあるように見える。

　その意味で，今後このグループがいかにして勢力を拡大し，ひいてはアメリカなど大国を巻き込み，連帯税を含む革新的メカニズムを新たなグローバル・ガヴァナンスの中核に据えることができるかが大きな課題であろう。

　以上，本章では，三層ガヴァナンス分析枠組における「ミドル・ガヴァナンス」について，航空券連帯税というグローバル・タックス，UNITAIDという航空券連帯税のためのガヴァナンス，そして国際連帯税を推し進めているリーディング・グループを軸に，議論を行ってきた。

　航空券連帯税はグローバル市場の失敗を是正する処方箋とはならないものの，本格的なグローバル・タックスに向けての第一歩として大きな意味を持ち，UNITAIDもそれ自体がグローバル市場をコントロールできるガヴァナンスにはならないものの，税を財源にする国際機関（「ハード・ガヴァナンス」）として，より透明で，民主的で，アカウンタブルなグローバル・ガヴァナンスの先駆けになっている点で評価できる。また，リーディング・グループについても，グローバルな広がりや法的拘束性は十分ではないものの，アメリカを中心とする現在の国際政治経済秩序にチャレンジするものであり，より高次の次元で世界秩序をより透明に，民主的に，アカウンタブルにする可能性を持っている。

　このようなグローバル・タックスを機軸に新たなグローバル・ガヴァナンス

を作り出す試みは，これまでの国際関係に見られない新しいダイナミズムであり，今後国際政治経済ガヴァナンスのありようを変容させていく潜在性を秘めている。したがって，グローバル・タックスを軸に据えた「ミドル・ガヴァナンス」は，新たなグローバル・ガヴァナンス創造の試金石として，積極的に評価できるのではないだろうか。

最後の課題として残っているのが，三層ガヴァナンス分析枠組でいうところの「ハード・ガヴァナンス」についてである。とりわけ，「ハード・ガヴァナンス」といった場合，すでに設立されている国際機関も存在し，それらと新たに構想されている「ハード・ガヴァナンス」の関係も明確にする必要があるだろうし，分析枠組の一極をなすグローバル政府との緊張関係も検討されるべき課題であろう。

そこで，次章では，これらの課題について，再びグローバル・タックスを基軸に構想されている「ハード・ガヴァナンス」の姿を比較検討することで，グローバル・ガヴァナンスの今後の展望を描いてみたい。

注
（1） 序章でも触れたように，「開発資金のための連帯税に関するリーディング・グループ」は，2009年5月28，29日に開催された第6回リーディング・グループ総会で，「革新的開発資金に関するリーディング・グループ（the Leading Group on Innovative Financing for Development）」に改名された。これが意味するところについては本章で検討する。
（2） 第3回リーディング・グループ総会におけるフランス外務省クリスティアン・マセ（Christian Masset）氏の報告より。その後，マリ，ナミビア，ブルキナ・ファソ，ブルンジ，モロッコが加わって13ヶ国になった。
（3） ノルウェーが航空券課税ではなく，航空燃料課税を取っているのは，航空券連帯税が開始される以前からすでに航空燃料税を実施していたからである（ノルウェー外務省事務次官補のビューロン・ブレデ・ハンセン（Bjørn Brede Hansen）氏へのインタヴュー，2008年3月26日，於：ノルウェー外務省）。ただし，他のG8諸国がUNITAIDに参加した場合には，航空燃料税から航空券税へ切り替える可能性があることをノルウェー外務省の国際保健担当のイネ・マレング（Ine Måreng）氏は言及している（ノルウェー外務省アドバイザーのイネ・マレング氏へのインタヴュー，2008年3月28日，於：ノルウェー外務省）。
（4） アンリ・ルイーユ・ドルフィーユ（Henri Rouillé d'Orfeuil）氏へのインタ

第 **10** 章 「ミドル・ガヴァナンス」の展開

ヴュー（2006年5月26日，於：千葉大学）。
（5） IFFIm (the International Finance Facility for Immunisation Company) とは，2015年までの援助資金を前倒しで入手し，GAVIアライアンスを通じて行われる途上国の保健・ワクチンプログラムのための資金を安定的に供給するためのメカニズムである。IFFImは国連ミレニアム開発目標を達成し，より多くの子どもたちの命を迅速に救うことを目的としている。詳細は，IFFIm, http://www.iff-immunisation.org/を参照のこと。
（6） 革新的開発資金に関するリーディング・グループ，http://www.leadinggroup.org/article48.html（2009年9月4日閲覧）。
（7） このレターの日本語訳は，グローバル・タックス研究会ブログ，http://blog.goo.ne.jp/global-tax/e/b3ba9562faa4329c866746767d43cfd9を参照（2007年5月23日閲覧）。
（8） 第4回リーディング・グループ総会に参加した参議院議員犬塚直史政策秘書の勝見貴弘氏の報告，2008年4月24日。
（9） リーディング・グループの事務局を務めるフランス外務省のジュリアン・メモン（Julien Meimon），ならびにSOPのデイヴィッド・ヒルマンの情報による（2008年12月18日）。
（10） 第3回リーディング・グループ総会におけるノルウェー外務省ハラルド・トラン（Harald Tollan）の発言，2007年9月4日。
（11） この暫定期間の間，事務局はフランス外務省の中に置かれていた（フランス外務省国際開発局ヴェロニーク・オラニョン（Veronique Aulagnon）氏へのインタヴュー，2007年9月14日，於：フランス外務省，ならびにUNITAID事務局戦略担当官フィリップ・アラン（Philippe Harant）氏へのインタヴュー，2007年9月18日，於：UNITAID本部）。
（12） UNITAID, http://www.unitaid.eu/en/UNITAID-Partners.html参照（2008年2月25日閲覧）。
（13） 第2線抗レトロウイルス剤とは，初期の抗レトロウイルス剤に対して耐性が強まったため，新たに開発された薬剤を指す。初期の抗レトロウイルス剤よりも高価なため，貧しい人々は購入することが困難になっている。
（14） ハリル・エルアルディギ（Khalil Elouardighi）氏へのインタヴュー（2007年9月11日，於：Act-up Paris）。
（15） UNITAID, http://www.unitaid.eu/en/Board-Members.html参照（2008年2月25日閲覧）。
（16） UNITAID事務局長顧問（現事務局次長）のフィリップ・ドゥネトン（Philippe Duneton）氏へのインタヴュー（2007年9月21日，於：UNITAID本部）。
（17） ハリル・エルアルディギ氏へのインタヴュー（2007年9月11日，於：Act-up Paris）。
（18） UNITAID事務局戦略担当官フィリップ・アラン氏へのインタヴュー（2007年9月18日，於：UNITAID本部）。

(19) ノルウェー外務省事務次官補のビューロン・ブレデ・ハンセン（Bjorn Brede Hansen）氏によると，ノルウェーが国際連帯税レジームの中心メンバーになったのは，第一にすでにODAのターゲットGNI比0.7%を達成している中で，MDGsを達成する新たな手法のリーダーをめざしたこと，第二に国際保健分野はノルウェー政府の中心的な開発政策課題であること，第三にノルウェーとフランスは伝統的に良好な外交関係を築き上げてきたこと，最後にフランスに留学経験のあるヨナス・ガール・ストア（Jonas Gahr Støre）外務大臣がフランスが推進する国際連帯税スキームを積極的にサポートしたことがある（ノルウェー外務省事務次官補のビューロン・ブレデ・ハンセン氏へのインタヴュー，2008年3月26日，於：ノルウェー外務省）。

(20) フランス外務省国際開発局ヴェロニック・オラニョン氏へのインタヴュー（2007年9月14日，於：フランス外務省）。

(21) Advance Market Commitments, http://www.vaccineamc.org/about/index.html（2008年1月30日閲覧）。

(22) UNITAID事務局長顧問のフィリップ・ドゥネトン氏へのインタヴュー（2007年9月21日，於：UNITAID本部）。

(23) ノルウェー外務省事務次官補のビューロン・ブレデ・ハンセン氏へのインタヴュー（2008年3月26日，於：ノルウェー外務省）。

(24) 実際に，欧州議会開発委員会は，2009年9月3日に途上国における気候変動の適応対策の資金として，通貨取引税の導入を提案する決議を採択している（PROPOSITION DE RÉSOLUTION, déposée à la suite des questions avec demande de réponse orale B7-0000/2009 et B7-0000/2009, conformément à l'article 115, paragraphe 5, du règlement, sur le changement climatique et les pays en développement dans le cadre de la conférence des Nations unies sur le changement climatique qui se tiendra à Copenhague, PARLEMENT EUROPÉEN）。

(25) この点について，UNITAID事務局のフィリップ・アラン氏に問うたところ，ゲイツ財団がUNITAIDの広報キャンペーンを支援していること，韓国がUNITAIDのリーフレットを大規模に作成したこと，航空券と同じ形をした冊子の作成を考えていることなどの答えを得た（UNITAID事務局戦略担当官フィリップ・アラン氏へのインタヴュー。2008年3月18日，於：UNITAID本部）。

第11章
「ハード・ガヴァナンス」の諸構想
──世界租税機関からグローバル議会へ？──

　第Ⅰ部では，グローバル三項分析モデルを用いて，グローバル市場の失敗を浮き彫りにしたが，グローバル市場の問題を抑制，解決するためには，アクターの自主性に任せる「ソフト」なアプローチだけではなく，グローバルなレベルにおいてある程度の法的拘束力と権力を持った組織やレジームによる規制，すなわち「ハード・ガヴァナンス」が欠かせないことも，第Ⅰ部の考察で明らかになったと思われる。それは，多国籍企業の規制についても，タックス・ヘイブンの規制についても，グローバル金融の規制についてもいえることである。しかしながら，既存の国際機関では，十分な対応がなされていないことが，これまでの考察で浮かび上がった。

　また，通貨取引税であれ，地球炭素税であれ，グローバル・タックスを実施するためには，これらの税を調整し，税収を管理し，再分配を行うためのグローバル・ガヴァナンス，とりわけ具体的な機構を備えた「ハード・ガヴァナンス」が必要であることは，前章のUNITAIDの議論からも理解できる。

　そこで，本章では，三層ガヴァナンス分析枠組でいうところの「ハード・ガヴァナンス」に関して，グローバル・タックスのためのグローバル・ガヴァナンスについて議論されている「ハード・ガヴァナンス」にかかわる諸構想を吟味する。

　その際，既存の国際機関と比較しながら，とりわけこれらの問題点を意識しながら，議論を進めたい。ただ，既存の国際機関の問題点についてはすでに第3章第1節で考察しているので，ここでは，IMF，世界銀行，WTOというグローバル・ガヴァナンスに大きな影響力を持つ国際機関のガヴァナンスが，透明性，民主性，アカウンタビリティを欠いていることを確認するだけに留めて

おく。また，これら三機関以外の国際機関の問題点については，後に考察するジュタンが分析を行っているので，その部分を参照されたい。

さて，「ハード・ガヴァナンス」にかかわる諸構想であるが，まず元IMF財務局長のヴィト・タンジ（Vito Tanzi）の世界租税機関（World Tax Organization）構想，次に「開発資金に関するハイレベル・パネル（High-Level Panel on Financing for Development）」が提唱している国際租税機関（International Tax Organization）構想，第三にヘルシンキ大学のヘイッキ・パトマキ（Heikki Patomäki）の二段階ガヴァナンス論，そして最後にパリ13大学のブリュノ・ジュタン（Bruno Jetin）の「持続可能な開発のための連帯基金」（FSDD：Fonds de solidarité pour le développement durable）構想の順で検討を行っていく。これらを比較して分析することを通じて，あるべき「ハード・ガヴァナンス」の姿を明らかにしていきたい。

最初の2つの構想はタックス・ヘイブンと資本逃避にかかわる「ハード・ガヴァナンス」の構想であり，後の2つは通貨取引税の実施に伴う「ハード・ガヴァナンス」についての構想である。

以上4つの「ハード・ガヴァナンス」の諸構想を吟味した後に，これらの先に存在しうるより高次なレベルでの「ハード・ガヴァナンス」として，グローバル租税機関とグローバル議会創設の論理を検討し，これらの可能性と課題も射程に入れて，将来のグローバル・ガヴァナンスの方向性を探求してみたい。

1　世界租税機関・国際租税機関の創設

まず，タックス・ヘイブンと資本逃避にかかわる「ハード・ガヴァナンス」を検討しよう。第6章第2節で論及したように，タックス・ジャスティス・ネットワークは，これらの問題に効果的に対処するために，調査，研究，議論，政策形成，政策の実施，監視，評価などを整合的かつ効果的に行うことができる世界租税庁（World Tax Authority）の創設を検討するよう提言している（Murphy, 2007：113）。これはある程度の法的拘束力を備えた新しい機関の創設なので，まさにグローバル・タックスをめぐる「ハード・ガヴァナンス」の議

第 11 章 「ハード・ガヴァナンス」の諸構想

論である。ここでは，世界租税庁に類する2つの構想を検討し，タックス・ヘイブンと資本逃避に対する「ハード・ガヴァナンス」を議論する。

（1） タンジによる世界租税機関構想

IMF財務局長であったヴィト・タンジ（Vito Tanzi）は，1998年に執筆した論文「世界租税機関は必要か？ (Is There a Need for a World Tax Organization?)」で，世界租税機関（WTO：World Tax Organization）の創設を提言している。タンジはグローバリゼーションが世界にもたらした恩恵を評価しながらも，同時にそれは国内の諸問題の国際問題への転化を促し，とりわけ外部性の国際化を生み出したと論じている（Tanzi, 1998：175-176）。

各国で租税制度が構築された時は，ほとんどの企業は国内で操業し，ほとんどの人々は国内における活動や投資で所得を得ていた。したがって，各国の租税当局は他国の租税当局と何の摩擦や争いも起こすことなく企業の利益にも，個人所得にも，消費にも課税することができた。いわゆる課税の「領土原則（territoriality principle）」と呼ばれる状態である。しかしながら，グローバリゼーションの進展によって企業の操業も，個人の所得の得方もグローバル化したために領土原則は脅かされるようになるとともに，一国の税率が国境を超えて他国の税率や経済に影響を及ぼすようになるなど，租税をめぐる各国間の摩擦や紛争の火種は増え続けるようになった。

タンジは，グローバリゼーションによる国内問題や外部性の国際化の例として，特に租税競争，移転価格，タックス・ヘイブンを取り上げて説明を行っている。その上で，これらの問題を解決するための3つの対応策を検討している。一つ目は市場による自発的な解決，二つ目は各国政府の国際的合意による解決，そして三つ目が国際機関の創設である。

市場による解決について，タンジは，いくつかの国々がフリーライドによって大きな利益を得ることができるとき，そしてこれらの国々を国際的合意に参加させる効果的な強制力がないときには，このアプローチは有効には働かないと分析している。これは，グローバル市場の失敗をグローバル市場のアクター自身が是正するむずかしさを指摘していると理解することもできる。

次に，国際的合意による解決については，EU（欧州連合）でさえ税制における合意形成において困難に直面している状況を鑑みると，国際レベルにおいてこのアプローチで問題解決を図ることはさらに容易ではないと指摘している。したがって，残された解決策は世界租税機関の創設であろうと論じている（Tanzi, 1998：181-183）。

 それでは，世界租税機関の具体的な役割はいかなるものであろうか？　タンジは，「それは加盟国がこの機関にどれだけの権力を与えるつもりか，そしてこの機関がどの程度グローバル社会全体を代表するかにかかっている」との前提となる条件を指摘している。たとえば，トービン税などこれまで提案されてきたグローバル・タックスの徴税は本来世界租税機関の役割であろうが，加盟国は徴税という最も政治的な機能をこの機関に与えたくないだろうから，この機関には徴税以外の機能を持たせた方がよいと判断し，以下の8つの役割を提示している（Tanzi, 1998：184-185）。

①国際レベルにおける主要な租税の傾向と問題を同定すること。
②可能な限り多くの国々の租税統計，ならびに租税に関連する情報を作成，収集，整理すること。
③これらの情報を土台に，『世界租税開発報告書』を定期的に刊行すること。そして，その中で統計を報告し，主要な傾向（統計と政策）を描き，諸問題を同定し，これらの問題に対して実行可能な解決策を提示すること。また，各国の成功例を探し出し，他国に知らしめること。
④諸国に租税政策と租税行政に関する技術的な支援を提供すること。この技術支援の目的は，各国間の租税システムをより整合的にすることである。
⑤租税政策と租税行政の基本的な規範を開発すること。
⑥政策立案者や専門家が租税に関して意見交換ができる国際フォーラムを立ち上げること。
⑦租税をめぐって国家間あるいは国家グループ間の間で摩擦や紛争が生じたとき，仲裁できる国際フォーラムを設立すること。
⑧IMFがマクロ経済情勢の監視を実施しているのと同様の方法で，租税情勢

の監視を行うこと。

　タンジは世界租税機関の具体的な機構についてはほとんど論及していないが，この機関の中にすべての加盟国を代表する理事会（a board of directors）を想定し，この機関が国境を超える波及効果をもたらす租税情勢を理事会に提起するとしている。理事会はこの提起を受けて，ある国の租税行為が他国に負の影響を及ぼす領域において変更・修正を勧告する。ただし，それはあくまでも勧告であって，強制ではないとタンジは付記している（Tanzi, 1998: 185）。

　以上がタンジの世界租税機関構想の概要であるが，第6章第2節で検討したタックス・ジャスティス・ネットワークの提案に比べて，この機関の役割は一般的なものに留まり，詳細にまで言及されていない。しかもこの機関にあまり法的拘束力を持たせないとの論及をしていることも特徴的である。しかしながら，IMFの財務局長を務めたタンジが，すでに1998年の時点で租税に関するグローバルな機関を提案し，「租税情勢を監視し，各国の租税活動の調整と調和を促進し，解決策を提言する世界的な機関を創設する時が来た」（Tanzi, 1998: 186）という結論を出していることは傾聴に値する。

（2）「開発資金に関するハイレベル・パネル」が提唱する国際租税機関

　次に「開発資金に関するハイレベル・パネル」（以下パネルと呼ぶ）が提唱する国際租税機関（ITO : International Tax Organization）を検討してみよう。このパネルは2002年3月にメキシコのモンテレーで開催された国際開発資金会議に先立ち，2000年にアナン国連事務総長（当時）が元メキシコ大統領のエルネスト・セディジョ（Ernesto Zedillo）を議長とする専門家パネルの設置を提案したことにより，創設された。

　パネルはセディジョ氏を議長に，元アメリカ財務長官ロバート・ルービン（Robert Rubin），元フランス財務相で当時ヨーロッパ委員会委員長であったジャック・ドロール（Jacques Delors），元クウェート財務相で当時アラブ経済開発基金総裁であったアブドゥラティフ・アルハマッド（Abdulatif Al-Hammad），元オックスファム・イギリス代表のデイヴィッド・ブリヤー

(David Bryer), 元国際労働機関事務局次長のメアリー・チネリー・ヘッセ (Mary Chinery-Hesse), 元コスタリカ副大統領のレベッカ・グリンスパン (Rebeca Grynspan), 元ロシア財務相で, ロシアクレジット銀行会長のアレクサンダー・リフシッツ (Alexander Y. Livshits), 元モザンビーク財務相のマジット・オスマン (Majid Osman), 元インド財務相のマンモハン・シン (Manmohan Singh), そしてソフトバンク会長の孫正義から構成された。

パネルは, グローバル化が進む世界において, 途上国の貧困問題が深刻化していること, 貧富の格差が拡大していることなどを指摘し, 2000年に定められた国連ミレニアム開発目標 (MDGs) の重要性を強調した上で, MDGsを達成するための資金をいかに捻出するかという課題を検討している。具体的には, 途上国国内の資金動員, 政府開発援助, 貿易, 民間資金フロー, 国際開発協力, 制度的な課題を詳しく考察し, いくつもの重要な提案を行っている。その一つが国際租税機関 (ITO) の創設である。

パネルは「国際的な波及効果が大きいにもかかわらず, いかなる国際機関もいまだに対処していない経済政策の主要な分野が税である」と主張し, 国際的な脱税, 租税回避, 租税競争, 資本逃避などの「租税破壊 (tax degradation)」を解決するためには, 国際的な租税機関が必要であると論じている (High-Level Panel on Financing for Development, 2000 : 27)。

そして, ITOに期待される役割として, 以下のような提言を行っている。第一に, 国際的な租税にかかわる統計を整備し, 傾向と問題を見出し, 報告書を刊行し, 技術的な支援を行い, 租税政策や租税管理のための情報交換や規範を開発するフォーラムを提供することである。次に, IMFがマクロ経済政策の監督を行っているのと同様に, ITOは租税情勢についての監督を行う。第三に, ITOはタックス・ヘイブンと交渉を行い, 有害な租税競争から手を引くように説得する。第四に, ITOは多国籍企業を誘致するために繰り広げられる租税競争の規制に主導的な役割を果たす。第五に, ITOは租税にかかわる問題をめぐって, 国家間で生起した争いを調停するための手続きを開発する。第六に, すでにOECDが行っているように, ITOは租税情報の多国間での共有メカニズムを支援し, 海外で稼がれた投資収入に対する租税回避の機会を減少させる。

そして，これが最も野心的な提案であるが，ITOは多国籍企業への合算課税のための方策にかかわる国際協定を作成し，遵守させる (High-Level Panel on Financing for Development, 2000 : 27-28)。

パネルは，もしITOがこれらの機能により租税回避と租税競争を抑止するのに成功すれば，不誠実な納税者や資本のような生産の移動要素により支払われる税収の割合が増加する。そして所与の税率での税収が増加するので，諸政府は公共予算の増額，財政収支の改善，あるいは税率の引き下げなどを実施することが可能になるだろうと論じている (High-Level Panel on Financing for Development, 2000 : 27-28)。

「開発資金に関するハイレベル・パネル」の議論は，タンジの構想を基本的に継承しながら，タンジ構想よりもさらに詳細な内容に踏み込んでいる。特に，ITOが「タックス・ヘイブンと交渉を行い，有害な租税競争から手を引くように説得する」こと，「租税競争の規制に主導的な役割を果たす」こと，「租税にかかわる問題をめぐって，国家間で生起した争いを調停するための手続きを開発する」こと，そして「租税情報の多国間での共有メカニズムを支援し，海外で稼がれた投資収入に対する租税回避の機会を減少させる」ことという提言は，タックス・ジャスティス・ネットワークのそれと重なり合う部分が大きい。また，これらの提言がNGOによってなされたものではなく，上述の著名な専門家によって構成された国連公認組織による提言であることも注目に値する。

パネルの構想は，国際租税機関の組織構成やどれだけの法的拘束力を持つのかという重要な部分への論及がなされていないが，タンジ構想よりも詳細かつ進んだアイデアとして理解することができるだろう。

(3) ホーナーによる批判とWTO・ITOの今後

1993年から1995年までOECDで『OECD移転価格ガイドライン』の作成にかかわり，1998年から2000年までOECDの租税競争プロジェクトの責任者であったフランシス・ホーナー (Frances M. Horner) は，「開発資金に関するハイレベル・パネル」の報告書を批判的に吟味し，それが提言する国際租税機関の設立は本当に必要なのかという問題を提起している。

ホーナーによると，パネルが提唱するITOの7つの役割のうち，すでに最初の6つについてはOECDが現実に携わっており，唯一OECDが手を付けていないのは，最後の「ITOは多国籍企業への合算課税のための方策にかかわる国際協定を作成し，遵守させる」という点のみであると論じている。OECDがこれらの役割を果たしているのみならず，「租税に関するOECDグローバル・フォーラム」を設立し，「国際租税諸機関の運営委員会を創設すべし」という5つの国際租税に関わる機関の長の提案を受け，運営委員会を招集し，議長を務めている。また，OECDは，IMF，OECD，世界銀行のスタッフの間で構想されている「グローバル・タックス・ネットワーク」の創設を推進しようとしていることにも論及している（Horner, 2001：8）。

　これらのことを勘案すると，すでにOECDが国際租税問題の解決に着手しており，新たな国際機関は不要であるとの結論になりうるが，同時にホーナーはOECDの欠点も指摘している。それはこの機関が設立当初から先進国の諸利益について議論や合意形成を行い，決定事項を推進する政策フォーラムであるというOECDのレーゾン・デートル（raison d'être）にかかわる点である。もちろん，OECDは開発援助委員会（DAC：Development Assistance Committee）を持ち，途上国の開発問題も扱っているが，ホーナーによると，「OECDは（開発援助にかかわる）『ゲームのルール』を作っているのは自分たちであると主張するかもしれないが，すべてのプレーヤーがテーブルについているわけではない」と論じている（Horner, 2001：7，括弧内は筆者が挿入）。

　ホーナーは同様の批判をパネルに向け，パネルが途上国の懸念を優先事項にするとの議論をまったく行っていないと指摘している（Horner, 2001：4-5）。したがって，彼女の結論は，途上国の真の意味での合意形成・意思決定・政策実施への参加が確保されるのであれば，パネルが提示するような国際租税機関の創設は理に適っているというものである（Horner, 2001：16）。

　ホーナーの指摘はきわめて重要である。なぜなら彼女の指摘は，世界租税機関であれ，国際租税機関であれ，これらの機関がどのような機構を持ち，どの程度のステークホルダーが合意形成・意思決定・政策の実施に参加するのかという，機関内部のガヴァナンスの議論の欠如を浮き上がらせているからである。

さらにいうならば、タンジもパネルもこれらの機関がどのような過程を経て設立されうるのかという点についても、まったく触れていない。

元IMF財務局長や国連ハイレベル・パネルが世界租税機関・国際租税機関という国際租税に関する「ハード」なグローバル・ガヴァナンスの構築を提言し、元OECD高官がそれらを批判的に検討しながらも、途上国の実質的な参加を条件にその設立に賛成しているという事実は、WTO/ITO構想が将来的に実現可能性を持った選択肢として存在していることを示唆している。

そこで、次に新たな国際機関が設立されるプロセスとともに、それ自体がどのようなガヴァナンスを構築すべきなのかという点も含めて議論を展開しているパトマキとジュタンの構想について、検討を加えてみよう。

2　二段階ガヴァナンス論

ここからは、第8章第3節のグローバル・タックスの実施から生み出されることになるグローバル・ガヴァナンスの議論であり、その中の「ハード・ガヴァナンス」の議論である。以下のパトマキとジュタンの構想では、前節のWTO/ITOと比較して、グローバル・ガヴァナンスの民主化とアカウンタビリティの要素を重視して議論されていることが特徴となっている。

(1)　第一段階——通貨取引税機関の創設

ヘイッキ・パトマキは、2001年に著した『グローバリゼーションを民主化する——トービン税を梃子として (*Democratising Globalisation : The Leverage of the Tobin Tax*)』の中で、巨大化するグローバル金融資本の弊害と危険性を説き、これらに対する処方箋として通貨取引税を描いている。そして、世界の金融市場を牛耳るイギリスと、それを支援するアメリカが通貨取引税のようなグローバル・タックスに反対する中で、通貨取引税を現実化させる方策として、二段階ガヴァナンス論を提示している。すなわち、まず第一段階として志を同じくする少数の国々で通貨取引税を自主的に開始し、第二段階で通貨取引税スキームをグローバルに拡大するというものである。

第Ⅱ部　グローバル・タックスが切り開くグローバル・ガヴァナンス

　パトマキは，アメリカやイギリスなどの世界的金融センターの同意が得られない限り，通貨取引税を現実化することはできないというよく聞かれる批判に対して，最低30ヶ国，国際金融市場での占有率20％以上が満たされれば，通貨取引税機関（CTTO : Currency Transaction Tax Organization）を設立し，通貨取引税を実施することが可能になると主張している（Patomäki, 2001 : 164）。これは欧州連合と北欧諸国，あるいはいくつかの途上国の参加があれば，実施が可能であると想定していると考えられる。

　パトマキによると，通貨取引税機関（CTTO）とは，通貨取引税を調整・統制し，加盟国が上げた税収を徴収する超国家機関である。加盟国からの徴税に加えて，CTTOは通貨取引税の税率を定め，課税ベースを定義し，免税の範囲を決定し，監視と監査を行う。

　ここで重要な点は，パトマキがCTTOという新たな国際機関の設立をグローバル・ガヴァナンスの民主化の手段と位置づけていることである。すなわち，パトマキはまずCTTOの中に，主要な決定を行う閣僚理事会（Council of Ministers）と，理事会を監視，牽制する民主議会（House of Democracy）を設けてチェック・アンド・バランスを働かせ，次に民主議会が政府代表，国会議員代表，NGO・労働組合（市民社会）代表から構成される新たな制度を構想している。市民社会の代表はその団体が民主議会のメンバーたりうるかどうかのスクリーニング手続きと，くじで選出される。また，億単位の人口を擁する国々と，数万人の小国の人口の相違を意思決定により公正に反映させるために，議決権に人口の大小を加味し，人口大国は3票，小国は1票，その中間の国々は2票という具合に，既存の国際機関より民主的，かつ公正となりうる制度を考案している（Patomäki, 2001 : 202）。

　閣僚理事会と民主議会の権力関係については，「国家が主導する閣僚理事会は，意思決定においてより強い力を持っているが，民主議会は動議の発動や，限定的ながらも予算に関しての権限を保持できるようにするべきである。また，民主議会は閣僚理事会の主要な決定のいくつかに対して拒否権も持てるようにするべきである」と主張し，両者の力関係の均衡を模索している（Patomäki, 2001 : 203）。

さらに、彼の構想でユニークなのは、通貨取引税の税収の一部を使って、国連の基本予算のおよそ半分に当たる年間10～20億ドルを国連に拠出し、財政難に苦しむ国連を助けつつ、その資金を梃子に国連改革と民主化を促すことを提案していることである。これは、彼が第二段階で改革された国連を舞台に上がらせることを想定していることと関係している（Patomäki, 2001 : 199-205）。

以上がパトマキのいう通貨取引税実現に向けての第一段階である。この段階では、通貨取引税が実施されているゾーンから行われていないところへ資本の流出が容易に起こりうることから、パトマキは通貨取引税の税率を低く設定しながら、徴税した国々がある程度の税収を確保できる制度設計を提案している。すなわち、先進国は徴税した税収の30％を、途上国は60％を自国の税収とすることができるようにすることで、少しでも多くの国々が通貨取引税スキームに参加することを促す案を提示している（Patomäki, 2001 : 204）。

（2） 第二段階──グローバルな実施に向けて

次に、パトマキはすべての国々がグローバル・タックス・スキーム（この場合は通貨取引税スキーム）に参加する段階（第二段階）を構想している。この段階では、グローバル・ガヴァナンス委員会が提言する国連安全保障理事会と並ぶ権限を持つ国連経済安全保障理事会（ESC : Economic Security Council of the United Nations）の創設と、ESCがCTTOの役割を担うことが提唱されている。ESCの主要な役割は、各国政府や国際機関に長期の戦略的経済政策の枠組を提供することである。その中には、地球環境危機、経済的不安定、上昇する失業率、貧困、食糧安全保障などの課題も含まれている（Commission on Global Governance, 1995 : 157）。

もしESCの設立が困難であれば、現存する国連経済社会理事会（ECOSOC : Economic and Social Council of the United Nations）を改革し、この機関に第二段階の通貨取引税機関の役割を担わせる案をパトマキは提示している。

パトマキは、「そもそも国連はブレトンウッズ機関も含めて国際機関の頂点に位置づけられ、中でもECOSOCはこのシステムの中核になるよう設計された。名目的には、IMFや世界銀行などの専門機関は、いまだにECOSOCを通

第Ⅱ部　グローバル・タックスが切り開くグローバル・ガヴァナンス

じて国連との関係を調整される対象なのである。国連憲章の中で，ECOSOCは最も包括的な意味で経済的社会的課題を扱うように定められている」と論じ，ECOSOCの改革に大きな期待を寄せている（Patomäki, 2001 : 211）。

それでは，ECOSOCは具体的にどのように改革されればよいのだろうか。途上国の集まりであるG77と密接に関係する国際機関であるサウス・センター（South Centre）は以下の改革を提言している（South Centre, 1997 : 167-170 ; Patomäki, 2001 : 212）。

①国際政治経済における諸傾向に鑑みて，長期の計画と活動を策定する「閣僚理事会」に相当するものを創設する。
②決定事項を着実に実施できる新たな執行機関を創設する。
③独立し，分析能力を持った強化された事務局を創設する。
④早期警戒能力，迅速な活動，ならびに長期計画を可能にするための定期的な会合を開く。

パトマキは，このECOSOC改革に通貨取引税の税収を充て，ECOSOCが通貨取引税機関の役割を担うことができるようにするべきだと主張している。他方，もし国連経済安全保障理事会の創設にも，ECOSOCの改革にも失敗した場合は，通貨取引税機関を存続させ，その権限と役割を強化しながら，グローバル・ガヴァナンスの中心的な役割を果たさせることも展望している（Patomäki, 2001 : 212-213）。

以上のようにパトマキは通貨取引税を軸に，ユニークな「ハード・ガヴァナンス」の議論を展開しているが，いくつかの問題点も抱えている。最初の問題点は，通貨取引税の実現のためには，「最低30ヶ国，国際金融市場での占有率20％以上が満たされること」と主張している点にある。第7章第3節で検討したとおり，現在通貨取引税の実現のための法案を可決した国，あるいは審議中の国は，フランス，ベルギー，イタリアの3ヶ国のみであり，30ヶ国にはほど遠い。

その点で，2007年に入り，リーディング・グループで通貨取引開発税が議論

第 11 章　「ハード・ガヴァナンス」の諸構想

され，それを研究，議論，実現するための「通貨取引開発税タスクフォース」の創設が検討され，2009年10月に「開発のための国際金融取引に関するハイレベル・タスクフォース」の創設が予定されていることの意味は大きい。また，イギリスで議員連盟が政府に提言を行い，日本で議員連盟，市民社会，寺島委員会が国際連帯税の実現に向けて動いていることもおさえておく必要がある。今後これらの新たな展開をフォローし，第一段階として通貨取引開発税が実現できるかどうか，そしてそれへの参加国が増えるかどうか，さらに将来的に通貨取引開発税が通貨取引税が目的とする投機の抑制と金融市場の安定に寄与するために，二段階課税へ移行できるかどうかなど，長期的な視点で推移を見守る必要があるだろう。

　次に，パトマキは通貨取引税の税収の一部を国連改革や民主化に使われるべきだと論じているが，いかにして税収が改革に用いられることを保障するのか，また税収が国連に入ることになったとして，そもそも誰が，何を，どうすれば国連を改革することができるのか，そして国連と通貨取引税機関の関係はどのようなものであるべきなのかなどの課題が残っている。

　最後に，パトマキが期待を寄せている国連経済安全保障理事会の創設も，ECOSOCの改革も現在のところ進展が見られないし，今後も見られない可能性があるという点である。その意味で，どちらも実現しない場合の第三の選択肢をより真剣に検討すべきなのかもしれない。

　これらの問題点があるにしても，パトマキが政府代表，国会議員代表，市民社会代表から構成され，人口の大きさを票の重さに結びつけたユニークな民主議会の創設など，通貨取引税導入に伴い必然的に必要となる新しい国際機関をいかに民主的なものにできるかという課題に挑戦していることは高く評価できる。さらに彼の議論はそこに留まらず，国連改革を含む既存の国際機関の民主化をも視野に入れた提案を試みており，「ハード・ガヴァナンス」のあり方にかかわる議論に重要な貢献をしているといえるだろう。ここに，グローバル・タックスの導入がグローバル・ガヴァナンス総体の民主化につながりうる潜在性が示唆されているといえるのではないだろうか。

第Ⅱ部　グローバル・タックスが切り開くグローバル・ガヴァナンス

3　「持続可能な開発のための連帯基金」設立構想

　ブリュノ・ジュタンは，『トービン税――諸国家の連帯（*La taxe Tobin : et la solidarité entre les nations*）』の中で，変動為替相場以降の過剰流動性の下で，通貨投機が横行し，通貨危機が多発していること，その通貨投機を抑制し，通貨危機を予防するのに有効な手立てが通貨取引税であることを論じている。そして，通貨取引税の起源，技術的可能性，実現への道程を議論しながら，通貨取引税の税収をいかに管理し，使途をいかに決定し，税収をいかに分配するかというガヴァナンスにかかわる考察を行っている。以下では，ジュタンが論じる通貨取引税の「ハード・ガヴァナンス」について，詳細に検討してみよう（Jetin, 2002）。

（1）　既存の国際機関の検討

　ジュタンは，通貨取引税の実施にあたり，いかなる機関がいかなる方法で，その税を徴税，管理，分配するべきかという観点に立ち，既存の国際機関でそれを担うのに適切な機関があるかどうかという論点から検討を始めている。その際，通貨取引税を管轄する機関の3つの基本的役割と3つの原則を明示している。すなわち，通貨取引税を実施する機関は，①通貨取引税にかかわる国際条約を交渉し，②課税の実施に必要な技術的な基準を設定し，③税収が諸国間で適切に分配されるように調整するという基本的役割を，透明性，アカウンタビリティ，民主主義という3つの原則に則って，果たすことを求めている（Jetin, 2002 : 115, 123）。

　これを念頭に，ジュタンはIMF，世界銀行，国際決済銀行（BIS），国連総会，国連経済社会理事会（ECOSOC），国連貿易開発会議（UNCTAD），国連開発計画（UNDP）を一つひとつ吟味している。

　まず，ジュタンはIMFと世界銀行を検討している。ジュタンによると，IMFは国際金融を専門としており，世界全体にわたる範囲をカバーしている。しかし，この機関は各国および国際的な税制の分野を専門とはしておらず，この分

第11章 「ハード・ガヴァナンス」の諸構想

野はIMFの権限を越えていると指摘している。世界銀行も税制に関しては技術的専門性を持たず，この領域での正当性も有していない。「開発資金に関するハイレベル・パネル」が新たに国際租税機関を提言したのは，まさにこの理由による。さらに，本書でも何度も触れているとおり，これらの機関が「1ドル1票制」という非民主的な運営を行っているがゆえに，通貨取引税を扱うには適切な機関ではないとジュタンは結論づけている（Jetin, 2002 : 119-121）。

　次に，ジュタンはBISを吟味している。BISは一方で国際資本市場に関する重要な統計を作成し，金融と銀行に関する規範策定の重要な場となり，国際金融に関して特に外国為替市場について最善の知識を持っており，徴税に際して貴重な技術的支援を提供しうると，ジュタンは積極的に評価している。しかしながら，他方でジュタンは，BISはまずすべての国々をカバーしているわけではないこと，そして制度上は政府から独立している中央銀行が主要メンバーであるので，政府が参加していないこと，開発の分野で市民社会と協働するいかなる能力も持ち合わせていないことも指摘している。結論として，BISは通貨取引税を扱う機関に技術的な支援は行えるが，それ自体が通貨取引税機関にはなりえないとジュタンは論じている（Jetin, 2002 : 121-123）。

　それでは，パトマキが期待を寄せている国連機関はいかがなものであろうか？　ジュタンはまず国連総会について，世界規模で通貨取引税を開始する国際条約の交渉ならびに締結の場となるかもしれないが，問題は国連総会で決定された事柄に法的拘束力がないことであり，通貨取引税を運営するだけの能力にも欠けていることであると述べている。次に，ECOSOCであるが，パトマキが指摘しているとおり，ECOSOCは国連憲章上，ブレトンウッズ機関を含むすべての国連機関によって実施される経済政策の連絡調整を担当している。ECOSOCには多くの途上国が参加し，諮問資格を得たNGO，労働組合のような市民社会組織も，協議や議論に参加しており，きわめて民主的である。しかしながら，ECOSOCは，これまで経済・社会政策の決定・実施に際して決して重要な役割を果たしたこともなく，ましてや設立趣旨のとおり国連諸機関が実施するすべての活動を調整する役割なども担ったことがないと論じ，消極的な評価を与えている（Jetin, 2002 : 115-117）。

第Ⅱ部　グローバル・タックスが切り開くグローバル・ガヴァナンス

　第三の候補であるUNCTADについて，この機関は途上国の経済問題の分析と議論の主要な場であり，国際貿易，金融，投資，開発の統合的アプローチを発展させ，数多くの国際協定が交渉され，採択されてきた。しかしながら，先進諸国がこれらの協定の調印を拒否してきたために，これらは死文化し，UNCTADは単なる議論の場であるという評判がもたらされている。したがって，地球規模で通貨取引税を創出する国際条約を交渉するための望ましいフォーラムになりうる一方，通貨取引税によって生み出される税を徴収・分配する技術的能力も運営能力も備わっていないというのがジュタンの結論である。

　最後に，UNDPであるが，この機関は36ヶ国からなる執行理事会の下で開発分野における特別基金とプログラムを運営し，世界130ヶ国に国別事務所を設立してプロジェクトを行い，NGOとの協力についても長い伝統を持っている。また，毎年『人間開発報告書』を刊行するなど，きわめて包括的な能力を有しており，諸国間での資金の分配や社会的優先順位の決定において，有益な貢献をなしうる。しかしながら，UNDPは新しい国際条約，特に金融と租税分野での条約を交渉し，採択するという重要な分野での経験をまったく持っていないとジュタンは分析している（Jetin, 2002 : 118-119）。

（2）　新たな国際機関の設立

　これらの欠陥を勘案して，結局ジュタンは既存の国際機関で通貨取引税を扱うのに適切なものはないと結論づけ，新たな国際機関を創設することを提案している。彼はそれを「持続可能な開発のための連帯基金（FSDD : Fonds de solidarité pour le développement durable）」と名づけ，いかなる機関からも独立しつつ，徴税や技術的側面でBISと協力し，税収を分配するに際してはUNCTADやUNDPと協働することを主張している（Jetin, 2002 : 123）。

　このFSDDの制度設計について，ジュタンは，パトマキとリーベン・デニス（Lieven Denys）によって起草された「グローバル通貨取引税機関（Global Currency Transaction Tax Organization）」の条文を参考に考案している（Patomäki and Denys, 2002）。まずFSDDは各国理事会（le Conseil des États）と民主議会（l'Assemblée démocratique）からなり，理事会の役割は締約国による

第 11 章 「ハード・ガヴァナンス」の諸構想

税の適用と資金の徴収を監視すること，係争もしくは困難に際してその解釈を明確にすること，そして資金の徴収に基づいて予算を編成することである。各国は，人口規模に見合った議決権を持つ。すなわち，パトマキの議論の中にあったとおり，人口大国は3票，小国は1票，その中間にあたる国は2票である。重要な決定は3分の2の多数決で，通常の決定は単純な多数決で行われる。理事会は常設事務局によって補佐される（Jetin, 2002：123-125）。

　民主議会は，理事会を監督することを可能にする固有の権限を有し，理事会は活動を議会に報告する。議会は，特に条約を修正し，理事会により提出された予算を議決する権限を有する。議会は，政府代表（1国1名），国会議員代表（人口の規模によって1名から5名），そして市民社会代表（政府代表と国会議員代表を合わせた議席の4分の3）から構成される。市民社会代表はあらかじめ定められたリストの中から，抽選で選出される。リストに搭載されるには，候補となる市民社会団体が自国の政府や国際機関から特に財政面で独立しており，また資金提供を受ける可能性がある領域における真の活動の証拠があるということを確認するために，認証手続（書面およびヒアリングに基づく）が行われることになる。認証はされたが抽選で選出されなかったNGOや労働組合，ならびに地方公共団体は，FSDDに直接提案を出す権利を持つ（Jetin, 2002：125-126）。

　また，ジュタンは税収の使途について，FSDDは一方で地球レベルの環境・社会プログラムと為替準備基金（fonds de réserve en devises），他方で各加盟国によって実施される国別プログラムという2つの基本的なプログラムに分配されると主張している。FSDDはグローバル・プログラムに関してはその目的や優先順位，資金創出の費用を議論するが，国別プログラムに関しては各国に分配される資金の割合を決定するだけで，実質的なプログラムの内容は各国によって決定される。国別プログラムの中身については，FSDDは各国から提出された開発計画がFSDD条約や他の国際条約，国際法に適合しているかどうかを確認する役割を担うのみである（Jetin, 2002：126）。

　ジュタンは税収の分配に当たって最も重要な原則は民主主義であると論じ，具体的には毎年UNDPが刊行している人間開発指標に基づいて分配することを

提案している。すなわち,人間貧困指標や環境破壊バランスシートが悪い国ほど多くの資金を分配する一方,ジェンダー開発指標を改善した国に対して資金配分を増やすなど,決められた指標に従って各国の進捗状況を把握し,これらを考慮に入れながら分配額を決定,見直していくことを提言している (Jetin, 2002: 126-129)。

他方,国別プログラムについてFSDDは基本的に内容には口を挟まない。なぜなら,従来の開発援助は,往々にしてその影響を受ける住民との十分な協議をすることなしに「上から」一方的に押し付けたゆえに,失敗してきたからである。したがって,「最善の方法は,人々がこのプログラムを策定し,自ら優先順位を決定することである」とジュタンは論じている (Jetin, 2002: 129)。ただし,プログラム資金が想定された人々に届いていなかったり,汚職など不適切な使途があった場合には,資金供給の停止や特別基金への資金移転を行うように主張している。このようにグローバル・タックスが生み出す開発資金を運営する新たなシステムは,従来の開発アプローチが過去に犯してきた失敗から多くの教訓を学びながら,そのアプローチそのものを変革する契機になりうるとジュタンは論じている (Jetin, 2002: 129-132)。

ジュタンの第一の貢献は,通貨取引税を実施できる可能性のある既存の国際機関を包括的に吟味したことだろう。その分析を通じて,既存の国際機関の不十分さが浮き彫りになり,それらの機関の改革,そして新たなグローバル・ガヴァナンスの必要性が明確になったと思われる。その上で,第二に,FSDDという新たな機関を提案することで,あるべきグローバル・ガヴァナンスの姿を浮き彫りにしていることである。第三に,税収の分配の仕方と使途について,具体的に論及している点も大きな貢献である。特に,税の分配の基準として,UNDPの人間開発指標など関連する国連の指標を用いること,税収を大きくグローバル・プログラムと国別プログラムに分け,後者については可能な限りその国の人々によって決定されるよう提言していることは,傾聴に値しよう。

他方,ジュタンはUNCTADについて,一方で「通貨取引税によって生み出される税を徴収・分配する技術的能力も運営能力も備わっていない」と分析しながら,他方でFSDDについて,「税収を分配するに際してはUNCTADや

UNDPと協働する」ことを主張するのは矛盾していないか．さらに，FSDDは既存の国際機関が実施しているプログラムやプロジェクトとの重複を，どのようにして回避するのかなどの疑問が湧き上がる．

第3節で検討したパトマキの通貨取引税機関構想も，ここで取り上げたジュタンの「持続可能な開発のための連帯基金」も，どちらも機構面ではEUの閣僚理事会と欧州議会の関係，ならびにそれぞれの機能を参考に構想されたと考えられる．理事会と民主議会のチェック・アンド・バランスの仕組みや，民主議会の議席を人口に比例させるアイデアはすでにEUが実施している．したがって，彼らの構想は荒唐無稽なものではなく，ある程度の現実味を感じさせるものではあるが，問題は彼らが提案するCTTOやFSDDを誰が，何を，どうすれば実現できるのかという実現のプロセスと実施主体の考察が欠けている点である．その点で航空券連帯税とUNITAIDを実現させたプロセスと「革新的開発資金に関するリーディング・グループ」の今後の動向，すなわちグローバル・タックスのための「ミドル・ガヴァナンス」のゆくえは重要な鍵を握っているのではないだろうか．

いずれにしても，パトマキとジュタンの議論は，グローバル・タックスがいかに運営・共治されうるのかを提示しているのみならず，このようなグローバル・タックスのための「ハード・ガヴァナンス」の議論が，既存の国際機関の改革の推進を通じて，またより民主的な国際機関の創設を通じて，グローバル・ガヴァナンス総体の民主化を促進しうる可能性を与えていることを明示しており，貴重な貢献をしているといえるだろう．

4　グローバル租税機関とグローバル議会の創設へ？

前章ではリーディング・グループとUNITAIDという2つの「ミドル～ハード・ガヴァナンス」の事例を考察し，本章ではグローバル・タックスの観点から「ハード・ガヴァナンス」にかかわる4つの構想，すなわち世界租税機関構想，国際租税機関構想，通貨取引税機関構想，「持続可能な開発のための連帯基金」構想を議論してきたが，さらにこれらの議論の先には，既存の国際機関

第Ⅱ部　グローバル・タックスが切り開くグローバル・ガヴァナンス

のガヴァナンスの是非が問われる潜在性，そしてより高次な次元で，透明で，民主的で，アカウンタブルなグローバル・ガヴァナンスが構築される可能性があるように思われる。

　まず，とりわけ通貨取引税機関構想と「持続可能な開発のための連帯基金」構想が示唆していることであるが，もしこれらが現実化すれば，既存の国際機関もそのガヴァナンスの透明化，民主化，アカウンタビリティが問われ，将来的に大胆な改革が迫られる潜在性がある。通貨取引税機関構想も「持続可能な開発のための連帯基金」構想もともに，そのガヴァナンスの透明性，民主性，アカウンタビリティを組織論の基軸に置いている。したがってそれが現実化し，実際に想定したガヴァナンスが形成され，運営が行われれば，そのようなガヴァナンスを実現していない既存の機関に批判的な眼が注がれることになるだろう。既存の国際機関は，その批判的圧力を受けて，ガヴァナンスの透明化，民主化，アカウンタビリティの確立に努めざるを得なくなるのではなかろうか。

　次に，より高次なレベルで新たなグローバル・ガヴァナンスが構築される潜在性である。すなわち，将来ここで述べたような「ハード・ガヴァナンス」の構想が，通貨取引税以外にも，地球炭素税，武器取引税などさまざまグローバル・タックスの実現に伴って現実化した場合，タックスごとに別個に設立され，運営を行う諸機関（「ハード・ガヴァナンス」）が，整合性と正当性のある一つの機関に収斂し，その機関を適切にコントロールするための民主議会のような機関が創設される可能性である。

　一国内の租税と組織のあり方を見てみると，地方税や特定財源を除いて，ほとんどの税金は財務省や国税庁に一括して納税され，一元的に管理されている。環境税は環境省へ納税され，環境省によって管理されるわけではない。租税のタイプは異なっても，それらは大部分が財務省や国税庁によって管理され，政府によって一元的に運用されている。

　同様に，今後さまざまなグローバル・タックスが実施され，それらを管轄する機関が透明性を持って民主的な運営を行い，十分なアカウンタビリティを果たし，多くの国々，団体，人々に評価されるようになれば，長期的に見て，個別に運営されていた機関が一つの機関（国内レベルの財務省のような機関）に

第 11 章 「ハード・ガヴァナンス」の諸構想

統合され，その機関がすべての税を管理する可能性が考えられる。その機関を「グローバル租税機関（GTO：Global Tax Organization）」と呼ぶこととする。そして，財力と権力を持ったグローバル租税機関が常に透明性を持った民主的な運営とアカウンタビリティを果たすことを確実にするために，パトマキやジュタンのいう民主議会のグローバル版，「グローバル議会」ないし「地球議会」とでも呼ばれるものが設立されるかもしれないし，むしろ設立される必要がある。

グローバル議会はグローバル租税機関の透明性，民主的運営，アカウンタビリティに責任を持つのみならず，一国内で議会がそうしているように，そしてジュタンの提唱する「持続可能な開発のための連帯基金」のように，グローバル・タックスによって得られた税収の使途を議論し，決定し，モダリティを定め，実施国や実施機関に資金を供給することになるだろう。もしこのような構想が現実化すれば，それは三層ガヴァナンス分析枠組の「ハード・ガヴァナンス」から「グローバル政府」への，つまりグローバル「ガヴァナンス」からグローバル「ガヴァメント」への移行の端緒となるかもしれない。

他方，グローバル租税機関やグローバル議会に収斂されず，グローバル・タックスごとに管理機関とそれを監督する民主議会が分権化したまま，統治が行われる分権的グローバル・ガヴァナンスの形態も考えられる。たとえば，通貨取引税機関と通貨取引税民主議会，地球炭素税機関と地球炭素税民主議会，武器取引税と武器取引税民主議会などがそれぞれに存在し，分権的に統治される形態である。その合理性は，グローバル租税機関やグローバル議会など，世界規模で中央集権的な権力を持つ機関ができてしまうと，深井が指摘したように，ナショナル・ローカルレベルの多様性が捨象され，これらのニーズが反映されづらくなるのみならず，権力が大きくなればなるほど，それが生み出す利権も大きくなり，汚職が発生しやすくなるからである。これを，三層ガヴァナンス分析枠組に当てはめていうならば，「ハード・ガヴァナンス」とグローバル政府の間に存在する緊張関係ということもできよう。

フィリピン大学教授で，フォーカス・オン・ザ・グローバルサウスの事務局長を務め，グローバル社会運動の旗手であるウォールデン・ベロー（Walden

335

第Ⅱ部　グローバル・タックスが切り開くグローバル・ガヴァナンス

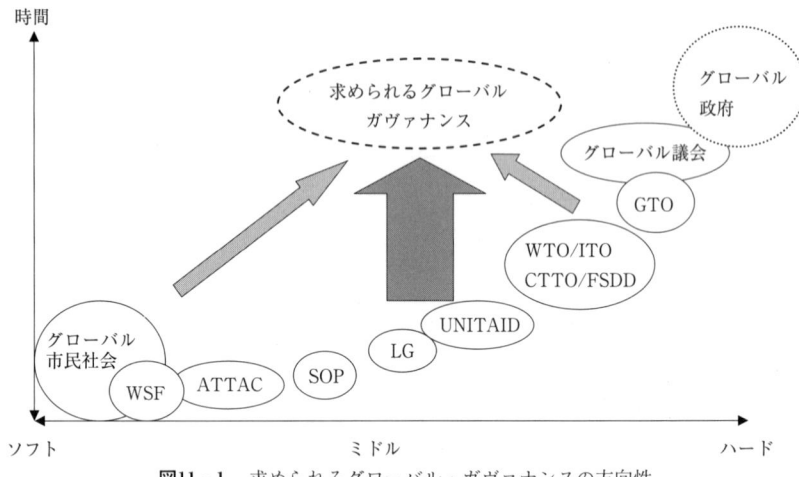

図11-1　求められるグローバル・ガヴァナンスの方向性

出典：筆者作成。

Bello) は、「今日必要なものは、もうひとつの中央集権化されたグローバル機関ではなく、制度化された権力の分散化と脱集権化であり、広範で柔軟な協定や理解に導かれて相互作用する機関や組織の多元的な体制の創出である」と述べ、中央集権的ガヴァナンスよりも、分権的ガヴァナンスの必要性を主張している（Bello, 2002 : 115）。

しかしながら、巨大化した多国籍企業やグローバル金融と対峙するためには、分権的グローバル・ガヴァナンスでは不十分かもしれない。また、分権化されているがゆえに、政策や強制力の一貫性を欠き、効率的な協調行動をうまく取れない可能性もある。

他方、たとえ将来グローバル租税機関やグローバル議会が創設されたとしても、それはあくまでもグローバル・ガヴァナンスの発展形態であり、近い将来においてはグローバル「ガヴァメント」とはならない可能性はきわめて高い。なぜなら、第一にこれらの機関が創設され、機能し始めたとしても、少なくとも中・長期的には主権国家は存在し続けるからである。第二に、地球規模問題の多様性を考えた場合、それらに対応できる多様な専門機関、専門団体、専門家の協力が不可欠であり、彼らが多様な形で政策形成、政策決定、政策実施に

かかわる必要があるからである。第三に，上述のとおり，グローバルレベルでの中央集権化は，ナショナル・ローカルレベルの多様性の捨象と利権や汚職の発生を伴う可能性があるからである。

以上，本章では，グローバル・タックスのための「ハード・ガヴァナンス」の4つの構想の考察を通じて，あるべき「ハード・ガヴァナンス」の姿を模索してきた。そして，これらの構想の延長線上にグローバル租税機関やグローバル議会が創設されうる論理と，「ハード・ガヴァナンス」とグローバル政府の緊張関係を論じてきた。

これまでの議論から，将来あるべきグローバル・ガヴァナンスは，「ソフト・ガヴァナンス」，「ミドル・ガヴァナンス」，「ハード・ガヴァナンス」がそれぞれに内実を熟成させつつ，相互にプラスの相乗効果を働かせ，共存，複合しながら次元を高めていく方向であるように思われる。とりわけ，多様なアクターによるパートナーシップの様相を最も強く持つ「ミドル・ガヴァナンス」の要素は，パトマキやジュタンの議論でも強調されているとおり，今後ますます希求されていくと思われる（図11-1）。

特に，長期的にグローバル租税機関やグローバル議会のようなよりグローバル政府に近い「ハード・ガヴァナンス」の方向に向かうことになった場合は，「ミドル・ガヴァナンス」の要素を強く反映させた制度設計が必要となるだろう。

注
（1） この点は，Uemura（1996，2001）も参照。

終　章
グローバル・タックスの可能性
―― ガヴァナンス研究の展望 ――

　本書は，地球規模問題の実態を概観した上で，このままでは地球社会が危機的な状況に陥る可能性を議論した後に，これらの諸問題を解決し，持続可能なグローバル福祉社会を構築する鍵は，グローバル・タックスとそれが生み出す透明で，民主的で，アカウンタブルなグローバル・ガヴァナンスにあるとの仮説を設定して，考察を行ってきた。

　最後に，これまでの議論を整理しつつ，検討の結果明らかになった諸点を吟味しながら，本研究の貢献と今後の課題を考察して，本書の締めくくりとしよう。

1　これまでの議論の整理

　第I部で，持続可能なグローバル福祉社会を創造するもう一つの鍵であるグローバル・ガヴァナンスを析出するために，まずグローバル社会の基本構造を理解する分析枠組として，グローバル政府，グローバル市場，グローバル市民社会，グローバル・ガヴァナンスから構成されるグローバル三項分析モデルを提示した。その上で，グローバル・ガヴァナンスの構成要素，定義，さらには権力関係を中心としたグローバル・ガヴァナンスの内実について議論を展開した。次に，グローバル・ガヴァナンス自体の分析を詳細に行うために，グローバル・ガヴァナンスを「ソフト・ガヴァナンス」，「ミドル・ガヴァナンス」，「ハード・ガヴァナンス」に分類した三層ガヴァナンス分析枠組を提示した。

　続けて，グローバル三項分析モデルを用いて，グローバル市場，グローバル政府なきグローバル・ガヴァナンス，グローバル市民社会の順に分析を行い，

持続不可能なグローバル社会を考察した。分析の結果明らかになったことは，グローバル市場が巨大化し，グローバル市場の失敗が起こっていること，この失敗に対しグローバル市場のアクター自身による是正も，現状のグローバル政府なきグローバル・ガヴァナンスによる対応も十分ではないこと，そしてグローバル市場に対抗するグローバル市民社会だけでは，グローバル市場の失敗は是正されないということであった。

　第Ⅰ部の議論を受けて，第Ⅱ部ではこのような状況下で地球規模問題を解決し，グローバル・ガヴァナンスを刷新しうる処方箋として，グローバル・タックスを取り上げ，その政策効果，規模の大きい安定した持続的な資金の創出など，グローバル・タックスの潜在的可能性が明らかになった。とりわけ，グローバル・タックスの実現が切り開くであろう新たなグローバル・ガヴァナンスの可能性について，第Ⅰ部で提示された三層ガヴァナンス分析枠組（「ソフト・ガヴァナンス」，「ミドル・ガヴァナンス」，「ハード・ガヴァナンス」）を用いて詳細に検討を行った。

　「ソフト・ガヴァナンス」の事例として，フランスにおいて通貨取引税を求める市民社会ネットワークであるATTACと，イギリスにおける通貨取引税のためのNGOネットワークであり，キャンペーンでもあるSOPを比較して検討した結果，それぞれの意義と限界とともに，特に争点の絞込みと政策の実現性において「グローバル市民社会」と「ソフト・ガヴァナンス」に横たわる緊張関係が浮かび上がった。

　「ミドル・ガヴァナンス」の事例としては，「革新的開発資金に関するリーディング・グループ」とUNITAIDの吟味を行ったが，今度は同じく政策の実現性とその内容をめぐって，「ソフト・ガヴァナンス」グループ（特にNGOやNGOネットワーク）と「ミドル・ガヴァナンス」グループ（特に各国政府や国際機関）との間に緊張関係が見られた。

　すなわち，これらに共通する緊張関係を一言でいえば，持続可能なグローバル福祉社会の実現のために，より根本的な改革を求めてラディカルな主張や対抗運動を行うか，実現可能性を重視して穏健な政策提言を粛々と行い，現実的に政策の実現に邁進するかという緊張関係である。

「ハード・ガヴァナンス」に関して，本書はグローバル・タックスと関連する４つの構想を検討し，長期的にグローバル租税機関やグローバル議会が生み出されうるロジックを提示しつつ，「ハード・ガヴァナンス」とグローバル政府の緊張関係を明らかにした。その中でより分権的なグローバル・ガヴァナンスのあり様も議論された。

2　４つの緊張関係とガヴァナンスの熟成

　これらの考察から明らかになったことは，自明ではあるが，グローバル・ガヴァナンスは，異なる理念と組織形態をもった多様なアクター——主権国家，国際機関，NGO，市民社会ネットワーク，企業など——が，「ソフト・ガヴァナンス」，「ミドル・ガヴァナンス」，「ハード・ガヴァナンス」というそれぞれのアリーナで，それぞれ相互に影響を与え合いながら，複雑に発展してきているということである。

　異なる組織形態を持つそれぞれのアクター（個人，団体，ネットワーク，パートナーシップ，官僚組織など）が，異なる理念を持って（急進的―穏健的―現実的―保守的―民主的），それぞれの活動を展開し，時にはぶつかり合い，時には協調し合いながら，グローバルなガヴァナンスが生成されているのである（表終-1）。

　特に，４つの緊張関係，つまりグローバル市民社会と「ソフト・ガヴァナンス」（急進的―穏健的），「ソフト・ガヴァナンス」と「ミドル・ガヴァナンス」（穏健的―現実的），「ミドル・ガヴァナンス」と「ハード・ガヴァナンス」（現実的―保守的），「構想されているハード・ガヴァナンス」とグローバル政府（分権的―中央集権的）をいかに止揚し，オープンかつ民主的に議論しながら，根源的かつ実現性のある政策を次々と形成し，効果的に実施できる，より透明で，民主的で，アカウンタブルなグローバル・ガヴァナンスを形成することができるかが現在問われている。

　その際，必要となるのは，まずは時間を軸とした戦略である。すなわち，グローバル市民社会と「ソフト・ガヴァナンス」の緊張関係をウィン・ウィンの

表終-1　グローバル市民社会，グローバル政府とそれぞれのガヴァナンスとの関係

	グローバル市民社会	ソフトガヴァナンス	ミドルガヴァナンス	既存のハード・ガヴァナンス	構想としてのハード・ガヴァナンス	グローバル政府
理念	急進的から穏健的なものまで幅広く含む	穏健的	現実的	保守的	民主的？	世界の一元的・効率的統治？
組織形態	NGO, 社会運動, ネットワークを含む, 多様な形態	主として, NGOネットワーク	各国政府, 市民社会, 国際機関のパートナーシップ	○官僚組織 ○市民社会の参加は限定的	○理事会と民主議会？ ○グローバルに見れば, 分散的	○中央集権的 ○議会と官僚組織？
例	○世界社会フォーラム ○新しい「新しい社会運動」としてのATTAC	○ロビー団体としてのATTAC ○SOP	革新的開発資金に関するリーディング・グループ	既存の国際機関	○世界租税機関 ○国際租税機関 ○CTTO ○FSDD	○萌芽的なものとしてGTO, グローバル議会 ○世界政府 ○世界連邦
政策の実現性	低い ←――――――――――――――――――――――→ 高い					
多様な価値・意見の汲み上げ	高い ←――――――――――――――――――――――→ 低い					

出典：筆者作成。

関係に変えるためには，第5章や第9章で考察したように，短期的には穏健的路線を取り，現実的な理念を内包するものは次々と「ソフト・ガヴァナンス」を通じた政策提言に変換し，また根源的でラディカルな変革を要求するものは，長い時間をかけて，草の根の多くの声をじっくりと炙り出しながら熟成するのを待つのである。

　同じく，「ソフト・ガヴァナンス」と「ミドル・ガヴァナンス」の緊張関係をプラスの関係に転換するためには，穏健な政策提言は時間をかけて現実化を試みながら，現実的なものは次々と政策に転換していくことが肝要である。

　「ミドル・ガヴァナンス」と「ハード・ガヴァナンス」の緊張関係を解消するためには，短期的には，リーディング・グループとUNITAIDの事例のように，「ミドル・ガヴァナンス」での議論や政策形成を通じて，より透明で，民

終章　グローバル・タックスの可能性

主的で，アカウンタブルな「ハード・ガヴァナンス」（国際機関）を創設することで，保守的な既存の国際機関の改革を促していくことであろう。そして，長期的には同じくリーディング・グループのように，より高次のレベルでアングロ・アメリカン世界秩序に挑戦し，それをもってアメリカを中心とする大国のコントロール下にある既存の国際機関，特にIMF，世界銀行，WTOを変革する戦略が考えられるだろう。

　実際に，現在の世界金融危機に際して，リーディング・グループの中核にいるヨーロッパ諸国，特にフランスやドイツは，IMFの大胆な改革も含めたブレトンウッズ体制の変革を訴えているし，ラテンアメリカ諸国も独自の国際経済機関を立ち上げようとしていることからも，上記の戦略は現実離れしているとはいい切れないだろう。

　「構想されているハード・ガヴァナンス」とグローバル政府の緊張関係を止揚するためには，さらに長い時間が必要である。ただし，第11章でも論じたように，短期的にはグローバル・タックスが次々に実現し，それぞれのタックスごとに理事会と民主議会が創設されることが，おそらく長期的にグローバル政府が創設される必要条件となるであろうことを考えると，2つの関係は緊張関係というよりも，前者は後者にとって欠かせない，ある意味補完的な関係にあるとみなすこともできよう。

　いずれにしても，これらの緊張関係を止揚する方途を省みた時に，それぞれの緊張関係をエネルギーにした「熟成」という言葉が浮かび上がる。なぜなら，これらの相互作用の発展の流れを大雑把に分析するならば，グローバル市民社会の熟成が「ソフト・ガヴァナンス」の熟成を促し，「ソフト・ガヴァナンス」の熟成が「ミドル・ガヴァナンス」の形成を可能にし，「ミドル・ガヴァナンス」の熟成がグローバル・タックスを始めとするさまざまな政策や条約を生み出し，その政策を実施するために「ハード・ガヴァナンス」が形成され，「ハード・ガヴァナンス」の熟成がやがてより透明で，民主的で，アカウンタブルなグローバル・ガヴァナンスを生み出していくという指向性があったように思われるからである。

　航空券連帯税を例にとるならば，グローバル・タックスを希求するNGOが

議論を重ねながらネットワークを形成し（市民社会の熟成），フランス政府に対してロビイングや政策提言を継続的に行ったこと（ソフト・ガヴァナンスの熟成）が，政府を動かしてランドー・グループが創設される礎となった（ミドル・ガヴァナンスの誕生）。そして，ATTACの世界的拡大と呼応するように，フランス政府はブラジル政府など志を同じくする国々とネットワークを形成し，国際レベルでこれらの国々とNGOや国際機関が協議できる場である「革新的開発資金に関するリーディング・グループ」を創設した（ミドル・ガヴァナンスの熟成）。このリーディング・グループの創設とともに，航空券連帯税は実現し，その税収を管理し，プログラムを実施するための国際機関であるUNITAIDが設立された（ハード・ガヴァナンスの誕生）。

逆に，「ハード・ガヴァナンス」の熟成が，規範形成，政策形成，政策実施過程への市民社会の参加を可能にする空間を形成し，市民社会のそこへの参加と相互作用が「ミドル・ガヴァナンス」，「ソフト・ガヴァナンス」，そして長期的にはグローバル市民社会の熟成をもたらす可能性も十分考えられるだろう。その意味で，UNITAIDがどこまで透明性，民主性，アカウンタビリティを確実にするか，そして今後グローバル・タックスが実現された暁にいかなるガヴァナンスが確立されるかが，この方向性に向けての一つの試金石になっていくだろう。

また，グローバル・タックスの性質が本格的なもの（ラディカルなもの）になればなるほど，グローバル市民社会の熟成が求められるだろう。なぜなら，グローバル市民社会の底上げと，それが声を大にして要求する力強いインプットがない限り，強力なNGOのロビー活動を核とする「ソフト・ガヴァナンス」は生まれず，そのような「ソフト・ガヴァナンス」がなければ，多くの政策が現実化される「ミドル・ガヴァナンス」の場で，政策実現のポテンシャルが下がるからである。その意味で，より本格的なグローバル・タックスの実現のためには，世界社会フォーラムを始めとするグローバル市民社会がどれほど熟成し，国際世論やリーディング・グループの議論に影響を及ぼすことができるかが問われている。

これまでの議論を，グローバル三項分析モデルに則っていえば，現在のグ

ローバル社会は、グローバル政府、グローバル市場、グローバル市民社会のバランスが大きく崩れており、そこに根源的な問題があるともいえる。グローバル市場の（失敗の）影響がきわめて大きいのに対し、グローバル政府は存在せず、グローバル市民社会の力は弱い。したがって、グローバル市民社会と各国政府、国際機関などが協働して対処するグローバル市場に対するグローバル・ガヴァナンスが十分働いていないのである。したがって、この三項モデルの観点から言えば、現在のグローバルな危機を乗り切るためには、グローバル市民社会のさらなる強化とともに、長期的には「ミドル・ガヴァナンス」の要素を存分に取り入れた、透明で、民主的で、アカウンダブルなグローバル政府に近い役割を果たしうる「ハード・ガヴァナンス」が要求されるということになる。

そこに至るためにも、そして世界政府批判を乗り越えるためにも、今後ますますグローバル・ガヴァナンスそのものの熟成が要求されるだろうし、その実態、プロセス、ダイナミズムを精緻に研究するグローバル・ガヴァナンス論がますます求められることになるだろう。

3　本研究の貢献と今後の課題

本書の貢献の一つは、さまざまな学問分野で、多様な意味で用いられている「グローバル・ガヴァナンス」の概念を理論的に整理した点である。特に、それをグローバル政府、グローバル市場、グローバル市民社会の相互作用と捉えて分析を行うグローバル三項分析モデルを通じてグローバル・ガヴァナンスを析出した上で、グローバル・ガヴァナンス自体を「ソフト」、「ミドル」、「ハード」に分類した三層ガヴァナンス分析枠組を構築して、具体的な分析を行ったことは本書の独自性の一側面である。また、とりわけ日本ではあまり研究が進められていないグローバル・タックスを包括的に検討し、それとグローバル・ガヴァナンスとの関係を明らかにしたことも特徴的であるだろう。

中でも、「ミドル・ガヴァナンス」に着目し、リーディング・グループが、熟成したグローバル市民社会と「ソフト・ガヴァナンス」との相互作用をバックボーンに、アメリカを中心とする「ヘゲモニー型ガヴァナンス」を変容させ、

まさにグローバルなレベルで，より透明で，民主的で，アカウンタブルなグローバル・ガヴァナンスを打ち立てうる可能性を浮き彫りにしている点は，本書が果たす一つの貢献にあたると思われる。

このように，グローバル・タックスを切り口にしたグローバル・ガヴァナンス論は，持続可能なグローバル福祉社会の実現に向けて，グローバル・タックスという処方箋の有効性とともに，今後のグローバル・ガヴァナンスのあるべき姿を浮かび上がらせるものである。しかし，その理論の精緻化のためには，いくつもの課題を乗り越えていかなければならない。

まず，国際金融の観点から，いかにして今後も大きな力を持つであろうグローバル市場とその失敗，とりわけグローバル金融をいかにコントロールすることができるかという問題がある。いうまでもなく，通貨取引税が実現した暁には，通貨投機を抑制することは可能になるかもしれないが，その他の金融取引の拡大やグローバル金融自体の巨大化を抑え込み，その失敗を是正するには別の方策も必要だろう。この点に関連して，第二に，国際金融市場，特にオフショア経済を握るイギリスをどう方向転換させるかという課題もある。これは，イギリスとつながったタックス・ヘイブンに依存した国々，とりわけタックス・ヘイブン化した途上国をどう救済していくかという問題とも連動している。その意味では，現在世界を覆っている金融危機は，むしろこの方向転換へのチャンスと見ることができるかもしれない。

国際政治の観点からは，このイギリスをサポートし続ける超大国であり，グローバル・タックスに強固に反対しているアメリカと，それに追随している同盟国を，いかにより透明で，民主的で，アカウンタブルなグローバル・ガヴァナンスのパートナーにすることができるかという課題がある。

これらの課題を解決し，地球公共益を民主的に実現するためには，先に述べた「ミドル・ガヴァナンス」の要素を存分に取り入れた，透明で，民主的で，アカウンタブルな「ハード・ガヴァナンス」としてのグローバル租税機関やグローバル議会の創設も必要になるかもしれない。これはあくまでも長期的スパンで考えるべき課題であるが，もしそうだとするならば，これらの諸機関や制度がどのようなプロセスを経て創設され，どのような機構と役割を持ち，実際

終 章　グローバル・タックスの可能性

に機能するのか，また，巨大な利権や汚職の発生の可能性や「権力の過度の集中・テクノクラート支配は圧制を生み，政治的文化的な多様性の喪失につながる」という世界政府批判をどう乗り越えていくのか，そして，既存の国際機関と新たな機関との関係はどうなるのかという課題も射程に入れて研究を進める必要があるだろう。

　これらの課題に応えることで，グローバル・タックスを切り口にしたグローバル・ガヴァナンス論は精緻化され，分析的にも，規範的にも，実践的にも，グローバル・タックスとグローバル・ガヴァナンス双方の有効性と重要性を浮かび上がらせることになるだろう。

　グローバル・ガヴァナンスは，中央政府を欠くがゆえに，ともすれば力のある大国の利益に資する偏向性を持ったり(1)，効率や実効性が不十分となりがちである。また，たとえその中で諸々の政策が形成され，実施段階に入ったとしても，資金不足のために政策の実施ができないというケースも多々ある。そのような状況下で，政策実施のための財源をもたらし，グローバル・ガヴァナンスの透明化・民主化・アカウンタビリティの向上を促す可能性のあるグローバル・タックスの導入は，たとえていえば脆い家の中に大黒柱を立てるようなものであり，アメーバが進化して，やがて脊柱ができるようなものである。その柱がグローバル・ガヴァナンスという家をしっかりと支え，アメーバのようなグローバル・ガヴァナンスの中に形成された脊柱が，アメーバをさらに進化させ，より高度な生命体となっていくように，グローバル・タックスがグローバル・ガヴァナンスの発展に資する可能性は計り知れない。

　以上のような構想はスケールが大きすぎて，非現実的に聞こえるかもしれないが，経済・金融分野のグローバリゼーションの進展とともに，政治・市民社会・その他の分野のグローバリゼーションも着実に進むと考えられる。また，今日の世界的金融危機も含めて，地球社会が危機的な状況にある今日，そしてその危機がますます深化すると考えられる近い未来において，従来の国家と国境を前提とした分析から，グローバル社会を一つの「国家」と見立ててグローバルな分析を俯瞰的に行う新しい手法と構想が今後ますます問われていくように思われる。

このような時流の中で，持続可能なグローバル福祉社会に向けたグローバル・ガヴァナンスのあり方と，そのような社会を実現し，より効果的なグローバル・ガヴァナンスを構築する可能性のある処方箋としてのグローバル・タックスは，ますます重要な研究分野となっていくことに間違いはないだろう。

注
（1）　土佐弘之は，この観点からグローバル・ガヴァナンスを批判的に分析している（土佐，2006）。

参 考 文 献

日本語文献

アイケンベリー，ジョン（2001）「制度，覇権，グローバル・ガヴァナンス」渡辺昭夫・土山實男編『グローバル・ガヴァナンス——政府なき秩序の模索』東京大学出版会，69-97頁。

相田洋ほか（2007）『マネー革命①——巨大ヘッジファンドの攻防』NHKライブラリー。

明田ゆかり（2007）「EU」庄司真理子・宮脇昇編著『グローバル公共政策』晃洋書房，63-87頁。

吾郷健二（2003）『グローバリゼーションと発展途上国』コモンズ。

ANA（2007）『CSRレポート　2007』http://www.ana.co.jp/ana-info/ana/csr/report/pdf2007/CSR2007_P77.pdf（2008年1月29日閲覧）。

ATTAC編（2001）『反グローバリゼーション民衆運動——アタックの挑戦』（杉村昌昭訳）つげ書房新社。

足立直樹（2006）「バックキャスティングで考える」平澤冷監修『ゆとりある国・日本のつくり方——ストック型社会転換マニュアル』電気書院，1-36頁。

アミン，サミール（2007）「世界社会フォーラムは民衆闘争に役立つか？　社会フォーラムという方式はそのために適切か？」『季刊ピープルズ・プラン』ピープルズ・プラン研究所，No. 38, 44-53頁。

飯田哲也（2000）『北欧のエネルギーデモクラシー』新評論。

イートウェル，J. L. & L. J. テイラー（2001）『金融グローバル化の危機——国際金融規制の経済学』（岩本武和・伊豆久訳）岩波書店。

石弘之（2005）『子どもたちのアフリカ——〈忘れられた大陸〉に希望の架け橋を』岩波書店。

伊波美智子（2006）「解説」ジェームズ，サラ＆トルビョーン・ラーティー『スウェーデンの持続可能なまちづくり——ナチュラル・ステップが導くコミュニティ改革』（高見幸子監訳・編著）新評論，234-250頁。

ウィタケル，フランシスコ（2005）「開かれた空間としての世界社会フォーラム」セン，ジャイほか編『世界社会フォーラム——帝国への挑戦』（武藤一羊ほか監訳）作品社，154-167頁。

上村雄彦（1997a）「環境と開発をいかに両立させるか——大量消費・大量廃棄型経済からグリーン経済，そしてディープ・エコロジーへ」『エコロジーシンフォニー』関西日本電気ソフトウェア＆クレアン（1997年5月号〜8月号まで連載，http://www.ecology.or.jp，2008年1月28日閲覧）．
——— （1997b）「食糧問題と地球温暖化」気候フォーラム．
——— （2003）「地球規模問題の解決をめざして——『もう一つのガヴァナンス』とNGOネットワーク」吉川元編著『国際関係論を超えて——トランスナショナル関係論の新次元』山川出版社，179-200頁．
——— （2004）「グローバル化時代におけるメタ・ネットワークの実際と可能性——アイデンティティからネットワークを考える」山脇直司・丸山真人・柴田寿子編『グローバル化の行方』（ライブラリ相関社会科学10）新世社，100-119頁．
——— （2005a）「個人が互いに学びあい，助けあうエコヴィレッジ」『環境会議』2005年秋号，244-247頁．
——— （2005b）「グローバルな持続可能な福祉社会へのプロレゴメナ」『公共研究』第2巻第3号，104-133頁．
——— （2006a）「〈書評〉ブリュノ・ジュタン（和仁道郎訳）『トービン税入門——新自由主義的グローバリゼーションに対抗するための国際戦略』」『世界経済評論』社会評論社，64-66頁．
——— （2006b）「グローバル・タックス，新しい開発資金メカニズムと持続可能な福祉社会——公共政策・公共哲学セクションジョイント対話研究会，および『東京国際セミナー2006：新しい開発資金メカニズムを考える』報告」『公共研究』第3巻第3号，281-290頁．
——— （2006c）「300の企業が世界を私物化している」「貧困を構造から解決するための3つの処方箋」田中優・樫田秀樹・マエキタミヤコ編『世界から貧しさをなくす30の方法』合同出版，54-63頁．
——— （2007a）「世界の貧困問題解決と地球的福祉の確立をめざして—地球福祉研究センター設立記念シンポジウム『世界の貧困と地球的福祉——グローバリゼーションを再考する』報告」『公共研究』第3巻第4号，298-308頁．
——— （2007b）「貧困問題の全体像を理解する」小林正弥・上村雄彦編著『世界の貧困問題をいかに解決できるか——「ホワイトバンド」の取り組みを事例として』現代図書，59-72頁．
——— （2007c）「いくつもの『もうひとつの世界』——世界社会フォーラム（ナイロビ）に参加して」『公共研究』第4巻第1号，218-237頁．
——— （2008）「『グッズ減税・バッズ課税』が世界を変える！」田中優・A SEED

JAPANエコ貯金プロジェクト編『おカネで世界を変える30の方法』合同出版，110-113頁．
――― (2009a)「国際連帯税の可能性――持続可能なグローバル福祉社会の実現に向けて」『国際開発ジャーナル』1月号，No. 626, 28-29頁．
――― (2009b)「人間の安全保障とグローバル・タックス――国際連帯税ガヴァナンスを中心に」『公共研究』第5巻第4号，150-185頁．
――― (2009c)「国際連帯税の課題――通貨取引開発税が抱える技術的な課題を中心に」『シナジー』No. 143, 26-29頁．
ウォルツァー，マイケル編著 (2001)『グローバルな市民社会に向かって』(石田淳・越智敏夫・向山恭一・佐々木寛・高橋康浩訳) 日本経済評論社．
――― (2001)「市民社会の概念」『グローバルな市民社会に向かって』(石田淳・越智敏夫・向山恭一・佐々木寛・高橋康浩訳) 日本経済評論社，9-34頁．
宇沢弘文 (1995)『地球温暖化の経済学』岩波書店．
――― (2004a)「【比例的炭素税，最も有効】世代間分配に配慮――途上国との調整が必要」http://www.recycle-solution.jp/keizai20040215/keizai01.html (2007年8月27日閲覧)．
――― (2004b)「森林，コモンズ，社会的共通資本」同志社大学社会的共通資本研究センターディスカッションペーパー，No. 4．
臼井久和 (2006)「地球市民社会論の系譜」「地球市民社会の研究」プロジェクト編『地球市民社会の研究』中央大学出版部，3-27頁．
内田孟男 (2004)「グローバル・ガバナンスと国連――事務局の役割を中心に」内田孟男・川原彰編著『グローバル・ガバナンスの理論と政策』中央大学出版部，1-33頁．
―――・川原彰編著 (2004)『グローバル・ガバナンスの理論と政策』中央大学出版部．
NHK「気候大異変」取材班／江守正多 (2006)『NHKスペシャル気候大異変――地球シミュレーターの警告』日本放送出版協会．
遠藤純一 (2007)「グローバル企業への追徴課税が急増している理由――移転価格税制が招く混乱」『エコノミスト』8月7日号，70-71頁．
逢見直人 (2004)「労働とCSR」谷本寛治編著『CSR経営――企業の社会的責任とステークホルダー』中央経済社，78-97頁．
大芝亮・山田敦 (1996)「グローバル・ガバナンスの理論的展開」『国際問題』第438号，2-14頁．
太田宏 (2001)「地球環境問題――グローバル・ガヴァナンスの概念化」渡辺昭夫・土山實男編『グローバル・ガヴァナンス――政府なき秩序の模索』東京大学出版会，

286-310頁。

大屋定晴（2004）「多様な矛盾と『開かれた集いの場』——世界社会フォーラムと残された課題」セン，ジャイほか編『世界社会フォーラム——帝国への挑戦』（武藤一羊ほか監訳）作品社，407-432頁。

小倉利丸（2007）「閉ざされた『自由な空間』から社会的空間のオルタナティブへ——世界社会フォーラム＝空間論批判」『季刊ピープルズ・プラン』ピープルズ・プラン研究所，No. 38，6-21頁。

長有紀枝（2007）「ネットワーキングとパートナーシップの強さ——地雷禁止国際キャンペーン（ICBL）を事例に」小林正弥・上村雄彦編著『世界の貧困問題をいかに解決できるか——「ホワイトバンド」の取り組みを事例として』現代図書，93-102頁。

小澤徳太郎（2006）『スウェーデンに学ぶ「持続可能な社会」——安心と安全の国づくりとは何か』朝日新聞社。

勝俣誠ほか（2007）「【座談会】WSFはどこに向かうか」『季刊ピープルズ・プラン』ピープルズ・プラン研究所，No. 38，6-21頁。

加藤哲郎・國廣敏文編（2008）『グローバル化時代の政治学』法律文化社。

金子文夫（2006）「［解説］トービン税とグローバル市民社会運動」ジュタン，ブリュノ『トービン税入門——新自由主義的グローバリゼーションに対抗するための国際戦略』（和仁道郎訳）社会評論社，239-260頁。

上川孝夫・藤田誠一・向壽一編（2007）『現代国際金融論（第3版）』有斐閣。

神島裕子（2004）「コスモポリタニズムの社会正義論——ロールズとその批判者たちの研究動向」山脇直司・丸山真人・柴田寿子編『グローバル化の行方』（ライブラリ相関社会科学10）新世社，313-331頁。

川村暁雄（2005）『グローバル民主主義の地平——アイデンティティと公共圏のポリティクス』法律文化社。

川本明人（2007）「企業の国際化と国際金融」上川孝夫・藤田誠一・向壽一編『現代国際金融論（第3版）』有斐閣，106-129頁。

環境省地球環境局（2008）「地球環境税等研究会について」第1回地球環境税等研究会での配布資料，2008年9月5日。

神沢正典（2007）「変容する国際金融機関」上川孝夫・藤田誠一・向壽一編『現代国際金融論（第3版）』有斐閣，269-288頁。

北沢洋子（2003）『利潤か人間か——グローバル化の実態と新しい社会運動』コモンズ。

北村治（2006）「地球市民社会の境界線——デモクラシーと差異」「地球市民社会の研究」プロジェクト編『地球市民社会の研究』中央大学出版部，55-78頁。

吉川元編著（2003）『国際関係論を超えて——トランスナショナル関係論の新次元』山

川出版社。

金融庁（2005）「ヘッジファンド調査の概要とヘッジファンドをめぐる論点」http://www.fsa.go.jp/news/newsj/17/sonota/f-20051213-1.pdf（2007年10月１日閲覧）。

功刀達朗・毛利勝彦編著（2006）『国際NGOが世界を変える——地球市民社会の黎明』東信堂。

倉阪秀史（2005）「京都議定書発効に伴う環境税のゆくえ」『税務弘報』１月号，8-15頁。

クラズナー，スティーブン（2001）「グローバリゼーション論批判——主権概念の再検討」渡辺昭夫・土山實男編『グローバル・ガヴァナンス——政府なき秩序の模索』東京大学出版会，45-68頁。

経済産業省（2008）『通商白書2008』http://www.meti.go.jp/report/tsuhaku2008/index.html（2008年８月18日閲覧）。

コーエン，ロビン＆ポール・ケネディ（2003）『グローバル・ソシオロジー——格差と亀裂』（山之内靖監訳，伊藤茂訳）平凡社。

コーヘン，ジーン（2001）「市民社会概念の解釈」ウォルツァー，マイケル編著『グローバルな市民社会に向かって』（石田淳・越智敏夫・向山恭一・佐々木寛・高橋康浩訳）日本経済評論社，43-49頁。

国際協力銀行開発金融研究所（2002）「直接投資が投資受入国の開発に及ぼす効果」『開発金融研究所報』第13号，4-33頁。

「国際連帯税創設を求める議員連盟」（2008a）「国際連帯税創設を求める議員連盟」設立趣意書，2008年２月28日。

―――（2008b）「『開発資金のための連帯税に関するリーディング・グループ』へ我国の参加を求める申し入れ」，2008年５月29日。

国際労働機関（2007）『多国籍企業及び社会政策に関する原則の三者宣言』国際労働機関事務局。

国連開発計画（2006）「ミレニアム開発目標」国連開発計画（UNDP）東京事務所。

古在豊樹（2008）「持続可能な社会のための科学技術の方向性」広井良典編『『環境と福祉』の統合——持続可能な福祉社会の実現に向けて』有斐閣，83-100頁。

小林正弥（2007）「地球公共的霊性の哲学的展望——『文明の衝突』を超えるために」日本平和学会編『スピリチュアリティと平和』（『平和研究』第32号）早稲田大学出版部，71-97頁。

―――編著（2003）『戦争批判の公共哲学——「反テロ」世界戦争における法と政治』勁草書房。

―――・上村雄彦編著（2007）『世界の貧困問題をいかに解決できるか——「ホワイトバンド」の取り組みを事例として』現代図書。

佐久間智子（2002）「日本に住む私たちは，WTOをどう捉えたらよいのか」スーザン・ジョージ『WTO徹底批判！』（杉村昌昭訳）作品社，107-118頁。

佐々木毅・金泰昌編（2002）『国家と人間と公共性』東京大学出版会。

笹本雄司郎（2004）『CSRの心——企業の社会的責任を考える』第一法規。

佐藤清一郎（2005）「世界金融資本市場構造」『資本市場レポート』大和総合研究所。http://www.dir.co.jp/research/report/capital-mkt/capmkt/05042001capmkt.pdf（2007年9月26日閲覧）

ジェームズ，サラ＆トルビョーン・ラーティー（2006）『スウェーデンの持続可能なまちづくり——ナチュラル・ステップが導くコミュニティ改革』（高見幸子監訳・編著）新評論。

ジグレール，ジャン（2004）『私物化される世界——誰がわれわれを支配しているのか』（渡辺一男訳）阪急コミュニケーションズ。

篠原一（2004）『市民の政治学』岩波新書。

自由民主党（2008a）『最先端の低炭素社会構築に向けて——来たるべき世代と地球のために』（地球温暖化対策推進本部中間報告）自由民主党政務調査会地球温暖化対策推進本部。

———（2008b）『平成21年度税制改正大綱』。

庄司真理子・宮脇昇編著（2007）『グローバル公共政策』晃洋書房。

ジョージ，スーザン（2002）『WTO徹底批判！』（杉村昌昭訳）作品社。

———（2004）『オルターグローバリゼーション宣言』（杉村昌昭訳）作品社。

末吉竹二郎（2007）「金融における格差」『季刊　政策・経営研究』三菱UFJリサーチ＆コンサルティング株式会社，87-96頁。

スティグリッツ，ジョセフ（2004）「グローバル化と開発」ヘルド，デヴィッド＆マティアス・アーキブージ編著『グローバル化をどう捉えるか——ガヴァナンスの新地平』（中谷義和監訳）法律文化社，45-63頁。

セン，ジャイほか編（2005）『世界社会フォーラム——帝国への挑戦』（武藤一羊ほか監訳）作品社。

高木善之（2001）『新地球村宣言』ビジネス社。

高瀬幹雄（2006）「欧州連合（EU）と市民社会——組織化された市民社会とEUの制度」「地球市民社会の研究」プロジェクト編『地球市民社会の研究』中央大学出版部。

高田太久吉（2000）『金融グローバル化を読み解く——＜10のポイント＞』新日本出版社。

高見幸子（2006）「ナチュラル・ステップのフレームワークで成功した自治体の背景——エココミューンのチャレンジ」ジェームズ，サラ＆トルビョーン・ラーティー

『スウェーデンの持続可能なまちづくり——ナチュラル・ステップが導くコミュニティ改革』（高見幸子監訳・編著）新評論, 3-39頁。

滝田賢治（2006）「地球市民社会論の射程と限界」「地球市民社会の研究」プロジェクト編『地球市民社会の研究』中央大学出版部, 205-228頁。

竹内恒夫（2007）「日本版環境税制改革——基礎年金一元化, 150万人雇用増なども実現」『公共研究』第3巻第4号, 28-45頁。

田中徹二（2006）「もう一つの世界をともに——経済のグローバリゼーションに対抗して」功刀達朗・毛利勝彦編著『国際NGOが世界を変える——地球市民社会の黎明』東信堂, 86-108頁。

田中優（2005）『戦争をやめさせ, 環境破壊をくいとめる, 新しい社会のつくり方——エコとピースのオルタナティブ』合同出版。

────・樫田秀樹・マエキタミヤコ編（2006）『世界から貧しさをなくす30の方法』合同出版。

────・A SEED JAPANエコ貯金プロジェクト編（2008）『おカネで世界を変える30の方法』合同出版。

谷本寛治編著（2003）『SRI　社会的責任投資入門——市場が起業に迫る新たな規律』日本経済新聞社。

────（2004）『CSR経営——企業の社会的責任とステークホルダー』中央経済社。

地球環境税等研究会（2009）『平成20年度地球環境税等研究会報告書』。http://www.env.go.jp/council/40chikyu-tax/r400-01.pdf（2009年6月10日閲覧）

「地球市民社会の研究」プロジェクト編（2006）『地球市民社会の研究』中央大学出版部。

千葉眞（2002）「市民社会・市民・公共性」佐々木毅・金泰昌編『国家と人間と公共性』東京大学出版会, 115-146頁。

中央環境審議会地球環境部会（2001）「目標達成シナリオ小委員会中間取りまとめ」環境省。

土山實男（2001）「アナーキー下のグローバル・ガヴァナンス——リアリズムとの共有空間」渡辺昭夫・土山實男編『グローバル・ガヴァナンス——政府なき秩序の模索』東京大学出版会, 98-119頁。

都留康子（2006）「地球市民社会とグローバルな社会運動」「地球市民社会の研究」プロジェクト編『地球市民社会の研究』中央大学出版部, 99-123頁。

土佐弘之（2006）『アナーキカル・ガヴァナンス』御茶ノ水書房。

内閣官房（2008）『低炭素社会づくり行動計画』。http://www.kantei.go.jp/jp/singi/ondanka/kaisai/080729/honbun.pdf（2008年9月15日閲覧）

中谷巌（2008）『資本主義はなぜ自壊したのか——「日本」再生への提言』集英社。

西川潤（2004）「二十一世紀の市民社会（上）——市民社会の思想と運動から検証する」『軍縮問題資料』2月号，50-55頁．

農林水産省（2002）『我が国の食料自給率——平成14年度食料自給率レポート』http://www.kanbou.maff.go.jp/www/jikyu/report14/1.pdf（2008年1月14日閲覧）

パーキンス，ジョン（2007）『エコノミック・ヒットマン——途上国を食い物にするアメリカ』（古草秀子訳）東洋経済新報社．

ハート，マイケル＆アントニオ・ネグリ（2003）「序文」フィッシャー，ウィリアム，ポニア，トーマス編著『もうひとつの世界は可能だ——世界社会フォーラムとグローバル化への民衆のオルタナティブ』（加藤哲郎監訳）日本経済評論社，5-10頁．

ハーバーマス，ユルゲン（1992）『新版・公共性の構造転換——市民社会の一カテゴリーについての探求』（細谷貞雄・山田正行訳）未来社．

原洋之介（2004）「途上国と開発支援」（『やさしい経済学』）『日本経済新聞』6月25日．

馬場伸也（1980）『アイデンティティの国際政治学』東京大学出版会．

―――（1989）「国際社会学へのプロレゴメナ——福祉『国際社会』の構築をめざして」『阪大法学』第149，150号，137-151頁．

平澤冷監修（2006）『ゆとりある国・日本のつくり方——ストック型社会転換マニュアル』電気書院，1-36頁．

広井良典（2001）『定常型社会——新しい「豊かさ」の構想』岩波書店．

―――（2005）「グローバル定常型社会・序説」『公共研究』第2巻第3号，5-35頁．

―――（2006a）『持続可能な福祉社会——「もうひとつの日本」の構想』筑摩書房．

―――（2006b）「『グローバル定常型社会』の構想——成長至上主義からの脱却」『論座』12月号．

―――（2008a）「グローバル定常型社会・序説（続）——不等価交換と『自然の価値』」『公共研究』第4巻第4号，135-176頁．

―――（2008b）「グローバル定常型社会・序説（3）——比較文明／風土」『公共研究』第5巻第1号，88-112頁．

―――編（2008c）『「環境と福祉」の統合——持続可能な福祉社会の実現に向けて』有斐閣．

―――（2009）『グローバル定常型社会——地球社会の理論のために』岩波書店．

フィッシャー，ウィリアム＆トーマス・ポニア編著（2003）『もうひとつの世界は可能だ——世界社会フォーラムとグローバル化への民衆のオルタナティブ』（加藤哲郎監訳）日本経済評論社．

深井慈子（2005）『持続可能な世界論』ナカニシヤ出版．

―――（2006）「地球益外交のヴィジョン——持続可能な世界をめざす対外政策転換

論」シーゲル,マイケル&ジョセフ・カミレーリ編『多国間主義と同盟の狭間』国際書院,241-268頁。
——— (2007)「持続可能な世界の構想——地球レベルにおける環境と福祉の統合に向けて」『公共研究』第3巻第4号,144-175頁。
——— (2008)「持続可能な世界の構想——地球レベルにおける『環境と福祉』の統合に向けて」広井良典編『「環境と福祉」の統合——持続可能な福祉社会の実現に向けて』有斐閣,301-318頁。
ブラウン,レスター&ハル・ケイン (1995)『飢餓の世紀』(小島慶三訳) ダイヤモンド社。
別所徹弥 (1997)「『国際課税規範』としてのOECD移転価格新ガイドライン——独立企業間価格算定上の問題を中心として」『税大論叢』第28号,税務大学校,425-537頁。
ヘルド,デヴィッド&マティアス・アーキブージ編著 (2004)『グローバル化をどう捉えるか——ガヴァナンスの新地平』(中谷義和監訳) 法律文化社。
ベルナー,クラウス&ハンス・バイス (2005)『世界ブランド企業黒書——人と地球を食い物にする多国籍企業』(下川真一訳) 明石書店。
朴容寛 (2003)『ネットワーク組織論』ミネルヴァ書房。
星野昭吉 (2005)『グローバル社会の平和学——「現状維持志向平和学」から「現状変革志向平和学」へ』同文舘出版。
星野智 (2004)「EUの環境政策過程——リージョナル・ガバナンスの制度的枠組」内田孟男・川原彰編著『グローバル・ガバナンスの理論と政策』中央大学出版部,169-208頁。
松岡譲 (1998)「気候安定化からみた数量目標の妥当性」『季刊 環境研究』第110号,環境調査センター,27-30頁。
松下冽 (2008)「グローバル・サウスから民主主義を再考する——参加型ローカル・ガヴァナンスの制度構築」加藤哲郎・國廣敏文編『グローバル化時代の政治学』法律文化社,27-68頁。
三上貴教 (2003)「情報革命とトランスナショナル関係論」吉川元編著『国際関係論を超えて——トランスナショナル関係論の新次元』山川出版社,29-50頁。
水野和夫 (2007)『人々はなぜグローバル経済の本質を見誤るのか』日本経済新聞出版社。
武藤一羊 (2005)「本書を読まれる日本の読者に——監訳者まえがき」ジャイ・センほか編『世界社会フォーラム——帝国への挑戦』(武藤一羊ほか監訳) 作品社,1-11頁。
目加田説子 (2003)『国境を越える市民ネットワーク——トランスナショナル・シビル

ソサエティ』東洋経済新報社.

毛利勝彦（2006）「NGOと市民社会の国際関係学」功刀達朗・毛利勝彦編著『国際NGOが世界を変える――地球市民社会の黎明』東信堂, 23-41頁.

毛利聡子（2004a）「市民社会によるグローバルな公共秩序の構築」日本国際政治学会編『グローバルな公共秩序の理論をめざして――国連・国家・市民社会』（『国際政治』第137号）138-155頁.

―――（2004b）「ムンバイ発『もうひとつの世界は可能だ』――第4回世界社会フォーラム報告」『接続』ひつじ書房, 238-263頁.

―――（2006）「世界社会フォーラムに集う『マルチチュード』――バマコ～カラカス～カラチからの『陳情書』」『接続』ひつじ書房, 154-175頁.

本山美彦（2008）『金融権力――グローバル経済とリスク・ビジネス』岩波書店.

諸富徹（2002）「金融のグローバル化とトービン税」『現代思想』第30巻第15号, 142-164頁.

山口光恒・関根豪政（2005）「ポスト京都議定書の枠組」『三田学会雑誌』第98巻第2号, 5-33頁.

山本吉宣（2001）「安全保障――グローバル・ガヴァナンスの境界領域」渡辺昭夫・土山實男編『グローバル・ガヴァナンス――政府なき秩序の模索』東京大学出版会, 218-242頁.

山本良一編（2003）『1秒の世界』ダイヤモンド社.

―――編（2006）『気候変動 ＋2℃』ダイヤモンド社.

―――（2007）『温暖化地獄―脱出のシナリオ』ダイヤモンド社.

山脇直司（2004a）『公共哲学とは何か』筑摩書房.

―――（2004b）「グローバル化に対する視座とグローカル公共哲学」山脇直司・丸山真人・柴田寿子編『グローバル化の行方』（ライブラリ相関社会科学10）新世社, 1-17頁.

―――・丸山真人・柴田寿子編（2004c）『グローバル化の行方』（ライブラリ相関社会科学10）新世社.

―――（2008）『グローカル公共哲学――「活私開公」のヴィジョンのために』東京大学出版会.

横田匡紀（2007）「NGO」庄司真理子・宮脇昇編著『グローバル公共政策』晃洋書房, 122-132頁.

レナー，マイケル（2002）「途上国の長期化する資源紛争の構造」『地球白書2002～03』（エコ・フォーラム21世紀日本語版監修）家の光協会, 253-292頁.

渡辺昭夫・土山實男編（2001）『グローバル・ガヴァナンス――政府なき秩序の模索』

東京大学出版会。

——— (2001)「グローバル・ガヴァナンスの射程」渡辺昭夫・土山實男編『グローバル・ガヴァナンス――政府なき秩序の模索』東京大学出版会, 1-16頁。

渡辺頼純 (2003)「WTOにみる多国間主義と紛争解決」吉川元編著『国際関係論を超えて――トランスナショナル関係論の新次元』山川出版社, 201-224頁。

外国語文献

Altermonde et al. (2007) "Common NGOs Initial Statement", a document delivered at the 3rd Leading Group Conference in Seoul, 3-4 September 2007 (unpublished).

Atkinson, Anthony Barnes (2004) *New Sources of Development Finance : Funding the Millennium Development Goals*, Helsinki : United Nations University World Institute for Development Economics Research (UNU-WIDER).

Bello, Walden (2002) *Deglobalization : Ideas for a New World Economy*, London and New York : Zed Books (ウォールデン・ベロー『脱グローバル化――新しい世界経済体制の構築へ向けて』〔戸田清訳〕明石書店, 2004年）。

Brassett, James (2007) "Global Justice/Global Democracy : A Critical Analysis of the UK Campaign for International Taxation", a paper prepared for the UNRISD Project on Social Responses to Inequalities and Policy Changes (unpublished).

Brittain-Catlin, William (2005) *OFFSHORE : The Dark Side of the Global Economy*, New York : Picador (ウィリアム・ブリテェィン-キャトリン『秘密の国オフショア市場』〔森谷博之監訳〕東洋経済新報社, 2008年）。

Brown, Lester R. (2006) *PLAN B 2.0 : Rescuing a Planet under Stress and a Civilization in Trouble*, New York : W.W. Norton & Company, Inc. (レスター・ブラウン『プランB 2.0――エコ・エコノミーをめざして』〔寺島実郎監訳〕ワールド・ウォッチ・ジャパン, 2006年）。

Cassard, Marcel (1994) "The role of offshore centers in international financial intermediation", IMF Working Paper, WP/94/107, Washington : IMF.

Chavagneux, Christian and Ronan Palan (2006) *Les Paradis Fiscaux*, Paris : La Découverte (クリスチアン・シャヴァニュー, ロナン・パラン『タックス・ヘイブン――グローバル経済を動かす闇のシステム』〔杉村昌昭訳〕作品社, 2007年）。

Christensen, John and Sony Kapoor (2004) "Tax Avoidance, Tax Competition and Globalisation : Making Tax Justice a Focus for Global Activism", *Accountancy Business and the Public Interest*, Vol. 3, No.2, pp.1-16.

Christensen, John (2007a) "Mirror, Mirror on the Wall, Who's the Most Corrupt of All？", Tax Justice Network.
―――― (2007b) "Combatting Tax Havens and Capital Flight", presented at the Third Plenary Meeting of the Leading Group on Solidarity Levies to Fund Development in Seoul, 3 September 2007 (unpublished).
Commission on Global Governance (1995) *Our Global Neighbourhood*, Oxford : Oxford University Press（グローバル・ガバナンス委員会『地球リーダーシップ――新しい世界秩序をめざして』〔京都フォーラム監訳〕NHK出版, 1995年）.
Craig, Campbell (2008) "The Resurgent Idea of World Government", *Ethics & International Affairs*, Summer 2008, Vol. 22, No. 2, pp. 133-142.
Czempiel, Ernst-Otto and James N. Rosenau eds. (1992) *Governance without Government : Order and Change in World Politics*, CambridgeUniversity Press.
Easton, Susanna (2006) "Foreword", in Jain, Subhash C. and Sushil Vachani, *Multinational Corporations and Global Poverty Reduction*, Cheltenham/Northampton : Edward Elgar, pp. ix-x.
Ghimire, Kléber B. (2005) "The Contemporary Global Social Movements : Emergent Proposals, Connectivity and Development Implications", *UNRISD Programme on Civil Society and Social Movements*, Paper No. 19, Geneva : United Nations Research Institute for Social Development.
Hardin, Garrett (1968) "The Tragedy of the Commons", *Science*, Vol. 162, pp. 1243-1248.
Heilbroner, Robert L. (1975) *An Inquiry into the Human Prospect*, London : Calder & Boyars.
―――― (1991) *An Inquiry into the Human Prospect : Looked at Again for the 1990s*, New York, London : W. W. Norton & Company.
Held, David ed. (2000) *A Globalizing World？ : Culture, Econimics, Politics*, London and New York : Routledge in association with The Open University（デヴィッド・ヘルド編『グローバル化とは何か――文化，経済，政治』〔中谷義和監訳〕法律文化社, 2002年）.
―――― and Mathias Koenig-Archibugi eds. (2003) *Taming Globalization : Frontiers of Governance*, Cambridge : Polity（デヴィッド・ヘルド，マティアス・K・アーキブージ編著『グローバル化をどう捉えるか――ガヴァナンスの新地平』〔中谷義和監訳〕法律文化社, 2004年）.
Herber, Bernard P. and Jose T. Raga (1995) "An International Carbon Tax to

Combat Global Warming : An Economic and Political Analysis of the European Union Proposal", *The American Journal of ECONOMICS and SOCIOLOGY*, Vol. 54, No. 3, pp. 257-267.

Hertz, Noreena (2001) *THE SILENT TAKEOVER : Global Capitalism and the Death of Democracy*, New York : HarperBusiness (ノリーナ・ハーツ『巨大企業が民主主義を滅ぼす』〔鈴木淑美訳〕早川書房, 2003年).

High-Level Panel on Financing for Development (2001) "Technical Report of the High-Level Panel on Financing for Development".

Hillman, David, Sony Kapoor, Stephen Spratt (2006) "Taking the Next Step : Implementing a Currency Transaction Development Levy", Commissioned by the Norweigian Ministry of Foreign Affairs, UK : Stamp Out Poverty.

Horner, Frances M. (2001) "Do We Need an International Tax Organization ? ", *Tax Notes International*, 179, available at : http://www.law.wayne.edu/McIntyre/text/horner_and_oecd.pdf

Houghton, J. T. et al. eds. (2001) *Climate Change 2001 : The Scientific Basis, Contribution of Working Group I to the Third Assessment Report of the Intergovernmental Panel on Climate Change*, Cambridge : Cambridge University Press.

IEA (2008) "ENERGY TECHNOLOGY PERSPECTIVES 2008 : FACT SHEET — THE BLUE SCENARIO : A Sustainable Energy Future is Possible—How can we achieve it ? ", International Energy Agency, available at : http://www.iea.org/Textbase/techno/etp/fact_sheet_ETP2008.pdf

ILO (2007) "A Briefing Note on the ILO's Support to Company Initiatives aimed at Improving Working Conditions in the Supply Chains", International Labour Organization (unpublished).

International Financial Institution Advisory Commission (2000) *Report of the INTERNATIONAL FINANCIAL INSTITUTION ADVISORY COMMISSION*, available at : http://www.house.gov/jec/imf/meltzer.pdf

International Monetary Fund (2007) *Global Financial Stability Report*, April 2007, available at : http://www.imf.org/External/Pubs/FT/GFSR/2007/01/pdf/text.pdf

IPCC (2001) *Climate Change 2001 : Impacts, Adaptation, and Vulnerability (Summary for Policymakers)*, A Report of Working Group II of the Intergovernmental Panel on Climate Change, avaiable at : http://www.ipcc.ch/pdf/climate-changes-2001/impact-adaptation-vulnerability/impact-spm-en.pdf

―――― (2007a) *Fourth Assessment Report Climate Change 2007 : Synthesis Report Summary for Policymakers*, Intergovernmental Panel on Climate Change, available at : http://www.ipcc.ch/pdf/assessment-report/ar4/syr/ar4_syr_spm.pdf

―――― (2007b) *Contribution of Working Group III to the Fourth Assessment Report of the Intergovernmental Panel on Climate Change Summary for Policymakers*, available at : http://www.ipcc.ch/pdf/assessment-report/ar4/wg3/ar4-wg3-spm.pdf

―――― (2007c) *Synthesis of Information Relevant to the Determination of the Mitigation Potential and to the Identification of Possible Ranges of Emission Reduction Objectives of Annex I Parties* (FCCC/TP/2007/1, 26 July 2007), available at : http://unfccc.int/resource/docs/2007/tp/01.pdf

Ite, Uwem E. (2005) "Poverty Reduction in Resource-Rich Developing Countries : What have Multinational Corporations got to do with it ?", *Journal of International Development*, pp. 913-929.

Jain, Subhash C. and Sushil Vachani (2006) *Multinational Corporations and Global Poverty Reduction*, Cheltenham/Northampton : Edward Elgar.

Jetin, Bruno (2002) *La taxe Tobin et la solidarité entre les nations*, Paris : Descartes & Cie（ブリュノ・ジュタン『トービン税入門――新自由主義的グローバリゼーションに対抗するための国際戦略』〔和仁道郎訳〕社会評論社，2006年）.

―――― (2006) "A Tax on Currency Transaction against Speculation and for Global Common Goods", a paper submitted for the Memorial Symposium of the Establishment of the Research Centre for Global Welfare, "World Poverty and Global Welfare : Rethinking Globalization" held at ChibaUniversity on 9 October 2006 (unpublished).

―――― (2007) "A Currency Transaction Tax against Speculation and for Global Common Goods", *International Journal of Public Affairs*, Vol. 3, pp. 83-111.

Kaldor, Mary (2003) *Global Civil Society : An Answer to War*, Cambridge : Polity（メアリー・カルドー『グローバル市民社会論――戦争へのひとつの回答』〔山本武彦・宮脇昇・木村真紀・大西崇介訳〕法政大学出版局，2007年）.

Kapoor, Sony (2004) *The Currency Transaction Tax : Enhancing Financial Stability and Financing Development*, Tobin Tax Network.

―――― (2005) "Plugging the Leaks : A Very Short Paper on Curbing Capital Flight, Tax Avoidance and Tax Evation", unpubilished paper for International Policy Dialogue "New Sources of Development Financing" organized by InWEnt

and the Federal Ministry for Economic Cooperation and Development (unpublished).
――― (2006) "Tax Evasion/Avoidance, Tax Competition and Capital Flight : The Missing Pieces of the Development Debate", Draft Proposal for International Conference 2006 for the government of Brazil (unpublished).
――― (2007a) "Financial Transaction Taxes and the Currency Transaction Development Levy", Speech at the 2nd Leading Group Conference held in Oslo, February 2007 (unpublished).
――― (2007b) "A Financial Market Solution to the Problems of MDG Funding Gaps and Growing Inequality", Speech at the 3rd Leading Group Conference in Seoul, 3-4 September 2007 (unpublished).
Keane, John (2003) *Global Civil Society?*, Cambridge : Cambridge University Press.
Kedia, Ben L., Raj V. Mahto and Liliana Pérez Nordtvedt (2006) "Role of Multinational Corporations in Poverty Reduction", in Jain, Subhash C. and Sushil Vachani (2006) *Multinational Corporations and Global Poverty Reduction*, Cheltenham/Northampton : Edward Elgar.
Keohane, Robert O. (2003) "Global Governance and Democratic Accountability", in Held, David and Mathias Koenig-Archibugi eds. *Taming Globalization : Frontiers of Governance*, Cambridge : Polity, pp. 130-159.
Korten, David (1995) *When Corporations Rules the World*, Kumarian Press & Berrett-Koehler Publishers (デビット・コーテン『グローバル経済という怪物――人間不在の世界から市民社会の復権へ』〔桜井文訳, 西川潤監訳〕シュプリンガー・フェアラーク東京, 1997年).
――― (1999) *The Post-Corporate World : Life after Capitalism*, Kumarian Press & Berrett-Koehler Publishers (デビット・コーテン『ポスト大企業の世界――貨幣中心の市場経済から人間中心の社会へ』〔松岡由紀子訳〕シュプリンガー・フェアラーク東京, 2000年).
Landau Group (groupe de travail sur les nouvelles contributions financières internationales) (2004) *Rapport á ; Monsieur Jacques Chirac Président de la République*, retrieved from http://www.diplomatie.gouv.fr/actual/pdf/landau_report.pdf on 24 December 2006.
Leading Group on Innovative Financing for Development (2009a) "Sixth Plenary Meeting of the Leading Group on Innovative Financing for Development : Final

Conclusions of the Presidency", available at : http://www.leadinggroup.org/IMG/pdf_Final_version_english.pdf

Leading Group on Innovative Financing for Development (2009b) "Draft Terms of Reference for the High Level Task Force on International Financial Transactions for Development" (unpublished).

Mabillais, R. and Henri Rouill Henri Rouillé d'Orfeuil d'Orfeuil (2006) "International Solidarity Contribution and Civil Society in France and Europe", a paper submitted for the Tokyo International Seminar 2006 on "New Financing Mechanisms for Development : Towards the MDGs and Globalization with a Human Face" (unpublished).

Mackenzie, Fiona (1992) "Development From Within？： The struggle to survive", in Taylor, Fraser D. R. & Fiona Mackenzie eds. *Development from Within : Survival in Rural Africa*, London and New York : Routledge, pp. 1-32.

Masset, Christian (2007) "Why is there a Need for Anair-Ticket Solidarity Levy？", a paper presented at the Third Plenary Meeing of Leading Group on Solidarity Levy to Fund Development, held in Seoul on 3-4 September(unpublished).

McGrew, Anthony (2000) "Power shift : from national government to global governance？", in Held, David ed. (2000) *A Globalizing World？： Culture, Econimics, Politics*, London and New York : Routledge in association with The Open University, pp. 127-166.

McKibben, Bill (2001) *The End of Nature*, Peter Smith Pub Inc.

Meadows, Donella H. (1972) *The Limits to Growth : A Report for the Club of Rome's Project on the Predicament of Mankind*, Universe Pub（ドネラ・H・メドウズほか『成長の限界——ローマ・クラブ人類の危機レポート』〔大来佐武郎監訳〕ダイヤモンド社，1972年）.

Mejido, Manuel (2007) "Toward a Typology of Civil Society Sctors : The Case of the Movement to Change International Trade Rules and Barriers", *UNRISD Programme on Civil Society and Social Movements*, Paper No. 30, Geneva : United Nations Research Institute for Social Development.

Mendez, Ruben P. (2002) "Global Taxation : The Rise, Decline and Future of An Idea at the United Nations", *Gouvernance Mondiale*, No. 04/2002, Institut du développment durable et des relations internationals‐Working paper, D.R.

Menon, Bhaskar (2001) *Disarmament : A Basic Guide*, New York : United Nations.

Millet, Damien and Eric Toussaint (2004) *Who Owes Who？： 50 Questions about*

World Debt, Zed Books（ダミアン・ミレー&エリック・トゥーサン『世界の貧困をなくすための50の質問──途上国債務と私たち』〔大倉純子訳〕つげ書房新社, 2006年).

Morena, Edouard (2007) "Campaign or 'Movement of Movements': Attac France and the Currency Transaction Tax (CTT)", a paper submitted to United Nations Research Institute for Social Development(unpublished).

Murphy, Craig N. (2000) [2005] "Global Governance : Poorly Done and Poorly Understood", in Wilkinson, Rorden (2005) *The Global Governance Reader*, London and New York : Routledge, pp. 90-104.

Murphy, Richard ed. (2007) "Closing the Floodgates : Collecting Tax to Pay for Development", a report commissioned by the Norweigian Ministry of Foreign Affairs, UK : Tax Justice Network.

Nordhaus, William D. (2005) "Life After Kyoto : Alternative Approaches to Global Warming Policies", retrieved from http://www.econ.yale.edu/~nordhaus/kyoto_long_2005.pdf on 29 August 2007.

OECD (2000) *OECD GUIDELINES FOR MULTINATIONAL ENTERPRISES*, retrieved from http://www.meti.go.jp/english/report/data/gOECD0002e.pdf on 15 October 2007.

Ophuls, William and Stephen Boyan, Jr. (1992) *Ecology and the Politics of Scarcity Revisited : The Unraveling of the American Dream*, New York : W. H. Freeman and Company.

Oxfam GB (2000) "Tax Havens : Releasing the hidden billions for poverty eradication", briefing paper, Oxford : Oxfam.

Patomäki, Heikki (2001) *Democratising Globalisation : The Leverage of the Tobin Tax*, London/New York : Zed Books.

────── and Lieven Denys (2002) *Treaty on Global Currency Transactions Tax : a Draft*, retrieved from http://www.attac.kaapeli.fi/lib/own/tobin/DraftTreaty/ on 31 May 2007.

────── and Teivo Teivainen (2004) *A Possible World : Democratic Transformation of Global Institutions*, London・New York : Zed Books.

────── (2007) *Global Tax Initiatives : The Movement for the Currency Transaction Tax*, UNRISD Civil Society and Social Movements Programme Paper, No. 27, Geneva : United Nations Research Institute for Social Development.

Peyrelevade, Jean (2005) *Le Captitalisme Total*, Seuil et La République des Idées

（ジャン・ペイルルヴァッド『世界を壊す金融資本主義』〔宇野彰洋・山田雅敏監修，林昌宏訳〕NTT出版，2007年）．

Ramonet, Ignacio (1997) "Disarming the markets", *Le Monde Diplomatique*, December, retrieved from http://mondediplo.com/1997/12/leader on 26 January 2008 (三浦礼恒訳「金融市場を非武装化せよ」http://diplo.jp/articles97/9712.html〔2008年1月28日閲覧〕).

Rischard, Jean-François (2002) *High Noon : Twenty global problems, Twenty years to solve them*, New York : Basic Books (J・F・リシャール『問題はグローバル化ではないのだよ，愚か者――人類が直面する20の問題』〔吉田利子訳〕草思社，2003年)．

Rosenau, James N. (1992) "Governance, Order, and Change in World Politics", in Czempiel, Ernst-Otto and James N. Rosenau eds. (1992) *Governance without Government : Order and Change in World Politics*, Cambridge University Press, pp. 1-29.

――――― (2005) 〔1995〕 "Governance in the Twenty-First Century", in Wilkinson, Rorden (2005) *The Global Governance Reader*, Londonand New York : Routledge, pp. 45-67.

Royal Ministry of Foreign Affairs (2007) "Follow-up to the Second Plenary Meeting of the Leading Group in Oslo", Reference number : 05/06726 dated on 15 February 2007 (unpublished).

Salamon, Lester M. (1994) "The Rise of the Nonprofit Sector", *Foreign Affairs*, July/August 1994, pp. 109-122.

Santos, Boaventura de Sousa ed. *Democratizing Democracy : Beyond the Liberal Democratic Canon*, London/New York : Verso.

――――― and Leonardo Avritzer (2005) "Introduction : Opening Up the Canon of Democracy" in Santos, Boaventura de Sousa ed. *Democratizing Democracy : Beyond the Liberal Democratic Canon*, London/New York : Verso.

Schmidt, Rodney (2007) *The Currency Transaction Tax : Rate and Revenue Estimates*, Ottawa : The North-South Institute.

Shapiro, Robert J. (2007) *Addressing the Risks of Climate Change : The Environmental Effectiveness and Economic Efficiency of Emissions Caps and Tradable Permits, Compared to Carbon Taxes*, retrieved from http://www.sonecon.com/docs/studies/climate_021407.pdf on 20 August 2007.

SIPRI (2007) *SIPRI Yearbook 2007* (summary editions), Stockholm : Stockholm

International Peace Research Institute, available at : http://books.sipri.org/product_info ? c _product_id = 346

Smith, Jachie, R. Pagnucco and Charles Chatfield (1999) "Social Movements and World Politics", in Smith, Jachie et al. eds. *Transnational Social Movements and Global Politics : Solidarity Beyond the State*, New York : Syracuse University Press, pp. 73-74.

South Centre (1997) *For a Strong and Democratic United Nations : A South Perspective on UN Reform*, London : Zed Books in association with South Centre.

Spahn, P. Bernard (1995) "International Financial Flows and Transaction Taxes : Survey and Options", *IMF Working Papers*, 95/60.

Spratt, Stephen (2005) *A Sterling Solution : Inplementing a Stamp Duty on Sterling to Finance International Development*, a report for Stamp Out Poverty.

Stamp Out Poverty (2006) "Potential Income for Development from a Transaction Levy on the World's Most Traded Currencies", delivered at the "Globalization and Solidarity : The Paris Conference on Innovative Development Financing Mechanisms" on 28 February 2006(unpublished).

Stern, Nicholas (2006) "Summary of Conclusions", *Stern Review on the Economics of Climate Change*, available at : http://www.hm-treasury.gov.uk/media/3/2/Summary_of_Conclusions.pdf

Stiglitz, Joseph E. (2003) "Globalization and Development", in Held, David and Mathias Koenig-Archibugi eds., *Taming Globalization : Frontiers of Governance*, Cambridge : Polity.

――― (2006) *Making Globalization Work*, New York/London : W. W. Norton & Company（ジョセフ・E・スティグリッツ『世界に格差をバラ撒いたグローバリズムを正す』〔楡井浩一訳〕徳間書店, 2006年）.

Tanzi, Vito (1998) "Is There a Need for a World Tax Organization ? " in Razin and Sadka ed. *The Economics of Globalization*, Cambridge University Press.

Taylor, Fraser D.R. & Fiona Mackenzie eds. (1992) *Development from Within : Survival in Rural Africa*, London and New York : Routledge.

Tax Justice Network (2005) "The Price of Offshore", Briefing Paper.

The Government of Swiss (2008) "Funding Scheme for Bali Action Plan : A Swiss Proposal for Global Solidarity in Financing Adaptation", at Ad hoc Working Group on Long-term Cooperative Action under the Convention (AWG-LCA), available at : http://unfccc.int/files/kyoto_protocol/application/pdf/switzerland_

funding.pdf

The Task Force on the Development Impact of Illicit Financial Flows (2008) "FINAL REPORT FROM THE TASK FORCE ON THE DEVELOPMENT IMPACT OF ILLICIT FINANCIAL FLOWS", a report submitted to the 5th Plenary Meeting of the Leading Group on Solidarity Levies to Fund Development held in Guinea on 6-7 November 2008 (unpublished).

Thornton, Phil (2007) *Meeting the Millennium Promise*, Report of the All Party Parliamentary Group for Debt, Aid and Trade into the requirement for additional development financing to fund the Millennium Development Goals, House of Commons and the All Party Parliamentary Group for Debt, Aid and Trade.

Uemura, Takehiko (1996) "Sustainable Rural Development in Western Africa : The Naam Movement and the Six 'S'", *SD Dimension*, Rome : Food and Agriculture Organization of the United Nations.

―――― (2001) "A Fundamental Shift in Development Thinking (1) : From 'Development from Above' to 'Development from Within'", 『奈良大学紀要』, pp. 75 – 98.

―――― (2003) "Global Governance and NGOs : The Networking of Networks for Another Governance", in Liu, Cho-han et al. eds. *New Challenges for Sustainable Development in Millennia*, UN NGO Policy Series No. 3, CIER Press, pp. 39-62.

―――― (2007a) "Exploring Potential of Global Tax : As a Cutting-Edge Measure for Democratizing Global Governance", *International Journal of Public Affairs*, Vo. 3, pp. 112-129.

―――― (2007b) "Exploring Potential of Global Tax : As a New Horizon for International Development Studies", *Proceedings for the 8th Conference of the Japan Society for International Development*, pp. 15-18.

United Nations (1998) *KYOTO PROTOCOL TO THE UNITED NATIONS FRAMEWORK CONVENTION ON CLIMATE CHANGE*, available at : http://unfccc.int/resource/docs/convkp/kpeng.pdf

―――― (2003) "Executive Summary of the 1st UN World Water Development Report : Water for People, Water for Life", available at : http://unesdoc.unesco.org/images/0012/001295/129556e.pdf

UNDP (1992) *Human Development Report 1992*, Oxford : Oxford University Press.

―――― (1994) *Human Development Report 1994*, Oxford : Oxford University Press.

────── (2002) *Human Development Report 2002*, Oxford : Oxford University Press.

UNFCCC (2007) "Report on the Analysis of Existing and Potential Investment and Financial Flows Relevant to the Development of an Effective and Appropriate International Response to Climate Change", Dialogue working paper 8.

UNITAID (2006) *UNITAID : The International Drug Purchase Facility*, retrieved from http://www.ip-watch.org/files/Prospectus%20version%2001092006%204pm.doc on 24 December 2006.

────── (2007a) *UNITAID CONSTITUTION*, endorsed by the UNITAID Executive Board on May 9, 2007.

────── (2007b) "UNITAID Sets up Programs for HIV/AIDS, Malaria, Tuberculosis", a document presented at the 3rd Leading Group Conference in Seoul, 3-4 September 2007 (unpublished).

────── (2007c) "List of UNITAID Member Countries", a document delivered at the 3rd Leading Group Conference in Seoul, 3-4 September 2007 (unpublished).

────── (2007d) "One Year of Achievements", a paper delivered at UNITAID First Anniversary Celebration on 20 September 2007 (unpublished).

────── (2007e) "UNITAID Actions and Main Achievements", a document delivered at UNITAID First Anniversary Celebration on 20 September 2007 (unpublished).

────── (2008) *UNITAID Annual Report 07*, Geneva : UNITAID.

────── (2009) *UNITAID Annual Report 08*, Geneva : UNITAID.

Utting, Peter (2005) *Rethinking Business Regulation : From Self-Regulation to Social Control*, Geneva : United Nations Research Institute for Social Development (UNRISD).

Wahlberg, Katarina (2005) *Progress on Global Tax?*, Global Policy Forum, retrieved from http://www.globalpolicy.org/socecon/glotax/general/2005/12progress.pdf on 24 December 2006.

Wapner, Paul (1997) "Governance in Global Civil Society", in Young, Oran ed. *Global Governance : Drawing Insights from the Environmental Experience*, Mass : The MIT Press, pp. 65-84.

Waters, Sarah (2004) "Mobilising against Globalisation : Attac and the French Intellectuals", *West European Politics*, Vol. 27, No. 5, Nobember 2004, pp. 854-874.

Watson, Robert et al. eds. (1998) *The Regional Impacts of Climate Change : An*

　　　　 Assessment of Vulnerability, A Special Report of IPCC Working Group II, Cambridge University Press.

Wilkinson, Rorden（2005） *The Global Governance Reader*, London and New York : Routledge.

World Bank（2006） "CLEAN ENERGY AND DEVELOPMENT : TOWARDS AN INVESTMENT FRAMEWORK", a paper for Development Committee（Joint Ministerial Committee of the Boards of Governors of the Bank and the Fund On the Transfer of Real Resources to Developing Countries）, DC2006-0002, April 5, 2006, p. 144, available at : http://siteresources.worldbank.org/DEVCOMMINT/Documentation/20890696/DC2006-0002（E）-CleanEnergy.pdf

World Commission on Environment and Development（1987） *Our Common Future*, Oxford : Oxford University Press.

Young, Oran（1997） "Global Governance : Toward a Theory of Decentralized World Order", in Young, Oran ed. *Global Governance : Drawing Insights from the Environmental Experience*, Mass : The MIT Press, pp. 273-299.

――――（1998） *International Cooperation*, Ithaca : Cornell University Press.

関連URL一覧

オルタモンド：http://altermonde.jp/

外務省：http://www.mofa.go.jp/mofaj/

グローバル・タックス研究会：http://blog.goo.ne.jp/global-tax

千葉大学地球福祉研究センター：http://globalwelfare.jp/

日本銀行：http://www.boj.or.jp/

Attac：http://www.attac.org/

Attac France：http://www.france.attac.org/

Earth Policy Institute：http://www.earth-policy.org/

Financial Stability Forum（FSF）：http://www.fsforum.org/

Financial Action Task Force（FATF）：http://www.fatf-gafi.org/pages/0,2987,en_32250379_32235720_1_1_1_1_1,00.html

Financing for Development：http://www.un.org/esa/ffd/

International Compaign to Bun Landmines（ICBL）：http://www.icbl.org/

International Monetary Fund（IMF）：http://www.imf.org/external/index.htm

International Labour Organization（ILO）：http://www.ilo.org/global/lang--en/index.htm

Inter-governmental Panel on Climate Change (IPCC)：http://www.ipcc.ch/
Leading Group on Innovative Financing for Development：http://www.leadinggroup.org/rubrique20.html
Organisation for Economic Co-operation and Development (OECD)：http://www.oecd.org/home/0,3305,en_2649_201185_1_1_1_1_1,00.html
Principles for Responsible Investment：http://www.unpri.org/
Stamp Out Poverty (SOP)：http://www.stampoutpoverty.org/
Tax Justice Network：http://www.taxjustice.net/cms/front_content.php?idcat=2
Tobin Tax Initiative URL：http://www.ceedweb.org/iirp/ushouseres.htm
United Nations Conference on Trade and Development (UNCTAD)：http://www.unctad.org/
United Nations Development Programme (UNDP)：http://www.undp.org/
United Nations Framework Convention on Climate Change (UNFCCC)：http://unfccc.int/2860.php
United Nations Global Compact：http://www.unglobalcompact.org/
UNITAID：http://www.unitaid.eu/
United Nations Research Institute for Social Development (UNRISD)：http://www.unrisd.org/
World Bank：http://web.worldbank.org/
World Social Forum：http://www.forumsocialmundial.org.br/index.php?cd_language=2&id_menu=
World Trade Organization (WTO)：http://www.wto.org/

あとがき

　本書は筆者の初めての単著である。その原稿を手にしながら，大きな喜びと，言葉では表せないほどの感謝の気持ちにあふれている。その気持ちを少しでも言葉に表すために，本書を執筆するに至った経緯について，これまでの研究歴も含めて述べさせていただきたい。

　振り返ってみると，そもそも学問の世界に誘ってくださったのは，大学院時代の恩師である故馬場伸也・大阪大学教授（当時）であった。彼の弱者・被抑圧者の立場に立った国際政治学の研究，そして地球規模問題の解決に果敢に挑戦する姿勢は，当時，海外の大学院に留学して国連職員になることを夢見ていた筆者に大きな希望と勇気を与えてくれた。残念ながら，馬場教授は筆者が修士課程在学中に他界されてしまったが，彼の目に見えない激励に後押しされて，その後海外留学を果たし，1994年に国連職員になるという夢を叶えることができた。

　大学院では，いかにして環境を破壊することなく，途上国の貧困問題を解決できるかというテーマについて，内発的発展論と持続可能な発展の観点から研究を行ったが，国連職員になることによって，この課題を現実に実践することができた。国連食糧農業機関ローマ本部で住民参加農村開発プログラムを担当していた筆者は，インドやパキスタンに飛び，途上国の貧困問題を目の当たりにしつつ，内発的発展論的手法，とりわけ住民の組織化とマイクロクレジットを軸にして，その解決に当たるという貴重な機会を得た。

　しかし，パキスタンで目にした巨大な換金作物のプランテーションは，筆者の価値観を大きく揺るがした。途上国の農民から肥沃な土地，水，土の栄養を奪い，彼らを貧困に突き落としつつ，巨額の利益を上げている多国籍企業，そして換金作物を大量に輸入する国々の存在。このような不公正な構造を変えない限り，国連職員としてどれだけ現地で頑張ったとしても，貧困問題の解決に

はおぼつかない。そして、世界から最も食糧を輸入している国は日本だ！　と気づいたとき、国連職員を辞めて、日本に帰国する決心をしたのである。

　帰国してから1年後の1998年に、幸運にも奈良大学に職を得、大学で教鞭を執りつつ、環境NGOのメンバーとして、国際会議への参加、講演活動、ネットワーク活動を行うようになった。不公正な構造を打破する鍵はNGOとそのネットワークにあると考えたからである。この時期はこれらが研究テーマ、かつ実践テーマであった。

　次の転機は、2002年に訪れる。副業として行ってきた環境NGOの活動量がどんどん膨れ上がり、大学との両立がむずかしくなってきたのである。しかも、2002年には、国連持続可能な開発に関する世界首脳会議（ヨハネスブルグ・サミット）が開催される。この会議に全力で取り組むためには、大学との両立は不可能と考えた筆者は、悩んだ末に大学に辞表を提出、その後NGO活動に専念し、講演料だけで生活する日々を送ることになった。

　今から振り返れば、「まったく若気の至りとはこのこと」との一言に尽きるのだが、2004年に千葉大学で開催された会議に参加した筆者は、同大学の小林正弥教授と出会う。そして、またまた幸運にも、「千葉大学21世紀COEプログラム『持続可能な福祉社会に向けた公共研究拠点』がスタッフを募集しているので、うちに来ないか？」と声を掛けていただいたのである。この新たな転機に、持続可能な福祉社会と公共研究という視点から、地球規模問題の全体像を捉え、巨大化したグローバル金融資本主義の問題とともに、グローバル・タックスなど、その解決策を模索する論文を執筆し始めた。

　2006年もまた転機の年であった。同年2月に、「連帯とグローバリゼーション——革新的開発資金メカニズムに関するパリ会議」がフランス政府主催で開催されたが、この会議に参加する機会を得、航空券連帯税の実施が国際的に表明されることになった瞬間に立ち会うことができたのである。さらに、当時千葉大学学長であった古在豊樹教授のリーダーシップで、世界の貧困問題を解決する研究、政策提言を行う研究センターを立ち上げることになったが、このプロセスに小林教授とともに関わらせていただき、同年10月に設立された地球福祉研究センターに配属されることとなった。地球福祉研究センターの主要テー

あとがき

マである世界の貧困問題の解決とグローバル・タックスを結びつけて、博士論文を執筆し始めるようになったのが、ちょうどこの頃である。

さて、ここまで筆者の「紆余曲折のライフヒストリー」とともに、本書執筆までの経緯を書いてきたが、本書は、2009年3月に刊行された千葉大学審査博士学位論文「持続可能な福祉社会に向けたグローバル・ガヴァナンス——グローバル・タックスの可能性を中心に」に、若干の加筆と修正を行ったものである。

実はこの博士論文の執筆を強く勧めてくださったのが、古在学長であった。地球福祉研究センターの設立の仕事を通じて、古在学長の地球上のあらゆる生命を愛するお人柄、現場や弱者の声、特に学生たちの声を大切にする姿勢、何事にも動じない精神力などに触れ、大きな感銘を受けた。彼の叱咤激励がなければ、本書はいまだに完成を見ていなかったかもしれない。その意味でも、心からの感謝を申し上げたい。

博士論文は、小林教授（公共哲学）を主査に、千葉大学法経学部の広井良典教授（公共政策）、倉阪秀史教授（環境政策）、石田憲教授（国際政治）を副査に、そして南山大学総合政策学部（当時）の深井慈子教授（国際政治学）を外部審査員としてお迎えし、審査が進められた。

それぞれの分野の第一線で活躍されている諸先生方に審査員になっていただいた幸運はいうまでもなく、各先生方からいただいた的確かつ鋭いコメント、叱咤激励はまさに「宝物」であった。「宝物」があまりにも素晴らしすぎて、これらをどれだけ活かすことができたかは甚だ自信はないが、本書がそれなりの質を持ったものとなっているとすれば、小林教授を始めとするこれらの諸先生方のおかげである。まったく感謝の言葉も見つからないくらい、ありがたく思う次第である。

博士論文は、千葉大学公共研究センターでの共同研究会、大学院での小林ゼミにおいて、何度か発表させていただいたが、その都度貴重なコメントをいただいた。とりわけ、法経学部の柳澤悠教授、石戸光准教授、同研究センターの一ノ瀬佳也COEフェロー（当時）、そして図表の作成を手伝っていただいた小原清香事務補佐（当時）には記して深謝申し上げたい。

また，忘れてはならないのが上村ゼミのゼミ生のみなさんである。千葉大学のゼミでは，博士論文のドラフトをテキストに，横浜市立大学でのゼミでは本書のドラフトをテキストに，何ヶ月もかけて議論を行った。博士論文の最終ドラフトでは，千葉大学大学院教育学研究科の飯島淳君と当時法経学部の杉山浩平君に誤字・脱字のチェックをしてもらった。ゼミ生のみなさんからは，常にパワーをもらっていたと思う。ありがとう。

　今回の出版にあたり，財団法人横浜学術教育振興財団からは刊行費助成をいただいた。この財団の存在を教えてくださった横浜市立大学国際総合科学部の金子文夫教授，推薦状を書いてくださった同大学の倉持和雄教授にも感謝申し上げる。

　ちなみに，金子教授とは，日本発国際連帯税の実現に向けて，活動をともにさせていただいている。同じ志で活動を続けている田中徹二オルタモンド事務局長，犬塚直史参議院議員，勝見貴弘同議員政策秘書，その他寺島委員会，国際連帯税を推進する市民の会（アシスト），グローバル・タックス研究会のみなさまにも，本書を捧げたい。

　そして，ミネルヴァ書房編集部の下村麻優子さんのご尽力なしには，本書は日の目を見ることはなかっただろう。原稿を隅から隅までチェックしてくださり，きめ細やかなアドバイスをしていただいた。記して心からのお礼を申し上げたい。

　ここに名前を挙げた方々はもちろんのこと，紙幅の都合上，名前を明記できなかった多くの方々のサポートやご尽力のおかげで本書は出版されるに至った。この感謝の気持ちがお一人おひとりに届くことを祈っている。

　これらの方々の数々のコメント，アドバイス，多大なサポートにもかかわらず，本書にはまだまだ不十分な面，至らない点が多々ある。これは偏に筆者の力不足のせいであり，いうまでもなくこれらの方々には何ら責任はない。今後，読者のみなさまからの忌憚のないご意見，コメントをいただきながら，研鑽を重ねて参りたい。

　最後に，上記の方々に加えて，とりわけ本書を捧げたい人々の紹介をさせていただきたい。まずは，父上村郁二，母璋江である。彼らのおかげで筆者はこ

あとがき

　の世に生を授かることになったばかりでなく，自由に，伸び伸びと育ててくれたおかげで，現在の筆者がいる。

　妻の美麗は，いつも笑顔で，明るく，あたたかく，精一杯のサポートをしてくれた。彼女のおかげで，どれだけ人生が豊かになったことであろうか。心から感謝したい。

　そして，今日も地球環境破壊，格差や貧困，紛争，感染症などさまざまな地球規模問題の解決に取り組み，持続可能なグローバル福祉社会の創造，よりよい世界と未来の実現に，日夜たゆまぬ努力を続けている方々に，本書を捧げたい。

　2009年10月　心からの感謝を込めて

上　村　雄　彦

索　引
（＊は人名）

ア 行

*アイケンベリー，ジョン（John Ikenberry） 47
*アヴリッツァー，レオナルド（Leonard Avritzer） 26, 35
アカウンタビリティ（accountability） 3, 78, 117, 248, 249, 252, 254, 264, 288, 295, 300, 301, 328, 335
*吾郷健二 137, 139-141
アジア通貨危機 63, 103, 137, 140, 200
アシスト（ACIST：Association of Citizens for International Solidarity Tax） 250
新しい社会運動 148-150, 157, 158
*アティング，ピーター（Peter Utting） 114, 119, 131
アドヴォカシー 149, 151, 180, 243, 246, 248, 249, 252, 254, 264, 269
*アナン，コフィー（Kofi Annan） 119, 132, 319
*アミン，サミール（Samir Amin） 158, 164
アメリカ合衆国証券取引委員会（SEC：US Securities and Exchange Commission） 101, 133
新たな汚職 96
*アラン，フィリップ（Phiippe Harant） 295, 299
アングロ・アメリカン世界秩序 255, 303, 305, 343
イギリス領ヴァージン諸島 89, 91, 104, 127
*石弘之 79-81
1ドル1票制 51, 112, 329
*イテ，ウェム（Uwem Ite） 73, 74, 78
移転価格（transfer pricing） 93-96, 98, 122, 130, 179, 182, 183, 317
――税 182, 232
違法な金融フローが開発に与える影響に関する国際タスクフォース（The Task Force on the Development Impact of Illicit Financial Flows） 181, 280, 282, 284
*ウィタケル，フランシスコ（Francisco Whitaker） 152, 163, 166
*ウィワ，ケン・サロ（Ken Saro Wiwa） 74, 77
*宇沢弘文 189
運動派 163, 164
英国議員連盟 228
エイズサーヴィス組織国際評議会（ICASO：International Council of AIDS Service Organization） 297
エコロジカル税制改革（Ecological Tax Reform） 174-176, 189
*エルアルディギ，ハリル（Khalil Elouardighi） 293, 295, 297-299
オタワ・プロセス 246
*オバマ，バラク・フセイン（Barack Hussein Obama） 129
オフショア 89-91, 93-95, 97, 98, 106, 137, 141, 179, 180, 186, 232, 234, 346
*オラニオン，ヴェロニーク（Veronique Aulagnon） 303
穏健派 162, 164, 166, 341

カ 行

外国為替市場 32, 103, 199, 201, 208, 210, 215, 329
開発資金に関するハイレベル・パネル 112, 195, 316, 319, 321
開発資金のための連帯税に関するリーディング・グループ 214, 217, 280
開発のための国際金融取引に関するタスクフォース 224, 281, 283
外部不経済 87, 175, 194
ガヴァナンス 3, 20, 28, 41, 55, 78, 294, 335, 344

379

ガヴァメント 27, 41, 55, 335, 336
カカオ農園 79, 80, 85
格差 16
——社会の到来 27
革新的 (innovative) 235-238
——開発資金に関するリーディング・グループ (Leading Group on Innovative Financing for Development) 5, 181, 206, 236, 240, 268, 304, 340, 344
格付け会社 101, 106
閣僚理事会 (Council of Ministrers) 324
各国理事会 (le Conseil des États) 330
*カッセン、ベルナール (Bernard Cassen) 152, 253, 260, 261
*カプール、ソニー (Sony Kapoor) 16, 96, 206, 203, 209, 230
*ガリ、ブトロス・ブトロス (Boutros Boutros-Ghali) 51, 187, 277
*カルドー、メアリー (Mary Kaldor) 38, 145, 148, 150
カルフォルニア州公務員退職年金基金 (カルパース) 100, 133
換金作物 85, 86
*キーン、ジョン (John Keane) 24, 39
議員連盟 327
機関投資家 100, 132, 134, 229
企業の社会的責任 (CSR: Corporate Social Responsibility) 71, 115-119, 132, 142
企業の説明責任 (CA: Corporate Accountability) 71, 115, 116, 122, 123, 142
気候変動レジーム 309
気候変動に関する政府間パネル (IPCC) 1, 11, 50
キベラ (Kibera) 15
*ギミル、クレベール (Kléber Ghimire) 38, 160, 164, 167
キャップ・アンド・トレード (Cap and trade) 192, 193
急進派 162-164, 166, 341
共治 4, 23, 28, 43, 45
共通だが差異ある責任 196, 197, 230, 233
京都議定書 12-14, 192, 193, 236, 237

緊張関係 230, 270-271, 305, 306, 310, 335, 337, 340-343
金融安定化フォーラム (FSF: Financial Stability Forum) 126, 128, 134, 135, 137, 142
金融活動作業部会 (FATF: Financial Action Task Force) 126, 128
金融危機 138
金融資本 48, 63, 105-107, 232
金融取引にかかわる革新的資金調達に関する作業グループ 229
空間派 163, 164, 261
グッズ減税・バッズ課税 177, 189, 191, 197
*クラズナー、スティーブン (Stephan Krasner) 47
クリアリングハウス 202
*クリステンセン、ジョン (John Christensen) 96, 131, 179
*クリントン、ビル (Bill Clinton) 231, 286, 308
クリントン財団 290
——HIV/AIDS イニシアティブ (Clinton HIV/AIDS Initiative) 289
グローバリゼーション 32, 34, 35, 106, 210, 212, 254, 275, 317, 347
グローバル・ガヴァナンス 3, 23, 37, 40, 42-49, 52, 108, 138, 150, 166, 168, 169, 234, 235, 311, 333, 336, 339, 341, 345
——委員会 (The Commission on Global Governance) 43, 44, 187, 231, 277, 325
——の機能不全 37, 56, 145
——の透明性、民主性、アカウンタビリティ 5, 46, 50, 51, 173, 237, 238, 272, 288, 293, 300, 301, 311, 328, 334, 335, 339, 341, 343, 345, 346, 347
——論 41, 44, 45, 345, 347
グローバル・タックス 5, 173, 177, 178, 183, 185, 187, 225, 231, 233, 234, 237-239, 250, 275, 279, 280, 292, 302, 308, 327, 334, 340, 347
——研究会 220
グローバル・ドラッグ・ファシリティ (Global

索 引

Drug Facility) 289, 290
グローバル・ファンド 290, 297
グローバル議会 6, 239, 316, 335-337, 341, 346
グローバル金融（グローバル金融資本） 4, 59, 60, 98, 99, 102, 105-107, 131, 142, 219, 232, 302, 323
グローバル公共財 177, 201, 230, 237
グローバル公共善 177, 201
グローバル三項分析モデル 3, 4, 39, 40, 54, 55, 168, 315, 339, 344, 345
グローバル市場 3, 20, 32, 54, 55, 59, 60, 107, 111, 132, 142, 339, 345
——の失敗 36, 40, 107, 114, 145, 317, 340, 345
グローバル市民社会 3, 33, 39, 54, 55, 108, 145, 160, 166, 168, 169, 230, 339-345
グローバル社会 3, 20, 31, 32, 344, 347
——運動 35, 38, 160
グローバル政府 3, 29, 32, 37, 55, 335, 337, 339, 341, 343, 345
——の不在 37, 40
グローバル租税機関（GTO） 6, 189, 316, 335-337, 341, 346
グローバル論者（Globalist） 42, 47, 48, 55, 104
経済協力開発機構（OECD：Organization for Economoic Cooperation and Development） 115, 120, 128, 131, 137, 183, 321, 322
——ガイドライン 122
——財政委員会（OECD Committee on Fiscal Affairs） 125, 126, 182
*ゲイツ，ビル（Bill Gates） 308
ケイマン諸島 89, 91, 93, 94, 104, 127
現代の奴隷制 75
*ゴア，アル（Albert Arnold Gore） 11
航空券連帯税（Air-Ticket Solidarity Levy） 5, 217, 275-277, 280, 286, 288, 291, 292, 302, 307, 309, 310, 311, 343, 344
航空燃料税 276, 288, 302
構造調整プログラム（Structual Adjustment Programmes） 4, 61, 63, 65, 85
コーディナシオン・シュド（Coordination Sud） 159, 278
*コーテン，ディヴィッド（David Korten） 49, 62, 64, 68, 75, 82, 101, 105, 107
*コーヘン，ジーン（Jean Cohen） 24
国際医薬品購入ファシリティ（IDPF、のちにUNITAIDに改称） 6, 240, 276, 279, 284-286, 290-294, 296, 299, 302, 310, 311, 340, 344
——ガヴァナンス 299-301
——事務局 286, 293, 294, 298-301
——諮問フォーラム（Consultative Forum） 286, 293, 295, 296, 299, 300, 310
——理事会 286, 293-300, 333, 343
国際開発資金会議（International Conference on Financing for Development） 125, 187, 277, 319
国際連帯税 218, 219, 221, 305
——レジーム 269, 303, 305, 309-311
——議員連盟 229, 304
——推進協議会（寺島委員会） 221, 222, 229, 305, 327
——創設を求める議員連盟（国際連帯税議員連盟） 216-218, 221
——を推進する市民の会（ACIST：Association of Citizens for International Solidarity Tax） 221, 304
国際金融取引税 307
国際金融制度諮問委員会（メルツァー委員会） 64
国際決済銀行（BIS：Bank for International Settlement） 134, 137, 329, 330
——規制 135, 136, 142
国際租税機関（ITO：Internationl Tax Organization） 6, 239, 316, 319-323
国際通貨基金（IMF：International Monetary Fund） 4, 51, 59, 61, 62, 64, 65, 105, 109, 112-114, 128, 131, 134, 135, 137, 138, 141, 142, 180, 315, 328
国際レジーム 42, 44-46, 53, 250, 283
国際労働機関（ILO：International Labour Organization） 61, 115, 120, 121
国内の温暖化対策のための国別気候変動基金

381

（NCCF：National Climate Change Funds）197, 198
国連開発計画（UNDP：United Nations Development Programme）199, 330-333
国連環境開発会議（UNCED、リオ・サミット）12, 35, 116, 195
国連環境計画（UNEP：United Nations Environment Programme）50, 186
──・金融イニシャティブ（UNEPFI：United Nations Environment Programme Financial Initiative）132
国連気候変動枠組条約 195, 196, 222
国連気候変動枠組条約締約国 237
──会議（UNFCCC）12, 222, 305, 309
国連グローバル・コンパクト（GC）116, 118, 119, 124, 142
国連経済安全保障理事会（ESC：Economic Security Council of the United Nations）325-327
国連経済社会理事会（ECOSOC：Economic and Social Council of the United Nations）129-131, 325-327, 329
国連持続可能な開発に関する世界首脳会議（WSSD：World Summit on Sustainable Development、ヨハネスブルグ・サミット）35, 116, 123
国連児童基金（UNICEF：United Nations Children Fund）79, 247, 289, 290
国連社会開発研究所（UNRISD：United Nations Research Institute for Social Development）114
国連社会開発サミット（The World Summit for Social Development）187, 199
国連人権委員会 123, 124
──小委員会 142
国連租税委員会（UN Tax Committee：Committee of Experts on International Cooperation in Tax Matters）126, 129, 130, 131, 142, 180, 183
国連多国籍企業センター（United Nation Center on Transnational Corporations）115, 123

国連貿易開発会議（UNCTAD：United Nations Conference on Trade and Development）92, 123, 330, 332
国連ミレニアム開発目標（MDGs）16, 17, 19, 98, 187, 207, 211, 214, 215, 227, 234, 236, 263, 277, 320
コストの外部化 87, 88
コスモクラシー 48, 49
＊コヘイン、ロバート（Robert Keohane）31
混合レジーム 44, 53

サ 行

債務, 援助, 貿易に関する超党派議員連盟（APPG：The All Party Parliamentary Group for Debt Aid and Trade）213, 267
＊佐久間智子 67, 105, 106
サブプライムローン問題 114, 138, 311
＊サラモン、レスター（Lester Salamon）34
三項モデル 24, 25, 29
三者宣言 122
三層ガヴァナンス分析枠組 4, 54-56, 169, 174, 235, 238, 311, 312, 315, 335, 339, 340
＊サントス、ボアヴェンツーラ・デ・ソウサ（Boaventura de Sousa Santos）26, 35
シェル石油開発会社 73, 74, 76-78
自己資本比率 135, 136
市場の失敗 27, 36, 37, 50, 96, 175
事前市場コミットメント（AMC：Advanced Market Commitments）305-307
持続可能な開発（Sustainable Development）116
──のための連帯基金（FSDD：Fonds de solidarité pour le développement durable）6, 239, 316, 330, 331-335
持続可能なグローバル福祉社会 2, 7, 107, 113, 167, 168, 173, 302, 339, 346, 348
持続可能な発展 262
下請企業 81, 82, 83, 85, 88
実体経済 99, 103, 106
児童労働 80, 85, 118, 121, 244
資本規制 131, 138-142

資本逃避　4, 59, 96-98, 130, 281, 282, 316, 320
市民社会　24, 27, 145, 146, 148, 154, 251, 252, 295-298, 306, 331, 344
──論　24, 25, 33
＊シャヴァニュー，クリスチアン（Christian Chavagneux）　89, 90, 97, 129
社会運動　147, 148, 161
周縁化されていた運動　157
熟成　167, 271, 272, 343, 344
＊ジュタン，ブリュノ（Bruno Jetin）　201, 294, 316, 328-332
＊シュパーン，パウル（Paul Bernd Spahn）　200, 205
＊シュミット，ロドニー（Rodney Schmidt）　211
＊ジョージ，スーザン（Susan George）　67-69, 261
地雷禁止国際キャンペーン（ICBL：International Campaign to Ban Landmines）　35, 244-247, 310
＊シラク，ジャック（Jacques Chirac）　187, 195, 277, 285
人権についての多国籍企業やその他の企業の責任に関する国連規範（UN Norms on the Respossibilities of TNCs and Other Business Enterprises with Regard to Human Rights）　115, 123
新自由主義（ネオリベラリズム）　26, 32, 60, 61, 88, 107, 153, 266
──的グローバリゼーション　61, 70, 113, 116, 151, 152, 160, 162, 255
＊末吉竹二郎　132
スターン報告書　12
スタンプ・アウト・ポヴァティ（SOP：Stamp Out Poverty）　5, 206, 211, 215, 239, 243, 250, 262, 263-269, 283, 340
＊スティグリッツ，ジョセフ（Joseph Stiglitz）　61, 63, 73, 74, 112, 195, 210
ステークホルダー（利害関係者，利害関係団体）　28, 46, 114, 117, 147, 220, 221, 265, 288, 294, 322
──・ダイアログ　117, 119

ストップ結核パートナーシップ（Stop TB Partnership）　289
＊スプラット，ステファン（Stephen Spratt）　206, 207
政策提言　55, 151, 166, 243, 259, 261, 264, 267, 269-271, 344
政府開発援助（ODA）　16, 286, 292
政府なき統治（Governanve without government）　37, 41
政府の失敗　26, 27, 50, 96
政府の説明責任　159
世界エイズ・結核・マラリア対策基金（The Global Fund to Fight AIDS, Tuberculosis and Malaria, グローバル・ファンド）　289
世界共通炭素税　188, 190, 192, 193, 196, 198
世界銀行（The World Bank）　4, 51, 59, 61, 62, 64, 65, 105, 111-114, 131, 134, 137, 142, 315, 328, 329
世界金融危機　114, 138, 311
世界経済フォーラム（World Economic Forum, ダヴォス会議）　119, 152, 160
世界社会フォーラム（WSF：World Social Forum）　4, 35, 148, 151-156, 158, 161, 165, 166, 168, 250, 257
世界政府　29-31
世界租税機関（WTO：World Tax Organization）　6, 239, 316-319, 323
世界租税庁（World Tax Authority）　181, 316
『世界ブランド企業黒書』（Das Neue Schwarzbuch Markenfirmen）　76, 78, 79, 81, 84
世界貿易機関（WTO：World Trade Organization）　4, 35, 51, 59, 65-70, 105, 111, 113, 142, 157, 285, 315
世界保健機関（WHO）　289, 290, 293, 294, 299
責任投資原則（PRI：Principles for Responsible Investment）　131-, 134, 142
組織改革・制度化　52, 53, 55
租税競争（Tax Competition）　97, 317, 320, 321
租税回避　98, 122, 308, 320, 321

ソフト・ガヴァナンス　4,53-55,230,238,243,
　244,246,247,249,250,261,264,267,271,
　305-308,337,339-344

タ 行

大気安定化国際基金　190
対抗運動　4,340
対人地雷全面禁止条約　35,310
大量消費・大量廃棄　4,59,84-87,88,142,188
＊高田太久吉　135,139
　多国間適応基金（MAF：Multilateral Adaptation Fund）　197,198
　多国籍企業（MNCs：Multi-National Corporations，TNCs：Trans-National Corporations）　32,36,59,60,69-71,72,75,80,83,84,92,95,106,107,114,115,142,154,232
　――及び社会政策に関する原則の三者宣言（多国籍企業宣言）　120
　――及び税務当局のための移転価格ガイドライン（Transfer Pricing Guidelines for Multinational Enterprises and Tax Administrations）　182
　――ガイドライン（OECD GUIDELINES FOR MULTINATIONAL ENTERPRISES）　120
＊ダ・シルヴァ，ルラ（Lula da Silva）　160,279,285
　タスクフォース　282
　タックス・ジャスティス・ネットワーク（TJN：Tax Justice Network）　96,97,131,159,179,283,316,321
　タックス・ヘイブン（Tax Haven：租税回避地）　4,59,89-91,94,97,98,104,125,128,129,142,219,232,281,282,307,316,317,320,321,346
　多様な運動のひとつの運動（a movement of movements）　157,162,257
　多様なネットワークのひとつのネットワーク（a network of networks）　157,257
＊タンジ，ヴィト（Vito Tanzi）　97,316,317,319,321
　地球環境税　218-220
　――等研究会　219,220,222,225,228,304
　地球公共益　2,346
　地球公共財　250
　地球公共善　250
　地球炭素税（Global Carbon Tax）　188,189,193,232,309
　地球（二酸化）炭素税（Global CO_2 Levy）（スイス）　194,196-198,233,309
　通貨危機　103,136,138,139,199,232,328
　通貨取引　225,226
　通貨取引開発税（CTDL：Currency Trasaction Develoment Levy）　198,206-212,214,219,221,222,229,233,281,282,309,327
　――タスクフォース　216,222,270,281,282,304,305,327
　通貨取引税（CTT：Currency Transaction Tax）　198,200-202,204-207,212,229,251,316,323,325,327,328
　――機関（CTTO：Currency Transaction Tax Organization）　6,239,324-327,329,333-335
　『次のステップに向けて』　206,207,210,267,268
＊都留康子　158,161
　低炭素社会　188,218
　――づくり行動計画　218
　寺島委員会　→国際連帯税推進協議会
＊寺島実郎　220,221
　伝統論者（Traditionalist）　42,43,47,55,231,303
　投機　139,140,199-201,227,230,232,254,327,328,346
　――マネー　36,37,219
　統治　43
＊ドゥネトン，フィリップ（Philippe Duneton）　295,296,309
＊トービン，ジェームズ（James Tobin）　185,199,200,226
　トービン税　185,187,199,204,206-210,230,253,254,256,257,259,260,262,263,265,266,318,328
＊ドストブラジ，フィリップ（Philippe

索　引

Douste-Blazy）294
トランスナショナル・レジーム　44-46, 53, 283
*トルバ, モスタファ（Mostafa K. Tolba）186
奴隷制　79-81

ナ　行

ニクソン・ショック　60
*ニコノフ, ジャック（Jacques Nikonoff）255, 260, 261
二重の配当（double divident）175, 191, 278
二段階ガヴァナンス論　316, 323
二段階通貨取引税法案　204
日本版ランドー委員会　220, 221
『人間開発報告書』（Human Development Report）199, 330
認識共同体（Epistemic community）48, 50, 52
ネオ・リアリズム　42
ネッティング　203
ネットワーク　147, 148, 244, 246, 248, 341
　——化　35, 52, 53, 55, 147
年金基金　100, 254
*ノードハウス, ウィリアム（William Nordhaus）13, 192-194

ハ　行

バーゼル銀行監督委員会（銀行規制及び監督慣行に関する委員会）135, 137
*ハーツ, ノリーナ（Noreena Hertz）68, 83
*ハーディン, ガレット（Garrett Hardin）29
ハード・ガヴァナンス　4, 53, 55, 111, 122, 238, 300, 309, 310, 315, 316, 327, 333-335, 337, 339, 341-346
パートナーシップ（協働）28, 52, 53, 55, 166, 246, 250, 270, 284, 286, 288-290, 292, 293, 301, 310, 337, 341
*ハーバー, バーナード（Bernard Herber）194
*ハーバーマス, ユルゲン（Jürgen Habermas）24, 38, 146
排出量（権）取引　192, 193, 196, 217, 225, 233, 237

*バイス, ハンス（Hans Weiss）76, 80
ハイレベル・タスクフォース　281, 283, 284, 305, 308, 327
*パトマキ, ヘイッキ（Heikki Patomäki）201, 230, 265, 294, 316, 323-327, 330
*パラン, ロナン（Ronan Palan）89, 90, 97
*ハンセン, ビューロン・ブレデ（Bjorn Brede Hansen）281, 309
*馬場伸也　2
開かれた空間　157, 163, 166
*ヒルマン, デイヴィッド（David Hillman）206, 267
比例的炭素税　189-191, 193
*深井慈子　29, 335
福田ビジョン　218
不断の歴史的形成過程　161, 167, 168
*ブラウン, レスター（Lester Brown）18, 87
*ブラセット, ジェームズ（James Brassett）264, 265
ブラックリスト政策　126, 128, 129
プラトー（Plateau）147, 148, 151, 157
*ブリテェイン-キャトリン, ウィリアム（William Brittain-Catlin）93, 126
古い社会運動　148-150, 157, 158
紛争処理メカニズム　67
紛争処理パネル　68
*ペイルルヴァッド, ジャン（Jean Peyrelevade）100, 101
ヘゲモニー型ガヴァナンス　48, 303, 345
ヘッジ・ファンド　103, 104, 136, 208
*ヘルド, デイヴィッド（David Held）42
*ベルナー, クラウス（Klaus Werner）76, 80
*ベロー, ウォールデン（Walden Bello）335
変動（為替）相場制　60, 102, 104, 199, 328
変容論者（Transformationalist）42, 43, 45, 47, 49, 55
*ホーナー, フランシス（Frances M. Horner）321, 322
ポルト・アレグロ　152-154, 160
ポンド印紙税（SSD：The Sterling Stamp Duty）207, 213, 214, 222, 230, 263, 264, 267

マ 行

*マッグルー, アンソニー (Anthony McGrew) 47-50
ミドル・ガヴァナンス 4, 53, 55, 118, 238, 245, 246, 250, 268-271, 283, 284, 288, 301, 305-309, 312, 333, 337, 339-346
民主議会 327, 324, 331, 333, 334, 343
民主主義 328, 335
ムーディーズ 101, 102
*目加田説子 247-249
メタ・ネットワーク 35, 52, 151, 157, 160, 167, 244, 250
*メヒド・コストヤ, マヌエル (Manuel Mejido Costoya) 38, 145-148, 244
*メンデス, ルーベン (Ruben P. Mendez) 185
もうひとつの世界 152, 154, 167
*本山美彦 99, 101
*モレナ, エドアル (Edouard Morena) 254, 258-260
漏れを防ぐ (Plugging the leaks) 98, 178, 232, 281

ヤ 行

*ヤング, オラン (Oran Young) 44
ヨーロッパ社会フォーラム 159, 160, 261, 265
予防接種のための国際金融ファシリティ (IFFIm : International Finance Facility for Immunisation Company) 280, 288, 305-307

ラ・ワ 行

*ラガ, ホセ (Jose Raga) 194
*ラモネ, イニャシオ (Ignacio Ramonet) 252-254
*ランドー, ジャン・ピエール (Jean Pierre Landau) 205, 278
ランドー・グループ (groupe de travail sur les nouvelles contributions financières internationales) 187, 195, 204, 233, 278, 279, 344

リアリズム 41-43
リーディング・グループ 196, 222, 229, 281-284, 302, 303, 305-308, 311
利潤洗浄活動 96, 179
リベラル制度論 (国際レジーム論) 41
『ル・モンド・ディプロマティーク』 152
レジーム (regime) 42
連帯税に関するリーディング・グループ 215
連帯とグローバリゼーション——革新的開発資金メカニズムに関するパリ会議 (Solidarity and Globalization : The Paris Conference on Innovative Development Financing Mechanisms) 187, 196, 279
ローカル委員会 256, 258, 259, 269
*ローズノウ, ジェームズ (James N. Rosenau) 37, 41
ロールバック・マラリア (RBM : Roll Back Malaria) 289
ロビー活動 158, 159, 257, 265, 267, 271, 344
ロビイング 55, 146, 147, 151, 166, 243, 246, 259, 261, 264, 269, 270, 344
*渡辺頼純 66, 67

AtoZ

AGGP 268
AMC →事前市場コミットメント
ATTAC (Association pour une Taxe sur les Transactions Financières pour l'Aide aux Citoyens) 5, 152, 159, 233, 239, 243, 250-261, 269, 278, 340, 344
BIS →国際決済銀行
BRICs 71, 227
CA →企業の説明責任
CLSB (Continuos Linked Settlement Bank, 多通貨同時決済銀行) 202, 210, 227, 228
CSR →企業の社会的責任
CTDL →通貨取引開発税
CTTO →通貨取引税機関
ECOSOC →国連経済社会理事会
EU共通炭素税 (European Union Carbon Tax) 194, 195
EU排出量取引制度 (EU's Emissions Trading

索　引

Scheme) 195
FSDD　→持続可能な開発のための連帯基金
FSF　→金融安定化フォーラム
ICBL　→地雷禁止国際キャンペーン
IFFIm　→予防接種のための国際金融ファシリティ
ILO　→国際労働機関
IMF　→国際通貨基金
IPCC　→気候変動に関する政府間パネル
MAF　→多国間適応基金
MDGs　→国連ミレニアム開発目標
NCCF　→国内の温暖化対策のための国別気候変動基金
ODA　→政府開発援助
OECD　→経済協力開発機構
PRI　→責任投資原則
RTGS（Real-Time Gross Settlement, 即時グロス決済）　202, 210

S&P　101, 102
SOP　→スタンプ・アウト・ポヴァティ
SPDC（Shell Petroleum Development Corporation）→シェル石油開発会社
SWIFT（Society for Worldwide Interbank Financial Telecommunications, 国際銀行間金融通信協会）　202, 210, 227
UNAIDS（The Joint United Nations Programme on HIV/AIDS）　289
UNCTAD　→国連貿易開発会議
UNDP　→国連開発計画
UNICEF　→国連児童基金
UNITAID　→国際医薬品購入ファシリティ
WHO　→世界保健機関
WSF　→世界社会フォーラム
WTO（World Trade Organization）→世界貿易機関

《著者紹介》

上村 雄彦（うえむら・たけひこ）
1965年 生まれ。
1992年 大阪大学大学院法学研究科国際公共政策専攻博士前期課程修了。
1993年 カールトン大学大学院国際関係研究科開発研究専攻修士課程修了。
2009年 博士（学術，千葉大学）。
現　在 横浜市立大学学術院国際総合科学群教授，横浜市立大学グローバル都市協力研究センター長。
主　著 『世界の貧困問題をいかに解決できるか――「ホワイトバンド」の取り組みを事例として』
（編著）現代図書，2007年。
"Exploring Potential of Global Tax : As a Cutting-Edge Measure for Democratizing Global Governance", *International Journal of Public Affairs*, Vol. 3, 2007.
「グローバルな持続可能な福祉社会へのプロレゴメナ」『公共研究』第2巻第3号，千葉大学公共研究センター，2005年。

MINERVA人文・社会科学叢書154
グローバル・タックスの可能性
――持続可能な福祉社会のガヴァナンスをめざして――

2009年11月20日　初版第1刷発行　　　　　　　　　　検印省略
2012年 5月10日　初版第2刷発行

定価はカバーに
表示しています

著　　者　　上　村　雄　彦
発行者　　杉　田　啓　三
印刷者　　藤　森　英　夫

発行所　株式会社　ミネルヴァ書房
607-8494　京都市山科区日ノ岡堤谷町1
電話075(581)5191番／振替01020-0-8076

©上村雄彦，2009　　　　　　　　　亜細亜印刷・新生製本

ISBN978-4-623-05592-0
Printed in Japan

グローバル・ガヴァナンスの歴史的変容
——国連と国際政治史——

緒方貞子／半澤朝彦編著
A5判・上製カバー　314頁　本体3500円

ポスト福祉国家とソーシャル・ガヴァナンス

山口二郎／宮本太郎／坪郷實編著
A5判・上製カバー　368頁　本体3500円

講座・福祉国家のゆくえ（全5巻）

体裁／A5判・上製カバー

第1巻	福祉国家再編の政治	宮本太郎編著
第2巻	比較のなかの福祉国家	埋橋孝文編著
第3巻	福祉国家のガヴァナンス	武智秀之編著
第4巻	アジア諸国の福祉戦略	大沢真理編著
第5巻	福祉国家／社会的連帯の理由	齋藤純一編著

―――― ミネルヴァ書房 ――――
http://www.minervashobo.co.jp/